交通工程教学指导分委员会"十三五"规划教材
高等学校交通运输类专业新工科教材

Advanced Technology of Traffic Survey and Analysis
现代交通调查与分析技术

编 著 王建军 程小云
主 审 严宝杰

人民交通出版社股份有限公司
北 京

内 容 提 要

本书为交通工程教学指导分委员会"十三五"规划教材、高等学校交通运输类专业新工科教材。本书系统梳理了交通调查的传统与新兴技术和成熟分析方法，主要内容包括：绪论、交通流基本参数调查、起讫点调查、城市公共交通调查、交通安全调查、基于浮动车技术的交通调查、基于地磁车辆检测技术的交通调查、基于视频检测技术的交通调查、基于智能移动终端的交通调查、基于移动通信数据的交通分析和基于公交IC卡数据的交通分析。

本书可作为交通工程、交通运输专业及其他相关专业的本科生或研究生教材，也可供相关决策、管理和技术人员参考使用。

图书在版编目(CIP)数据

现代交通调查与分析技术 / 王建军，程小云编著
. — 北京：人民交通出版社股份有限公司，2022.8（2025.1重印）
ISBN 978-7-114-18004-0

Ⅰ.①现⋯ Ⅱ.①王⋯②程⋯ Ⅲ.①交通调查—高等学校—教材②交通分析—高等学校—教材 Ⅳ.①U491.1

中国版本图书馆CIP数据核字(2022)第091236号

交通工程教学指导分委员会"十三五"规划教材
高等学校交通运输类专业新工科教材
Xiandai Jiaotong Diaocha yu Fenxi Jishu

书　　名：	现代交通调查与分析技术
著 作 者：	王建军　程小云
责任编辑：	李　晴
责任校对：	席少楠
出版发行：	人民交通出版社股份有限公司
地　　址：	(100011)北京市朝阳区安定门外外馆斜街3号
网　　址：	http://www.ccpcl.com.cn
销售电话：	(010)85285911
总 经 销：	人民交通出版社股份有限公司发行部
经　　销：	各地新华书店
印　　刷：	北京虎彩文化传播有限公司
开　　本：	787×1092　1/16
印　　张：	21.25
字　　数：	524千
版　　次：	2022年8月　第1版
印　　次：	2025年1月　第1版　第2次印刷
书　　号：	ISBN 978-7-114-18004-0
定　　价：	58.00元

(有印刷、装订质量问题的图书由本公司负责调换)

前　言

2019年9月，中共中央、国务院印发了《交通强国建设纲要》，其中第五条"科技创新富有活力、智慧引领"中指出，大力发展智慧交通具体指"推动大数据、互联网、人工智能、区块链、超级计算等新技术与交通行业深度融合。推进数据资源赋能交通发展，加速交通基础设施网、运输服务网、能源网与信息网络融合发展，构建泛在先进的交通信息基础设施。构建综合交通大数据中心体系，深化交通公共服务和电子政务发展。推进北斗卫星导航系统应用"。由此可见，科技发展与交通建设的深度融合势在必行，交通大数据的逐步开放共享和新兴技术在交通工程中的全面应用，为更客观地辨识交通规律、更精细地管理交通需求、更深刻地解读交通问题，以及更科学地支持交通规划与决策提供了必要的数据基础和技术手段。

国内外部分知名高校已经开设了融合大数据分析与现代调查技术的交通相关专业课程，如东南大学的"交通数据挖掘技术（英文）"、清华大学的"智能交通系统建模与仿真"等课程，华盛顿大学的"交通数据管理和可视化（Transportation Data Management and Visualization）"和"交通数据采集（Transportation Data Collection）"以及昆士兰大学等高校的相关课程，都是对新兴行业人才培养的及时响应，课程内容均凝聚了相关领域教学团队的优秀成果。因此，课程所使用的教材多以授课教师的研究课题专著或最新研究论文集为主，授课内容或侧重于某细分研究领域，或侧重于分析软件或工具的应用。随着交通大数据与新兴调查技术在实践中的广泛应用，阿里云、海康威视、华为等通信科技公司主导的"城市交通大脑""综合交通分析平台""城市交通超脑"等集"监测、感知、诱导、管理、决策"等功能于一体的管控平台已成为国内外城市管理交通、保障交通系统安全高效运行的重要中枢。但国内尚未出版面向交通调查的、系统梳理各种新兴技术和成熟分析方法的相关教材。此外，随着5G时代的到来，交通行业也将迎来颠覆性的变革，5G技术万物互联、开放架构、无限接入的特点将催生出一系列交通领域的创新性技术，同时还要求培养具有交通大数据系统性分析思维的交通工作者及数据分析师以迎接5G浪潮。

由于传统交通调查技术是新技术发展的基础，且二者有很好的互补作用，因此本教材分为两个篇章编著：第一篇包括第一至五章，介绍传统交通调查技术，包括交通调查的目的、原理和意义，以及基本概念和方法，以明确传统交通调查方法在交通工程中的作用。第二篇包括第六至十一章，重点阐述新兴技术应用于交通调查的基本原理及一些已被广泛应用的分析方法与处理技术，并详细介绍相关行业大数据在交通领域的应用方向及相关数据处理技术与分析方法。目前，国内对新兴调查技术的原理及应用尚无系统、全面的介绍，因此本教材结合国内外当前的新兴调查技术发展的实际情况，全面梳理了具有普适性的分析方法与数据处理技术，使本教材具有更广的适应性和更强的实用性，以满足社会各方面的要求。本教材可供交通工程、交通运输专业的本科生及研究生使用，使学生在面临复杂的交通问题时，除了能合理设计交通调查方案外，还能灵活运用现代交通调查技术及数据处理方法，更精确、更高效和以更低成本解决实际问题。同时，希望以此激发学生对现代交通调查技术的研究兴趣，以不断拓展实践应用。考虑到各院校的课程设置及本课程教学学时的不同，在使用本教材时可结合具体情况，选择有关内容进行教学。

本教材第一、二章由长安大学王建军编著，第三、四章由长安大学马超群编著，第五章由长安大学王建军和程小云共同编著，第六、七章由长安大学王建军和安徽四创电子股份有限公司邹娇共同编著，第八、九章由长安大学程小云和畅玉皎共同编著，第十、十一章由长安大学程小云和姚振兴共同编著。全书由长安大学王建军、程小云统稿，长安大学严宝杰主审。同时，感谢课题组王赛、卢霄娟、黄馨、孙佳昕、宋亚楠、黄坤、马驰骋、王熙煜、任昊等同学在本教材编著过程中给予的帮助。特别感谢上海元卓信息科技有限公司裘炜毅、同济大学建筑与城市规划学院施澄和安徽四创电子股份有限公司邹娇对本教材中引用数据及应用案例的大力支持。

在此,向本教材所引用参考资料的作者、对本书提出宝贵意见和建议的师生表示衷心的感谢。鉴于交通大数据的各种分析技术和理论方法正处于不断完善和发展当中,限于编写人员水平,本教材中错误和不当之处在所难免,敬请读者批评、指正,以便再版时修正,以臻完善。

编著者

2022 年 4 月

目 录

第一篇 交通调查与分析技术基础

第一章 绪论 3
第一节 交通调查概述 3
第二节 大数据环境下的现代交通调查 5
第三节 大数据存在的问题及相关思考 14
【复习思考题】 15
【本章参考文献】 15

第二章 交通流基本参数调查 18
第一节 交通量调查 18
第二节 车速调查 34
第三节 交通密度调查 51
第四节 通行能力调查 56
第五节 行车延误调查 66
【复习思考题】 74
【本章参考文献】 75

第三章 起讫点调查 76
第一节 起讫点调查概述 76
第二节 居民出行调查 79
第三节 机动车OD调查 90
第四节 货流调查 94
【复习思考题】 97

【本章参考文献】 98

第四章 城市公共交通调查 99
- 第一节 城市公共交通调查概述 99
- 第二节 城市公共交通运输能力的计算与调查 103
- 第三节 城市公共交通乘客满意度调查 113
- 第四节 城市公共交通客流调查 121
- 【复习思考题】 129
- 【本章参考文献】 129

第五章 交通安全调查 130
- 第一节 交通安全调查概述 130
- 第二节 交通事故调查 135
- 第三节 交通事故分析 139
- 第四节 交通冲突调查 147
- 第五节 事故多发点(路段)调查 156
- 【复习思考题】 160
- 【本章参考文献】 160

第二篇 交通调查与分析技术应用

第六章 基于浮动车技术的交通调查 165
- 第一节 浮动车技术概述 165
- 第二节 浮动车GPS数据质量分析及预处理技术 168
- 第三节 浮动车GPS数据处理技术与算法研究 171
- 第四节 浮动车GPS数据分析方法应用 176
- 【复习思考题】 203
- 【本章参考文献】 203

第七章 基于地磁车辆检测技术的交通调查 206
- 第一节 地磁车辆检测技术概述 206
- 第二节 地磁车辆检测数据预处理技术 211
- 第三节 地磁车辆检测器的应用 215
- 【复习思考题】 218
- 【本章参考文献】 218

第八章　基于视频检测技术的交通调查·································220
第一节　视频检测技术概述···220
第二节　基于视频检测技术的交通数据采集与处理·························222
第三节　基于车牌识别技术的交通数据采集与处理·························229
第四节　车牌识别技术在交通调查中的应用····································232
第五节　案例分析一：基于视频检测技术的交通状态判别····················235
第六节　案例分析二：基于视频采集技术的自由换道行为分析··············239
【复习思考题】··251
【本章参考文献】··252

第九章　基于智能移动终端的交通调查·····································255
第一节　基于智能移动终端的交通调查概述····································255
第二节　道路交通参数调查系统的设计···256
第三节　居民出行调查软件的设计··259
第四节　基于智能移动终端的调查实例···262
【复习思考题】··266
【本章参考文献】··266

第十章　基于移动通信数据的交通分析·····································267
第一节　手机数据采集系统和技术··267
第二节　移动通信系统与定位技术··269
第三节　移动通信数据的分类及特点··273
第四节　移动通信数据采集原理及质量分析····································276
第五节　移动通信数据预处理技术··280
第六节　基于移动通信数据的交通流特征提取方法·························283
第七节　基于移动通信数据的出行 OD 矩阵提取方法·····················284
第八节　基于移动通信数据的活动轨迹提取方法····························287
第九节　基于移动通信数据的活动特征分析方法····························289
【复习思考题】··292
【本章参考文献】··292

第十一章　基于公交 IC 卡数据的交通分析·······························294
第一节　公交 IC 卡数据采集··294

第二节　公交 IC 卡数据分析 ·· 297

第三节　基于公交 IC 卡数据的出行分析 ·· 300

第四节　面向不同应用的公交 IC 卡数据分析方法 ···································· 310

第五节　案例分析：青岛市主城区公交 IC 卡数据分析 ······························ 318

【复习思考题】 ··· 328

【本章参考文献】 ··· 329

PART1 | 第一篇

交通调查与分析技术基础

第一章 绪论

第一节 交通调查概述

一、交通调查的定义及对象

交通调查是指利用客观的手段测定道路交通流及有关的交通现象的片段,并进行分析与判断,从而了解交通状态及掌握有关的交通现象规律的工作过程。其目的是向交通、城市建设规划和环境保护以及公安交通管理等部门提供用于改善、优化道路交通的实际参考资料和数据。

由于交通现象是一种范围很广泛,且随时间变化的复杂现象,很难通过一次性调查做综合性的描述,因此只能在有限的地点(区域)和时间内,针对"有关的交通现象的片段",客观地探求与具体对策有关的那部分所必需的资料。因此,严谨、准确与可行的交通调查计划十分重要,应针对最想了解的交通现象来制订。在确定调查范围、记录的分类和时间间隔时,要综合考虑时间成本和经济成本与调查精度之间的关系,保证在准确了解实际情况的前提下开展调查,避免人力、物力和财力的浪费。

交通调查的对象,主要是交通流现象,而与交通流有关的诸如国民经济发展、经济结构,各种交通运输状况,城乡规划,交通环境、汽车的行驶特性,地形、气候、气象及其他安全设施和措施等,几乎都可以作为专门的调查对象。在进行交通调查和分析时,应该考虑诸因素对交通流的综合影响。

二、交通调查的类别

1. 以查明区域性大范围的交通需求和交通状况为目的的交通调查

这类调查根据中央有关部、委提出的规划或计划,由省(自治区、直辖市)、市、县的交通、建设、公安和环保等机构承担,在城市中也可由城市主管部门组织实施。该类调查的主要内容有:

①国家干线公路(国道)交通量和车速调查;

②物资运输流通调查;

③城市客流调查与货运调查;

④公路和城市道路车辆(汽车、自行车等)起讫点(Origin Destination,OD)调查;

⑤主要交叉口的交通量调查;

⑥交通阻塞路段(交叉口、交通设施)的阻塞程度及阻塞频率的调查等。

这些调查的结果应该逐级按照统一形式汇总后,由各部门定期发布。汇总的数据可提供给各有关部门利用和参考。

2. 为实施交通工程项目而进行的以较大范围的地区和道路路线为对象的交通调查

这类调查通常要求对交通的组成和其随时间的变化做较详细的记录,一般由省(自治区、直辖市)、市、县的交通、城市建设规划和公安交通管理等部门实施。该类调查的主要内容有:

①在路旁直接询问或发放调查明信片,调查汽车的起讫点和行经路线等;

②在主要交叉口进行分车型、分流向的交通量调查;

③地区出入交通量调查;

④地点车速调查;

⑤行驶时间调查(区间速度、行驶车速调查);

⑥地区车辆拥有量调查(或统计、汇总);

⑦路内、路外停车情况调查;

⑧通行能力调查;

⑨交通阻塞程度及其发生的频率调查(延误调查);

⑩公共交通运输系统及其利用状况的调查;

⑪在交通阻塞或事故多发地点,为弄清主要原因进行专门调查等。

3. 为改善局部不良路段和个别交叉口的交通状况而进行的交通实况调查

这类调查可由道路和公安交通管理部门实施。其目的是改善交通阻塞或事故多发的交叉口和路段的交通、安全设施(或措施)和信号配时、高速公路(或快速干道、汽车专用公路等)合流处等易发生交通阻塞地点的道路几何线形和渠化、标志、标线等设施。该类调查的主要内容有:

①交通量调查;

②车速调查;
③密度调查;
④影响交通流的主要因素调查,如横穿道路的行人、混入机动车流中的其他车辆、停放车辆、路面标线和交通标志、信号配时等。

4. 其他交通调查

交通工程学研究领域较广,涉及内容较多,有关的其他调查也很多,如行人交通调查,自行车交通调查,车辆行驶特性调查,交通事故调查,人(特别是驾驶人和行人)的交通生理、心理特性调查,道路和交通设施调查,各种交通运输方式实况调查,道路两侧土地使用特性调查,社会经济调查,道路照明调查,以及交通环境调查等。另外,还有在采取相关措施前后进行的对比性交通调查。

以上大部分调查内容是交通工程科研工作的组成部分。计算机科学与技术在交通工程领域的广泛使用,一定程度上减轻了交通调查工作量,但在质量上提出了更严的要求。例如,在基于各种算法编程的交通模拟(交通仿真)软件中,只需输入有关数据,所需分析的车辆或交通流的当前或未来的动态信息便能由计算机以图像或文字的形式显示出来。但是大部分计算机所需的输入数据或算法的关键参数仍需通过实地调查得到。因此,这对交通调查提出了更高的要求。

第二节 大数据环境下的现代交通调查

近几年,随着信息通信技术的迅猛发展,大数据已成为重要的发展方向和研究领域,在多个学科都发挥着积极作用。相比其他传统行业,大数据带给交通领域的影响更为显著和突出。大数据的应用不仅影响着交通规划、管理的方式,也改变着人的活动与出行方式。

与传统交通调查方式相比,现代交通调查技术具有更广的覆盖范围、更长的时间跨度和更高的灵活性,即可根据研究尺度与问题对时间和空间进行一定的预处理。然而,因其本质上是一种被动的调查方式,缺点也较为突出,无法根据研究问题预设调查内容,从而因缺少一些重要的信息而限制了数据的使用范围。例如,利用移动通信数据研究居民出行时,可以分析宏观的OD及工作日高峰时间的人群流动规律,但出于隐私考虑,无法获知用户的个人属性信息,进而无法分析一些出行规律与人的个体或家庭的一些重要的社会经济特征之间的关系,难以对观测结果进行因果分析。此外,态度、意愿等主观信息无法通过既有的大数据直接获取。因此,传统交通调查方法在大数据广泛应用的环境下依然有其重要的理论地位和应用价值,其与现代交通调查技术科学合理地融合、结合与补充有助于我们更深刻地理解交通现象,更准确地把握交通规律。

一、交通大数据

广义上,大数据有三层内涵:一是数据量巨大、来源多样和类型多样的数据集;二是新型的数据处理和分析技术;三是运用数据分析形成价值。目前,交通行业已成功应用的大数据类型有公交卡刷卡数据、基于位置服务(Local-Based Service, LBS)的数据、浮动车数据、视频数据、磁感线圈数据及移动通信信令数据等。一些探索性研究也将微博、大众点评等社交网络的签到数据及文字信息、共享出行数据、房价数据以及兴趣点(Point of Interests, POIs)数据用于交通分析中,以期发掘更多的交通出行潜在规律及交通与社会经济、城市空间布局等其他关键因素的内部联系。与传统调研和统计数据相比，大数据主要呈现出细粒度(以单个的人、车或设施为基本单元)、高精度(位置精确到米,时间精确到秒)、广覆盖(不受行政区域限制)、快更新(每月、每日,甚至每分钟更新)等特点。这不仅意味着更大的数据量、更多样的数据类型,更蕴含了数据背后关于人群行为、移动、交流等时空维度上的丰富信息。总之,大数据为交通规划与管理等带来了新的契机。

交通大数据自身的多样性决定了其难以用已有的数据分类方法全面体现其类别特征,因此不同学者从不同角度对城市交通大数据进行划分。何承与朱扬勇在《大数据技术与应用：城市交通大数据》中提出了以下四种划分方法：

(1)按照数据与交通管理和交通信息服务的关联度划分。城市交通大数据可以分为交通直接产生的数据、公众互动交通状况数据、相关行业数据和重大社会经济活动关联数据,这四类数据与交通管理、交通信息服务的关联度依次降低。

(2)按照数据类型划分。城市交通大数据可以分为结构化数据、非结构化数据和半结构化数据。

(3)按照数据形式划分。城市交通大数据可以分为(传感器)流数据、数据文件、数据库记录、在线文字和图片、音视频流等。

(4)按照数据产生和变化的频率划分。城市交通大数据可以分为基础数据、实时数据、历史数据、统计数据(结果数据)等。

城市交通大数据来源广泛、格式多样,其蕴含的信息可以从多个不同的角度揭示城市交通的运行特征。按交通大数据的属性划分,其可分为如下四类：

(1)基于出行者个体的数据：包括手机信令数据、手机导航软件数据、共享单车导航数据等。

(2)基于出行车辆的数据：包括出租汽车、公共汽车、客车、货车的GPS(Global Positioning System,全球定位系统)移动数据等。

(3)基于道路检测的数据：包括道路线圈数据、基于RFID(Radio Frequency Identification,射频识别技术)的车牌识别数据、门禁流量数据等。

(4)基于收费信息的数据：包括城市智能交通卡数据、高速公路收费站数据、航空及铁路购票信息数据、地铁AFC(Automatic Fare Collection,自动售检票)系统数据等。

本书将主要阐述GPS数据、智能刷卡数据(Smart Card Data)和移动通信数据(Mobile Phone Data)这三种目前在研究和实际中已取得广泛应用的数据源。此外,还介绍了地磁车辆检测技术和视频检测技术的数据采集原理与数据分析方法。

1) GPS数据

GPS数据是最常用的轨迹数据类型,包含时间、经度、纬度、高度、方向、速度等字段。GPS轨迹数据可从个体、出租车、公交车、市政车辆及其他安装有GPS定位追踪设备的道路交通方式中获取。然而,GPS数据中没有社会经济信息。1997年,美国得克萨斯州奥斯汀首先采用GPS辅助设备进行区域出行调查。

2) 智能刷卡数据

交通智能卡最初用于公共交通中的售检票系统,如公交车、地铁和停车场。现在几乎所有大城市都有自己的智能卡系统,如北京的一卡通、香港的八达通卡及西安的长安通等。各种智能卡都包含丰富的信息,如卡ID、交易数据(时间、类型和费用)、出行数据(时间、费用、站点、车辆编号和线路ID),以及个体识别数据。因此,智能刷卡数据可用于出行需求建模、需求预测、个体出行模式识别和OD提取等方面的分析。

3)移动通信数据

移动通信数据有两种类型:①基于基站定位的数据,主要包括基站交换和切换信息;②基于移动手机用户的信息,包括匿名的用户 ID、基站 ID、手机信息、位置、日期和时间。用户的位置可以利用基站、A-GPS、Wi-Fi 或其他定位技术来确定。

国内外学者对上述轨迹数据已展开了深入研究,拓展了数据分析理论与算法,积累了丰硕的研究成果。以对出行行为的研究为例,引用 Yue 等(2014)梳理的相关文献,汇总结果如表 1-1 所示。

基于大数据的出行行为研究 表1-1

数据类别	研 究 者	数 据 描 述	算法/模型/参数	主 要 发 现
GPS 数据	Quiroga 和 Bullock(1998)	路易斯安那州 3 年内收集的 300 万个 GPS 数据点	路段长度、采样率和中心趋势的有监督机器学习	采样周期应小于最短路段行程时间的一半
	Zheng 等(2008)	10 个月内 65 人数据	有监督机器学习;出行方式	改善出行方式推断性能
	Injong 等(2008)	44 名志愿者的 1000h GPS 轨迹	Levy-walk 移动模型;行程长度和暂停时间分布;均方位移	行程长度和暂停时间的重尾分布及其可能原因
	Kyunghan 等(2009)	从 5 个户外场所 101 名志愿者中收集到的 226 条日常轨迹	SLAW(自相似性最小行走移动)模型	有共同兴趣或在一个社区内的人表现出一定的机动模式
	Jiang 等(2009)	6 个月内 50 辆出租车的 72000 条行驶轨迹	Levy-flight 模型;起点或终点和街道间行程之间的路径	尺度特性归因于底层街道网络和起点或终点的空间分布
	Liang 等(2012)	北京市 1 万辆出租车的 2000 万条轨迹	位移与行程时间的统计模型;位移与行程时间的相关性	位移和重叠时间呈指数分布
	Liu 等(2012)	连续 7 天 150 万次匿名出行	随机行走模型;距离和方向分布	方向分布不均匀和距离分布遵循指数截断幂定律
	Yue 等(2011)	1 天内 480 条出租车轨迹和 1 天内 12000 辆出租车的 63000 多条轨迹	空间互动模型;出行模式挖掘;行驶距离;接送点	区域的吸引力会受出行行为的影响。用轨迹生成基于选择的样本

续上表

数据类别	研究者	数据描述	算法/模型/参数	主要发现
智能刷卡数据	Hofmann 等(2009)	1年内1000多辆公交车的4800万张交通智能卡上车记录	迭代分类算法;蒙特卡洛模拟;转移行为	在出行层面识别换乘行程信息
	Chapleau 和 Chu(2007)	加拿大750000多个公交智能卡上车记录	下车公交站点识别	起点和终点信息提取
	Seaborn 等(2009)	伦敦市典型工作日中800多万次的公交或地铁出行记录	基于最大经过时间阈值的方法;换乘和出行连接	地铁到公交,公交到地铁以及公交到公交换乘的时间阈值
	Morency 等(2007)	7118个不同用户的220多万条上车记录	时空指标变异性模型;聚类分析	仅使用上车记录中的原始信息即可观察规律性指标
	Roth 等(2010)	伦敦市203万张个人牡蛎卡的1122万次出行记录	无效模型,倾向性和各向异性措施;流量和乘车分布	移动流量结构是基于多中心主义的。乘车的幂律流量分布和负二项式分布
	Gong 等(2012)	深圳市约500万张智能交通卡记录和6天内250万次出行记录	时空模式挖掘;基于Hillinger系数的变异性分析	市区内出行一天中的高峰时段,在工作日和周末有所不同,并具有周期性
移动通信数据	De Montjoye 等(2013)	15个欧洲国家150万人的出行数据	人们移动唯一性建模	移动轨迹的唯一性大约以其解析度的1/10次方衰减。粗略的数据集几乎没有匿名性
	Sohn 等(2006)	78天的GSM(Global System for Mobile Communications,全球移动通信系统)记录,包括249个步行事件和171个驾驶事件	出行方式分类与识别模型	该模型能识别85%的步行、驾驶和静止模式
	Eagle 和 Pentland(2009)	使用100部诺基亚智能手机进行约400000h的数据采集	出行行为的主成分分析模型	识别特征行为并以79%的准确率预测当天的其他行为
	Ratti 等(2006)	16天内米兰市中心周围20km×20km范围内的移动电话数据	基于交互式可视化模型的模式与异常挖掘	白天或晚上和工作日或周末的周期;本地活动(如体育比赛)中的"异常"
	Zhang 等(2010),Friedrich 等(2010)	各种基于手机基站或基于用户的移动电话数据	计数聚类法;起点和终点识别;Horvitz-Thompson 估计	利用手机信令轨迹信息提取OD是可行的
	Gao 等(2013)	1周内哈尔滨市近百万个手机用户的7.4亿多次通话记录	结合重力模型的凝聚聚类算法	发现现实世界中的人类活动与呼叫活动之间存在高度的相关性
	Candia 等(2007)	大量手机信令数据	集体与个体模式的统计建模	连续呼叫的中间时间是重尾的
	Gonzalez 等(2008)	随机抽取10万人,为期6个月;每周每两小时记录206个手机用户的位置	移动模式模型;位移的统计分布	位移的分布很好地近似于截断幂定律。尽管出行具有多样性,但人类遵循简单的可复制模式
	Song 等(2010)	300万个匿名手机用户的轨迹;1000个用户的位置记录	微观和个体的移动模型	CTRW(连续时间随机行走)模型的预测与实证结果具有系统的一致性。该模型预测了大部分的标度指数
	Kang 等(2012)	手机用户连续9天的移动轨迹	个体移动模型;位移和回转半径分布	指数定律比普遍的幂定律描述更好地反映城市内部人口流动的距离衰减规律
	Yuan 等(2012)	哈尔滨市87万个手机用户9天的通话记录	活动指标与手机使用量的相关性分析	活动半径、偏心率和熵都与移动电话的使用有显著的相关性

二、大数据引起的交通研究变革

交通大数据的出现与现代分析技术的成熟使交通研究领域关注内容和研究方法发生了较大变化,促使交通工程与其他相关学科进一步融合,以及在研究范式、研究方法与内容上的革新。杨东援与段征宇在《透过大数据把脉城市交通》中准确描述了大数据在交通领域研究范式上带来的变革。

"科研领域由传统的'现象观察—理论假设—实践证明'范式变迁为'数据挖掘—抽象模型—扩展应用',由理念到实际应用的路径将被大大缩短,全面提升技术进步速度。"

技术革新的同时也为交通研究与实践带来了机遇——不仅促使研究技术工具有所突破与创新,近年来更在信息通信技术快速发展的背景之下,带动了数据存储、挖掘和可视化等技术的完善,开创了前所未有的新数据环境。此外,互联网、智能手机对人们日常的生活、学习与交往产生了重大的影响,如一些面对面的活动被通过互联网举行的线上活动替代,智能手机的导航 App 的路径推荐功能可引导出行者灵活选择个体最优路线等,都引发了交通深层分布规律的变化。交通规划人员、管理者、决策者、相关研究人员如何在这样的背景下,合理利用这些新的数据、工具与技术方法,对未来的交通发展提出相应的策略,是当前面临的关键问题。

大数据分析技术的核心是从多种类、多维度的数据中,获取并提炼有价值的信息。在目前的研究中,一般将其划分为四个基本方面:

(1)数据质量和数据管理。大数据分析的首要工作是对数据的质量进行评估,并在此基础上进行数据管理,只有在数据质量可靠的基础上进行有效的数据管理,才能够保证其分析结果的价值。

(2)数据可视化分析。大数据分析的成果通常面向的对象包括对数据并不敏感的普通用户,他们对大数据分析的要求就是所需成果能直观地呈现数据统计结果的特征。这就需要数据分析工程师进行数据可视化工作,以保证数据结果能够相对容易地被数据成果的使用者解读。

(3)数据挖掘。大数据分析的理论核心是数据挖掘,使用恰当的数据挖掘方法与算法可以更高效且精准地获取数据所蕴含的特征。可以说,数据挖掘算法的正确构建可以显著提升大数据的处理效率,同时也更能充分发挥大数据应有的价值。

(4)预测性分析。数据挖掘可以让数据分析师更全面地理解数据,而预测性分析可以让数据分析师根据可视化分析和数据挖掘的成果做出预测性判断。这一点对于交通大数据在交通规划领域的应用具有很高的参考价值。

城市交通大数据环境涉及多种信息系统和多个管理部门,具有容量大、类型多、异构的特征,各种数据源单独使用时并不能提供完备的信息,并且由于数据收集设备自身、数据提取方法和数据传输等多方面的原因,数据往往存在缺陷。但如果将这些信息源整合在一起,就有可能形成一幅对研究对象的描述非常完备的特征画像。

三、大数据环境下的现代交通调查技术应用

城市的运行产生庞大的多源大数据,如浮动车数据、公交卡数据、道路定点检测数据、手机信令数据等,基于大数据的现代交通调查技术在一定程度上可以参与校核甚至高精度

代替原有大规模人工调查这一方式,有效节省城市调查及交通运行状况分析的成本,并显著提升效率。同时,基于传统调查方式无法实现的调查内容,如连续长时间调查观测、公交卡出行者连续出行观测及基于移动通信终端的出行者追踪等,可通过对交通大数据的筛选及挖掘来实现。因而,越来越多的城市利用交通大数据来辅助城市居民出行调查及参与出行调查样本扩样的校核。如在出行目的方面,漏报漏填、隐私问题及家庭其他成员代为回答的情况导致非基于家的出行比例往往偏低。通过手机信令数据分析人的出行特征时,虽然无法得到出行的具体目的,但可以识别出行是否和家相关,并作为居民出行目的调查中非基于家的出行比例的参考。可见,通过大数据扩样校核后,可以较大程度地减少调查中存在的偏差,准确而完整地刻画居民出行特征。此外,人工调查与数据挖掘相结合、大样本数据与小样本数据相融合等方式提高了公众在城市规划工作中的有效参与度,促使城市综合交通调查工作的实施更高效、经济。

交通调查技术的发展使得城市交通综合大调查时间间隔从过去的10年缩短为现在的5年,以适应中国城市快速发展的现状。近年来,北京、上海、广州、天津、深圳等城市均进行了大规模的综合交通调查(表1-2),宁波、南昌、西安、石家庄、芜湖、潍坊、绍兴等城市也已开展数轮交通调查。

中国部分城市大规模的综合交通调查年份　　　　　　　　表1-2

城市	大规模调查年份
北京	1986、1995、2000、2005、2010、2014
上海	1986、1995、2004、2009、2014、2019
广州	1984、2005
天津	1981、1993、2000、2011
深圳	1990、1995、2001、2005、2010

资料来源:陈必壮,张天然.中国城市交通调查与模型现状及发展趋势[J].城市交通,2015,13(5):73-79,95.

现代交通调查技术及分析方法在实际应用中的作用主要体现在两个方面:

1)改进传统调查方法,采用新的技术手段获取数据

传统的居民出行调查地址和交通小区编码方法已经转变为电子地图定位,甚至是手持电子地图直接定位,从而省去数据录入工作;手机调查虽然无法调查各种出行方式,但对于分析和判断人群在空间中的移动具有很大优势,高采样率可以最大限度地降低扩样误差。

2)采用新的数据采集手段,获得传统人工调查无法获取的海量数据

线圈、牌照识别、高速公路收费车辆数据、IC卡等海量数据采集技术的应用,为车速、交通量、公交出行OD、车辆行驶OD与路径等交通特征分析提供了常态化数据,这是以往传统人工调查无法获得的。虽然这些数据从某些方面比较完整和准确地反映出交通特征,但即使将所有海量数据综合起来,也不能完整反映整个交通系统的特征。有些数据只能依靠传统的人工调查方法获得。因此,如何利用这些海量数据,对传统调查数据进行多元化的信息融合校核是中国特大城市正在积极探索的课题。

以上海市近几次与青岛市第三次综合交通调查为例,说明新技术在实际调查应用中的发展历程。上海市在2004年第三次综合交通调查中,首次大规模采用了交通信息化手段进行数据采集,磁感线圈、车载GPS、出租车IC卡、智能手机等技术手段被用于道路流量、出租车出行

OD和运营综合信息以及居民出行链信息的获取。

2009年,上海市开展第四次综合交通调查时,积极探索和引入4项调查新技术作为传统调查手段的补充(图1-1)。具体包括手机定位、GPS定位、一卡通数据挖掘、遥感等高新技术的应用,以弥补传统人工调查的不足,并获得更加及时、详细、准确、完整的交通调查数据。此次调查首次利用一卡通数据,辅助居民轨道交通出行特征、轨道客流特征、居民组合出行方式链等的分析。同时,在以往研究的基础上,开展手机调查技术在典型区域集散客流时间分布和来源分析、手机用户运行轨迹分析等方面的实验性应用,并加强车辆GPS定位技术、遥感技术在交通调查分析中的应用。

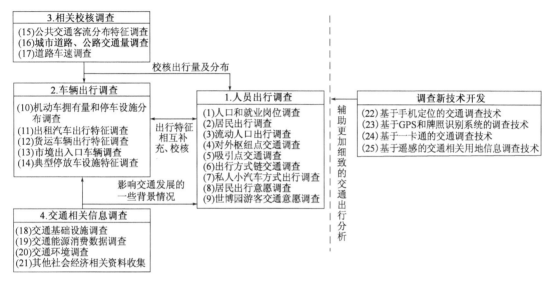

图1-1　上海市第四次综合交通调查项目构成情况

资料来源:上海市城乡建设和交通委员会,上海市城市综合交通规划研究所.上海市第四次综合交通调查总报告[R].上海:上海市第四次综合交通调查办公室,2010.

2014年,上海市开展了全市第五次综合交通调查,共分为交通设施普查及资料收集、人员出行调查、车辆出行调查、系统运行调查、信息数据挖掘5大类24个分项(图1-2),除交通设施普查及资料收集、人员出行、车辆出行和系统运行等常规调查大类外,增加了信息数据挖掘,共开展了基于综合交通信息平台、遥感用地、手机信令、车牌识别、车载GPS、公交一卡通等6项信息数据挖掘。本次调查的方案设计、项目设置更加注重数据的多元性以及内容的针对性,首次采用个人手持终端的数据采集手段,并利用公共导航地图云技术进行地址精确定位。在抽样和扩样技术方面,主要提出居民出行调查的抽样和扩样方法;在信息数据挖掘方面,分析了遥感用地、手机信令、车牌识别和车载GPS数据的挖掘技术和方法。首次将来自公安系统的车牌识别数据应用于车辆出行调查,代替人工在快速路、市境道口等危险区域实施调查,并提出了数据质量校验、快速路车流出行分布及在沪外牌小客车规模估算等交通热点问题的分析技术。本次调查除收集交通行业统计资料外,进一步拓展相关行业统计数据和信息数据资源。例如,补充收集统计部门第三次经济普查数据、车辆保险购买数据和车辆年检数据、市境出入口和高架路(桥)车牌识别数据、房屋土地资源信息中心的房屋建筑数据等。数据渠道的多元化使调查项目的设置更丰富,也是进行综合校核的重要基础。上海市历次综合交通调查项目设置的变化情况如表1-3所示。

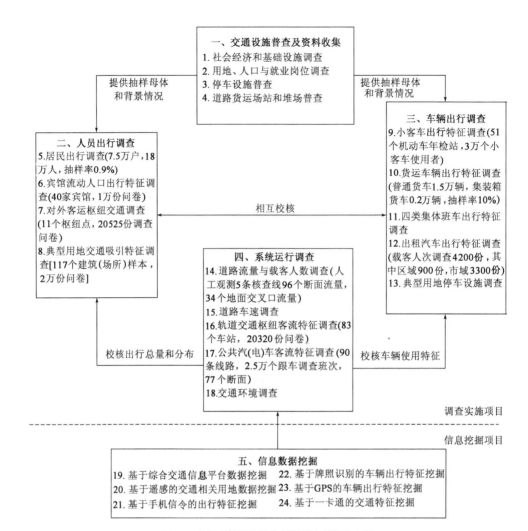

图1-2 上海市第五次综合交通调查项目和内容

资料来源:李娜,董志国,薛美根,等.上海市第五次综合交通调查新技术方法实践[J].城市交通,2016,14(2):35-42,50.

上海市历次综合交通调查项目设置的变化 表1-3

调查次序	年份	项目总数(个)	常规项目内容	新增项目内容
第一次	1986	6	居民出行调查;车辆调查;货物流通调查;停放车调查;道路交通调查;公共客运调查	—
第二次	1995	12	居民出行调查;车辆调查;公共运量调查;公交设备量调查;道路流量和车速调查;道路设备量调查;停车设施调查;货物流通调查	流动人口调查;从业人员资料;吸引点调查;市出入境车辆调查
第三次	2004	22	居民出行调查;交通吸引点及新城调查;客货车辆出行调查;对外交通流量及问询调查;货物运输调查;货物集散点调查;道路设施调查;城市道路、公路交通量调查;道路车速调查;公交线网调查;轨道客流问询调查;停车设施调查;停车特征调查;社会经济资料;交通分区系统;基础地理信息调查	流动人口调查;对外交通客流调查;出租汽车出行调查;交通事故调查;土地使用调查;交通环境调查

续上表

调查次序	年份	项目总数(个)	常规项目内容	新增项目内容
第四次	2009	25	人口和就业岗位调查;居民出行调查;流动人口出行调查;对外枢纽点交通调查;吸引点交通调查;私人小汽车方式出行调查;机动车拥有量和停车设施分布调查;出租汽车出行特征调查;货运车辆出行特征调查;市境出入口车辆调查;典型停放车设施特征调查;公共交通客流分布特征调查;城市道路、公路交通量调查;道路车速调查;交通基础设施调查;交通能源消费数据调查;交通环境调查;其他社会经济相关资料收集	出行方式链交通调查;居民出行意愿调查;世博园游客交通意愿调查;基于手机定位、GPS和牌照识别系统、一卡通、遥感等调查新技术开发
第五次	2014	24	社会经济和基础设施调查;用地、人口与就业岗位调查;停车设施普查;居民出行调查;宾馆流动人口出行特征调查;对外客运枢纽交通调查;典型用地交通吸引特征调查;货运车辆出行特征调查;出租汽车出行特征调查;典型用地停车设施调查;道路流量与载客人数调查;道路车速调查;轨道交通枢纽客流特征调查;公共汽(电)车客流特征调查;基于综合交通信息平台数据挖掘;基于遥感的交通相关用地数据挖掘;基于牌照识别的车辆出行特征挖掘;基于GPS的车辆出行特征挖掘;基于一卡通的交通特征挖掘	道路货运场站和堆场普查;小客车出行特征调查;四类集体班车出行特征调查;交通环境调查;基于手机信令的出行特征挖掘

资料来源:李娜,董志国,薛美根,等.上海市第五次综合交通调查新技术方法实践[J].城市交通,2016,14(2):35-42,50.

青岛市在2002年、2010年分别开展过两次全市综合交通调查。2016年,青岛市开展了第三次交通出行调查,主要分为无线数据采集和分析、居民出行调查、公共交通调查、道路流量调查、出入境调查、数据收集共6个大项16个分项(表1-4)。调查成果将为轨道交通规划与建设、交通规划和管理、缓堵减排政策出台提供技术支持。此次调查方案设计充分结合青岛市现有交通大数据资源及新技术手段,采用人工调查与数据挖掘相结合的方式。在居民出行调查中,首次创新尝试以家庭为单位的居民出行调查手机端和PC端问卷形式,作为传统入户调查、手机信令分析等方式的补充与辅助手段,提高了公众在城市规划工作中的有效参与度。在数据挖掘方面,充分分析并利用手机信令数据、公交一卡通数据、公共汽车和出租汽车GPS数据、地铁刷卡数据、交警智能交通管理平台中卡口和流量统计数据等交通大数据。

青岛市第三次交通出行调查项目设置 表1-4

6个调查大项		16个调查分项		调查实施时间	调查规模/数据来源
编号	名称	编号	名称		
1	无线数据采集和分析	1	无线数据采集和分析	2015年8月至10月	青岛市内所有移动手机用户8月和9月各连续两周和"十一"国庆节期间的出行信息
2	居民出行调查	2	网络居民出行调查和网络就学交通调查	2016年4月20日至5月21日	38470户家庭1天的出行信息
		3	流动人口出行调查	2016年4月23日	2500份问卷
3	公共交通调查	4	轨道交通调查	2016年4月18日至26日	地铁3号线运营中10个站点
		5	地面公交调查	2015年9月14日至20日	334条公交线路的1周刷卡数据,5387辆公交车的1周GPS数据
		6	出租调查	2015年9月14日至20日	所有出租车辆

续上表

6个调查大项		16个调查分项		调查实施时间	调查规模/数据来源
编号	名称	编号	名称		
4	道路流量调查	7	核查线调查	2016年4月10日至16日	5条核查线,70条道路
		8	重要交叉口调查	2016年4月10日至16日	信息数据:280个交叉口;人工:13个交叉口
		9	车速调查	2015年9月14日至20日	公交车1周GPS数据
5	出入境调查	10	对外客运枢纽交通量调查	2015年12月	青岛市各机场、火车站、长途汽车站
		11	国省道交通量调查	2015年9月	51个国省道断面观测点
		12	高速公路出入口调查	2015年9月	11条高速公路,40个高速公路出入口
6	数据收集	13	土地使用状况数据	2015年9月至12月	市规划局、市城乡建设委员会
		14	人口与就业状况数据	2015年9月至12月	市统计局、市公安局、市民政局
		15	宾馆酒店分布状况数据	2015年9月至12月	市旅游局
		16	机动车保有量分布状况数据	2015年9月至12月	市交警支队

资料来源:汪莹莹,杨文,高洪振,等.青岛市第三次交通出行调查技术实践与创新[C]//中国城市规划学会城市交通规划学术委员会,中国城市规划设计研究院.交叉创新与转型重构——2017年中国城市交通规划年会论文集.北京:中国建筑工业出版社,2017:861-870.

从上海市历次综合交通调查项目与青岛市第三次交通出行调查项目来看,调查内容逐渐覆盖了综合交通的各个方面,交通调查新技术在调查实施中的独特优势日益凸显。未来随着城市的快速发展与更新,更多的调查新技术与数据分析方法将在城市综合交通调查中承担更重要的任务。

第三节　大数据存在的问题及相关思考

新兴的现代交通调查与分析技术,使我们获取并分析大样本信息、长时间连续追踪包含多种结构形式的大数据成为可能。随着打破数据壁垒、拔掉"数据烟囱"等意识的加强与数据共享机制的规范化,交通大数据迎来研究与应用的热潮。然而,面对丰富、海量的数据,在兴奋的同时,我们更应该冷静思考大数据自身存在的缺陷与问题,这是科学、正确地使用大数据的重要前提。

从数据自身的特点来看,大数据主要存在空间定位模糊及采样偏差的问题。其中,大数据的空间定位模糊主要体现在如下几个方面:①定位范围较大,定位信息模糊,数据精度在空间上不一致。如手机信令数据以基站位置来定位,其精度往往取决于手机基站的空间分布情况及基站辐射范围。在城市空间中,基站分布往往呈现出市区密集而郊区稀疏的特点,导致市区数据质量高于郊区数据质量。因此,需要根据具体问题采用适当的数据预处理技术,以消除数据质量对分析结果可靠性的影响。②不同数据源精度不一致。如在进行出租车行驶路径分析时,出租车GPS轨迹数据空间精度与路网地图数据精度不一致。虽然数据量巨大,但依然存在采样偏差的问题,这主要与采集设备的布设位置及是否正常运行有关。再如,城市道路或高速路上架设的视频检测器与埋设的线圈检测器等固定检测设备无法做到路网全覆盖,只能采集到城市快速道路系统或交叉口的车辆信息。再者,道路定点检测器会因部分路段的路面修复或地铁施工而停止工作,导致局部区域数据缺失。

从数据应用来看,我们需要区分相关关系与因果关系。事物的相关关系,是指一个事件发生时,另一个事件发生的概率足够显著。而因果关系是逻辑上的概念,是指一个事件的发生导致另一个事件的发生。事物之间存在相关关系,不一定有因果关系;但存在因果关系,必定有相关关系。相关分析是因果分析的基础,因果分析是相关分析的深化。大数据分析中强调相关关系的原因:一方面,常用的相关分析可以从丰富的信息中挖掘两个或以上变量之间的相关关系;另一方面,在庞大的信息量中难以控制或排除其他不相关的变量影响,因此无法严格推导出可信的因果关系。由此可见,大数据的相关关系无法替代因果关系,两者互相补充。相关关系可以作为因果关系的基础,为更深入的因果关系研究提供切入点。

【复习思考题】

1. 交通调查的类别有哪些?简述各种调查的主要内容与侧重点。
2. 现代交通调查有什么特点?
3. 交通大数据包含哪些类型?简述其对交通分析产生的影响。
4. 现代交通调查技术及分析方法在实际应用中是如何体现的?
5. 阐述大数据分析中存在的主要问题,并选择其中一个问题展开论述其解决思路。

【本章参考文献】

[1] 王建军,马超群.交通调查与分析[M].3版.北京:人民交通出版社股份有限公司,2019.
[2] 龙瀛,毛其智.城市规划大数据理论与方法[M].北京:中国建筑工业出版社,2019.
[3] 程小云.基于移动通信数据的城市居民出行特征及分类研究[D].上海:同济大学,2015.
[4] 杨东援,段征宇.透过大数据把脉城市交通[M].上海:同济大学出版社,2017.
[5] 何承,朱扬勇.大数据技术与应用:城市交通大数据[M].上海:上海科学技术出版社,2015.

[6] 陈必壮,张天然.中国城市交通调查与模型现状及发展趋势[J].城市交通,2015,13(5):73-79,95.

[7] 张天然.大数据背景下的交通模型发展思考[J].城市交通,2016,14(2):22-28.

[8] 朱洪,曲广妍.新发展形势下的交通调查技术探讨[J].上海建设科技,2009(6):43-46.

[9] 李娜,董志国,薛美根,等.上海市第五次综合交通调查新技术方法实践[J].城市交通,2016,14(2):35-42,50.

[10] 汪莹莹,杨文,高洪振,等.青岛市第三次交通出行调查技术实践与创新[C]//中国城市规划学会城市交通规划学术委员会,中国城市规划设计研究院.交叉创新与转型重构——2017年中国城市交通规划年会论文集.北京:中国建筑工业出版社,2017:861-870.

[11] 王天思.大数据中的因果关系及其哲学内涵[J].中国社会科学,2016(5):22-42.

[12] YANG Y B, TIAN L A, AGOY A, et al. Zooming into individuals to understand the collective: a review of trajectory-based travel behaviour studies[J]. Travel behaviour and society, 2014, 1(2):69-78.

[13] QUIROGA C A, BULLOCK D. Travel time studies with global positioning and geographic information systems: an integrated methodology[J]. Transportation research part C, 1998, 6(1/2):101-127.

[14] ZHENG Y, LI Q N, CHEN Y K, et al. Understanding mobility based on GPS data[C]// UbiComp 2008: Ubiquitous Computing, 10th International Conference, UbiComp 2008, Seoul, Korea, September 21-24, 2008, Proceedings,2008.

[15] RHEE I, SHIN M, HONG S, et al. On the levy-walk nature of human mobility[J]. IEEE acm transactions on networking, 2011,19(3):630-643.

[16] LEE K, HONG S, KIM S, et al. SLAW: a new mobility model for human walks[C]// Infocom. IEEE, 2009.

[17] JIANG B, YIN J J, ZHAO S J. Characterizing the human mobility pattern in a large street network[J]. Physical review E, statistical, nonlinear, and soft matter physics, 2009, 80(2):021136.

[18] XIAO L, ZHENG X, LV W, et al. The scaling of human mobility by taxis is exponential[J]. Physica A: statistical mechanics and its applications, 2012, 391(5):2135-2144.

[19] YU L, KANG C, SONG G, et al. Understanding intra-urban trip patterns from taxi trajectory data[J]. Journal of geographical systems, 2012, 14(4):1-21.

[20] YUE Y, WANG H D, HU B, et al. Identifying shopping center attractiveness using taxi trajectory data[J]. TDMA'11: proceedings of the 2011 international workshop on trajectory data mining and analysis, 2011.

[21] HOFMANN M. Automated identification of linked trips at trip level using electronic fare collection data[C]. Transportation Research Board Meeting,2009.

[22] CHAPLEAU R, CHU K. Modeling transit travel patterns from location-stamped smart card data using a disaggregate approach[C]// World Conference on Transport Research,2007.

[23] SEABORN C, ATTANUCCI J P, WILSON N. Analyzing multimodal public transport journeys in London with smart card fare payment data[J]. Transportation research record: journal of transportation, 2009:55-62.

[24] MORENCY C, TRéPANIER M, Agard B. Measuring transit use variability with smart-card data[J]. Transport policy, 2007, 14(3):193-203.

[25] ROTH C, KANG S M, BATTY M, et al. Structure of urban movements: Polycentric activity and entangled hierarchical flows[J]. PLoS one, 2011, 6(1):e15923.

[26] GONG Y, YU L, LIN Y, et al. Exploring spatiotemporal characteristics of intra-urban trips using metro smart card records[C] // International Conference on Geoinformatics. IEEE, 2012.

[27] MONTJOYE Y, HIDALGO C A, VERLEYSEN M, et al. Unique in the crowd: the privacy bounds of human mobility[J]. Scientific reports, 2013, 3(3):1376.

[28] CALABRESE F, Mi D, LORENZO G D, et al. Understanding individual mobility patterns from urban sensing data: a mobile phone trace example[J]. Transportation research part C, 2013, 26(1):301-313.

[29] SOHN T, et al. Mobility Detection Using Everyday GSM Traces[C]. UbiComp 2006: Ubiquitous Computing, 2006, 4206:212-224.

[30] EAGLE N, PENTLAND A S. Eigenbehaviors: identifying structure in routine[J]. Behavioral ecology & sociobiology, 2009, 63(7):1057-1066.

[31] RATTI C, FRENCHMAN D, PULSELLI R M, et al. Mobile landscapes: using location data from cell phones for urban analysis[J]. Environment & planning B planning & design, 2006, 33(5):727-748.

[32] RAN B. DAILY O-D matrix estimation using cellular probe data[C]. Transportation Research Board Meeting, 2010.

[33] FRIEDRICH M, IMMISCH K, JEHLICKA P, et al. Generating origin-destination matrices from mobile phone trajectories[J]. Transportation research record: journal of the transportation research board, 2010, 2196(2196):93-101.

[34] GAO S, LIU Y, WANG Y L, et al. Discovering spatial interaction communities from mobile phone data[J]. Transactions in Gis, 2013, 17(3):463-481.

[35] CANDIA J, GONZáLEZ M C, Wang P, et al. Uncovering individual and collective human dynamics from mobile phone records[J]. Journal of physics A, 2008, 41(22):224015-224025.

[36] GONZALEZ M C, HIDALGO C A, BARABASI A L. Understanding individual human mobility patterns[J]. Nature, 2009, 458(7235):238.

[37] SONG C, KOREN T, WANG P, et al. Modelling the scaling properties of human mobility[J]. Nature physics, 2010, 6(10):818-823.

[38] KANG C, MA X, TONG D, et al. Intra-urban human mobility patterns: an urban morphology perspective[J]. Physica a statistical mechanics & its applications, 2012, 391(4):1702-1717.

[39] YUAN Y, RAUBAL M, YU L. Correlating mobile phone usage and travel behavior: a case study of Harbin, China[J]. Computers environment & urban systems, 2012, 36(2):118-130.

第二章
交通流基本参数调查

第一节　交通量调查

一、交通量调查的目的

交通量调查的目的在于通过长期连续性观测或短期间隙和临时观测,搜集交通量资料,了解交通量在时间、空间上的分布规律,为交通规划、道路建设、交通控制与管理、工程经济分析等提供必要的数据。交通量数据是交通工程学中一种最基本的资料,尤其是长期积累的系统的、完整的交通量资料,能够更好地服务于交通建设和管理决策。交通量资料具有如下广泛的应用场景:

(1)通过在同一地点长期连续性观测,掌握交通量的时间分布规律,探求与交通量有关的各种参数,为交通量预测提供以往长期的可靠资料。

(2)通过间隙性观测调查,了解交通量在地域空间上的分布规律,为了解全面的交通情况提供数据。

(3)为各种交通管理措施提供决策指导依据,如实施单向交通、禁止某种车辆进入或转弯、设置交通标志和标线、实施交通的渠化、指定车辆的通行车道或专用车道、中心线移位以扩大入口引道的车道数、道路施工、维修时禁止车辆通行并指定绕行路线、配备交警警力等。

(4)了解行人交通量及其各种特性,为行人交通保护设施设置的位置及规模提供参考依据。

(5)为制定交通规划掌握必要的交通量数据。通过全面了解现状资料,预测未来的交通量,分析交通流量的分配,为确定交通规划、道路网规划、道路技术等级和修建次序及确定规划所需的投资和效益提供依据。

(6)依据交通量的历史发展趋势和现状,判断既有交通设施是否需要扩建或改建,并确定道路设施修建和改建的先后次序。

(7)交通量的现状和需求是实施交通控制的关键,其中交通量流向、流量以及时空和空间分布为交通控制方案的制订和实施提供重要依据。

(8)评估工程,对各种工程措施、管理措施进行前后对比调查,判断交通改善措施的效果,所需要的措施实施前后交通量的资料,应该在其他条件不变的前提下进行交通量调查。

(9)研究交通基本参数如交通量、车速、密度等之间的关系,开展交通流理论分析。

二、交通量的相关定义

交通量是指单位时间内通过道路某一断面(一般为往返两个方向,特指时可为某一方向或某一车道)的交通实体数,又称为交通流量或流量。按交通类型划分,交通量可分为机动车交通量、非机动车交通量和行人交通量。

交通量是一个随机数,不同时间、不同地点的交通量时刻变化。交通量随时间和空间而变化的现象,称为交通量的时空分布特性。由于交通量时刻在变化,为了说明代表性交通量,一般常用平均交通量、高峰小时交通量、第 n 位小时交通量等方法表示。

1. 平均交通量

选取某一时间段内的平均值(一般以辆/d为单位)作为该时间段的代表性交通量。按其目的可分为以下几类:

(1)平均日交通量(ADT):任意期间的交通量累计之和除以该期间的总天数所得的交通量。

(2)年平均日交通量(AADT):一年内连续累计交通量之和除以该年的天数(365或366)所得的交通量。

(3)月平均日交通量(MADT):一月内交通量之和除以该月的天数(28、29、30或31)所得的交通量。

(4)周平均日交通量(WADT):一周内交通量之和除以一周的天数(7)所得的交通量。

2. 最高小时交通量

最高小时交通量是在以1h为单位进行连续若干小时观测所得结果中最高的小时交通量,其单位为辆/h。既可用观测地点的整个断面的交通量表示,也可用每一车道交通量表示。按其用途可分为以下几类:

(1)高峰小时交通量(PHT 或 VPH):一天 24h 内交通量最高的某一小时的交通量。一般还分为上午高峰(早高峰)和下午高峰(晚高峰)小时交通量。关于其时间的区划,一般从 n 点到 $n+1$ 点按整数划分。为研究分析目的亦可寻找连续 60min 最高交通量(非整点到非整点)。

(2)年最高小时交通量(MAHV):一年内 8760(闰年为 8784)个小时中交通量最高的某一小时交通量。

(3)第 30 位小时交通量(30HV):一般简称为第 30 小时交通量。指将一年中所有 8760 个小时的交通量按顺序由大至小排列时第 30 位的小时交通量。

3. 有关名词术语和定义

(1)道路方向分布系数(K_d):用百分数表示的主要行车方向交通量占双向行车总交通量的比值。

(2)第 30 位小时交通量系数(K_{30}):第 30 位小时交通量与年平均日交通量之比,简称为第 30 小时系数。

(3)月交通量变化系数(K_M 或 M):年平均日交通量与某月的平均日交通量之比,又称月不均衡系数、月换算系数等。

(4)周日交通量变化系数(K_W 或 D):年平均日交通量与全年中某周日的平均日交通量之比,又称日变化系数、日换算系数等。

(5)白天 16h 交通量系数(K_{16}):白天 16h(一般为 6:00—22:00)交通量与全天 24h 交通量的比值。一般采用连续若干天的交通量的平均值。

(6)白天 12h 交通量系数(K_{12}):白天 12h(一般为 7:00—19:00)交通量与全天 24h 交通量的比值。一般采用连续若干天的交通量的平均值。

(7)高峰小时流量比:高峰小时交通量与该天全日交通量的比值,一般以百分比形式表示。

(8)高峰区间:某高峰小时内连续 5min(或 15min)累计交通量最大的区间,称为该高峰小时内的高峰区间。

(9)扩大高峰小时交通量:把高峰区间的累计交通量扩大推算为 1h 的交通量。

(10)高峰小时系数(PHF):高峰小时实测交通量与由 5min 或 15min 高峰区间推算所得的扩大高峰小时交通量之比。

三、车辆换算和数量统计

我国道路中,除了高速公路、一级公路和二级汽车专用公路是汽车专用的道路外,其余大部分道路都是汽车与其他各种车辆混合行驶道路。因此,存在以何种车辆为标准和各种车辆如何换算成标准车型的问题。根据各种不同车辆在行驶时占用道路净空的程度,可以分别确定它们对标准车型的折算系数。为此,在进行交通量观测时,必须根据调查的目的和用途,区分不同车种,分别记录,以便利用折算系数换算成统一的标准车型。由于对车辆在行驶中的状态和彼此干扰的研究尚不足,目前折算系数尚不完善,需要进一步改进。依据《公路工程技术标准》(JTG B01—2014),公路交通量换算采用小客车为标准车型。公路各汽车代表车型及车辆折算系数如表 2-1 所示。

公路各汽车代表车型及车辆折算系数　　　　　表2-1

汽车代表车型	车辆折算系数	说明
小型车	1.0	座位≤19座的客车和载质量≤2t的货车
中型车	1.5	座位>19座的客车和2t<载质量≤7t的货车
大型车	2.5	7t<载质量≤20t的货车
汽车列车	4.0	载质量>20t的货车

注：1.畜力车、人力车、自行车等非机动车按路侧干扰因素计。
　　2.公路上行驶的拖拉机每辆折算为4辆小客车。
　　3.公路通行能力分析所要求的车辆折算系数应针对路段、交叉口等形式，按不同的地形条件和交通需求采用。

另外，交通运输部于2014年10月制定了《公路交通情况调查统计报表制度（2014—2017）》，其中公路交通量调查车型划分及车辆折算系数内容与表2-1略有不同：公路交通量调查车型按两级分类划分，其中，国、省干线公路上的调查站点应按照二级分类进行车型调查，非机动车不作为全国调查车型，各省可根据实际情况酌情增加。公路交通量调查车型划分及车辆折算系数见表2-2。

公路交通量调查车型划分及车辆折算系数　　　　　表2-2

车型	一级分类	二级分类	折算系数	额定荷载参数	轮廓及轴数特征参数	备注
汽车	小型车	小客车	1.0	额定座位≤19座	车长<6m，2轴	—
		小型货车	1.0	载质量≤2t		包括三轮载货汽车
	中型车	大客车	1.5	额定座位>19座	6m≤车长≤12m，2轴	
		中型货车	1.5	2t<载质量≤7t		包括专用汽车
	大型车	大型货车	3.0	7t<载质量≤20t	6m≤车长≤12m，3轴或4轴	
	特大型车	特大型车	4.0	载质量>20t	车长>12m或4轴以上；且车高<3.8m或车高>4.2m	—
		集装箱车	4.0		车长>12m或4轴以上；且3.8m≤车高≤4.2m	
摩托车			1.0	发动机驱动	—	包括轻便、普通摩托车
拖拉机			4.0	—	—	包括大、小拖拉机

注：1.各车型的额定荷载、轮廓及轴数特征参数可作为不同具体调查方法的车型分类依据。
　　2.交通量换算采用小客车为标准车型。

开展城市道路交通量调查时，依据《城市综合交通体系规划标准》（GB/T 51328—2018），交通量换算采用小客车为标准车型。城市道路当量小汽车折算系数见表2-3。

城市道路当量小汽车折算系数　　　　　表2-3

车型	折算系数	车型	折算系数
自行车	0.2	旅行车	1.2
两轮摩托	0.4	大客车或载质量<9t的货车	2.0
三轮摩托或微型汽车	0.6	载质量9～15t的货车	3.0
小客车或载质量<3t的货车	1.0	铰接客车或大平板拖挂货车	4.0

交通量调查后,其数据统计也较烦琐。为了求得所需的总交通量,通常需将各类车辆的交通量通过一定换算(也有不用换算的)后再相加。常见的表示方法如下:

(1)所有车辆(包括拖拉机和自行车)折算成标准车型后的总和。
(2)所有车辆(包括拖拉机和自行车)未折算的总和。
(3)全部机动车(包括拖拉机和汽车)折算成标准车型后的总和。
(4)全部机动车(包括拖拉机和汽车)未折算的总和。
(5)全部汽车(包括客车和货车)未折算或折算成标准车型后的总和。
(6)全部自行车的总和。有时往往与全部机动车未折算的总和并列在一起。
(7)某类车辆的总和。
(8)汽车、拖拉机、人力车与畜力车、自行车四类车辆的折算和未折算分类总和。

四、交通量调查的内容

1. 调查种类

由于调查的着眼点不同,一般可将交通量调查分为如下几类:

(1)特定地点的交通量调查。该类调查以研究交通管理、信号控制为主要目的,调查特定地点(如交叉口、路段或出入口)的交通量。

(2)区域交通量调查。其是在某特定区域内的特征交叉口和路段设置交通量调查点,以掌握该区域交通流量的分布变化特点的交通量调查。

(3)区域境界线交通量调查,也称出入交通量调查。其是为校核商务中心区等特定地区城市或城市郊区等区域的出入交通量,以及起讫点调查数据中的内外出行距离而获取所需的数据。该类调查往往与起讫点调查及其他有关的调查一起进行。

(4)分隔核查线交通量调查。其主要是为校核起讫点调查的数据而进行的调查,记录跨越核查线的交通量。

2. 调查地点

调查地点的选择,根据调查目的而有所不同,主要考虑交通量集中且有代表性、便于调查统计、具有控制性的地点。一般设置在下列场所:

(1)交叉口之间的平直路段上。
(2)交叉口(交叉口各入口引道的停车线)。
(3)交通设施、枢纽的出入口(流通中心、大型停车场等)。

3. 调查时间与时段

1)调查时间的选取

调查时间取决于调查目的。用于了解交通量全年变化趋势的一般性调查,应选在年中有代表性交通量的时期进行。对一周来说,最好是星期二至星期五,避开周末及其前后,且以无大型文体活动的晴天为宜。

(1)对"24h 观测",时间一般应从该日 6:00 至第二天 6:00。
(2)对"16h 观测",则应从 6:00 至 22:00,并注意调查早、晚高峰交通量。
(3)对"12h 观测",一般从 6:00 至 18:00,可以因地而异,但必须观测到白天主要的交通量及其变化。
(4)对"峰值时间观测",其用于了解早、晚高峰小时交通量变化状况。一般在上、下午高峰时间范围内作 1~3h 的连续观测。

2) 调查时段的划分

调查时段的划分,可每隔15min计数一次,但若是用于确定通行能力的调查,则以5min的时间间隔为好。必要时也可按信号交叉口的信号周期来计数。如果交通不是十分繁忙,且调查人员充足,则调查时段宜划分较短,以便计算其他有关系数,如高峰小时系数和荷载系数等。

高峰小时系数是高峰交通特征的量度。它是发生在高峰小时的实际小时交通量,与在高峰小时内指定时间间隔最大交通量乘该小时的间隔数(扩大高峰小时交通量)的比值,其最大可能值是1.0。此值受1h内规定短时间的限制,对高速公路运行通常为5~6min,对交叉口运行为5~15min。

荷载系数是高峰小时期间被车辆充分利用的绿灯信号间隔的总数与同一期间内可以被利用的绿灯信号间隔的总数之比。其最大可能值也为1.0。调查时段的划分此时应以绿灯信号时间为准。

4.调查表格设计

常用的交通量观测记录表见表2-4、表2-5。其中表2-4用于观测机动车,车种的分类视具体情况而定。表2-5用于观测非机动车。观测的时间段,可以为信号周期,也可以为其他时间间隔,视实际需要而定。表2-6是另一种形式的交通量观测记录表。车种和时间区间可自定,而同一时刻的观测计数栏有两格,上面一格记录累计数字,下面一格记录分计数字,可以进行校核,以避免累计性误差。

机动车交通量观测表 表2-4

路口_____ 路_____ 路_____ 进口_____ 日期_____ 星期_____
天气_____ 控制方式_____ 路口形式_____ 时间_____

周期	左转					右转					红灯(右转)					直行					二次停车
	大	中	小	公	电	大	中	小	公	电	大	中	小	公	电	大	中	小	公	电	
小计																					

观测员_____ 第_____页

非机动车交通量观测表 表2-5

路口_____ 路_____ 路_____ 进口_____ 日期_____ 星期_____
天气_____ 控制方式_____ 路口形式_____ 时间_____

周期	左转	直行	右转	红灯右转	红灯到达数	红灯到达数通过时间	绿灯通过数

观测员_____ 第_____页

交通量观测表　　　　　　　　　　　　表 2-6

日期_____　　星期_____　　时间段_____—_____
地址_____　　时间_____　　方向_____

时间	车种				合计

五、交通量调查的方法

交通量调查方法较多，主要有人工计数法、浮动车法、机械(自动)计数法、录像法、GPS法、航摄法、视频检测法等。具体采用何种方法，主要取决于人力资源、时间限制条件、所能获得的设备、经费和技术条件、调查的目的和要求、要求提供的资料情况等。

1. 人工计数法

人工计数法是我国目前应用最广泛的一种交通量调查方法，只要有一个或几个调查人员就能在指定的路段或交叉口引道一侧进行调查，组织工作简单，调配人员和变动地点灵活，使用的工具除必备的计时器(手表或秒表)外，一般只需手动(机械或电子)计数器和其他用于记录的记录板(夹)、纸和笔。

调查资料包括：

(1) 分类车辆交通量。可以根据公路部门、城建部门、公安交通管理部门或其他部门的需要对车辆进行分类、选择和记录，分类可以很细，调查内容甚至可区分为空载或重载、车辆轴数、公交车辆的各种分类(如公共汽车或无轨电车、通道车或单车、载客情况、公交路线区别)等。

(2) 车辆在某一行驶方向、某一车道(内侧或外侧、快车道或慢车道)上的交通量，以及双向总交通量。

(3) 交叉口各入口引道上的交通量及每一入口引道各流向(左转、直行和右转)交通量，各出口引道交通量和交叉口总交通量。对于环形交叉口还可调查各交织段的交通量。

(4) 非机动车(自行车、人力三轮车等)交通量和行人交通量。

(5) 车辆排队长度及车辆停驶时间和空间占有率等。

(6) 车辆所属车主(单位和个人)，车辆所属地区(外省、外县或本地)，不同部门或系统所属车辆(民用车、军车、特种车、运输企业车、社会车辆等)。

(7) 驾驶人和骑车人对交通管理和控制的遵守情况。

人工计数法适用于任何地点、任何情况的交通量调查，机动灵活，易于掌握，精度较高

(调查人员经过培训,对调查工作比较熟练,又具有较强的责任心时),资料整理也很方便。但是这种方法需要大量的人力,劳动强度大,冬、夏季室外工作较辛苦。对工作人员要事先进行业务培训,加强职业道德和组织纪律性的教育,在现场要进行预演调查和巡回指导与检查。另外,如需做长期连续的交通量调查,由于人工累计数很大,因此需要较多费用。该调查方法一般最适用于短期的交通量调查。

2. 浮动车法

浮动车法可用于同时获得某一路段的交通量、行驶时间和行驶车速,是一种较好的交通综合调查方法。

用浮动车法调查时需要一辆测试车,小型面包车或工具车最好,越野车或小汽车也可以,尽量不要使用警车等有特殊标志的车辆,以工作方便、不引人注意、座位足够容纳调查人员为宜。调查人员(除驾驶人以外)至少需要三人:一人记录与测试车相向行驶的车辆数;一人记录与测试车同向行驶的车辆中被测试车超越的车辆数和超越测试车的车辆数;一人报告和记录出发时间及停驶时间。行程距离应已知或从里程碑、地图读取,或从有关单位获取,如不得已可亲自实地丈量。调查过程中,测试车一般需沿调查路线往返行驶 12~16 次(即 6~8 个来回)。根据美国国家运输安全委员会的规定,总的行驶时间要求主要道路为每英里(约1.6km)30min,次要道路为每英里 20min。该调查方法可用于获取交通量、行程时间和车流平均行程车速,具体计算方法可参见其他相关教材。

3. 机械(自动)计数法

自动机械计数装置一般由车辆检测器(传感器)和计数器两部分组成。自动机械计数装置可分为便携式机械计数装置和永久性(或半固定型)机械计数装置两种,前者适用于临时或短期的交通量调查,后者适用于固定或长期的交通量调查。

1)便携式机械计数装置

便携式机械计数装置一般有以下 3 种类型:

(1)初级计数器。初级计数器是一种带有可见标度读数的连续型计数器,采用干电池做电源。

(2)专门型初级计数器。专门型初级计数器又称周期计数器,它有一只可调时间的时钟,可按任意规定的时间来开动计数器,并且在转动一定的时间间隔后停止工作。

(3)高级计数器。高级计数器包括一个时钟、一个可复位型(自动清零)计数器、一个打印机或穿孔机,或计数器记录笔,由一组电池(充蓄电池或干电池)供电。

由于初级计数器没有打印机或穿孔机,因此在计数开始和结束时,必须由工作人员累计读数并记录。而高级计数器中装有累计记录器,可将脉冲信息储存起来,并通过时钟控制,按一定时间间隔将累计脉冲打印在纸带上。典型的打印纸带记录器每隔 15min 和每隔 1h 打印一次结果,而且在每小时打印完结果之后,计数器会自动归零。

2)永久性机械计数装置

永久性(或半固定型)计数器,使用的检测器(传感器)有道路管(气压式或液压式)、电接触式、光电、雷达、磁性、感应线圈、超声波、红外线和电容式等许多形式。有些永久性的计数检测站上只安装检测器作为传感器,而将脉冲信号传输到记录数据中心。以下介绍各类永久性机械计数装置。

(1)道路管检测器。

道路管检测器分为气压式和液压式两种。气压式依靠车辆轮胎挤一个软的充气的中空橡胶管,产生气压脉冲压力来启动开关以计数。液压式则依靠车辆轮胎压力挤压一个灌有液体的橡胶软管,通过液体压力的传递来开启压敏开关以计数。由于道路管检测器有一定的局限性,故很少用于计数检测。

(2)电接触式检测器。

电接触式检测器是在钢底板上用一块浇铸硫化橡胶垫固定可拆卸悬置弹簧钢的带条,在两个接触带之间开口,并用惰性气体充填成型,通过热补封闭组装元件。将这种检测器埋设于车道并与路面齐平,当车辆从路面上通过时,接触带接触从而接通电路触发计数器。可以在每条车道下分别安装这种检测器,统计各条车道的车辆数。另外还有铺于路面上的以导电橡胶为主要组成成分的检测器,当车辆通过时,相对隔离的两部分接触,从而接通电路触发计数器。

(3)光电检测器。

光电检测器一般可分为光束切断型和光束反射型两种。前者的原理是发出一道光束穿过车行道射到光敏管(光电管)上,当有汽车通过时就切断光束,光敏管测出后即激发计数器计数。后者的原理是一道光束从路面反射到光敏管上,汽车驶过时光束从汽车上反射,这种特别的光反射被光敏管测出后即触发计数器计数。光电检测器不适用于预期每小时交通量超过1000辆的双车道或多车道道路,它也无法区别同时通过光束的两辆车,这使得计数有误差。另外,由于车辆本身设计尺寸的变化很大,确定光束通过的合适高度较困难。虽然这是一种简单、可靠的计数系统,但由于精度的问题,仅限于交通量不大的道路使用,并不适用于有非机动车的混合交通道路。

(4)雷达检测器。

雷达检测器一般分为连续波型雷达检测器和导向型雷达检测器两种。前者的原理是利用悬挂在车道上方一定距离的检测器,向下方车道发射已知频率的无线电波并接收反射波,通过发射波和接收波频率差异来检测通过的车辆。后者的原理是将无线电波以一定频率输送到埋置在车道下的传送线里,车道上汽车的通行使检测器测出其变化并计数。这两种检测器都很精确、可靠,并且不会因行车作用而磨耗、损坏。

(5)磁性检测器。

磁性检测器的原理是在其周围形成一种磁场(可由人工形成,也可利用天然的地球磁场),当具有金属体的车辆通过时,引起原来磁场的变化,由此即可通过变换器产生信号或脉冲。它可安设在车道表面或埋在车道下。其优点是不受车轮的直接磨耗或破坏影响,也不受冰雪影响。但当附近有大型电气设备、电缆等产生强磁场时,它就会受到干扰,导致使用非常困难。

(6)感应线圈检测器。

感应线圈检测器是磁性检测器的一种变形。它依靠埋入路面面层内的一个或一组感应线圈产生的电感应变化来检测所通过的车辆。可以在每条车道下分别设置感应线圈,以检测每条车道上的车辆通过数。它特别适用于交通量较大的道路,但其埋设的手段和方法、线圈本身的性能和寿命、线圈与导线接头的可靠性和防潮绝缘性能等均有待进一步完善。

感应线圈检测器的种类很多,其彼此不同点在于:

①线圈外形不同,即检测器的尺寸和形状根据其不同用途而有所区别。

②功能不同,分为检测车辆的通过或存在。

③电缆的种类不同,可分 1 芯、2 芯或 3 芯标准以及特殊电缆,对于 2 芯或 3 芯的电缆,又有全连通和非全连通之分。

④根据检测器的灵敏度,电缆在路面内的埋置深度不同。

⑤重新平衡的时间不同,一般从几秒到几十分钟。

⑥探头到控制器的最大作用距离不同。

⑦由一个电源供应的传感器的数目不同。

⑧传感器的工作原理不同,主要有以下两类:

a. 谐振电路感应线圈检测器。大多数感应线圈属于这一类,由一个感应线圈和一个振荡电路里的可变电容器组成。电路的频率调节使电路与固定频率的振荡器产生共振。汽车驶过感应线圈会改变其电感,从而引起振荡电路频率的变化。定值振荡器和电路之间的频率差驱动另一个电路,使其闭合成为一个继电器,最后产生信号或脉冲以计数。

b. 相移式感应线圈检测器。由车辆驶过引起的感应线圈的电感变化,可由测定一个电阻(感应线圈也就是这个电阻的组成部分之一)的电压和电流的相位移办法来确定,从而达到检测的目的。

环形感应线圈采集系统结构图如图 2-1 所示。

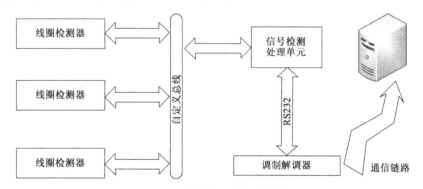

图 2-1　环形感应线圈采集系统结构图

(7)超声波检测器。

超声波检测器有脉冲波式检测器、谐振波型检测器和连续波型超声波检测器三种。

①脉冲波式检测器:悬挂在车道上方,向车道下方发射超声波能的脉冲,并接收回波。当车辆通过下方时,是从车顶反射回波而不是从路面反射回波,缩短了回波路程以及接收回波的时间,从而检测出通过的车辆。

②谐振波型检测器:在车道两边分别安装相向对立的发射器和接收器,从发射器发射超声波横越车道被对面的接收器接收,当车辆通过超声波束时就截断了波束,从而检测出通过的车辆。

③连续波型超声波检测器:其原理与连续波型雷达检测器的原理相同,当其发射的一个连续的超声波能的波束射向驶近的车辆时,多普勒效应引起来车反射能频率的变化,于是就检测出车辆的存在。

以上检测器精确度较高,不受大气影响,但初始费用较高。

(8)红外线检测器。

红外线检测器一般可分为主动式红外线检测器和被动式红外线检测器两种。

①主动式红外线检测器:与光电检测器的原理相似,不过它使用半导体红外线发生器作为传感器。其工作原理如图 2-2 所示。

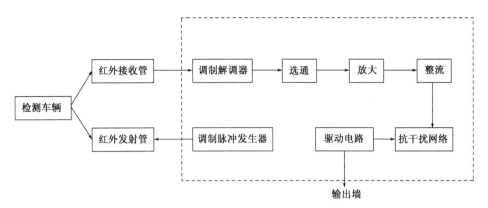

图 2-2　主动式红外线检测器工作原理

②被动式红外线检测器:其原理是利用无车辆时路面的红外线能辐射强度与路面上有汽车通过时的红外线能辐射强度的变化,该辐射强度的变化可由红外线接收器检测出来。

(9) 电容式检测器。

电容式检测器一般可分为机械性电容式检测器和非机械性电容式检测器两种。

①机械性电容式检测器:其原理是车辆通过时车轮的压力改变了两个重叠起来的柔性金属面的间隔,从而引起它们之间的静电耦合变化,最终电容的变化被检测出来。

②非机械性电容式检测器:其原理是两个电极之间的电容由于车辆金属物的干扰(或是一个电极和车辆车身组成的电容)而发生了变化,这一变化同样可用前一种方法检测出来。

(10) 其他类型检测器。

除了以上所介绍的各类检测器外,还有如下一些检测器目前也已应用。

①压电式检测器:利用车轮产生的压力,通过适当的机械连接,使压电部件受力而输出电压以计数。

②摩擦电式检测器:其原理为车轮的压力使两种不同的材料产生摩擦,这一摩擦引起电子迁移,从而转变成可测出的电压进行计数。

③地震式检测器:当车辆通过时,埋置的钢条内产生振动,被加速器测出而计数。

以上所介绍的各种类型的检测器,除了可用于交通量调查之外,在交通控制和交通管理中也得到了广泛应用。同时,还可用于车速检测或其他交通参数的检测。当作车速检测器使用时,需由两个前后排列且有适当距离的通行检测器组成,根据车辆通过前后两个通行检测器已知距离的时间差,可计算车速。也可采用前述的多普勒速度传感器(如雷达检测器)来测定车速。还可用两个或多个检测器来测定其他交通参数,例如利用通行检测器加上速度检测器即可测出车辆密度。

选用哪一种类型的检测器以及配接何种类型的计数器,要根据各地、各部门交通调查的目的、检测车辆种类、设备的性能、国内目前所能购置的情况、经费等决定。

4. 录像法

目前常利用录像机(摄像机、摄影机或照相机)作为高级的便携式记录设备。可以使用专门设备,并将镜头升高到工作位置(或置于合适的建筑物上),以便能观测到所需范围。可以将摄制到的录像(影片或相片)重新放映或显示出来,按照一定的时间间隔由人工来统计交通量。这种方法的优点是所需现场人员较少,资料可长期反复应用,也比较直观。其缺点是费用比较高,整理资料耗费大量人力。因此,录像法目前一般多用于研究工作的调查中。

对于交叉口交通状况的调查,往往可采用录像法(或摄像法)。通常将摄像机(或摄影机,或时距照相机)安装在交叉口附近的某制高点上,将镜头对准交叉口,按一定的时间间隔(如30s、45s或60s)自动拍摄一次或连续摄像(摄影)。根据不同时间间隔下每一辆车在交叉口内位置的变化情况,统计不同流向的交通量。这种方法的优点是能够获取一组连续时间序列的画面,只要适当选择摄影的时间间隔,就可以得到较为完整的交通资料,对于如自行车和行人交通量、分车种分流向的机动车交通量、车辆通过交叉口的速度及延误时间损失、车头时距、信号配时、交通堵塞原因、各种行人与车辆冲突情况等,均能提供令人信服的证据,并且资料可以长期保存。其缺点是费用高,内业资料整理工作量大,需要做大量图(像)上的量距和计算;并且在有繁密树木或其他遮挡物时,调查会比较困难或引起较大误差。对于无法架设摄像机的地方,可采用无人机拍摄。

5. 卫星定位法

全球性、全天候、连续的卫星无线电定位系统可提供实时的三维坐标的位置、速度等空间信息和高精度的时间信息。因其具有定位精度高,速度快,不受云雾、森林等环境影响的特点,已被广泛应用于军事测绘、精密测量、导航定位、交通管理、地球科学研究等国民经济各个领域。将卫星定位技术与城市交通管理系统相结合,对获取交通状况信息具有重要意义,可实现交通状况的实时检测。利用卫星定位可实时监测实验车无法直接得到路段的交通量,可以根据所测得的路段区间平均车速来反推路段交通流量,具体计算方法详见第六章。

6. 航摄法

航摄法的观测点是一个空间连续的移动断面,因此用航摄法测车流量的计算公式如下:

$$Q_{航} = v_s K \tag{2-1}$$

$$Q = Q_1 + Q_2 \tag{2-2}$$

式中:$Q_{航}$——顺向、逆向的双向车流量;

v_s——车流空间平均车速;

K——双向车流密度;

Q——总车流量;

Q_1、Q_2——顺向、逆向的车流量。

航摄法的不足之处在于因影像较小而对车型判读比较困难。然而,其较传统的交通量调查具有明显的优点,主要表现在如下几个方面:

(1)航摄法调查不受天气、地点、时间的影响,可大大减少实地交通调查的工作量,具有很好的现实性和实用性。

(2)能在空中动态地监测道路运行状况,特别是在监测城市汽车行驶路线、沿线车辆停放以及交叉路口交通状况等方面是一种有效的手段。

(3)采用航摄法进行公路交通状况调查,具有较高的灵活性。

7. 视频检测法

视频车辆检测器是一种基于视频图像分析和计算机视觉技术对路面车辆运行情况进行检测分析的集成系统。采用摄像机作为视频传感器,将摄像机架设在道路的合适位置,实时监测各个现场的图像,并消除各种环境造成的影响,通过图像分析处理获得所需的各种交通数据,检测线和检测区可在计算机或监视器的图像画面上自由设置。对于系统检测到的各种交通数据,既可将其存储在设备自身的大容量存储器中,也可通过通信接口将检测数据传输到远端数据中心。

交通流量的视频检测中,最关键的就是车辆检测识别。通常,基于视频的车辆检测方法主要有灰度等级法、背景差分法、帧差法、边缘检测法等。灰度等级法通过背景和车辆的统计灰度阈值来检测车辆,但灰度阈值容易受环境和光线变化影响;背景差分法利用当前输入帧和背景模型差来获取运动目标,但需要对多变的场景进行实时背景更新;帧差法利用相邻帧对应像素差分检测运动车辆,检测结果依赖于选择连续帧时间间隔和车辆速度;边缘检测法能够在不同光照条件下测出车辆边缘,但如果路面边缘不明显,则检测结果将不理想甚至出现错误。详细内容可参见本书第八章。

视频检测系统采用图像处理和模式识别技术,能够检测许多交通流参数,如交通量、速度、占有率、车间距、交通流密度等,其中有些参数是其他设备无法检测的,而且它可以和交通监视系统共享视频数据,从而节省整个交通管理系统的成本。然而现阶段的车辆视频检测系统还存在着一些不足之处,如受环境和天气的影响比较大等。尽管如此,视频检测系统由于具有不破坏路面、维护方便、可检测参数多等优点已经成为一种重要的、有着很好发展前景的交通流量检测方法。此外,常用的视频检测软件有 Athenex 视频车辆检测系统,它可以通过分析实时视频流实现对车辆的检测,将检测范围从定点数据扩展为二维平面的交通数据,使车辆检测技术产生了质的飞跃,同时也能兼容目前的线圈检测器作为定点数据检测设备。

对上述几种常用的交通量调查方法进行对比分析,结果如表 2-7 所示。

常用的交通量调查方法对比 表 2-7

调查方法	优　点	缺　点
人工计数法	组织工作简单,适用于任何地点、任何情况的交通量调查,机动灵活,易于掌握,精度较高	人工费用高;适用于短期交通调查,对调查人员要求高
浮动车法	调查误差小,所需人工较少	适用于交通流较小的情况,数据计算容易产生误差
机械(自动)计数法	费用低;灵活性较强,既适用于临时也适用于长期调查;整理调查数据容易	所需现场调查人员多,调查误差大
录像法	所需现场调查人员较少,资料可长期反复利用	费用较高,整理资料耗费人力多
GPS 法	定位精度高,速度快,不受环境条件影响,适用于长期交通调查	不能直接得到路段的交通量,需利用路段区间平均车速来反推路段交通流量
航摄法	不受环境条件限制,能够实现动态监测且具有灵活性	费用较高,易误判车型
视频检测法	方便,准确率高,可用于长期交通调查	易受环境条件限制,环境状况不良情况下误差较大

六、交通量调查方案的设计

拟订调查方案时,应对以下各项内容做出书面说明。

1) 调查目的

应有明确的目的和要求,以使调查工作符合原定意图。通常交通量调查的目的有交通规划、设计、经济分析和管理等。

2) 拟调查地区或路线的情况

包括地区平面图、路网图、道路平纵线形图等。应说明会对交通量有影响的各种道路、交通量管理和控制因素,如道路宽度和各车道宽度及其功能,分隔带或隔离墩等分隔设施,路面标线,各类交通岛,交通标线,交通管理与控制设施位置,道路以及交叉口周围环境和障碍物,路面状况,人行横道、公交车站和停车位位置等。

3) 观测点在平面图上的位置

在地区平面图上标注各个观测点的位置,并做必要的说明。

4) 所观测车辆的车种和分类

确定车辆的车种,并确定划分标准。

5) 所拟定调查时间和周期的说明

确定调查的日期、具体时间段、计数间隔等。

6) 观测仪器

所采用的调查方法决定了具体的观测仪器。如采用自动机械计数装置,应确定设备的规模、型号及数量,并对设备的性能加以简要说明,还应给出详细的设备安装施工图。采购设备时要注意费用、供货及可能到货的日期,保证按时开始观测。

7) 人员配备及分工

对于新参加观测工作的人员,必须进行技术培训和纪律工作、责任心的教育。

8) 其他调查用具配备规格和数量

要注意调查时其他调查用具用电和晚间工作照明用电,人员联络往来用的通信和交通工具,遮阳挡雨的伞具或雨棚等问题,保证其满足调查需要,否则将严重影响工作。

9) 记录表格的形式和要求

表头一般应包括道路或交叉口名称(相交道路),观测站位置,所观测车流运行方向和车种,观测日期(年、月、日、星期),观测时间(上午、下午或晚上),天气,观测人员等,必要时可附平面示意图。

10) 其他说明事项

交通量调查方案设计应根据调查目的和任务确定,注意资料的精确性和完整性,同时应注意节约人力、物力和财力。为了符合实际情况,在拟订调查方案时,应向当地交通管理部门调查了解,充分利用当地管理人员常年工作积累的经验,汲取宝贵的意见和建议,并努力争取他们的协助和配合。如有必要,可先做探索性调查,再进行大规模调查,以便更好地演练和积累经验。进行大型交通量调查时,往往会牵涉许多部门和单位,要努力依靠各级政府和有关领导、同志的支持与帮助,与公安交通管理部门、公路交通管理部门、城建部门、公交公司等密切配合,以取得事半功倍的效果。

七、交通量调查数据统计分析

连续式观测所获得的资料可以进行许多的分析比较,计算各种所需系数,进而推算其他一些指标数值。

1. 月平均日交通量

先分别求出该年各月交通量的和,再除以各月的实际天数,就可得出各月的 MADT 值:

$$\text{MADT} = \frac{1}{K_\text{m}} \sum_{i=1}^{K_\text{m}} n_i \tag{2-3}$$

式中:K_m——各月的实际天数,d;

n_i——每日交通量,辆。

2. 年平均日交通量

先求出一年 12 个月内 365d(闰年 366d)交通量的总和,然后除以一年的总天数,即可得到年平均日交通量 AADT:

$$\text{AADT} = \frac{1}{365}\sum_{i=1}^{365} n_i \tag{2-4}$$

3. 月交通量变化系数

用年平均日交通量 AADT 分别除以每个月的月平均日交通量 MADT,即可得到月交通量变化系数 M:

$$M = \frac{\text{AADT}}{\text{MADT}} = \frac{\frac{1}{365}\sum_{i=1}^{365} n_i}{\frac{1}{K_m}\sum_{i=1}^{K_m} n_i} \tag{2-5}$$

4. 各周日的平均日交通量

将全年所有各周日(星期一、星期二……星期日)的交通量分别相加,然后各除以这一年各个周日的总天数(一般为 52d),则可计算出全年各周日的平均日交通量 ADT:

$$\text{ADT} = \frac{1}{K_D}\sum_{i=1}^{K_D} n_i \tag{2-6}$$

式中:K_D——一年中周日的总天数。

5. 周日交通量变化系数

以年平均日交通量 AADT 分别除以各周日的平均日交通量 ADT,即可得周日交通量变化系数 D:

$$D = \frac{\text{AADT}}{\text{ADT}} = \frac{\frac{1}{365}\sum_{i=1}^{365} n_i}{\frac{1}{K_D}\sum_{i=1}^{K_D} n_i} \tag{2-7}$$

6. 年平均日交通量(AADT′)

利用上述公式计算出的 M、D 系数,根据一年中某一天的实际观测值,即可推算该年的年平均日交通量 AADT′:

$$\text{AADT}' = \text{DT} \cdot M \cdot D \tag{2-8}$$

式中:DT——实测某天的日交通量,辆/d;

M——观测日所在月份的月交通量变化系数;

D——观测日的周日交通量变化系数。

利用式(2-8)计算 AADT′,必须有根据多年交通量资料获得的 M 值及 D 值。其结果只能是近似的,因为日交通量是一个随机变量。但是,利用此公式可节省一定人力和时间,在缺乏资料、时间仓促或作预估推算时,有一定用处。此外还有其他指标可表征交通量特征。

7. 白天 16h 交通量系数

白天 16h 交通量(6:00—22:00)与全天 24h 交通量的比值,称为白天 16h 交通量系数,记

作 K_{16}。可利用下式计算：

$$K_{16} = \frac{16\text{h 平均交通量}}{\text{平均日交通量}} \quad (2\text{-}9)$$

根据我国1980年公路交通量观测资料，12个观测站的 K_{16} 值于91.6%～98.6%之间变化，平均为95.1%。这说明我国公路上白天16h的交通量占全天交通量的绝大部分。如果经过长期观测，积累到足够多的数据，求得各地相对稳定的 K_{16} 值，再利用系数 K_{16} 来推算全日的交通量，这样就可极大地节约人力和经费。我国目前建立大量连续式观测站的目的之一，就在于试图通过多年观测，求得 K_{16}，简化观测工作。在国外，也有用白天12h交通量与全天24h交通量的比值 K_{12} 来推算全日交通量的情况，其计算方法与上述相似，此处不再赘述。

8. 道路方向分布系数

一条道路往返两个方向的交通量，在较长的时间内可能是平衡的，但是实际上几乎每小时都不一样。特别是城市出入口道路、旅游道路和其他一些道路，在高峰小时期间其差异很大。为了表示这种方向的均衡性，引入一个方向分布系数 K_d，其定义如下：

$$K_d = \frac{\text{主要行车方向交通量}}{\text{双向行车总交通量}} \times 100\% \quad (2\text{-}10)$$

根据我国一些公路连续式交通量观测站的资料分析，如果以全年两个方向的交通量来计算分析，则 K_d 值接近50%，即两个方向交通量无多大区别。但如果按早、晚高峰小时的双向交通量来计算分析，则其 K_d 值可变化至55%～60%，个别的路段其值可能更大。假如按一年中某一天的早、晚高峰小时双向交通量计算，则 K_d 值将更大。因此，对于这个与设计交通量数值大小直接相关的系数，其数值如何计算和确定应做更深入的研究分析。

9. 高峰小时系数

交通量不但随一天内各小时的不同而变化，形成一天24h的时变，而且在某个高峰小时内也并不是均匀分布的，因此往往将一个高峰小时再划分成更短的几个区间（或称时段），以更好地显示各区间内交通量变化的特征。一般按5min（或15min）一个区间来划分。某高峰小时内连续5min（或15min）累计交通量最大的区间，称为该高峰小时内的高峰区间，并把以该区间的累计交通量推算而得的小时交通量，称为扩大高峰小时交通量。所谓高峰小时系数（PHF），即高峰小时交通量与扩大高峰小时交通量之比。其计算公式如下：

$$\text{PHF} = \frac{\text{高峰小时交通量}}{\text{扩大高峰小时交通量}} \times 100\% \quad (2\text{-}11)$$

$$\text{PHF}_{(5)} = \frac{\text{高峰小时交通量}}{12 \times 5\text{min 最高交通量}} \times 100\% \quad (2\text{-}12)$$

$$\text{PHF}_{(15)} = \frac{\text{高峰小时交通量}}{4 \times 15\text{min 最高交通量}} \times 100\% \quad (2\text{-}13)$$

上述公式中，式(2-12)一般用于路段交通量的分析；式(2-13)一般用于交叉口交通量的分析。

10. 第30小时系数（K_{30}）

第30小时系数 K_{30} 是第30位小时交通量与年平均日交通量的比值，是第30位小时交通量系数的简称。K_{30} 是确定设计小时交通量的重要参数，通常连续一年以上的双向交通量中的 $K_{30(双)}$ 与来向或去向交通量中的 $K_{30(单)}$［或进一步分成 $K_{30(来)}$ 及 $K_{30(去)}$］是不同的，对于其值的取用应做进一步的分析研究。其计算公式如下：

$$K_{30} = \frac{\text{第 30 位小时交通量}}{\text{年平均日交通量}} = \frac{30\text{HV}}{\text{AADT}} \tag{2-14}$$

式(2-14)也可用于其他小时系数值的计算，只要把分子部分交通量做相应的变化即可。

第二节　车速调查

一、车速的相关定义

车速是单位时间内车辆所行驶的距离，单位为 km/h 或者 m/s。通常用 l 表示行驶距离，用 t 表示所需的时间，则车速 v 用式(2-15)计算：

$$v = \frac{l}{t} \tag{2-15}$$

在交通工程中，根据车速的用途不同，派生出若干有特定用途的车速，常用的有地点车速、行程车速、行驶车速、运营车速、临界车速、设计车速、时间平均车速、空间平均车速等，它们的定义和使用场合简述如下。

1. 地点车速

地点车速是指车辆通过道路某一地点（道路某断面）时的车速，也称瞬时车速，是描述道路某地点交通状况的重要参数，常用于制定限制车速、设计车速及进行交通流理论研究。

$$v_{\text{地点}} = \lim_{l \to 0} \frac{l}{t} \tag{2-16}$$

2. 行程车速

行程车速也称区间车速，是车辆行驶在道路某一区间的距离与行程时间的比值。行程时间包括行驶时间和中途受阻时的停车时间。行程车速是评价道路行车通畅程度与分析车辆延误原因的重要数据。

3. 行驶车速

行驶车速也称运行车速，是车辆行驶在道路某一区间的距离与行驶时间（即行程时间中扣除因阻碍而产生的停车时间）的比值。行驶车速是衡量道路服务质量、估算路段通行能力及分析车辆延误原因的主要参数。

4. 运营车速

车辆在运输路线上的运营车速即车辆行驶距离与运营时间的比值，例如公共汽车的运营时间包括行驶时间、停车延误时间、停靠站等待时间、起终点掉头时间和发车间隔时间。运营车速是衡量运输企业管理水平和运输效率的重要指标。

5. 临界车速

临界车速又称最佳速度，指通行能力最大时的车速。从理论上考虑路段通行能力时采用。

6. 设计车速

设计车速是指在道路几何设计要素具有控制性的特定路段上，具有平均驾驶技术水平的驾驶人在天气良好、低交通密度时所能维持的最高安全速度。设计车速是道路几何设计的基本依据,也是衡量道路等级与服务水平的主要指标。

7. 时间平均车速

时间平均车速是指道路某一断面上某一时段内车速分布的平均值,即断面上各车辆通过时其地点车速的算术平均值。

$$\bar{v}_t = \frac{1}{n}\sum_{i=1}^{n} v_i \tag{2-17}$$

式中:$\bar{v}_t$——时间平均车速;

n——在某一时间段内通过道路某断面的车辆数;

v_i——第 i 辆车在道路某断面的瞬时车速。

8. 空间平均车速

在给定的路段上,同一瞬间车速分布的平均值即空间平均车速,当观测长度一定时,其数值为地点车速观测值的调和平均值。

$$\bar{v}_s = \frac{1}{n\Delta t}\sum_{i=1}^{n}\Delta S_i = \frac{1}{\frac{1}{n}\cdot\sum_{i=1}^{n}\frac{1}{v_i}} \tag{2-18}$$

式中:$\bar{v}_s$——空间平均车速;

Δt——某一瞬间;

n——某一瞬时,在路段长度 L 上分布的车辆数;

ΔS_i——在 L 路段上,第 i 辆车在 Δt 时间内的行驶距离。

二、车速调查的目的

由于道路设计、交通规划、交通控制与管理、交通设计及道路质量评价均以车速作为最基本的资料,因此车速调查成为道路交通工程中最重要的调查项目之一。常见的车速调查有地点车速调查和区间车速(行程车速)调查。

1. 地点车速调查的目的

(1)掌握某地点车速分布规律及速度变化趋势;

(2)作为交叉口交通设计的重要参数;

(3)用于交通事故分析;

(4)判断交通改善措施的成效;

(5)确定道路限制车速;

(6)作为设置交通标志的依据;

(7)作为局部地点如道路弯道、坡度、瓶颈等处的交通改善设计的依据;

(8)作为交通流理论研究中的重要参数。

2. 区间车速调查的目的

(1)掌握道路交通现状,作为评价道路服务水平的重要指标;

(2)作为路线改善设计的依据;

(3)作为衡量道路上车辆运营经济性(时间和车辆油耗)的重要参数;
(4)作为交通规划中路网交通流量分配的重要依据;
(5)作为确定交通管理措施及联动交通信号配时的依据;
(6)作为判断道路工程改善措施成效的重要指标;
(7)作为交通流理论研究中的重要参数。

三、地点车速的调查

1. 调查地点与时间的确定

地点车速的用途很广,调查地点因调查目的而异。调查地点的选取应注意以下几个方面:

(1)为了解车速分布特征及变化规律,一般选择道路平坦顺直、离交叉口有一定距离的地点,使车速不受道路条件及信号灯控制和行人过街的影响。在城市道路上,还应注意避免公共汽车停靠站的影响。

(2)为了交通安全需限制车速时,观测点应设在需限制车速的道路或地点。

(3)为检验交通改善设计或交通管理措施的效果,可选择交通改善地点进行车速的前后对比调查。

(4)为判断交叉口信号灯设置是否妥善,确定黄灯时间或配置交通标志,需调查进入交叉口的车速。

(5)进行交通事故分析时,应调查交通事故发生地点的车速。

调查时间应与调查目的相对应,具有典型性和代表性。一般不选择休息日及交通有异常的日子和时间,例如星期六、星期日,由于大部分居民不上班,学生不上学,车流量少,因此车速一般较平日高;又如大城市中,由于有郊区工业园区及卫星城镇,星期五下午及星期一上午职工回家及去工作地点的时间很集中,交通异常,调查时也应排除这段时间。一般调查最常选用的时间是机动车上、下午高峰时间,因为这段时间交通量大,矛盾最为突出,如出于检验交通改善或交通管理措施效果等目的,应选择这两个时间段;有时为了研究非机动车对机动车车速的影响,常选择机动车和非机动车流量均较大的时间段。需要特别指出的是,在进行交通改善前后的对比调查时,调查的时间段前后必须一致,否则会导致错误的结论。

2. 调查方法

1)人工测速法

人工测速法中最常用的是秒表测速法,即在拟调查地点,量测一小段距离 L,在两端做好标记,见图2-3。观测员用秒表测定各种类型车辆经过前后两标记的时间,记录员在标准记录表上记录距离、车种及通过两标记的时间,经整理计算,得到各类车辆的地点车速,记录表格式见表2-8。

距离 L 的取值与车速有关,为方便观测者对秒表读数,可按车辆经过 L 路段的时间等于 $2s$ 左右取值,通常取 $20 \sim 25m$。

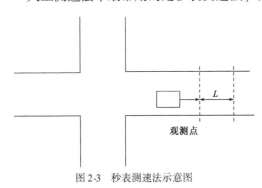

图2-3 秒表测速法示意图

瞬时车速记录表

表 2-8

日期_____ 星期_____ 天气_____ 记录者_____
起讫路线_____至_____ 起讫时间_____至_____ 时间间隔_____

车种	t_1	t_2	$\Delta t = t_2 - t_1$	$v = \dfrac{L}{\Delta t}$	车种	t_1	t_2	$\Delta t = t_2 - t_1$	$v = \dfrac{L}{\Delta t}$

注：t_1 为车辆到达起始观测点时刻；t_2 为车辆到达终末观测点时刻。

2）雷达测速法

雷达测速法是目前交通管理中常用的一种方法，用以监测道路上的超速违法车辆。最常用的仪器有雷达测速仪和雷达枪。雷达测速方法十分简单，只要用测速雷达瞄准前方被测车辆，即能读出该车辆的瞬时车速。

雷达测速法的基本原理是应用多普勒效应。当雷达测速仪瞄准前方被测车辆时，发射出无线电波，无线电波遇到车辆后再从车辆反射回来，发射波与反射波的频率差与车辆行驶的速度成正比，从而得到车辆的瞬时车速。雷达枪的测速原理与之类似。

雷达测速仪有一定应用范围，同向车辆密度过高或对向车辆同时通过道路某断面时，均会产生干扰，使雷达仪上的车速数字不稳定；当道路上车辆行驶速度很低时，测速精度也较低。因此，雷达测速最宜用于交通管理部门监测车辆超速行驶，若用于科学研究方面，则精度不足。

3）自动计数器测速法

自动计数器有若干种，通常使用电感式、环形线圈式和超声波式检测器测量地点车速，它们均设置在固定检测站上，可同时测得流量和车速。

测量方法：在测速地点取一小段距离（如取 5m），两端均埋设检测器，车辆通过前后两检测器即发出信号，并传送给记录仪，记录下车辆通过前后两个检测器的时间，从而计算出车速。当测速精度要求不太高时，也可只用一个检测器，即测量车辆前后车轮通过检测器的时间，并用前后轴距除以该时间求得车速。这种方法适用于交通控制区中已埋设检测器的场合，车速与交通流量数据将同时存放于数据采集系统中。

4）录像法

在拟测车速的地点，量取若干段距离，并做好标记。将录像机设置在视野良好的高处，防止行道树及其他设施的遮挡，将录像机镜头瞄准欲测车速地段，以一定的送片速度进行录像。根据汽车通过测定区间的录像画面数和画面的间隔时间，可求得车辆的地点车速。录像时应详细记录开始时间、地点、方向、送片速度、气候、观测员姓名等，以免整理时发生错误。录像法是对测定地点的形象记录，不但能录到车辆移动位置，而且能拍摄到车型及实地交通情况，还能长期保存，有利于进行地点车速及其影响因素的相关分析。

3. 车速抽样

研究地点车速时，常用随机抽样的方法，即抽取有限的样本来推断车速总体特性。如何保证样本的准确性取决于以下两个方面。

1) 样本选择

在地点车速的观测中,要取得无偏向的车速样本,必须随机选取所测车辆,即每一行驶车辆被选取作为样本的机会是均等的。作为代表性的样本必须符合以下要求:

(1) 样本的选择必须避免某种偏向。高速车辆、低速车辆和正常车速的车辆均有相同的概率被抽作样本。当道路上车辆构成复杂,车速差别很大时,若要使取得的样本能代表总体,其必须与总体的车辆组成一致。

(2) 样本的各个单元之间必须完全独立,如路段上车辆列队行驶时,可以将排头车作为独立行驶车辆。

(3) 选取数据的地区间应无根本的差别,构成样本所有项目的条件必须一致。

2) 样本容量

样本容量的大小取决于精度要求。根据误差理论,测定值与真值永远是近似的,两者之差称为误差。误差按其成因分为系统误差和偶然误差。系统误差是由测量系统的不合理、不完善造成的,例如测量地点车速中测量工具不精准或测速方法不合理等。这类误差均可通过改善测量工具或改进测速方法来消除。而偶然误差或称随机误差,是测量中不可避免的误差,这种误差时正时负,当测量次数足够多时,它服从正态分布,绝对值相等的正误差与负误差的概率接近于相等,因此测量次数越多,偶然误差的算术平均值越小,精度就越高。

要确定样本量的大小,必须讨论两个问题:一是样本量与精度的关系,二是置信度与精度的关系。

(1) 样本量与精度。

地点车速的样本平均数与总体平均数之间总是有差异的,其差别的大小取决于样本平均数的标准差。概率论中已经证明,母体为正态分布时,子样平均数均服从正态分布,其期望值等于母体期望值,样本平均数的方差 $\sigma_{\bar{x}}^2$ 等于母体方差 σ^2 除以样本量。即

$$\sigma_{\bar{x}} = \frac{\sigma}{\sqrt{n}} \tag{2-19}$$

在 σ 未知的情况下,可用样本标准离差 S 来代替。从式(2-19)可知,样本量越大,$\sigma_{\bar{x}}$ 越小,即精度越高。另外,要求样本平均数与总体平均数之差的绝对值 $|\bar{x}-\mu|$ 不超过某定值 E,E 被称为允许偏差。根据统计推断中的参数区间估计:

$$\frac{|\bar{x}-\mu|}{\sigma_{\bar{x}}} < t \tag{2-20}$$

式中:t——取决于置信度和自由度的 t 分布统计量。

若以允许偏差 E 代入式(2-19),则得到:

$$E = \sigma_{\bar{x}} \cdot t = \frac{\sigma}{\sqrt{n}} \cdot t \tag{2-21}$$

由此得到最小样本量公式:

$$n = \left(\frac{t\sigma}{E}\right)^2 \tag{2-22}$$

式中符号意义同前。

(2) 置信度与精度。

当样本平均数的标准差一定时,选定的置信度将决定总体平均数的置信区间。如果置信

度高,则要求较多的预测值落在置信区间内,置信区间必然宽,也就是对预测精度要求高;反之,如果置信度低,则预测值落在置信区间内的要求低,置信区间必然窄,也就是预测精度降低。在地点车速的调查中,一般采用95%或90%的置信度。从 t 分布表可知,当样本量大于120时,与正态分布一致,置信度为95%的 t 分布统计量 $t=1.96$;当置信度为90%时,$t=1.64$。

4. 调查数据分析

将地点车速的观测数据按观测目的进行汇总,用统计的方法对调查结果进行分析,并整理成图表形式,以获得对交通现状的完整认识。

1) 数据整理

整理数据精练而简便的方法是采用地点车速频率分布表,见表2-9。

地点车速频率分布表　　　　表2-9

(1)速度分组(km/h)	(2)组中值 u_i	(3)观测频数 f_i	(4)累计频数 f	(5)观测频率(%)	(6)累计频率(%)

表2-9中第1列为速度分组,由于地点车速样本一般都很多,如将实测数值自大至小排列,必然十分烦琐,因而用分组的方法使之简化。组距的确定,以保证原有样本精度为前提,组距过大则组数少,难以反映样本中车速分布的实际情况;组距过小则增加统计工作量的烦琐程度,有时在车速样本量有限的情况下,会出现分布不连续情况。为此分组数应根据车速的分散程度和样本量而定,一般分组数宜在8~20。分组数确定后,可求得组距。由观测值计算车速极差(即最大车速和最小车速之差)除以分组数减1取整后得组距。

第2列为组中值,即分组的代表值,也是各分组的中心数值。

第3列为观测频数。把现场观测值划归所属的组,统计得到各组的车速频数。各分组出现频数所组成的数列,称为频数分布。各组频数之和,必等于现场观测的样本量。

第4列为累计频数。如果数组车速由小到大排列,则累计频数表示小于或等于该数组的频数之和;反之,若数组车速自大到小排列,则累计频数表示大于或等于该数组的频数之和。最后一行的累计频数必等于总样本量。

第5列为观测频率。各组的频数除以总样本量即得各组频率。各组频率之和必等于100%。由频率组成的分布,消除了对样本总数的依赖,可用来对比不同样本量时频率分布的结果。

第6列为累计频率,与累计频数相对应,即累计频数除以样本量。如果数组车速自小到大排列,则该组的累计频率表示小于或等于该组速度的频率之和;反之,则累计频率表示大于或等于该组速度的频率之和。最后一行的累计频率必等于100%。

2) 地点车速频率分布直方图

为了更直观地显示频率分布表所呈现的规律,通常把它们画成频率分布直方图,如图2-4

所示,横坐标是地点车速的速度分组,纵坐标则是相应的观测频率。从图中可以形象地看出地点车速分布范围及其散布情况。

3)地点车速累计频率曲线

以地点车速的速度分组为横坐标、累计频率为纵坐标(即表2-9中第1列和第6列数据)绘制成地点车速累计频率曲线,如图2-5所示。如累计频率为15%、50%、85%所对应的地点车速,在交通工程中均有特定的用途。

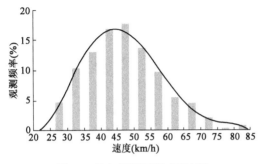 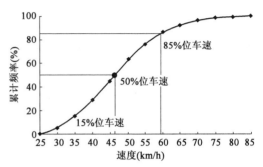

图2-4　地点车速频率分布直方图　　　　　图2-5　地点车速累计频率曲线

4)地点车速的频率分布特征值

借助车速频率分布图可知最基本的特征数,特征数可以分为两大类,即位置特征数和离散特征数。位置特征数是地点车速分布集中趋势的量度,如地点车速的样本平均数、中位车速、众数等。离散特征数是表示样本中数字分散程度的一种数据,其中最常用的是极差、样本标准离差和车速分布中有代表性的几个速度值。

(1)地点车速的样本平均数。

地点车速的样本平均数是车速统计中最常用的特征值和表示车速分布的最有效的统计量,它的计算公式如下。

当地点车速未分组时:

$$\bar{v} = \frac{\sum_{i=1}^{n} v_i}{n} \quad (2\text{-}23)$$

当地点车速分组时:

$$\bar{v} = \frac{\sum_{i=1}^{n} f_i v_{i中}}{\sum_{i=1}^{n} f_i} \quad (2\text{-}24)$$

式中:$\bar{v}$——平均地点车速;

$\sum v_i$——全部观测车辆车速的总和;

n——观测车辆的总数;

$v_{i中}$——各车速分组的组中值;

f_i——各分组车速的频数。

(2)中位车速。

中位车速是指车速测定值按大小次序排列时中间位置的车速。当观测次数是奇数时,中位车速是所排数列中的中间车速;当观测次数是偶数时,中位车速值规定为两中间数的算术平均数。中位车速受两端车速的影响较平均车速小,故在分析中是一个十分有用的特征值。

(3)众数。

出现频率最高的地点车速或组中值,称为地点车速样本的众数。

(4)极差。

观测值中最大车速与最小车速之差即极差,可用下式表示:

$$R = v_{max} - v_{min} \tag{2-25}$$

式中:R——极差;

v_{max}——观测值中最高的车速值;

v_{min}——观测值中最低的车速值。

极差值极易取得,但它取决于样本量的大小,且受异常观测值的影响很大。

(5)样本标准离差。

用地点车速样本中的每一个数据与车速平均值 $\bar{v}$ 的偏差来刻画样本的离散性。由于这些偏差有正有负,为了避免正负相加抵消的情况,可以把各个偏差平方之后再求平均数,作为离散特征数,记为 S^2,称为样本方差。

当地点车速未分组时:

$$S^2 = \frac{\sum_{i=1}^{n}(v_i - \bar{v})^2}{n} \tag{2-26}$$

当地点车速分组时:

$$S^2 = \frac{\sum_{i=1}^{n}(v_{i中} - \bar{v})^2 f_i}{\sum_{i=1}^{n} f_i} \tag{2-27}$$

式中符号意义同前。

样本的标准差不分组时:

$$S = \sqrt{\frac{\sum_{i=1}^{n}(v_i - \bar{v})^2}{n}} = \sqrt{\frac{\sum_{i=1}^{n} v_i^2}{n} - \bar{v}^2} \tag{2-28}$$

样本的标准差分组时:

$$S = \sqrt{\frac{\sum_{i=1}^{n}(v_{i中} - \bar{v})^2 f_i}{\sum_{i=1}^{n} f_i}} = \sqrt{\frac{\sum_{i=1}^{n} v_{i中}^2 f_i}{n} - \bar{v}^2} \tag{2-29}$$

(6)车速分布中有代表性的几个速度值。

累计频率分布曲线表明了每组地点车速与累计频率之间的关系,当地点车速为正态分布时,累计频率曲线上有2处突变点,这些点的相应车速常以百分位车速来表示。

①85%位车速:样本中有85%的车辆未达到的速度,即在累计频率分布曲线中,累计频率为85%时的相应车速。此值正是曲线的转折点,转折点以上曲线坡度甚缓,说明样本中高速车辆很少,因此交通管理中常以此车速作为观测路段的最大限制车速。

②15%位车速:样本中有15%的车辆未达到的速度,即在累计频率分布曲线中,累计频率为15%时的相应车速。此值是该曲线的另一个转折点,转折点以下曲线坡度甚缓,说明样本中低于此车速的车辆很少,因此交通管理中对某些需限制最低车速的道路,如高速公路及快速路,常以此值作为最低限制车速。

③50%位车速:即中位车速,当车速的分布属正态分布时,该车速即平均车速。

5. 地点车速正态分布的拟合优度检验

自由行驶状态的车速具有随机性,通常假设它的统计规律为正态分布,简记为 $N(\mu,\sigma^2)$。其图形如图 2-6 a)所示。其概率密度函数式如下:

$$\varphi(x) = \frac{1}{\sqrt{2\pi}\sigma} \cdot e^{\frac{(x-\mu)^2}{2\sigma^2}} \quad (-\infty < x < \infty, \sigma > 0) \tag{2-30}$$

$\varphi(x)$ 是单峰、对称于 $x=\mu$ 轴线的钟形曲线,以 x 轴作为渐近线,$x=\mu\pm\sigma$ 处有拐点。$\varphi(x)$ 曲线与 x 轴之间的总面积等于 1。

在日常理论分析中,均采用标准化形式,即 $\mu=0,\sigma=1$,简记为 $N(0,1)$。它的图形如图 2-6 b)所示,其概率密度函数式如下:

$$\varphi(x) = \frac{1}{\sqrt{2\pi}} e^{-\frac{x^2}{2}} \tag{2-31}$$

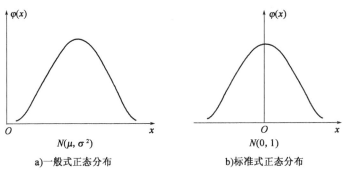

图 2-6 正态分布示意图

对于标准化正态分布有现成的表可查,但需检验地点车速是否服从正态分布。这就需要拟合优度检验,最常用的是 χ^2 检验,其步骤如下:

(1)建立原假设 H_0。

H_0:地点车速 v 服从正态概率分布,那么地点车速的频率分布与概率分布应该相差不大,在地点车速的频率分布直方图中可以初步判断是否服从正态分布。

(2)选择统计量。

如果地点车速分布的原假设 H_0 成立,则地点车速每一分组的实测频数 f_i 与正态分布时的理论频数 F_i 相差不大。若正态分布在 i 区间的概率为 P_i,则理论频数 $F_i = P_i \cdot n$,n 为样本量,K 为样本分组数,由此建立的统计量 χ^2 为

$$\chi^2 = \sum_{i=1}^{K} \frac{(f_i - F_i)^2}{F_i} \tag{2-32}$$

(3)确定统计量的临界值 χ_a^2。

概率论中已经证明当 $n\to\infty$、$K\to\infty$ 时,统计量趋向于自由度为 $K-1$ 的分布。

由 χ^2 分布表,根据自由度 γ 和置信度 α,可查得统计量的临界值 χ_a^2。

确定地点车速样本的自由度:由于拟合正态分布,当正态分布中有两个参数 μ 和 σ 需要估计时,则约束数 $a=2$,自由度 $\gamma=K-a-1=K-3$。若 μ 与 σ 值完全给定时,则 $a=0$,$\gamma=K-1$。

置信度 α 的选择:在交通工程中,α 常取 0.10、0.05 或 0.01。

为了便于应用,将 χ^2 分布的上侧分位数 χ_a^2 表做了部分摘录,见表 2-10。

χ^2 分布的上侧分位数 χ_a^2(部分摘录) 表 2-10

α	γ			α	γ			α	γ		
	0.10	0.05	0.01		0.10	0.05	0.01		0.10	0.05	0.01
1	2.706	3.841	6.635	7	12.017	14.067	18.475	13	19.812	22.362	27.688
2	4.605	5.991	9.210	8	13.362	15.507	20.090	14	21.064	23.685	29.141
3	6.251	7.815	11.325	9	14.684	16.919	21.666	15	22.307	24.996	30.578
4	7.779	9.448	12.277	10	15.987	18.307	23.209	16	23.542	26.296	32.000
5	9.236	11.070	15.068	11	17.275	19.675	24.725	17	24.969	27.587	33.409
6	10.645	12.592	16.812	12	18.549	21.026	26.217	18	25.989	28.869	34.805

(4)统计检验结果。

比较 χ^2 的计算值与临界值 χ_a^2,若 $\chi^2 \leqslant \chi_a^2$,则车速 v 服从原假设的正态分布,否则不接受原假设,至此检验结束。

四、区间车速的调查

区间车速是指车辆在道路某一区段内行驶的平均速度,也称行程车速。车辆在区段内行驶时受多种因素的综合影响,如道路线形、横断面组成及车行道宽度、路面状况、交通组成、交通管理措施及气候条件等。因此,在进行区间车速调查前,必须结合调查目的确定调查方案。例如:

①用于了解道路交通现状或交通改善方案的效果而进行的车速调查,无须调查影响因素,只要在选定路段内测量车辆行驶于该路段的时间和延误即可。

②用于研究路段交通改善方案而进行的区间车速调查,需要寻找影响车速的主要因素,进而确定交通改善方案。因此,必须先对路段的交通情况作定性分析,分清影响路段车速的主要因素,然后确定调查内容及方法。最常规的是流量和车速同时调查,如果车速低是因为受非机动车或行人影响,则调查方案中应增加非机动车和行人流量的调查。如果车速在公共汽车停靠站处受到影响,则应补充在公共汽车停靠站处的车辆延误调查。以上内容应同步进行,以便进行后续分析。

③为建立车速模型、进行理论研究而进行的车速调查,应根据研究目的选择调查环境。如欲建立流量与车速的关系模型,则应选择车型单一、其他干扰因素较少的路段,同时调查流量与车速。如果欲拓展模型,则应在原有模型的基础上增加其他因素的调查,进行模型修正;或将影响车速的诸因素进行分解,分别找出车速与各影响因素的关系。

1. 观测地点、调查时间和样本量的选择

1)观测地点的选择

观测地点应选择在交叉口之间线形平直、间距较大而又无干扰的路段,一般是无公共汽车站或临时停车站等侧旁停车影响,也不受行人过街道、出入口车辆和行人横向干扰影响的路段。对于某些拟测的特定地点,如交通事故频发地点、拟限制行车速度地段、准备设置交通信号与交通标志地点的车速调查,可不受上述限制而于该处设站观测。对交通运行重要影响而进行前后车速对比调查的地段和固定观测收集基本数据的地段,均应选择有代表性的地点进行观测。为了观测正常车速,减少观测者与观测设备对行驶车速产生的影响,车速观测地点应选在较隐蔽处,尽可能不被行进车辆的驾驶人发觉,避免行人围观与干扰,使观测记录能反映真实情况。总之,观测地点的选择应服从于观测的目的,以取得实际正常车速为目标。

2) 调查时间的选择

通常,车速的调查应选择在天气良好、交通和道路状况正常的时间进行,严寒、大风雪等恶劣天气不宜进行观测。当有特殊需要时,才观测在此特殊条件下的车速。调查时间取决于调查的目的和用途,调查车速限制、收集基础资料等一般性的调查,应选择非高峰时段,国外常选用下列三个时段中的一个小时:9:00—17:30;14:30—16:00;19:00—21:00。具体选择哪一个小时去调查,要视具体情况而定,应以反映正常情况、有充分代表性为原则。如作长期观测或对比调查,应尽可能以先后调查的交通状况保持基本一致为宜。

3) 样本量的选择

通常任一样本中,至少应测定 50 辆(最好为 100 辆以上)汽车的速度。交通量较小(高峰小时少于 200 辆或更少)时,观测人员有可能测得其中 90% 或更多车辆的速度;交通量较大时,不可能将每辆车的速度都测量到,因而需要选择,即进行抽样。为了不产生偏见,观测人员应从车流中随机取样,避免总是选择车队中的第一辆汽车、某一比例过大的车种和高速车辆。调查行程车速的样本量与估计量的允许误差与一组行程车速的平均变动范围有关,美国《交通工程调研手册》(Manual of Traffic Engineering Studies)中制定了置信度为 95% 的各种行程车速变动范围及各种精度要求下的样本量近似值,见表 2-11。

置信度为 95% 的最小样本量　　　　　　表 2-11

行程车速的平均范围(km/h)	对于所定允许误差的最小样本量				
	±2.0km/h	±3.5km/h	±5.0km/h	±6.5km/h	±8.0km/h
5.0	4	3	2	2	2
10.0	8	4	3	3	2
15.0	14	7	5	3	3
20.0	21	9	6	5	4
25.0	28	13	8	6	5
30.0	38	16	10	7	6

平均行程车速估计量的允许误差取值随观测目的而定。

(1) 交通运输规划及公路运输所需的观测,允许误差取值范围在 ±(5.0~8.0)km/h 之间。

(2) 交通管理、趋向分析和经济评价所需的观测,允许误差取值范围在 ±(3.5~6.5)km/h 之间。

(3) 工程"前后"对比观测,允许误差取值范围在 ±(2.0~5.0)km/h 之间。

行程车速的范围与道路的交通条件密切相关,如果道路上车辆组成单一,车流稳定,则行程车速的变化范围小,反之行程车速的变化范围大。如用"牌照法"调查平均行程车速,则先测一批车辆的行程车速,然后计算第 1 辆车与第 2 辆车的速度差、第 2 辆车与第 3 辆车的速度差,直至计算到这一批车辆的最后 1 辆,将各速度差的绝对值累加,除以这些差值的个数,就得到行程车速的平均变化范围。这个运算过程可以用下式表示:

$$R = \frac{\sum |S|}{N-1} \tag{2-33}$$

式中: R——行程车速的平均变化范围,km/h;

$\sum |S|$——所有速度差绝对值的总和,km/h;

N——所测车辆的行驶次数。

根据要求的允许误差和行程车速平均变动范围,查表 2-11,选取近似的最小子样值。如果需要的子样数大于取样的车辆数,则应进行补充观测,直至观测样本量大于或等于最小样本值。

这里值得一提的是,如果行程车速用"试验车"测得,此时必能计算得到行程车速和行驶车速。在确定车速的平均变化范围时,更宜用行驶车速,因为行驶车速计算时不计停车延误时间,因此行驶车速较行程车速稳定。行驶车速的平均变化范围仍用上述方法计算,最后根据允许误差和行驶车速的平均变化范围,查表 2-11,得到最小样本量。若试验车测速次数已大于最小样本量,则测速样本足够;否则需增加测速次数,直到大于或等于最小样本量。不论是采用"牌照法"测速还是采用"试验车"测速,当第一批样本量不够而需增加样本时,必须注意使测试的交通条件与原来的测试条件相近,否则会使误差增大或得出错误的结论。

2. 调查方法

1)汽车牌照号码登记法

在调查路段的起终点分别设置观测点,观测人员记录通过观测点的车辆类型、牌照号码(后 3 位数字或字母)、各辆车的到达时间。测完后,将两处的车型及牌照号码进行对照,选出相同的牌照号码,计算通过起终点断面的时间差即行程时间,用路段距离除以行程时间,得到行程车速。

关于调查人员及工具的配备:起终点断面各配 2 名观测员,1 人观测车型、牌照号码及经过本断面的时间,1 人记录。观测时只需配备秒表即可。此法的适用场合:路段上无主要交叉口,单向一车道或流量不是很大的单向两车道公路,路段长度不宜超过 500m。路段上的交通情况不太复杂时,可与其他调查同时进行。

汽车牌照号码登记法的主要优点:取样速度快,室外工作时间短,能测得不同时段的平均行程车速及各种车辆类型的平均行程车速、通过断面的单向交通量及车头时距,有利于交通工程中的微观分析。其主要缺点:所测得的只是起终点间的行程时间,无法知道车辆在行驶过程中的延误及交通阻滞情况。当路段中间有交叉口时,由于路段车辆在交叉口的转向,起终点的车辆牌照号码不完全一致,增加了内业工作量;在单向两车道或大于两车道的路段观测时,由于靠边车道上车辆的阻挡,无法看清中间车道上车辆的牌照号码,容易漏记车号;此法现场观测的劳动强度大,对于交通繁忙的路段,在一般体力情况下,通常只能连续观测 2h 左右。

2)试验车跟车测速法

测速前的准备工作:用 1:2000 或比例更大的地形图,量测路段全长及各变化点之间的距离,如交叉口、道路断面宽度变化点、小半径弯道的起终点、陡坡的起终点、隧道口、桥梁起终点等,进行路段编号,然后到现场踏勘,按图上各点在实地做好标记,并补充地形图上遗漏的地物特征点。准备好测试车,测试车的性能应能跟上道路上行驶的车辆;配备2名观测人员,并携带秒表及记录表格等。

测速时,测试车辆应紧跟车队行驶,一般不允许超车,但当道路上遇到特别慢的车辆,如大型重载货车、即将进入停靠站的公共汽车、拖拉机等,此时可超越。车内观测人员必须熟记预先在道路上做的各个标记,并注意观测沿途的交通情况。当车辆从起点出发时,打开秒表,每经过一次标记,立即读出经过标记的时刻。当试验车遇到阻塞或严重减速时,应记录减速次数或停车延误时间及原因。

跟车测速次数一般要求往返 6~8 次,每次往返时间应尽量小于 40min。在道路条件好、交通顺畅的市郊道路,路线长度以不超过 15km 为宜;在市区边缘道路,路线长度以小于 10km 为宜;在市中心道路,一般交通繁忙,车速低,并受交叉口信号灯的管制,路线长度应小于 5km。

试验车跟车测速法的主要优点:方法简单,能测得全程及各路段的行程时间、行驶时间、延误时间、沿途交通状况及交通阻塞原因等;所需的观测人员少,劳动强度小。适用于交通量大、交叉口多、路线上交通较复杂的道路。

试验车跟车测速法的主要缺点:测量次数不可能多,相对于某一时段(如高峰小时)只能得到2次,至多3次车速,所测车速可以用于宏观控制,但难以用于微观分析。对于用来建立模型等,此法尚不足。当路段交通流量小时,车辆难以形成车流,往往出现测试车无车流可跟情况,测试中测试车经常处于非跟弛状态,最后测得的车速常受测试车性能及驾驶人习惯的影响,不能完全代表道路上车流的车速。

3) 五轮仪测速法

五轮仪是测量车速的专用仪器,与速度分析仪同时使用。测速时将五轮仪置于试验车之后,成为试验车以外另加的一个轮子,故名五轮仪。当测试车行驶时,五轮仪的轮子也与地面接触,同时转动。五轮仪的轮轴上设有光电装置,其作用是将车轮转动速度转换成电信号,输入速度分析仪,此时记录仪能自动记下行驶距离、行驶时间、行程车速。例如测试车在路段起点时,观测员输入信号,当车辆行驶到第一个标记时再输入信号,则速度分析仪就能记下从起点到第一个标记时两点间的距离、行程时间和平均行程车速。

五轮仪的测速方法与试验车跟车测速法基本相同,其主要优点是自动化程度高,测速精确,能直接将结果打印输出,无须记录。它可以与车辆油耗仪同时使用,测量不同行驶状态、不同车速时的油耗量,作为建立模型的可靠资料。

五轮仪的使用对路面平整度有一定要求,当在平整度很差的路面上行驶时,五轮仪剧烈跳动,影响测速精度,并有损仪器。测速时如有车辆倒退或掉头情况,必须将五轮仪的轮子拉起,使其不与地面接触,否则会损坏仪器。

五轮仪和速度分析仪属于精密仪器,成本高、易损坏,在使用前或使用后必须经过严格检查,并应注意随时保养。

4) 光感测速仪测速法

光感测速仪也是一种测量车速的专用仪器,由光电探测器和光谱屏幕两个主要部件组成。测速时,将光感测速仪贴在试验车车厢外壳上,光电探测器对准地面,随着车辆行驶,其在光谱屏幕上产生不同频率的电信号,频率的高低与车速成正比。如果再配置一台计算机且与之联机,则可以直接打印出速度曲线、行驶时间、行驶距离等。这种仪器的测速范围在 3~200km/h 之间。

使用光感测速仪测速,也是试验车跟踪测速的方法之一,其主要优点是测速方便,能方便地安装在各种类型的车辆上,测速精度高,可连续测得各点的瞬时车速和全程平均车速,并直接打印出结果。除此之外,这种仪器还可用于加速试验和制动试验。加速试验测得的数据是加速时的最终速度、加速距离、加速时间;制动试验测得的数据是制动时的初速度、制动距离、制动时间。这种仪器对测速时使用和平时保养的要求均较高。

5) 浮动车测速法

浮动车测速法是一种使用试验车辆进行测速的方法,可同时测得车速和流量。具体测量和计算方法见第六章。

6) 基于 GPS 的车速调查法

(1) 时间平均车速调查。

在某一条待测道路上,将 n 辆试验车装上 GPS,然后令试验车在道路上行驶,计算机终端时刻记录每辆车的运行状态,根据记录可以算出每辆车的运行速度,设每辆车的平均速度为 $\bar{v}_i(i=1,2,3,\cdots,n)$,则所有车辆的时间平均速度为

$$\bar{v}_{i总} = \frac{\sum_{i=1}^{n}\bar{v}_i}{n} \tag{2-34}$$

对于某一辆试验车的平均速度,为提高计算的准确性,考虑到目前的实际情况,可根据 GPS 读取的多个速度数据,对多个速度数据拟合函数,再用函数积分求解每辆车的平均速度的方法得到 $\bar{v}_i$。将求得的 $\bar{v}_i$ 代入式(2-34)中即可得时间平均车速 $\bar{v}_{i总}$。

(2) 区间平均车速调查。

要求得区间平均车速,需要提前知道所测道路的长度、两端路口的经纬度等信息。实际操作中可借助 GIS(Geographical Information System)系统,根据 GPS 显示的经纬度可方便地知道车辆的实时位置。设所测区间总长度为 s,第 i 辆车的行程时间为 $t_i(i=1,2,\cdots,n)$,车辆经过第一个路口的时刻为 t_{i1},经过另一个路口的时刻为 t_{i2},则车辆的区间平均车速为

$$\bar{v}_s = \frac{ns}{\sum_{i=1}^{n}t_i} \tag{2-35}$$

式中:$t_i = t_{i2} - t_{i1}$。

3. 数据分析

调查的目的不同,则采用的数据分析方法不同。下面结合实例阐述几种常用的数据分析方法。

1) "前后"对比分析

这里主要指工程项目实施前后道路行程车速提高是否显著的分析。对工程项目实施前后车速进行调查,获得两种不同观测条件下的两个样本。两个样本的总体有不同的均值,再加上各自在观测中的偶然误差,形成两次观测值间的总差别。观测的偶然误差符合正态分布。如果两次观测平均值的总差别大于某检验统计临界值,则差别显著,否则不显著。

对于两次观测值的均值差别是否显著的检验方法有两种。

（1）u 检验。

不同条件下的两次抽样都属大样本,即观测值不少于 30 个,此时检验统计量可按下式确定：

$$|u| = \frac{\overline{X}_1 - \overline{X}_2}{\sqrt{\frac{S_1^2}{n_1} + \frac{S_2^2}{n_2}}} \tag{2-36}$$

式中：u——大样本量时正态分布统计量；
$\overline{X}_1$——第一个样本（工程实施前）的均值；
$\overline{X}_2$——第二个样本（工程实施后）的均值；
S_1——第一个样本的标准离差；
S_2——第二个样本的标准离差；
n_1——第一个样本的观测数；
n_2——第二个样本的观测数。

把计算得到的 u 值与从表 2-12 中查得的临界值 u_α 做比较,如果算得的 $|u|$ 值大于 u_α,则认为两均值间的差别是显著的,不是仅由偶然误差造成的；如果算得的 $|u|$ 值小于 u_α,则可断定两均值间的差别是不显著的,是由偶然误差形成的。几个常用的临界值 u_α 见表 2-12。

统计量临界值 u_α　　表 2-12

显著性水平 α	0.01	0.05	0.10
u_α	2.58	1.96	1.64

u 检验适用于用"牌照法"测速、所抽取的样本量大的情况。但是如用试验车跟车测速法测速,样本量一般均为 6 次或略大于 6 次,此时应用 t 检验。

（2）t 检验。

设两个正态总体,它们的方差未知,但 $\sigma_1 = \sigma_2$,检验两样本的平均值是否有显著差别。检验的统计量计算公式如下：

$$|t| = \frac{\overline{X}_1 - \overline{X}_2}{\sqrt{\frac{n_1 S_1^2 + n_2 S_2^2}{n_1 + n_2 - 2}\left(\frac{1}{n_1} + \frac{1}{n_2}\right)}} \tag{2-37}$$

式中：t——分布统计量；
其余符号意义同前。

把计算得到的 t 值同由表 2-13 查得的 t_α 值做比较,以确定两样本均值间差别的显著性。t_α 根据规定的显著性水平 α 及自由度选取。对于大多数交通数据的分析,显著性水平 α 的正常范围为 0.01~0.1,但常选用的是 0.05,自由度 $\gamma = n_1 + n_2 - 2$。

t 检验临界值 t_α 表　　表 2-13

自由度	α（双侧）			自由度	α（双侧）		
	0.10	0.05	0.01		0.10	0.05	0.01
1	6.31	12.71	63.66	11	1.80	2.20	3.11
2	2.92	4.30	9.92	12	1.78	2.18	3.05
3	2.35	3.18	5.84	13	1.77	2.16	3.01
4	2.13	2.78	4.60	14	1.76	2.14	2.98
5	2.02	2.57	4.03	15	1.75	2.13	2.95

续上表

自由度	α(双侧)			自由度	α(双侧)		
	0.10	0.05	0.01		0.10	0.05	0.01
6	1.94	2.45	3.71	16	1.75	2.12	2.92
7	1.89	2.37	3.50	17	1.74	2.11	2.90
8	1.86	2.31	3.36	18	1.73	2.10	2.88
9	1.83	2.26	3.25	19	1.73	2.09	2.86
10	1.81	2.23	3.17	20	1.72	2.09	2.85

2)道路路线及路网的车速特征分析

(1)路线行程车速、停车延误、行驶车速。

整理出路线行程车速、停车延误、行驶车速的图表,各路段的行程车速还可以用时间-距离图来表示。

(2)道路行程车速的时间分布特性。

随着道路上全天交通量的变化,车速也随之变化,一般最重要的是3个时段的行程车速:①非机动车高峰小时(也是公共汽车高峰期)车辆的行程车速,这对于自行车多的城市尤其重要;②上午机动车高峰小时车辆的行程车速;③下午机动车高峰小时车辆的行程车速。

第一个高峰时段由于机动车流量低,车速降低不显著或不降低,后两个时段的行程车速一般较全天平均行程车速低,可以用速差比来表示:

$$\gamma = \frac{\bar{v} - \bar{v}_t}{\bar{v}} \tag{2-38}$$

式中:γ——速差比;

$\bar{v}$——全天平均行程车速,km/h;

v_t——t 时段平均行程车速,km/h。

γ 值为正时,全天平均行程车速较 t 时段的平均行程车速高;γ 值为负时,全天平均行程车速较 t 时段的平均行程车速低。

道路上不同时间的速差比可绘制成曲线,表示全天行程车速的分布情况。

除了速差比外,还可以用行程车速的标准离差表示全天行程车速的波动程度。计算公式如下:

$$S = \sqrt{\frac{1}{n-1}\left[\sum v_t^2 - \frac{1}{n}(\sum v_t)^2\right]} \tag{2-39}$$

式中:S——行程车速的标准离差;

n——观测次数;

v_t——行程车速,km/h。

(3)路线上车辆行驶延误分析。

车辆在道路上行驶的过程中,因受阻所造成的时间损失称为延误。产生延误的原因可以是红灯受阻、车辆和行人的干扰、公交车停靠站使路段形成瓶颈等。延误的严重程度常用延误百分率 D 来表示:

$$D = \frac{停车延误时间}{总行程时间} \times 100\% \tag{2-40}$$

(4)道路网上行程车速分布。

道路网上行程车速分布是指在某一时段(例如高峰小时、全天)道路网上各路段的车速分布。将各路线的行程车速汇总于一张图上,就可以得到道路网的行程车速分布图。

(5)道路网上车速综合分析。

全面评价路网上各道路的交通通畅情况,需要从路线和交叉口两个方面来考察。

路线情况:全天平均行程车速、全天平均行驶车速、高峰小时行程车速、延误率、全线各路段平均车速及占路线总长度的比例、沿线交叉口数。

交叉口情况:交叉口平均车速、交叉口平均受阻时间、交叉口分级车速所占比例。

(6)车辆行驶等时线。

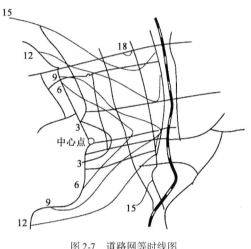

图2-7 道路网等时线图

在测量道路网上各路段行程时间的基础上,绘制等时线图。以某交通枢纽点为中心点,沿各干路向外放射,计算出相同时间间隔(如以5min或10min为时间间隔)在各干路上行驶的距离,按此距离描点于地形图上,将这些点相连,即为等时线图(图2-7)。等时线越密,车速越低,从而便可了解交通拥挤的具体路线。

(7)车速、流量、道路条件综合分析图。

车辆行驶速度的快慢是道路条件、交通条件综合影响的结果,因此常用车速、流量、道路条件综合分析图来表示相互关系。

4. 交通流理论分析

1)空间平均车速与时间平均车速之间的关系

交通流理论中有关流量、密度、速度间的关系式中均使用空间平均车速,但在实际交通观测中,地点车速的资料最易获得,而空间车速的观测比较麻烦。因此在道路条件良好、交通组成单一、车流稳定的道路上,可以把时间平均车速按下式近似地换算成空间平均车速:

$$\bar{v}_s = \bar{v}_t - \frac{\sigma_t^2}{\bar{v}_t} \tag{2-41}$$

式中:$\bar{v}_s$——空间平均车速;

σ_t——时间平均车速观测值的方差;

$\bar{v}_t$——时间平均车速。

2)车速与流量之间的关系

很多交通工程学者从理论和实践的探索中,得到了不同形式的速度-流量模型,常见的有格林希尔茨提出的速度-流量的抛物线模型、英国运输与道路研究实验室提出的速度-流量的折线模型及美国联邦公路局所采用的速度-流量关系图。

事实上,我国交通情况与上述模型中的交通状况并不相同,因此速度-流量模型难以直接使用,必须进行研究。常采用回归分析法确定速度与流量之间的函数关系。

3)车速与多种因素的关系

在城市道路上,车速除了与交通流量密切相关外,还受到道路条件、交通组成、交通管理、驾驶人的习惯等因素影响。多种因素的综合影响使车速研究复杂化,仅靠理论推导的数学模型,难以全面地反映行车速度的实际状况,为此国内外研究常用实测的方法,在测量车速的同时,同步测量若干因素,分析并建立数学模型。

第三节 交通密度调查

一、交通密度的定义

交通密度是指在单位长度车道上,某一瞬时所存在的车辆数,其单位一般为辆/(km·车道)。根据定义,交通密度基本上是在一段道路上测得的瞬时值,它不仅随时间的变化而变动,也随测定区间长度的变化而变化。为此,常将瞬时密度用某总计时间的平均值表示。此外,必须选择适当的区间长度,因为它与总计的时间有关。在选定的区间长度内,视不同的需要按不同的方向或不同的车道取值。

在实际应用中,往往还采用较易测量的车辆的道路占用率来间接表征交通密度,车辆占用率越高,车流密度越大。车辆的道路占用率包括空间占用率和时间占用率。

空间占用率是指在单位长度车道上,汽车投影面积总和占车道面积的百分率。在实际测量中,一般用汽车所占的总长度与车道长度的百分比表示:

$$R_s = \frac{1}{L}\sum_{i=1}^{n}l_i \times 100\% \qquad (2\text{-}42)$$

式中:R_s——空间占用率,%;

L——观测路段总长度,m;

l_i——第 i 辆车的长度,m;

n——观测路段内的车辆数,辆。

车辆的空间占用率不仅与交通量有关,还与车辆的大小及空间平均车速有关。其与交通密度的差别在于交通密度不能直接反映车队的长度,而车辆的空间占用率则在测定时,就可预见车队的长度。

时间占用率是指在单位测定时间内,车辆通过某一断面的累计时间占测定时间的百分率:

$$R_t = \frac{1}{t}\sum_{i=1}^{n}t_i \times 100\% \qquad (2\text{-}43)$$

式中:R_t——时间占用率,%;

t——测定时间,s;

t_i——第 i 辆车通过观测断面的累计时间,s;

n——测定时间内通过观测断面的车辆数,辆。

车辆的时间占用率不仅与交通量有关,还与车辆的长度及地点车速有关。其与交通密度的差别在于,交通密度是在一个区段内测定的,而道路的时间占用率是在某一点测得的。交通量也在一点测得,因此车辆的时间占用率与交通量之间可建立直接的联系。

二、交通密度调查方法

1. 出入量法

出入量法是一种通过观测获得中途无出入交通的区段内现有车辆数和行驶时间的方法。其可分为试验车法、车牌照法等。

现讨论图2-8中AB区间的交通密度。

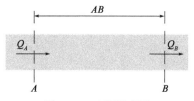

图2-8　AB区间示意图

某一时刻上游地点A处的交通量是同一时刻AB区间内新增加的车辆数;反之,这时在下游地点B处的交通量等于AB区间内减少的车辆数。AB区间内车辆数的变化应等于入量与出量之差。因此,只要知道最初AB区间的原始车辆数,就能求得每单位时间内实有车辆数。在t时刻的交通密度可由式(2-44)表示:

$$E_{(t)} = E_{(t_0)} + Q_{A(t)} - Q_{B(t)} \tag{2-44}$$

式中:$E_{(t)}$——在t时刻AB区间内的车辆数,辆;

$E_{(t_0)}$——在观测开始时刻(t_0)AB区间内的原始车辆数,辆;

$Q_{A(t)}$——从观测开始时刻(t_0)到t时刻从A处驶入的累计车辆数,辆;

$Q_{B(t)}$——从观测开始时刻(t_0)到t时刻从B处驶出的累计车辆数,辆。

2. 地面高处摄影观测法

地面高处摄影观测法是用动态录像仪在高处摄影。测定区间的长度随地区内的交通状况和周围条件而变化,一般取50～100m。

摄影的时间间隔因测定区间长度而异。当区间长度为50～100m时,可每5～10s拍摄1画面。若需详细分析交通流,如需同时观测交通量,为了取得正确的观测值,须缩短摄影时间间隔,一般取每秒1画面。在高速公路上,由于车速快,可取每秒2画面。

测定密度时,要在道路上标明每台录像仪所摄范围内的道路区间长,一般有两处做标记即可。当容许精度稍低时,可用车道分隔线的段数、护栏支柱数或电杆数等参照物代替。

整理现场观测结果,按下面介绍的顺序计算密度。在各条录像带的每一画面中,读取摄影观测区间内存在的车辆数,计算总观测时间内区间的平均车辆数,用区间长度计算出单位长度内存在的车辆数,即交通密度值,见式(2-45):

$$K = \frac{\sum_{i=1}^{n} K_i}{n} \times \frac{1}{L} \tag{2-45}$$

式中:n——在总计时间内存在车辆的画面数,$n = \dfrac{t}{\Delta t}$;

t——总计时间,s;

Δt——读取存在车辆数的时间间隔,s;

K_i——第 i 个画面上测定区间内存在的车辆数,辆;

L——观测区间长度,km。

3. 航空摄影观测法

航空摄影观测法(简称航摄法)是利用普通飞机、无人机或直升机从空中向下摄影,直升机具有低速且在某种程度上能悬停在空中的性能,因此被广泛采用。

航测所使用的缩小比例尺,考虑到放大照片的限制,一般取 1/12000~1/1000。航摄法是在固定长度的路段航片上直接数出行驶的车辆数,与常规方法的不同之处在于其观测点(摄影镜头)是在空中沿路线纵断面方向移动的。需指出的是,在某一时刻拍摄到的全路段影像中,与飞机同向的车辆将有一部分驶出影像范围,故车流量密度应分同向与反向来考虑(图2-9、图2-10)。

AB 为首片曝光时车流位置; $A'B'$ 为末片曝光时车流位置; BB' 为末片曝光时车流溢出航段长度; $A'B$ 为与航摄同向车流在航片上留有影像的长度。

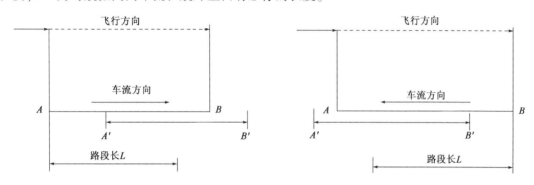

图2-9　与航摄同向车流　　　图2-10　与航摄反向车流

因此,利用普通飞机调查时,对道路车流密度必须分流向求解,设 K_1、K_2 分别为相片立体模型中某路段顺、逆航向车流密度(辆/km),则

$$K_1 = \frac{N_1}{L - V_{s1} \cdot t_L} \quad (2\text{-}46)$$

$$K_2 = \frac{N_2}{L + V_{s2} \cdot t_L} \quad (2\text{-}47)$$

式中: N_1、N_2——相片立体模型中某路段顺、逆航向车道上的车辆数,辆;

V_{s1}、V_{s2}——相片立体模型中某路段顺、逆航向车流空间平均车速,km/h;

L——路段长,km;

t_L——首、尾航片曝光间隔时间,h。

航摄法车流密度 K 值可采用下式计算:

$$K = K_1 + K_2 \quad (2\text{-}48)$$

4. 道路占用率检测与密度调查方法

在道路上设置车辆检测器,其中大多采用环形检测器,即在1条车道设置1个或2个环形检测器(图2-11),以检测车流在车道上的时间占用率,并据此计算车流密度。

1)检测器的设置

(1)设置1个环形检测器[图2-11a]。

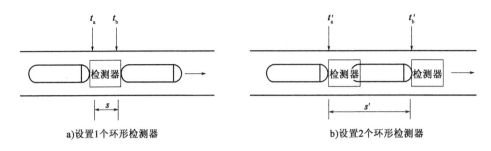

图 2-11 检测器布置示意图

车流在道路上的时间占用率可按式(2-43)计算：

$$R_t = \frac{1}{t}\sum_{i=1}^{n}t_i \times 100\%$$

这时的空间平均车速：

$$v_s = (\bar{l}+s) \times \frac{Q}{R_t \cdot t} = (\bar{l}+s) \times \frac{Q}{\sum t_i} \quad (2\text{-}49)$$

则 t 时间内的车流密度：

$$K = \frac{Q}{v_s} = \frac{1}{\bar{l}+s}R_t \times t = \frac{1}{\bar{l}+s}\sum t_i \quad (2\text{-}50)$$

式中：Q——交通量，辆/s；

t——总计时间，s；

t_i——第 i 辆车通过检测器的时间，$t_i = t_b - t_a$，s；

$\bar{l}$——平均车长，m；

s——检测器的检测幅度，m。

(2)设置 2 个环形检测器[图 2-11b]。

空间平均车速：

$$v_s = s' \times \frac{Q}{\sum t_i'} \quad (2\text{-}51)$$

则 t 时间内的密度：

$$K = \frac{Q}{v_s} = \frac{1}{s'}\sum t_i' \quad (2\text{-}52)$$

式中：Q——交通量，辆/s；

t_i'——第 i 辆车车头通过 s' 所需的时间，$t_i' = t_b' - t_a'$，s；

s'——两个检测器之间的距离，m。

2)检测器的类型、特点及适用范围

检测器的种类很多，下面着重介绍三种。

(1)环形检测器。

环形检测器是量测车辆出现及队列长度的最好形式，目前被广泛采用。其尺寸可以在很大范围内变化，易满足各种应用要求。可以成对使用，量测车辆速度或长度。它的可靠性较好，队列量测精度可达 ±(4%~6%)。环形检测器的主要问题是会导致路面的推挤和损坏。

(2)地磁式检测器。

地磁式检测器适用于车辆记数，安装费用低于环形检测器。其探头和放大器之间可用很长的电缆连接,适用于孤立的地点,检测域不大。

(3) 超声波检测器。

超声波检测器适合安装在上跨立交桥下面及标志柱支架上,对环境和气候条件的灵敏度高,由于存在圆锥形检测域问题,其精度受影响。

3) 检测器的安装

安装环形检测器时,可按需要的尺寸,在道路表面用路面开缝机将路面锯成正方形或长方形的槽,槽宽约 0.8cm,深约 4.5cm。在槽内敷设绝缘线圈。套管尽量安放在路面的纵缝或伸缩缝中,以避免路面相对移动而使导线断裂。连接导线引至路边。导线安放后,通常用沥青或环氧树脂混合料封闭。安装地磁式检测器时,可在路面打一孔,把磁力计放入,且使其与路面齐平;或在路面下钻孔,敷设直径为 7.5~10cm 的非金属套管,再在套管内安置检测器。连接导线也要引至路边。需特别要注意的是,安装位置处于车辆行驶轨迹的中央。超声波检测器宜安装在跨线桥的底面,或在立柱上伸出一悬臂,比地面高出 3.7~5.5m。通常不影响交通。

三、交通密度调查资料的应用

1) 研究交通流理论的重要基础数据

早期研究道路通行能力遵照两个主要途径:一个是探讨交通密度低时的速度-流量关系式,另一个是探讨交通密度高时的车头时距现象。而流量-密度关系曲线能把两者统一起来(图 2-12),除表明流量和密度的关系外,还可表明车头时距和车速的关系,有人称流量-密度关系曲线图为"交通基本图表"。

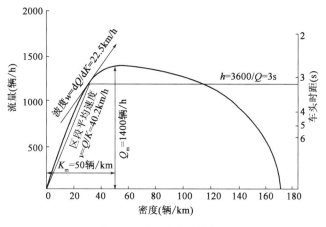

图 2-12 流量-密度关系曲线

2) 划分服务水平的依据

由于交通密度能全面描述交通流的实际状态,有些国家将它作为划分快速干道服务水平的标准。如德意志民主共和国将密度分成 5 个区:

Ⅰ区:$K = 0 \sim 10$ 辆/km。

Ⅱ区:$K = 10 \sim 20$ 辆/km。

Ⅲ区:$K = 20 \sim 30$ 辆/km。

Ⅳ区:$K = 30 \sim 40$ 辆/km。

Ⅴ区:$K > 40$ 辆/km。

交通密度在Ⅰ、Ⅱ、Ⅲ区范围内,车流是稳定的,超出这个范围车流则不稳定。密度在Ⅲ区,无论是行车条件、驾驶人的精神状态,还是经济效益都比较好,故把Ⅲ区密度作为设计快速干道的推荐范围。密度在Ⅳ区,通行能力最大,但交通流不稳定,服务质量差。通过流量-密度曲线可确定道路的通行能力。

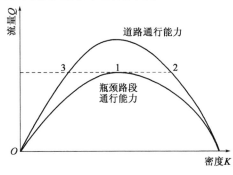

图2-13 道路和瓶颈路段流量-密度关系曲线

3)瓶颈路段交通分析

瓶颈路段的通行能力小于道路的通行能力,图2-13为道路和瓶颈路段流量-密度关系曲线,据前所述,道路通行能力可取曲线上的最大流量点,瓶颈路段通行能力用点1表示。当道路的流量接近瓶颈路段通行能力(点3)时,转向道路通行能力曲线的右边(点2)。当道路流量稍稍超过瓶颈路段通行能力时,就会发生排队现象,且形成反射波向后传递,反射波波速为 $\Delta Q/\Delta K$。

第四节 通行能力调查

一、通行能力的定义及分类

道路通行能力是指在一定的道路、交通、环境条件下,道路上某一断面在单位时间内能通过的最大车辆数,其单位通常为辆/h 或 pcu/h。

根据道路设施和交通体的不同,通行能力可分为机动车道通行能力、非机动车道通行能力、人行道(横道)通行能力等;根据车辆运行位置的不同,通行能力可分为路段通行能力、交叉口通行能力、匝道与匝道连接点通行能力、交织路段通行能力等;根据通行能力的性质和使用要求的不同,通行能力可分为理想通行能力(基本通行能力)、实际通行能力(可能通行能力)和设计通行能力。

理想通行能力是指在理想的道路、交通、控制和环境条件下,一条车道的均匀路段或典型横断面上,道路在特定时段内(通常为15min)所能通过的最大标准车辆小时流率,也称基本通行能力。

实际通行能力是指已知的公路设施在实际或预计的道路、交通及控制条件下,该组成部分的某车道或条件基本一致的横断面上,道路在特定时段内(通常为15min)所能通过的最大车辆小时流率。

设计通行能力是指在预计的道路、交通和管制条件下,有代表性的一条车道均匀路段或典型横断面上,在所选用的设计服务水平下,设计道路在特定时段内(通常为15min)所能通过的最大车辆小时流率。

服务水平是衡量交通设施运行质量的定性指标。服务水平定义为衡量交通流内的运行条件及为驾驶人和乘客提供的服务质量的指标,通常与行车速度、行驶时间、驾驶自由度、交通阻塞程度、舒适和方便程度等因素有关。服务水平建立起实际通行能力与设计通行能力之间的联系。各国对服务水平等级的划分不一,一般根据本国的道路交通的具体条件将其划分为3~6个服务等级,例如日本划分为3个等级,美国划分为6个等级。我国按照公路设施提供服务程度的不同,将服务水平划分为4个等级。

二、通行能力调查

1. 连续路段调查

1)调查参数及样本的确定

通行能力调查要观测被调查设施上最大的交通实体通过数,即最大交通量,而这种所谓的"最大"往往很难观测到,所以通常需要调查多种参数,从统计的角度确定或者推算这个最大值。连续通行路段的通行能力调查,除道路条件以外还要对交通条件及交通流进行综合观测,通常要调查的参数包括交通量、车速、车流密度、车头时距、车头间距、车道利用率、超车次数。

通常采用交通数据采集仪,或者视频检测的方法来获得多种数据。为使这些参数有足够的精度,必须保证一定的实测样本量。如果以实测速度作为必须保证精度的参数,则理想条件下的最小观测样本量可以按照式(2-53)计算:

$$N \geqslant \left(\frac{SK}{E}\right)^2 \tag{2-53}$$

式中:N——样本量;

S——样本标准差,假设速度标准差为 5~10km/h;

K——常数,当置信度为95%时,$K=1.96$;

E——容许误差,假设速度容许误差为2km/h。

2)数据观测方法

(1)单断面观测法。

单断面观测法适用于线形平直、路侧干扰少的平原区段。通过交通量自动采集仪和录像机连续收集以下基础数据:超车率、速度、交通量、车头时距、道路横断面尺寸。单断面观测法设备布置如图2-14所示。

除了自动记录数据和连续录像外,还应收集每个观测点的道路几何尺寸和环境数据,具体如下:

①地形条件、视距、公路等级、观测点位置;

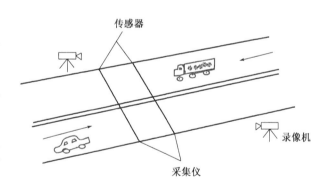

图2-14 单断面观测法设备布置

②道路横断面尺寸,包括路面宽度、路肩宽度、路缘带宽度等;

③路面、路肩类型和使用状况;

④路肩的作用,如用于车辆行驶、停靠车辆等;

⑤观测点200m范围内的路侧干扰状况,包括停靠车辆、慢车和非机动车、支路进出车辆、行人、牲畜等以及在观测期间发生的可能影响速度、流量的意外事件。

(2)区间观测法。

区间观测法可以看成两个单断面观测法的合成,所选路段长度一般在2km左右,多用于丘陵、重丘陵区或沿线路侧干扰变化大的路段,调查平、纵曲线和街道化程度对通行能力的影响。区间观测法可用于收集路段进出口双向交通量,车辆行程时间和区间速度,路侧干扰,调查路段进出口横断面形式,路段平、纵线形,超车数,超车率等数据,其现场布置如图2-15所示。

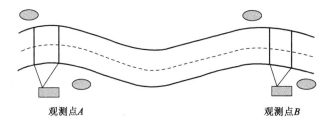

图 2-15 区间观测法现场布置示意图

此外,为了保证数据能正确反映道路在正常条件下的交通状况,野外数据调查应避免恶劣天气,同时对突发事件,如交通事故或人为障碍等作详细记录,为数据分析提供翔实可靠的第一手资料。

3) 数据分析

(1) 计算各种车型的平均车头时距。

将同类车辆的车头时距整理在一起,按统计方法剔除异常数据——车头时距的最大值和最小值。如置信度为95%,则车头时距 h 的取值可参见式(2-54):

$$h \in \left[\bar{h} - t_{0.025} \frac{S}{\sqrt{N}}, \bar{h} + t_{0.025} \frac{S}{\sqrt{N}} \right] \quad (2\text{-}54)$$

式中:$t_{0.025}$——自由度为 $N-1$,置信度为95%时的 t 分布的统计量;

S——样本标准差;

N——观测总次数。

然后,算出各类车型的平均车头时距。

(2) 计算车辆换算系数。

实际车流大多是混合车流,大致可分为大型车(拖挂车)、中型车(普通汽车)和小型车(小汽车)三类。若以小汽车为标准车,则须将大、中型车换算为当量小汽车,车辆换算系数的计算公式如下:

$$\alpha_{大} = \frac{\bar{h}_{大}}{\bar{h}_{小}} \quad (2\text{-}55)$$

$$\alpha_{中} = \frac{\bar{h}_{中}}{\bar{h}_{小}} \quad (2\text{-}56)$$

式中:$\alpha_{大}$、$\alpha_{中}$——大、中型车换算成当量小型车的换算系数;

$\bar{h}_{大}$、$\bar{h}_{中}$、$\bar{h}_{小}$——大、中、小型车的平均车头时距,s。

2. 信号交叉口调查

1) 调查内容

(1) 调查地点选择。

调查地点应在平坡直线路段,并不受交叉口停车、加减速、车辆换车道及行人过街的影响。调查的车流应该是连续行驶的车队,在观测车头时距的同时,需要测量被测车辆的地点车速。

(2) 调查时间选择。

与车速调查相同,通行能力的调查应选择在天气良好、交通和道路状况正常的时间进行,严寒、大风雪等恶劣天气不宜进行观测。当有特殊需要时,才观测特殊条件下的车速。调查时间取决于调查的目的和用途,调查车速限制、收集基础资料等一般性的调查,应选择非高峰时段,通常选用下列三个时段中的一个小时:9:00—17:30、14:30—16:00、19:00—21:00。

2) 调查方法

(1) 停车线法。

停车线法的基本思路是以车辆通过停车线作为通过路口,对饱和流率进行修正后得到设计通行能力。所以调查主要针对通过某一信号交叉口入口道的饱和流率进行观测和分析。饱和流率是指在一次绿灯时间内,入口引道上车队能连续不断通过停车线的最大流量。

观测地点:选择有两条或以上入口车道,交通流量大,右转、直行、左转有明确分工的交叉口进口引道。

观测的内容与方法:

① 调查交叉口的几何组成、各入口引道车道数、停车线位置及各车道功能划分情况。

② 观测信号灯周期时长及各相位时长。

③ 观测交叉口高峰小时交通流量流向分布。

④ 测定饱和流量。

(2) 冲突点法。

冲突点法的基本思想是以车辆通过冲突点作为通过路口。冲突点是指本向直行车(右转车)和对向左转车在同一绿灯时间内交错通过,此两向车流轨线的交会点。该算法所得的饱和流量是以车辆通过冲突点的各平均饱和车头时距为基础的,因而此时的调查内容除与前述有不少相似之处以外,还要着重观测在冲突点车辆穿插流动的规律。研究表明,当直行车流车辆到达服从泊松分布时,直行车流中出现的可供左转车穿越的空当分布服从负指数分布。

观测地点:同停车线法调查。

观测的内容与方法:

① ~ ③项同停车线法。

④ 调查冲突点的位置:观测本向直行车与对向左转车的行驶轨线,定出冲突点位置并在实地做好标记。量取本向直行车及对向左转车自停车线至冲突点的行驶轨线长度,见图2-16。图中 L_1 为直行车自停车线到冲突点的直线长,L_2 为对向左转车自停车线到冲突点的轨线长。

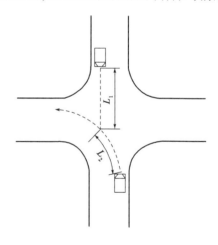

图2-16 冲突点示意图

⑤ 观测绿灯启亮后,对向左转头车到冲突点的时间或本向直行头车到冲突点的时间(哪方先到冲突点,就先测其时间)。

⑥ 观测绿灯初期与绿灯中期对向左转车各自的流量数。

⑦ 观测黄灯亮后,对向左转车通过交叉口的车辆数。

⑧ 观测本向直行车道(或合用车道)的周期流量。

⑨ 观测各类车辆连续通过冲突点的临界车头时距。

⑩观测车辆中可穿越空当及不饱和周期中出现的可穿越空当的次数。

3) 数据分析

(1) 人工观测饱和流中分流车辆的情况。

在信号显示周期内分流的车辆始终饱和时,可根据各周期的观测资料按下式计算入口引道每绿灯小时的通行能力 N:

$$N = \frac{\sum 各周期的分流车辆数(辆)}{\sum 各周期的绿灯时间(s)} \times 3600(辆/绿灯小时) \qquad (2-57)$$

此值即为饱和流中分流车辆 1h 的换算值,它常用来表示入口引道 1 个车道每绿灯小时的通行能力。此外,在因车辆饱和而使用的绿灯信号显示周期中,还包括因行人、车辆左右转弯造成的交通损失时间。

(2) 饱和流率。

饱和时间是指绿灯启亮后,饱和车流通过停车线的总时间。若饱和时间等于绿灯时间,则称为全饱和周期;若饱和时间小于绿灯时间,则为非全饱和周期。当饱和时间少于 10s 时,在计算饱和流量时应予以排除。

饱和流率:

$$S^* = \frac{x_2}{x_4 - 10n_4} \qquad (2-58)$$

式中: x_2 ——中间间隔的饱和车辆数,辆;

x_4 ——饱和时间,s;

n_4 ——记录饱和时间的周期数。

(3) 观测饱和流中车头时距的情况。

绿灯启亮后,饱和流开始分流,各车道由最前面的第 1 辆车开始顺次经过停车线,测记各车头时距,并计算各周期各类型车的平均值。须注意在整理中以每周期第 4 辆车以后计算各饱和车流中车辆间的车头时距及其平均值,用 3600s 除以平均车头时距即得饱和流量。

3. 环形交叉口调查

环形交叉口是自行调节交通的交叉口。进入交叉口的所有车辆都以同一方向绕中心岛行进,变车流的交叉为合流、交织、分流。它的功能介于平面交叉口与立体交叉口之间。环形交叉口的通行能力受多种因素影响,既与它的各要素的几何尺寸、相交道路的交角有关,又与交通组成流量流向的分布有关。国外的公式多半是经验性的,对于同一环形交叉口的通行能力,采用不同国家的公式计算所得的结果有较大的差异,并不能准确反映我国交通的实际情况。

为了获得环形交叉口饱和通行能力的可靠数据,通常采用阻车试验方法。它利用原有线路上的车辆,使其在一段较短时间内暂停通行,当各进口引道上积累了一定数量的车辆之后再开始放行,使环形交叉口在短时间内处于饱和状态。

(1) 阻车试验的准备工作。

阻车试验的准备工作包括人员组织、仪器仪表及技术工作准备。此项工作一般应由城市交通管理部门、市政管理(研究)单位会同有关院校、研究所进行。对所有参加人员要进行关于观测的意义、方法、注意事项和应急措施的讲解,甚至进行必要的培训,要求分工明确、各司其职。对观测用仪器、仪表和工具也要认真检查,保证使用可靠、有一定的精度。对技术方案要反复推敲,应预计可能发生的各种情况,并准备相应的处理办法。各种记录表事先备好,要求观测人员认真填写。总之,阻车试验牵涉人员多,影响面广,应充分准备,做到万无一失。

(2)阻车时间和阻车持续时间的选择。

阻车的目的是形成通过交叉口的饱和车流。一般来说,阻车时间选在高峰时期易于实现,但高峰时期对交通影响大,应尽量避开,最好选在机动车高峰过后仍有较大交通量时。阻车持续时间应适当缩短,当累计车辆数达到需要车辆数即可放行。

(3)填写观测记录表。

①以5min为统计单位,记录机动车流量,见表2-14。

阻车试验观测记录表 表2-14

时间	车型	路段1		路段2		路段3		路段4		总计
		车辆数	小计	车辆数	小计	车辆数	小计	车辆数	小计	
	A									
	B									
	C									
	A									
	B									
	C									
	A									
	B									
	C									
合计										
各入口所占比例										

注:1. A为大货车,B为小汽车及小客车,C为公共汽车。
　　2. 阻车过程中,由于采取交通管制,无非机动车及行人过街干扰,故通行能力测试值偏高。

②记录机动车通过环形交叉口的平均速度于表2-15中。

阻车试验各车型平均车速 表2-15

车型	大货车	公共汽车	小汽车	平均
车速(km/h)				

4. 合流区间调查

合流区间通行能力,特别是高速道路上合流区间通行能力是一个十分重要的问题。在合流区间通行能力的调查中,一般通过对阻塞时的交通情况进行多方面的观测、分析来探讨阻塞发生的原因和推算通行能力,而对于复杂的合流现象常用模拟演示来研究,此时交通调查的主要工作是获取建立模拟模型的基本资料,为分析和计算提供数据。

1)调查方法

用摄影方法观测合流区间的交通现象比较方便,可以同时测定多个交通因素。为了使整个合流区间处于同一幅画面上,可以利用附近高大建筑物、电线杆或自搭拍摄架从高处拍摄。

2)数据处理分析

合流区间通行能力推算的主要工作是先绘制时距图,在图上找出各交通因素,再按本节提出的几项内容进行分析。

(1)合流前后各车道的利用率。

这里的车道利用率是指合流前(匝道口)与合流后(车道宽度渐变路段的终点)两个断面上各车道单位时间内通行的车辆数与主线交通量之比。借助车道利用率可以判断主线行驶车辆受合流车影响的程度,可以探索交通流究竟在合流区间的哪个位置上受到约束。

一般绘图时,纵坐标为相对于主线交通量的车道利用率(%),横坐标为匝道口前(或合流后)的交通量,可分别绘制合流车与连续通行路段的关系曲线并进行比较,详见图 2-17。

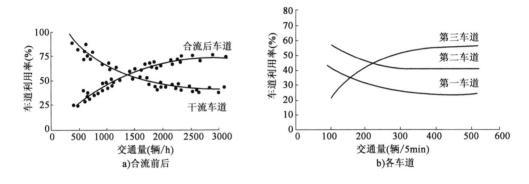

图 2-17 交通量与车道利用率的关系

(2)合流前及合流处合流车与主线车的车速分布。

这一分析类似于绘制各种(主线内侧、外侧车道车,交通岛端部合流车,合流区间的合流车等)车流的车速累计分布图,如图 2-18 所示。由此进行比较,分析合流车与主线行驶车间的相互影响。当主线车车速与来自匝道的合流车车速相近时,可以认为此时的交通状况与通行能力一致,也可由此推算通行能力。

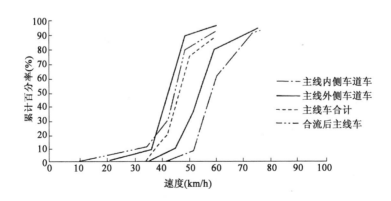

图 2-18 合流车与主线车的车速分布

(3) 主线上行驶车辆的车道变更分布。

主线外侧车道上行驶的车辆有在合流区间附近变更车道的情况。因此可以采用合流处交通岛的端部为基准，纵坐标为变更的百分率，横坐标为至端部的距离，绘出车道变更起点和终点的柱状图，如图2-19所示。图中显示出车道变更起讫点的分布情况。由此，同样可以探索主线交通在合流区间的哪个位置上受到约束。

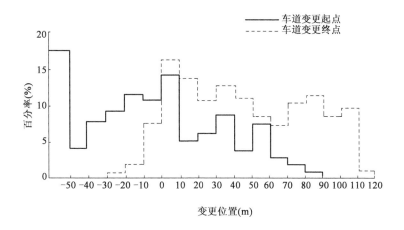

图2-19 主线车的车道变更位置

(4) 合流处合流车前、后车头时距与合流位置的关系。

有时也需要研究合流车在前、后主线上行驶时车头时距与合流位置的关系。这时除分别绘制合流前与合流后的车头时距与合流位置的分布图外，还要绘制合流位置的累计分布图，并分别找出85%、50%、15%位的合流位置，由此可求得不同合流位置处的不同临界车头时距特征值，并以此推算合流处的通行能力，详见图2-20。

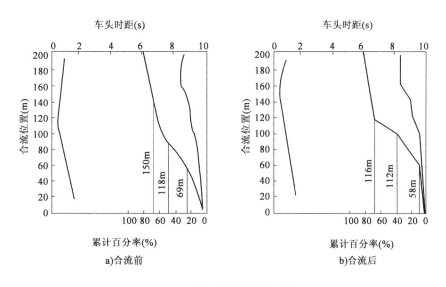

图2-20 车头时距与合流位置分布

(5)合流处合流车和其前、后主线上行驶车辆的速度差与车头时距的关系。

当合流车在主线行驶车辆的间隔(空当)中汇流时,对应于前、后车和合流车车头时距的合流车速以及合流车车头时距与其前、后车速度差的关系,也可作为模拟合流条件以求合流处的通行能力。

在分析时,可分别绘制速度差-车头时距的分布图以及车头时距的分布曲线和累计曲线图,并找出其出现最大百分率时的车头时距和85%、50%、15%位的车头时距。绘制和分析时应将合流车与其前、后主线车的分布图分别绘出,详见图2-21。

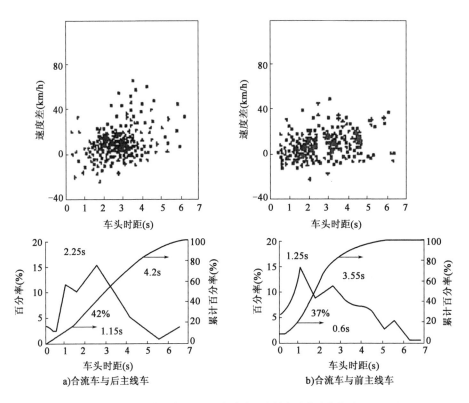

图2-21 合流车车头时距与合流后主线车速度差的关系

(6)车头间隔利用图。

主线车辆的车头时距长短不一,足够长者可被合流车利用,并汇入车队随同行驶;短者则不能被利用。时距能否被利用,可借助主线车头间隔利用图判别,如图2-22所示。从图中可找到最易被合流车利用的车头时距、最不易被利用的车头时距以及能或不能被利用的临界车头时距。

(7)一个车头时距内合流车辆数与该车头时距大小的关系。

一个车头时距内允许连续插入的可能车辆数,随车头时距的增大而增大。为具体分析应绘制主线上车辆的车头时距(在合流处)与连续插入的合流车辆数的分布曲线,并求出其方程以便定量地确定两者之间的关系,详见图2-23。

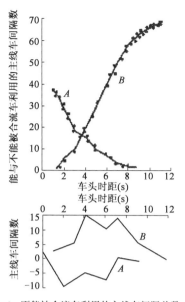

A：不能被合流车利用的主线车间隔总数；
B：能被合流车利用的主线车间隔总数

图2-22 主线车头间隔利用图

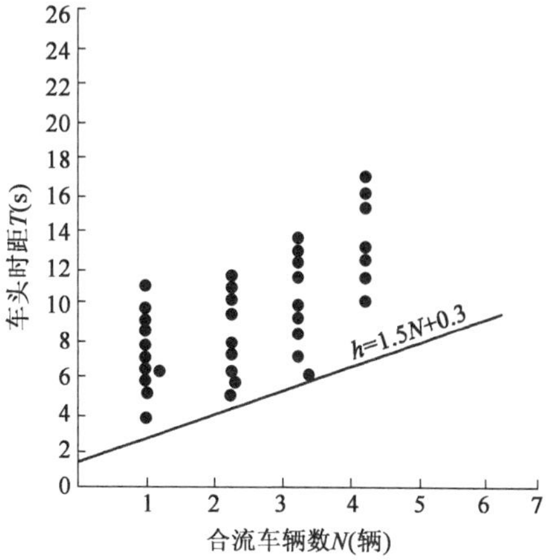

图2-23 主线合流车辆数与车头时距的关系

(8) 交通量与密度的关系。

求得合流区间单位长度内的车辆数(交通密度)和交通量(驶出交通量)，并进一步计算运行时间及研究二者间的关系(图2-24)，对宏观推算合流区间的通行能力有重要的作用。

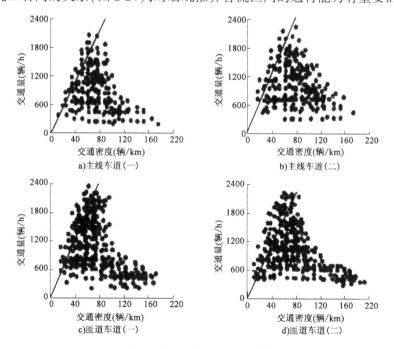

图2-24 交通量与交通密度的关系

通常可绘制交通量-平均存在车辆数关系图以及平均运行时间-平均存在车辆数关系图，然后分析其间相互关系，并注意观察与通行能力相当的交通状况。

第五节 行车延误调查

进行行车延误调查就是为了确定产生延误的地点、类型和大小,评价道路上交通流的运行效率,在交通阻塞路段找出延误的原因,为制订道路交通设施的改善方案、减少延误提供依据。通过行车延误调查可以直接得到车辆行程时间和损失时间的准确资料,这在评价道路交通设施的服务质量、进行道路交通项目的工程经济分析、研究交通拥挤程度等方面都具有十分重要的意义。

在交通规划和经济调查工作中,一般都需要两地之间的行程时间资料。由于行程时间包括行驶时间和延误时间两部分,因此要获得行程时间数据,就必须进行行车延误调查。此外,在交通流受阻状况评价和其他有关问题的研究中,行车延误调查都是必须进行的工作。

一、行车延误的相关定义与资料用途

行车延误调查包括路段延误调查和交叉口延误调查两部分。下面先介绍行车延误的一些相关定义。

1) 延误

延误是指由道路与环境条件、交通干扰、交通管理与控制设施等驾驶人无法控制的因素所引起的行程时间损失,一般以 s/辆或 min/辆计。

2) 固定延误

固定延误是指由交通控制装置引起的延误,与交通量大小及交通干扰无关,主要发生在交叉口处。交通信号、停车标志、让路标志和铁路道口等都会引起固定延误。

3) 运行延误

由各种交通组成部分之间相互干扰而引起的延误,即运行延误。其可分为两种:一种是由其他交通组成部分对车流的干扰(称为侧向干扰)而引起的延误,例如行人、受阻车辆、路侧停车、横穿交通等因素引起的延误;另一种是由交通流内各车辆之间的干扰(称为内部干扰)而引起的延误,产生这种运行延误的主要原因是交通拥挤、汇流、超车、交织运行等因素。

4) 停车延误

停车延误是指车辆由于某种原因而处于静止状态所产生的延误。停车延误等于停车时间,其中包括车辆从停止到再次启动时驾驶人的反应时间。

5) 行程时间延误

实际行驶的总行程时间与完全排除干扰后以平均速度通过调查路段的自由行驶时间之差,称为行程时间延误。这一延误除包括停车延误外,还包括因加速和减速而产生的加速延误和减速延误。

6) 延误率

车辆通过单位长度路段的实际运行时间与车辆在理想条件下通过该路段所需时间(标准运行时间)的差值,称为延误率。因此,延误率可以反映单位长度路段上延误的大小。据国外观测,高峰时间内车辆通过单位长度路段的标准运行时间:高速道路为 1.06min/km,主要城市干路为1.49min/km,集散道路为1.86min/km。

7) 车流延误率

车流中各辆车的延误率的总和,即车流在单位长度路段上的总损失时间,即为车流延误率。因此,车流延误率就等于单向交通量乘延误率。

8) 排队延误

车辆排队时间与车辆按自由行驶车速驶过排队路段的时间(自由行驶时间)之差,称为排队延误。车辆排队时间是指车辆从第一次停车到越过停车线所用的时间。排队路段是指车辆的第一次停车断面与停车线之间的道路。

当仅发生一次停车时:

$$排队延误 = 停车延误 + 加速延误 = 排队时间 - 自由行驶时间 \tag{2-59}$$

当发生 n 次停车时:

$$排队延误 = \sum_{i=1}^{n} 第i次停车延误 + \sum_{i=1}^{n} 第i次减速延误 + \sum_{i=1}^{n} 第i次加速延误$$
$$= 排队时间 - 自由行驶时间 \tag{2-60}$$

行车延误受许多因素影响,这些因素主要有人(包括驾驶人、行人等)、车(车辆类型及车辆启动、制动和加速性能等)、道路与交叉口条件、交通条件(交通组成、转向车比例和路侧停车等)、交通负荷、服务水平、交通控制与管理(交通信号、交通标志和交通控制方式等)以及道路环境等。目前对这些影响因素与延误之间的定量关系的研究不多,尚需进行大量的调查研究工作。

延误资料用途:评价道路交通阻塞程度和道路服务质量;进行前后对比研究、经济分析;作为采取交通控制措施、改建道路和交叉口的依据;用其掌握行车延误的发展趋势,辅助运输规划和交通规划。

二、路段延误调查

1. 调查方法

1) 跟车法

观测人员乘坐沿待测路段行驶的测试车,观测并记录有关行车延误资料的方法称为跟车法。该法适用于路段延误调查。

(1) 人员和设备。

调查时有人工记录和自动记录两种收集资料的方式。若采用人工记录法,则需要2名观测员和2块秒表,其中1人两手各持1块秒表,另1人记录。若采用自动记录装置,则只需要1名观测员,操纵自动记录装置上标明行程时间和延误信息的各种控制按钮,自动记录装置就可通过一套编码系统将行程距离、行程时间和延误及其发生地点等记录并打印出来。

(2) 样本容量。

为了保证调查结果可靠,必须达到样本容量要求。表2-16给出的是美国采用的样本容量推荐值,可供参考。根据待测路段的道路交通条件,可参照该表的推荐值选择样本数。

美国采用的样本容量推荐值(置信度为95%) 表2-16

道路类型	达到下述精度样本容量		道路类型	达到下述精度样本容量	
	5%	10%		5%	10%
有信号道路	—	—	多车道,阻塞	50	13
双车道,不阻塞	30	8	公路	—	—
双车道,阻塞	40	10	双车道1130pcu/h	25	6
多车道,不阻塞	18	5	双车道1440pcu/h	42	11

(3)观测方法。

测试车按下述方法之一行驶:

①浮动速度法。测试车在交通流中浮动,尽量使它超越的车辆数和超越它的车辆数相同。

②平均速度法。测试车按照驾驶人估计的交通流平均速度行驶。

③最大速度法。如果没有交通干扰,则测试车按照限制速度(最大速度)行驶。

通常优先采用最大速度法。在正式观测开始之前,应确定待测路段的起点和终点。还要沿调查路线选择交叉口等控制点,并在路缘石或交叉口中心线处标示出这些控制点。

测试车驶过调查路段起点时,用人工方法记录的观测员立即启动第1块秒表。如果车上装有自动记录装置,则启动该设备指示测试开始。在测试车驶过事先确定的控制点的同时,记录秒表的时间读数或指示自动记录装置记录通过这些点的时间。

当测试车停车或被迫减速缓行时,观测员使用第2块秒表观测每次延误的持续时间,并记录每次延误的地点、持续时间和原因。如果采用自动记录装置,观测员操纵相应的按钮,便可记录每次延误的起止时间,并用编码或其他识别方式表示延误的类型。

测试车通过调查路段的终点时,观测员按停第1块秒表,记下这次测试行程的总时间。

若采用录音记录方法,观测员要报出车辆通过调查路段起止点的时间、每个控制点的位置和通过时间,以及每次延误的地点、持续时间和原因。这种方法的资料整理工作量较大。

重复上述观测过程,直到满足样本容量要求为止。

2)驶入驶出法

驶入驶出法只适用于调查瓶颈(或窄桥)路段的行车延误。本方法的假设:车辆的到达和离去服从均匀分布;车辆排队现象存在于某一持续的时间内,在其中某一时段,若到达车辆数大于道路的通行能力则开始排队,而当到达车辆数小于道路的通行能力时,则排队开始消散。

调查在两个断面同时进行,在调查路段的起、终点各设1名观测员,采用调查交通量的办法,以5min或15min为时间间隔累计交通量。要求两断面的起始时间相同,因此在调查开始之前,两断面观测员应对表以统一时间。当车辆受阻排队有可能超过瓶颈路段起点断面时,应根据实际情况及早将起点断面位置后移。如果已知该路段的通行能力,则瓶颈路段终点断面可不予调查,这时,终点断面每一时段离开的车辆数取同一时段待驶出车辆数和通行能力两者中的低值。

3)基于GPS的调查方法

对于行程时间和延误的调查,只需一辆装有GPS的试验车即可。令试验车在待测的道路上行驶,计算机终端实时记录车辆的行驶状态,根据GPS反馈的信息,测得速度不为0时的总时间就是行驶时间;车辆通过整个路段的时间就是行程时间;在路口或有交通标志的地点,速度为0的总时间就是固定延误时间;在整个路段,速度为0的总时间就是停车延误时间;在无路口或交通标志的地点,速度为0的总时间就是运行延误时间。可见,利用GPS可以方便、快捷地得到相关的时间信息。

2.跟车法的数据处理和分析

1)路段延误调查结果的表达

整个路段的行程时间和延误调查结果可用图2-25来表达,由图中可以看出整个交叉口的平均车速、累计行程时间及各交叉口的平均延误时间。

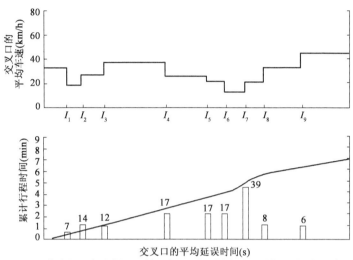

图2-25　某城市干路累计行程时间、交叉口的平均车速及平均延误时间示意图

注：I_i为交叉口名称。

2)区域行程时间与延误的表达

前面介绍了某一条路线的行程时间和延误调查结果的表达方式。实际工作中,通常需要了解整个市区的行程时间与延误情况。从某一个起始点对所有路线进行调查,得到行程时间和延误资料,进而绘制成等时线图。该图表示在一个给定的时间内,从一个共同的起点(通常是中心商业区)出发所能到达的距离。相邻两条等时线相互接近处,就是交通阻塞路段。等时线呈峰状向前伸展处,则是车辆能自由行驶的高速路段。

3)车流延误率表达法

延误的另一种表达方法是计算车流延误率。将整个道路网的延误率标在图上,可以表示出单位长度路段的延误分布情况,根据相应路段的交通量即可确定总的延误量。

4)延误比率表达法

各项延误占总延误的比率可反映出各项延误与总延误以及各项延误之间的数量关系,并且可用柱状图绘制出来。

三、交叉口延误调查

1.调查地点和时间选择

1)调查地点

调查地点应根据调查目的确定,通常有以下三种情况。

(1)指定交叉口。

如果需要了解某条道路或整个路网延误的全面情况,就应该对有关的交叉口进行延误调查。

(2)交通阻塞交叉口。

为了提高经常阻塞交叉口的整体服务水平,提出改善措施,应对该交叉口进行延误调查。

(3)某个交叉口的一个或几个入口引道。

如需要了解交叉口经常阻塞的某个引道的延误情况,则可对该引道进行延误调查。为了评价整个交叉口的运行效率,一般应对该交叉口的各个入口引道同时进行调查。

2)调查时间

交叉口延误调查一般应在天气良好、交通条件正常的情况下进行。根据需要,有时也在不利的气候条件或特殊的交通条件下进行调查。调查时间的选择通常有以下几种情况。

(1)高峰时段延误调查。

高峰时段的延误最严重。选早高峰还是晚高峰、机动车高峰还是非机动车高峰,则要根据调查目的确定。

(2)高峰与非高峰时段延误对比调查。

分别在高峰时段和非高峰时段进行延误调查,这时应注意除交通条件之外其他条件的可比性。

(3)延误的前后对比调查。

在交通控制与管理设施改善前后进行调查以评价改善效果。这时要注意其他条件应相似,时间也要相对应。

2. 调查方法

交叉口延误的调查方法可分为两类。

第一类是停车时间法。根据停车时间测定方法的不同,停车时间法可分为间断航空摄影法、延误仪测记停车时间法、点样本法等。这类调查方法得到的交叉口延误只包括停车时间,没有计入加速延误和减速延误。

第二类是行程时间法。根据行程时间测定方法的不同,行程时间法可分为试验车法、牌照法、间断航空摄影法、车辆感应器与人工结合法、人工追踪法、抽样法等。这类调查方法是用于测定从交叉口前的某一点至交叉口内或交叉口之后的某一点的行程时间。各车辆的平均行程时间减去这段行程的自由行驶时间就是交叉口延误。这类调查方法得到的交叉口延误,不但包括停车延误,还包括加速延误和减速延误。

下面将分别介绍用点样本法和牌照法调查交叉口延误的方法和算例。

1)点样本法

点样本法属于停车时间法,最早是由美国加利福尼亚大学伯克利分校于1954年提出的,方法简便,不需要专门仪器,因此被广泛使用。

(1)人员和设备。

每个交叉口入口引道需要3~4名观测人员和1块秒表,观测人员和所需秒表的总数根据需调查的引道数量累加。

(2)样本容量。

用点样本法调查交叉口延误,必须有足够的样本数,以保证所要求的调查精度。当所关心的是停驶车辆的百分率时,应用概率统计中的二项分布来确定需要调查的最小样本数。

$$N = \frac{(1-p)\chi^2}{pd^2} \tag{2-61}$$

式中:N——最小样本数;

p——在交叉口入口引道上的停驶车辆百分率，%；

χ^2——在所要求的置信度下的 χ^2 值，按表2-17取用，一般情况下，置信度可选用95%，相应的 $\chi^2 = 3.84$；

d——停驶车辆百分率估计值的容许误差，其值取决于调查目的，范围一般为 0.01～0.10，通常取0.05或0.06。

一定置信度下的 χ^2 值 表2-17

置信度(%)	χ^2	置信度(%)	χ^2
90.0	2.71	99.0	6.63
95.0	3.84	99.5	7.88
97.5	5.02	—	—

这里，样本容量指的是包括停驶车辆和不停驶车辆在内的入口引道车辆总和。在正式观测之前，为确定适当的样本容量 N，需要初步估计停驶车辆百分率。为此，最好进行一次现场试验调查。一般在交叉口入口引道上观测100辆车便可以估计出适当的 p 值。

若假定 $p = 50\%$，解式(2-61)可得出在所要求的统计精度下的最小样本容量，如表2-18所示。

最小样本容量($p = 50\%$) 表2-18

容许误差 d	置信度		
	90%	95%	99%
5%	1084	1536	2652
10%	271	384	663

在任何情况下，所取样本数不应小于50辆。调查工作结束后，要根据实际的样本数 N，计算出停驶车辆百分率 p，然后按所要求的置信度用式(2-61)计算出停驶车辆百分率估计值的容许误差 d，若 d 不能满足要求，则需要增加样本数，重新调查。

（3）观测方法。

点样本法就是通过观测在连续的时间间隔内交叉口入口引道上停车的车辆数，进而得到车辆在交叉口入口引道上的排队时间。每个交叉口入口引道需要3～4名观测员，其中1名为报时员，1名（或2名）为观察员，还有1名为记录员。点样本法调查交叉口延误现场记录表见表2-19。在调查开始之前，记录员应将调查日期、地点等填入表内。观测时间间隔一般取15s（根据情况也可选其他值），这样，每分钟有第0～15s、第15～30s、第30～45s和第45～60s 4个时间间隔。

点样本法调查交叉口延误现场记录表 表2-19

交叉口名称_____ 引道_____ 车道_____

日期_____ 天气_____ 观测员_____

开始时间	在下列时间内停在引道内的车辆数(辆)				引道交通量(辆)	
	+0s	+15s	+30s	+45s	停驶车辆	不停驶车辆
小计						
合计						

观测开始之后,报时员手持秒表,每15s报时一次,观察员在报时后即统计停留在入口引道停车线之后的车辆数,并通知记录员逐项记录。同时,记录员(或第2名观察员)还要统计在相应每1min内的引道交通量,并按停驶车辆和不停驶车辆分别统计和记录。停驶车辆是指经过停车后通过停车线的车辆,不停驶车辆是指不停车而直接通过停车线的车辆。

上述观测工作连续进行,直至达到样本容量要求或规定的时间(10min或15min)为止。

(4)注意事项。

①如果观测人员较多,则对于一个十字交叉口可同时投入12~16名观测员对4个入口引道进行观测,这样较节省时间,且各引道的调查结果具有可比性。如人员不足,则可对各入口引道轮流进行观测,但时间耗费较多,各引道的调查结果可比性也不强。

②对于定周期信号交叉口,选择观测的时间间隔时应避免信号周期能被观测时间间隔整除的情况出现,否则,统计停车数的时间将是信号周期的某个相同部分,这会使观测资料失去随机性。此外,还应将观测的起始时间与信号周期的始点错开。

③观察地点应在事先做好调查的基础上确定,要保证观察方便,特别是要注意车辆队列很长时对视线的影响。观察地点一般选在停车线旁、排队长度的中间或可通视排队的其他有利位置。

④对于入口引道是多车道的交叉口,若不要求区分某一具体车道上的延误,则可不分车道调查,否则要按车道分别安排观测人员。

⑤如果某辆车的停车时间超过一个观测时间间隔,则在下个时间间隔将该车再次计入引道停车数内,而在统计停驶车数时,该车却只被统计一次。因此,对于一个指定的时间间隔,停驶车数总是小于或等于停在引道上的车辆总数。这可以帮助判断观测与记录的数据正确与否。

⑥点样本法也可用来调查交叉口或其他地点的行人交通的延误,这时只要用统计车辆的方法来统计行人即可。

(5)调查结果分析。

交叉口延误调查结果,通常用下述指标来表达:

$$总延误 = 总停车数 \times 观测时间间隔(辆 \cdot s) \tag{2-62}$$

$$每一停驶车辆的平均延误 = \frac{总延误}{停驶车辆总数}(s) \tag{2-63}$$

$$交叉口入口引道上每辆车的平均延误 = \frac{总延误}{引道总交通量}(s) \tag{2-64}$$

$$停驶车辆百分率 = \frac{停驶车辆总数}{引道总交通量} \times 100\% \tag{2-65}$$

$$停驶车辆百分率的估计误差 = \sqrt{\frac{(1-p)\chi^2}{pN}} \tag{2-66}$$

2)牌照法

牌照法是行程时间法的一种,它是通过测记一定车辆的牌照号码、特征和通过引道延误调查段两端的时刻,进而获得引道实际耗时的方法。引道实际耗时减去引道自由行驶时间,即为引道延误。引道自由行驶时间通常也采用牌照法调查,但如果根据以往资料,已知入口引道自由行驶车速,则利用引道延误段长度便可计算出引道自由行驶时间。特别是在做前后对比调查时,若假定引道自由行驶时间不变,则前后两次调查都可不必测定引道自由行驶时间,只要用交通设施改善前的平均引道时间减去改善后的平均引道时间,即可得到交通设施改善所降低的引道延误值。

(1)人员和设备。

每个小组需要 5~6 名观测员、2 台无线电对讲机和 4 块秒表。每组观测一个入口引道,整个交叉口延误调查所需人员和设备按引道个数累加。

(2)样本容量。

用牌照法调查引道时间所需的最小样本数,可按下式确定:

$$N = \left(\frac{S_t K}{E_t}\right)^2 \tag{2-67}$$

式中:S_t——引道时间的样本标准差,通常取 $S_t = 10 \sim 20s$;

K——在所要求的置信度下的 K 值,按表 2-20 取用,通常采用置信度为 95% 的 K 值,即 $K = 1.96$;

E_t——引道时间的容许误差,通常取 $E_t = 2 \sim 5s$。

一定置信度下的 K 值　　　　表 2-20

置信度(%)	K 值	置信度(%)	K 值
68.3	1.00	95.5	2.00
86.6	1.50	98.8	2.50
90.0	1.64	99.0	2.85
95.0	1.96	99.7	3.00

(3)观测方法。

观测时,一般将交叉口入口引道停车线作为出口断面,记为断面Ⅱ,断面Ⅰ为入口断面,位于引道上游,断面Ⅰ与断面Ⅱ之间的距离应大于引道延误段长度。实际观测之前,引道延误段的长度不易准确确定,应参照以往的入口引道最大排队长度来确定断面Ⅰ的位置。断面Ⅰ与断面Ⅱ之间的距离应尽量大些,一般在 80~200m 范围内。若一旦在调查过程中发现车辆排队超过了断面Ⅰ的位置,应及时予以调整,并将调整前后的调查资料分开整理。

现以一个入口引道的延误调查为例来说明具体观测过程。调查时,设 1 人持对讲机站在断面Ⅰ的路侧,负责抽样。当拟抽取的车辆到达断面Ⅰ时,便将其车型、特征和车牌号末三位数字用对讲机通知给断面Ⅱ的观测人员。调查小组的其余 4~5 人均站在断面Ⅱ的路侧,其中 1 人持对讲机与断面Ⅰ的观测人员联络,其余 3~4 人记录。持对讲机者(接收者)负责接收断面Ⅰ观测人员发来的信息,将接收到的各车的信息分别告诉每名记录人员。记录人员一收到接收者传送的关于某辆车的信息,立即记下当时的时刻,然后按表记录下该车的特征、车型及车号,随后专心在来车群中寻找自己负责记录的车辆。当该车通过断面Ⅱ时,马上记录下其通过时刻。当引道实际耗时较短(小于 1min)时,记录人员通常只能等上一次报来的车辆通过停车线后才能向接收者申请记录下一辆车;当引道实际耗时较长(大于 1min)时,记录人员有可能同时记录几辆车的信息,并依次在来车群中寻找,这样可节省时间,提高效率。如果需要分流向研究引道延误,记录人员还应记下自己所负责的车辆通过停车线后的去向。典型的牌照法引道时间调查现场记录表如表 2-21 所示。

牌照法引道时间调查现场记录表 表2-21

交叉口名称_____ 引道_____ 调查段长度_____
日期_____ 时间_____ 天气_____ 记录员_____

序号	特征	车型	车号	通过断面Ⅰ的时间（s）	通过断面Ⅱ的时间（s）	流向	通过调查段时间（s）

(4) 调查结果的整理与分析。

① 引道延误调查资料的整理与地点车速调查资料整理相似，通常是将引道实际耗时和引道自由行驶时间的资料分组整理，分别求得平均值，两平均值之差即为平均每辆车的引道延误。若引道实际耗时的容许误差范围为 $\pm E_t$，引道自由行驶时间的容许误差范围为 $\pm e$，则平均每辆车的引道延误的误差范围就是 $\pm \max\{E_t, e\}$，其区间估计为平均每辆车的引道延误 $\pm \max\{E_t, e\}$。

② 将引道实际耗时的观测资料依次减去引道自由行驶时间的平均值，然后分组整理，则可以获得引道延误的分布规律。

③ 由于车辆通过断面Ⅰ、断面Ⅱ时所记录的是绝对时间，经过适当的整理，可以得到引道延误随时间变化的规律。当然，这要求进行大量的调查，采用连续式或定时间断式调查均可。

【复习思考题】

1. 简述交通流调查的意义和主要内容。
2. 交通量的调查方法有哪些？各方法的步骤是什么？
3. 在进行交通量调查时，为什么要进行车辆换算？
4. 表征交通量特征的指标有哪些？如何通过调查数据计算得到这些指标？
5. 车速调查的目的与意义是什么？
6. 地点车速和区间车速之间有哪些区别与联系？各自有哪些调查方法？
7. 查找资料，谈谈采用出入量法调查交通密度时，公式中的原始车辆数应如何获得？

8. 什么是通行能力？理想通行能力与实际通行能力的区别是什么？
9. 延误产生的原因有哪些？
10. 简述交叉口延误调查的内容与方法。

【本章参考文献】

[1] 王建军,马超群. 交通调查与分析[M]. 3版. 北京:人民交通出版社股份有限公司,2019.

第三章 起讫点调查

第一节 起讫点调查概述

起讫点调查,也称 OD 调查(Origin Destination Survey),其目的是研究区域内人、车和货的交通特性,包括人的出行 OD 调查、车辆 OD 调查、货流 OD 调查等,这些调查的内容和方法基本类似,统称 OD 调查。OD 调查的最大特点是将人、车、货的出行活动视为交通形成的"细胞",据此研究交通的产生与分布。

一、基本概念

1. 出行

出行是指人、车、货从出发点到目的地移动的全过程。起讫点指一次出行的出行起点与出行终点。作为交通行为的计测单位,出行须具备三个基本属性:

(1)每次出行有起点、讫点两个端点。
(2)每次出行有一定目的。
(3)每次出行采用一种或几种交通方式。

根据出行调查的目标和具体要求,在计测中可以附加一些更为详细的规定。例如必须利用有路名的街道或公路;步行单程时间必须在5min以上,使用交通工具出行距离超过500m。凡是采用步行(或自行车)方式完成以购物为目的的连续出行,以其出发点为始点,最远到达地点为终点计为一次出行。

2. 出行端点

出行起点、讫点的总称,即出行端点。每一次出行必须有且只有两个端点,出行端点的总数为出行次数的两倍。

3. 交通小区

结合交通分析和交通需求预测模型,需要将研究区域划分为若干地理单元,这样的地理单元称为交通小区,是分析居民、车辆出行及分布的最小空间单元。交通小区在交通模型中作为交通的发生源和吸引源。交通小区的总数决定出行矩阵的大小,交通小区的面积和形状都会影响交通模型的精度和结果。

4. 境内出行

起讫点都在调查区域范围内的出行,称为境内出行。

5. 过境出行

起讫点都在调查区域范围外的出行,称为过境出行。

6. 区内出行

调查区域被分成若干交通小区后,起讫点都在同一个小区内的出行,称为区内出行。

7. 区间出行

调查区域被分成若干交通小区后,起讫点分别位于不同小区内的出行,称为区间出行。

8. 出入境出行

出入境出行是指出行端点一个在调查区域范围内、另一个在调查区域范围外的出行。其中,起点在调查区域范围内、讫点在调查区域范围外的出行,称为出境出行;起点在调查区域范围外、讫点在调查区域范围内的出行,称为入境出行。

各类出行示意图如图3-1所示。

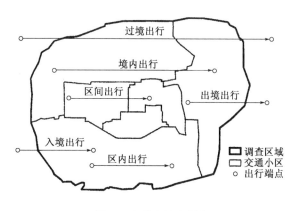

图3-1 各类出行示意图

9. 车辆出行 OD 调查

车辆出行 OD 调查主要包括机动车出行调查和非机动车出行调查。其中机动车出行调查包括所有本地调查范畴。车辆出行 OD 调查涉及车型、营业特点、装载客(货)、出行目的、出行次数、出发和到达时间与地点、经过主要江河桥址以及主要路口等。

10. 货物流通 OD 调查

货物流通 OD 调查一般分为两部分：一部分是调查货物流通集散点、运输设施能力(岸线、码头、泊位、年吞吐量以及铁路专用线、货运汽车)、停车场地、仓储情况，另一部分是调查货物种类、运入量、运出量、运输方式等。货物流通 OD 调查的重点是调查货源点和吸引点的货源种类、数量、调查日的货流流向与流量、采用的运输工具等。

二、OD 调查目的

OD 调查的实质是从技术与社会综合的角度对出行(人、车、货)进行研究。这种方法改变了传统的单靠断面交通量的调查与增长率估计来研究交通需求与交通运输能力的关系，是交通研究发展中的一个重大进步。OD 调查的具体目的如下：

(1) 通过搜集出行类别与数量资料，在计算机上模拟现状的出行，为发现主要交通症结，调整与改善道路系统功能，从系统上和政策上对近期、远期工程项目排序提供依据。

(2) 根据 OD 调查资料、土地使用资料建立各类交通预测模型，为远期交通规划提供依据。

(3) 客观地分析、评价各类交通出行的特征，特别是公共交通服务水平，为提高公共交通系统运行效率，制定近期、远期交通政策提供有效信息。

三、OD 调查方法

OD 调查方法主要包括路边询问调查、明信片法、家访调查、发(放)表调查、工作出行调查、车辆牌照调查、公交站点调查、境界线出入调查、货物流通调查等，各种方法及其特点简述如下。

1. 路边询问调查

在主要道路或城市出入口设调查站，让车辆停下，询问该车的出行起讫点以及其他出行资料。关于访问地点的选择，如果调查只涉及一条路线上的数据，取一个中间点访问驾驶人即可；如果要取得某个城市全部出入交通资料，应在该城市辐射到的所有路线上设置访问点。路边询问一般要让驾驶人停车，这需要交警协助；还要注意问答精练、准确，不致引起被询问者的反感，应避免交通堵塞并注意交通安全。

2. 明信片法

当交通繁忙、不能长时间停车来做路边询问时，可采用在访问站向驾驶人发明信片的办法，要求驾驶人填写后投递寄回。访问站尽量设在交通减速地段，如通行收费处、交通少或有停车标志处。明信片法的回收率一般只有 25%～35%。

3. 家访调查(个人出行)

对居住在调查区内的住户，进行抽样家访。由调查员当面了解该户中包括学龄儿童在内的全体成员一天出行情况。家访调查一般还应包括在城市活动的流动人口出行调查。我国许多大城市居民出行调查均采用这种方法，内容比较可靠，表格回收率高。在工作中辅以大量的宣传,特别是依靠城市街道、社区各级组织,可以获得事半功倍之效。

4. 发(放)表调查(车辆出行)

将调查表格发给机动车驾驶人,由车辆管理系统落实到每个人,填写后回收。填写前做好动员与解释工作。对调查日未出车的应注明原因。

5. 工作出行调查

对调查区内的职工抽样进行居住点(起点)和工作地点(讫点)的调查,由于这项资料可以从工作单位的现成档案中取得,故能大大减轻调查工作量。虽然只是工作出行调查,但都是城市客流的主体,适用于公共交通规划,自行车专题调查也可以采用此方法。

6. 车辆牌照调查

由各调查站分时段记下通过测点的全部车辆牌照末几位数字,然后汇总各调查站记录进行校对。凡第一次记牌照的地点即为该车的起点,凡最后一次记录牌照的地点便是该车的讫点。这种方法得到的信息往往过于粗糙,且人力投入很大。因此,仅在研究一个枢纽地区的流量流向分布时采用。

7. 公交站点调查

为了解公交客流分布,派人去车上或站点对乘客进行询问调查,了解乘客起讫点与换乘情况。该调查的主要内容:①乘车路线及下车站点;②下车后是否转车;③终点。

8. 境界线出入调查

在调查区的境界内设调查站,对所有穿越该路线的车辆作统计,在路边作询问调查,此法可作为家访调查的补充。小城市的 OD 调查通常不采用家访调查,而直接采用本方法。

9. 货物流通 OD 调查

在货源点和吸引点调查货源种类和数量、调查日的货流流向与流量、采用的运输工具等。

第二节 居民出行调查

居民出行调查是指对某一区域内居住的居民(通常包括流动人口)在城市空间内某一天的出行目的、出行路径、出行时间、出行方式等内容进行调查,了解居民出行活动的全过程,以掌握城市居民出于多种不同出行目的的活动在时间和空间上的变化规律。由于调查区域内人口众多,居民出行调查仅按一定比例进行抽样调查,通过对样本数据的扩样反映城市居民的总体出行特征和规律,为城市综合交通规划和其他有关规划提供十分重要的基础资料,同时也为制定城市交通政策提供有效数据。

美国居民出行调查 NHTS(the National Household Travel Survey)主要是对美国居民日常和长距离出行的调查,调查信息包括家庭属性中的人口、收入和车辆拥有情况,个人属性中的性别、年龄、职业情况,日常出行特征中的出行目的、出行次数、出行方式等信息和长距离出行的详细信息。美国于 1969 年、1977 年、1983 年、1990 年、1995 年和 2001 年分别开展了日常出行的调查,其中在 1977 年、1995 年和 2001 年均进行了较长距离出行的调查。NHTS 应用计算机辅助的电话访问技术进行调查。每个被选中家庭要记录家庭成员在特定出行日 24h 的出行信息;长距离出行调查要记录 28 天内出行的情况。另外,美国十年一度的人口普查工作中也包含关于出行的调查,主要包括工作地点、家到工作单位的距离、上班使用的交通工具等信息。调查机构建立起 CTPP(the Census Transportation Planning Package)人口普查交通规划包,将这些调查数据整理出来供交通规划工作使用。

英国全国范围内的居民出行调查工作 NTS(National Travel Survey)始于 1965 年,内容包括所有出行方式的调查,主要的调查方法为家访调查。英国在 1965—1966 年实施了第一次 NTS,之后在 1972—1973 年、1975—1976 年、1985—1986 年分别又进行了 NTS。随着对调查数据精确性、及时性、连续性要求的提高,从 1986 年开始,NTS 改为每月进行的连续调查。因此,NTS 可以为英国的交通规划提供最新的、连续的、有规律的居民出行信息。

日本的居民出行调查都是在都市圈进行,这是由其城市布局决定的。1966 年由九州地区建设部门进行的福冈市 PT(个人出行)调查是最早的试验性调查;真正的居民出行调查开始于 1967 年广岛都市圈。这种调查大概每隔 10 年进行一次。日本居民出行调查体系包含家访调查、大运量交通工具调查、营业用车(出租车、货车等)调查、核查线调查、封闭曲线调查等。

国内城市居民出行调查开展得比较晚,但是发展很快。自 20 世纪 80 年代左右,仅在一些特大城市做过全市范围的居民出行调查,而时至今日很多大中城市都进行了居民出行调查,为城市交通规划与运营管理工作提供了基础支持。近年来,国内城市居民出行调查在发展中呈现出以下几个特点:

(1)国内城市居民出行调查主要采用家访调查。如上海(2019 年)、昆明(2016 年)、西安(2015 年)、北京(2010 年)、佛山(2007 年)等地均采用家访调查开展了居民出行调查。

(2)一些城市逐步建立了每 5~10 年开展一次居民出行调查的长效机制。如,北京在 1986 年、2000 年、2005 年、2010 年、2014 年分别开展过五次居民出行调查;上海曾于 1986 年、1995 年、2004 年、2009 年、2014 年、2019 年先后组织开展了居民出行调查。

(3)为了全面获取城市交通信息,在开展居民出行调查的同时多进行相关配套专项调查,从而形成以居民出行调查为核心的综合性交通调查。有关内容详见第一章第二节。

(4)调查中注重新技术、新方法在调查实施、数据分析阶段的应用,将交通检测数据与人工调查数据有效结合,充分利用 IC 卡数据、GPS 定位、视频检测等信息化科技手段。

一、调查的步骤和流程

采用的调查方法不同,居民出行调查的步骤和流程有较大差异,这里主要针对家访调查并结合国内多个城市居民出行调查实施情况介绍居民出行调查的一般步骤和流程。

1. 成立专门机构统一负责

居民出行调查规模大、专业性强,工作量大、耗资多、耗时长,是一项涉及面十分广泛的社会性调查工作,既需要政府各相关部门的共同努力和参与,也需要市民的理解和配合。根据国内一些大城市开展居民出行调查的组织经验,完成该项工作必须以政府为主导,政府有关部门通力合作,组成横向和纵向的组织构架,做好周密的组织与调查设计,充分利用各种宣传工具,建立严格的监督机制,才能确保调查的成功实施与调查完成的质量。

为了更好地实施调查工作,建议成立专门机构统一负责,具体分为三个小组:

(1)居民出行调查领导小组。一般由市政府主持,其成员可由市政府指定。领导小组的主要职能:对调查工作进行领导、协调和督促,保障调查工作的有序开展;协调各个成员单位及时提供开展调查工作所需的相关资料和帮助。

(2)居民出行调查专家指导小组。专家指导小组的主要职能:以技术咨询和专家评审等形式对调查实施方案、数据整理与分析等关键环节进行技术把关,并对调查过程中遇到的技术问题给予技术支持,最终评定调查成果。

(3)居民出行调查工作小组。由居民出行调查参与单位相关人员组成,具体负责调查方案的设计、人员培训以及组织实施等工作。

2. 准备基础资料

在调查之前,首先应掌握调查区域相关的资料,主要包括调查区域内的居民点、人口分布造册、土地利用现状、各级行政组织(行政区、街道、派出所、社区和居委会)位置、道路状况、车辆资料。

3. 编制调查设计方案

编制调查设计方案,主要包括调查内容审定、调查规模审定、调查方法确定、调查表格设计、调查人员配备等。

4. 试调查

试调查工作包括试调查的人员培训、试调查以及试调查总结三个过程。其目的在于:培训调查骨干,了解调查员在规定时间内可访问的户数,了解调查员及居民对出行的认识和理解,了解居民对调查的配合情况,检验调查数据分析软件运行状况,检查调查表格的后处理(编码、代码转换、校核、数据录入)速度,发现与全面调查相关的其他问题。

5. 培训调查人员

通过培训使全体调查人员熟练掌握调查登记的项目、内容、填表要求,熟悉调查工作的程序和方法。主要培训内容:本次居民出行调查的重要性、现场访问流程、与被访者的交流技巧、调查工作的严肃性与真实性要求、调查表每项内容的含义与填表要求等。

6. 宣传调查工作

居民出行调查涉及范围广,出动人员多,规模庞大,需得到社会各界的支持和广大市民的配合。为保证调查工作的顺利实施,需要新闻媒体对调查工作进行宣传和报道,使市民明白居民出行调查的目的、意义、内容及调查方式。具体可根据调查工作不同阶段的特征,将宣传工作划分为以下几个阶段:

(1)普及宣传阶段。主要介绍居民出行调查的目的、意义、整个调查的工作流程。

(2)居民出行调查准备阶段。主要让居民了解居民出行调查的范围、内容以及调查的方式,消除居民对调查的顾虑。

(3)入户调查前一周阶段。主要让居民了解居民出行调查的相关知识,做好心理准备,积极配合调查。可在报纸上刊登调查表,介绍相关小知识和填写说明,并报道具体调查时间,请居民做好准备。

(4)入户调查阶段。主要让居民知道如何配合调查,让调查员及居民知道本次调查内容的重点、难点和易错点,做好有针对性的宣传解释工作,把宣传和调查登记紧密结合起来。

7. 全面实施调查

全面实施居民出行调查的关键在于如何争取居民的配合以及调查过程中各类工作人员的协调配合。

8. 处理后期数据

居民出行调查的数据处理是一项庞大的工程,应事先开发相应的数据处理软件。后期数据处理主要包括以下几项工作:

(1)审核调查表格是否合格,剔除不适合作为样本的表格。

(2)进行代码转换,给调查表格编标识号。

(3)数据录入人员进行数据录入。

(4)审核人员对所录入的数据进行校核、检验。

(5)对调查样本的数据进行统计分析,得到调查样本的统计结果。

(6)对样本进行综合评判,初步判断调查结果的可靠性。

(7)利用各项调查数据的交叉性,对居民出行调查样本进行扩样和调校,使其反映调查范围总体的特征。

9. 汇总调查成果与撰写调查报告

最后,应对调查成果进行汇总,并撰写调查报告,具体工作如下:

(1)对调查结果进行分析,寻找交通规律,分析交通问题。

(2)撰写调查报告,交代调查过程、调查数据、所得结论等。

(3)总结调查工作中的经验、教训,为日后类似交通调查工作的组织和实施提供参考。

二、交通小区的划分

1. 划定调查区域范围

划定调查区域范围实际上就是确定境界线,区域的大小与交通规划的目标密切相关。一定时期开展调查的区域应该适应城市规划在一定发展阶段的规模。我国一些城市在开展居民出行调查时,以往较多考虑人力、物力和市中心区当前的交通问题,调查大多局限于市区,从城市交通规划的目标上看这是不够的。一个城市的吸引力及影响范围是很大的,交通规划一定要和城市总体规划协调一致。

因此,调查区域范围的划定应遵循以下几点原则:

(1)考虑社会经济规划以及经济活动地域分布情况,调查范围应足够大。

(2)考虑调查区域出入境交通情况,尽量配合天然地形界限。

(3)考虑适合路边调查站点设立。

(4)考虑利用现有行政区域的统计数据。

近年来,在改革开放的新形势下,我国城市面临着人口一再突破规划指标、用地不断扩大的发展趋势,为了适应城市空间由单中心团状布局向敞开式分散布局的合理演变,调查范围应包括建成区和城市发展可望达到的郊区、在开展调查时可从以下几点做具体分析:

(1)城镇化水平(城镇人口占总地域人口比例)。截至2020年11月,我国城镇化率为63.89%,城镇化过程趋于成熟,其中上海的城镇化率达到89.30%,排名第一,北京以86.60%紧随其后,天津以83.48%排名第三。城镇化水平的提高预示城市空间地域的增大。

(2)城市的区域规模与人的出行活动半径有密切的联系。根据我国近年调查,不同交通方式的平均单程出行时耗大致是:步行小于20min,骑自行车小于30min,乘公共汽车小于40min。

如果将各种交通方式的实际行程时间取30min为限值,并定义某种交通方式行程30min

的距离为当量活动半径,则可粗略计算出相应的单中心同心圆模式的城市建成区的用地规模,如表3-1所示。

不同交通方式出行特征与城市用地规模　　　表3-1

交通方式	步行	自行车	公交车	地铁	轻轨	小汽车
行驶速度(km/h)	4~5	8~14	15~22	25~35	35~40	35~45
计算速度(km/h)	5	12	20	30	35	40
活动半径(km)	2.5	6	10	15	17.5	20
城市建成区用地规模计算值(km^2)	20	110	315	700	960	1250

2. 确定交通分区

1)交通分区的分级处理

交通分区是结合调查和规划后续阶段的研究通盘考虑的。分区太细、太多,会使分析难度加大;分区太粗、太少,则会影响抽样精度和后期交通分析精度。对于交通分区,一般城市都采用分级处理的方法以满足不同层次交通分析的要求。第一级为片区(Sector),包括市中心商业区和其他几个楔形区。自然屏障、河流、铁路、快速路是片区之间理想的分界线。第二级是大区(District),是每个片区的主要划分,使其土地利用特征相似或行政区划相同。第三级是交通小区(Zone),以道路分界或住宅群分界(例如街道办事处、社区和居委会)。交通小区是开展出行调查、搜集数据的基本单元。在交通小区的基础上,根据需要可以进一步划分出子小区(Subzone)和更小的街坊(Block)。西安(2008年)居民出行调查中,全市被划分为13个片区、70个大区、519个小区。上海市(2009年)第四次综合交通调查中,全市被划分为35个交通大区、346个交通中区。交通区域的划分主要考虑了河流、高速及快速道路分界、行政边界和城市分区规划等情况。中心城范围内划分19个交通大区、263个交通中区,交通中区覆盖范围和边界与市规划控制性编制单元相同;郊区范围内共划分16个交通大区、83个交通中区,交通中区覆盖范围和边界与市规划郊区城镇编制分区相同。

2)交通小区规模和数量

划分交通小区的直接目的是描述不同性质出行的流向、流量状况,但是区内出行不能反映交通源的流向性质,因此需通过确定合理的交通小区面积将区内出行的比例控制在一个适当范围之内,以满足交通预测分析的精度要求。随着交通小区面积增大,一些中短距离出行无法跨越交通小区,使得区内出行的概率增大。事实上,除非交通小区的面积非常小,否则很难避免区内出行的出现。但是如果将交通小区划分得过小、过细,交通分析的工作量将大幅度增加而分析精度却未必有明显的提高。

交通小区大小取决于调查区域面积、人口密度、调查目的和数据项目。一般市中心区和交通密集地,小区面积小;郊区或交通稀疏地,小区面积大。国外认为小区范围应以驾驶时间3~5min为界。据我国天津、上海、广州等城市调查,一般市内交通小区面积为1~3km^2,人口为2万~4万;近郊区小区面积为5~15km^2,人口为3万~5万不等。

在进行城市交通小区划分时,一般通过对用地性质、人口分布、行政区划、自然地貌、路网布局等因素的定性分析来确定。对于交通小区面积和数量的确定也只是参照一些经验数值,尚无统一的标准和相关的理论支持。因此交通小区的规模应结合不同城市具体情况确定,并没有统一的标准。

3. 交通小区划分原则

交通小区划分的目的在于定义出行起讫点的空间位置,并且其是分析交通特性的基础单元。理论上分区应是一个具有相同土地使用活动且使用强度均匀的用地,但事实上此条件并不容易符合,因为土地使用在各区均呈现某种程度的混合发展,且其各类用地使用强度也不均匀。故交通小区的划分虽有若干可遵循的原则,但实际上仍需要依靠经验来判断。总结国内外经验,交通小区划分应注意以下几点:

(1)对于已做过 OD 调查的城市,为了保证数据资料的延续性,尽可能地利用历史积累的宝贵资料和交通数据,交通小区划分应尽量与原已划分的小区保持一致。

(2)尽可能以用地性质作为划分小区单元的依据,保持小区的同质性,尽量使区内土地利用、经济、社会等特性一致。

(3)尽量以铁路、河川等天然屏障作为分区的界限。

(4)划分的过程应考虑道路网的构成,应使交通小区划分与道路网协调一致,尽可能使交通小区出行形心位于路网节点(交叉口和干路)上,越近越好。

(5)为便于交通小区内人口数字统计和调查组织,最好使交通小区与行政管辖范围(街道、居委会、社区等)一致。

(6)在工作量允许的条件下,尽可能地将交通小区划分得细一些。

(7)根据分析研究工作的需要,可将交通小区按不同层次界面进行划分;靠市中心的分区面积小些,靠市郊的面积大些。

(8)均匀性和由中心向外逐渐增大的原则:对于对象区域内部的交通小区,一般应该在面积、人口、发生与吸引交通量等方面保持适当的均匀性;对于对象区域外部的交通小区,因为要求精度变低,应该随着与对象区域的距离增加,逐渐增大交通小区的面积。

(9)对于含有高速公路和轨道交通等的对象区域,高速公路匝道、车站和枢纽应该完全包含于交通小区内部,以利于对这些交通设施的流动做进一步分析,避免匝道被交通小区一分为二的分法。

4. 交通小区划分的一般步骤

交通小区划分的总体思路是自上而下控制、自下而上合并,以适当的小区面积和数量作为约束条件,合理遵循交通小区的划分原则。具体步骤如下:

(1)考虑分层面、分区域、分时期的问题,对研究区域划分界限,保证划分后的交通小区处于控制线内,不会出现交通小区被不同层面、不同区域、不同时期分割的可能。

(2)确定合理的交通小区面积和数量,特别注意因研究区域的重要程度不同对交通小区面积和数量的影响。

(3)在研究区域内标注河流、山川、铁路、车站、地铁站点、高速公路匝道口等对交通小区划分可能产生影响的自然地理和交通设施,在遵循交通小区划分原则的前提下,考虑交通小区划分过程中如何处理这些情况。

(4)背景资料采集时通常会将规划区域分成不同部分,在基本满足前 3 个步骤的前提下对这些区域进行合并或分割,最终形成交通小区。

三、抽样方法和抽样率

进行居民出行调查时,在绝大多数情况下要对调查区域内的所有调查对象进行全面调查,这从人力、财力和时间方面讲是很困难甚至是不可能的。因此在进行居民出行调查时,有必要根据统计学原理进行抽样,采用抽样方法来推断总体。由样本获得的各项特征值与总体真值之间总存在一定误差,这种误差主要来自两个方面:

一是调查误差,其在调查工作中发生,如调查方法考虑不完善、口径不一、项目含糊不清、调查表的资料不可靠等,这部分误差通过正确设计表格和实施调查来解决。

二是抽样误差,它取决于采用的抽样方法和选择的抽样率大小。OD调查可视作不重复抽样调查。

1. OD调查抽样的方法

抽样方法有很多种,按照是否遵循随机原则可以分为非概率抽样法和概率抽样法。非概率抽样法是按照调查者的主观判断(即非随机方法)从总体中抽取单元构成样本,是一种便捷、简单、经济的抽样方法。但是,其样本对总体的代表性难以判断,因此,无法根据其样本信息对总体情况进行推断。概率抽样法则是根据随机原则(排除调查者的主观因素)从总体中抽选单元,构成样本。样本对总体的代表性有可靠保证,因此,可以根据样本信息对总体进行推断。但是与非概率抽样法相比,概率抽样法比较复杂、耗资多、耗时长、操作起来不够便捷。根据交通调查的需要,为了能够得到有概率保证的样本,能够对总体进行推断,通常采用概率抽样法。在进行OD调查时常用的概率抽样法有以下几种。

1) 简单随机抽样法

简单随机抽样法是一种最简单的一步抽样法,它是从总体中选出抽样单位,从总体中抽取的每个可能样本均有同等被抽中的概率。抽样时,处于抽样总体中的抽样单位被编排成 $1 \sim n$ 编码,然后利用随机数码表或专用的计算机程序确定处于 $1 \sim n$ 的随机数码,那些在总体中与随机数码吻合的单位便成为随机抽样的样本。这种抽样方法简单,误差分析较容易,但是所需样本容量大,适用于各个体之间差异较小的情况。

2) 系统抽样法

系统抽样法又称顺序抽样法,是从随机点开始在总体中按照一定的间隔(即"每隔第几"的方式)抽取样本。此方法的优点是抽样样本分布均匀,总体估计值容易计算。

3) 分层抽样法

分层抽样是根据某些特定的特征,将总体分为同质、不相互重叠的若干层,再从各层中独立抽取样本,是一种不等概率抽样。分层抽样利用辅助信息分层,各层内应该同质,各层间差异尽可能大。这样的分层抽样能够提高样本的代表性、总体估计值的精度和抽样的效率,抽样的操作、管理也比较方便。但是抽样框较复杂,费用较高,误差分析也较为复杂。此方法适用于母体复杂、个体之间差异较大、数量较多的情况。

4) 整群抽样法

整群抽样是先将总体单元分群,可以按照自然分群或按照需要分群,在交通调查中可以按照地理特征分群,再随机选择群体作为抽样样本,调查样本群中的所有单元。整群抽样样本比较集中,可以减少调查费用。例如,在进行居民出行调查时,可以采用这种方法,根据住宅区的不同将住户分群,随机选择群体为抽取的样本。此方法的优点是组织简单,缺点是样本代表性差。

5) 多阶段抽样法

多阶段抽样是采取两个或多个连续阶段抽取样本的一种不等概率抽样。多阶段抽样的单元是分级的,每个阶段的抽样单元在结构上也不同;多阶段抽样的样本分布集中,能够节省时间和经费。调查的组织复杂,总体估计值的计算也复杂。

2. OD 调查抽样率

为了提高调查精度,一方面可以采取完善抽样调查方案、合理选择抽样方法、提高抽样调查数据的准确性、减少编辑误差和调查误差等手段,即减少系统误差;另一方面要合理确定样本量的大小,即减少随机误差。当调查区域、城市居民总体数(户数或人数)确定之后,抽样率大小就是最重要的问题了。

根据抽样理论,一般总是拟定一个容许的相对误差,在选定抽样方法(使调查误差较小)的原则下,计算出一个最小的抽样率(或样本容量)。由数理统计参数估计原理,可以获得如下分层抽样的基本公式:

$$n = \frac{t^2 \sigma^2 N}{\Delta^2 N + t^2 \sigma^2} \tag{3-1}$$

式中:n——样本容量;

σ^2——对于某个控制特征值(如人均出行次数)的总体方差;

N——总体容量;

Δ——对于某个控制特征值估计的容许误差(绝对误差);

t——对于一定置信度的百分位限值(当置信度为 90% 时,$t = 1.65$;当置信度为 95% 时,$t = 1.96$)。

σ^2 是总体方差,可以用样本方差 S^2 来代替估计,参照已有调查资料或进行调查拟定;Δ 值与置信度要求有关。国内外都认为用相对误差 $E = \Delta/\overline{X} < (10\% \sim 20\%)$ 来控制较为合适。这里 $\overline{X}$ 为控制指标的样本均值,如人均出行次数,我国一般取 2.0~7.0 次/(人·d)。

抽样率:

$$\gamma = \frac{n}{N} \tag{3-2}$$

当出行分布量 t_{ij} 作为控制特征来检验抽样率 γ 的合理性时,可采用二项分布原理的成数抽样误差公式:

$$p = p_1 \pm t \sqrt{\frac{p_1 p_2}{Q} \left(1 - \frac{Q}{T}\right)} \tag{3-3}$$

式中:p_1——i 区与 j 区之间抽样出行量 t_{ij} 占总的抽样出行量比重;

p_2——不在 i 区与 j 区之间抽样出行量占总的抽样出行量比重;

Q——总的抽样出行量,人次;

T——全部出行总体,人次。

四、调查表格设计

居民出行调查表设计是调查方案设计和调查目标的真实反映,是一项系统性和全局性的工作。根据国内外开展家访调查的情况,一般家访表应包括三方面内容:

(1)个人与家庭属性:人口、家庭地址、出行人数、年龄、职业等。

(2)社会经济属性:家庭人均收入、个人收入、居住条件、所拥有交通工具的类型与数量等。

(3)出行属性:调查日出行次数、每次出行的起讫点、用地设施、出行目的、交通方式、中转、时间、路线、停车等。

每张表都是组成交通调查的细胞单元,无用信息过多和有用信息不足对后期交通规划工作均有很大的影响。比较国内外许多城市开展 OD 调查的用表,发现对于出行调查表格设计,仍有以下几点值得注意:

(1)出行起讫点的用地设施是城市交通生成的基本要素,每次出行的目的均与它有密切联系。

(2)由于我国城市交通结构具有自己的特点,表格设计应注意联系各城市的实际拟定调查项目,在自行车出行、公交转换和个体机动车使用等表格中还应包括人们从时间、精力、费用方面选择交通方式的调查。所有设计要为以后建立模型所需研究信息做好准备。

(3)与出行家访调查同步进行的还包括流动人口(旅馆外来人员、住家的临时户口、各建筑工程承包队以及外来务工人员等)的出行调查和调查日的境界线调查。

(4)所有询问的问题应该概念清楚、准确、有效,项目编码顺序也都一一对应,保证数据处理的高效、准确,并减少系统误差。

五、调查资料的整理

1. 数据处理系统开发

居民出行调查所得到的交通数据是非常庞大的,若通过人力分析计算将是极为费时、费力的事情。因此,必须将这些调查数据输入计算机,通过计算机进行分析、计算以得到一些相关分析结果和图表。同时,为了方便数据保存和查询,建立居民出行调查数据库是最有效的办法。数据处理系统的设计应遵循的原则如下:

(1)在不改变调查表数据顺序的基础上,尽可能地减少数据录入工作量,尽可能地提高数据录入速度。

(2)各类表中的相关数据保持高度一致,以便后续进行各种分类和统计。

(3)保持各数据表中记录的唯一性,以保证统计数据的准确性。

(4)要能满足编程的需要,尽量降低编程的难度和减少工作量。

2. 数据编码与录入工作

大规模的居民出行调查将产生数百万条数据,必须对这些数据进行对比、分类、统计、分析等一系列繁复的处理,才能得到有用的信息,为决策提供依据。为确保调查所录入数据的真实性、准确性和安全性,在数据录入过程中,可采取以下措施和步骤:

(1)审核人员组成与调查表的检查。

检查与审核人员主要由调查项目组参与人员组成,他们应具有交通工程专业知识,熟悉本次调查的内容、交通小区、道路、地理环境等,并且具有极强的责任心,能最大限度地减少数据的错误。

对于回收的调查表,由于被调查对象职业、文化程度、填表态度等因素的影响,所填写的单位名称、地名、道路、场所等数据项可能不明确、不规范,甚至会出现错误,检查与审核人员必须予以纠正。对个别无法纠正的出行信息需予以剔除,以免影响分析结果。

(2)数据编码。

分区县、分社区安排编码员专门编码,以保证整体工作有序开展。由调查工作小组成员提供交通小区代码、社区代码,编码员按要求完成户籍、家庭信息、个人信息和出行特征栏编码。

(3)录入员的教育和培训。

录入员要求能熟练操作计算机,工作认真,态度端正。对应聘人员进行必要的职业教育,使其明确本项工作的意义及重大责任。同时进行工作培训,对不能熟练操作数据录入软件者予以淘汰。

(4)录入环境和设备的准备。

设置标准的、相对独立的计算机机房,要求设备完好,网络畅通,系统干净且无病毒。要求在数据录入期间能独享机房,不受其他因素的干扰,并进行严格管理,非专用 U 盘不得带入,以防感染病毒和泄密。对机房和录入员严格管理,制定管理制度并张贴到墙上。

(5)数据管理。

机房每天安排一名有较强责任心的调查小组成员值班,监督、检查录入员的工作,并对调查表进行日常管理。每名录入员录完并经审查后,调查小组成员将其录入的数据拷贝在专供录入数据储存的硬盘中。一天的录入工作完成后,调查小组成员将储存在硬盘中的数据刻录成光盘,以防数据丢失。

3. 数据的扩样与校核

调查样本数据在较高抽样率和严密的样本质量控制情况下,可以代表总体的部分特征,但由于调查工作本身的复杂性、样本抽样的伪随机性、居民填表的失真性,样本数据会与总体情况产生一定程度的偏差。因此需要先将样本数据放大到总体数据,然后针对扩样后的总体数据结合其他辅助调查数据进行综合调整与校核,进而在一定程度上消除偏差。

1)直接扩样

由于抽样调查是通过抽取有限的样本来推断总体特性的方法,因此有必要对其结果进行校正和拓展,使其能代表实际情况。各项样本数据处理与分析工作结束后,首先按照各项调查的总体数据进行样本数据扩样。居民出行调查以人口和机动车分布总体数据进行控制,按照有无小汽车家庭分类,将样本数据中分小区的各类家庭、人员出行扩样到总体水平。每个小区分别进行抽样调查,将抽样调查结果乘扩展系数,即得到代表整个调查区的出行数据。其中:扩展系数 = 母群总数/样本数(即抽样率倒数)。对于每一个分区而言,计算公式如下:

$$\alpha = \frac{A - \dfrac{A(C+D)}{B}}{B - C - D} \tag{3-4}$$

式中:α——扩展系数;

A——初始人口表上的家庭总数;

B——初始选定的样本数;

C——实际调查中不合格的样本数;

D——样本中无回收的数。

2)综合校核

扩样工作完成后,需要对比样本数据分析结果,对扩样后的数据进行分析,验证扩样工作的合理性,保证扩样工作的质量。综合校核工作是在扩样数据的基础上,将居民出行调查数据与其他各项辅助调查数据以及其他独立统计数据进行综合调校和交叉分析。首先对各项数据进行整合,使数据在区域范围、时间段、划分方式等方面具有一致性。然后将整合好的数据分时间段、分划分方式进行校核。

可以用以下几种方法进行误差检验：

(1) 分隔核查线检验。选择城市区域内天然屏障(如河流、铁路等)，在进行 OD 调查的同时，实测跨越核查线上一些断面(桥梁、道口和交叉口)的流量与 OD 调查表统计扩算的不同交通方式(自行车、客车、货车、公交车)。将核查线的出行量进行比较，一般相对误差在 15% 内符合要求，可进行必要调整；如果误差大于 15%，则应返工调查。

(2) 区域境界线检验。可以用与分隔核查线检验原理一样的方式进行，特别是对于机动车出入境界线站、点，可以将 OD 分布量与调查日的实际统计量进行比较。

(3) 在调查区域内，拟定众所周知的交通枢纽、公共活动集散中心作为校核点，将 OD 调查获得的交通量按抽样率扩算后与该点实际观测的交通量进行比较，作为控制市内 OD 调查精度的重要依据。

(4) 将由 OD 调查表推断出来的各类人口、社会、交通特征值与现有的统计资料进行比较，检验其误差大小。

4. 数据处理成果

数据经处理后形成的调查成果包括调查数据库和调查统计分析报告。

1) 调查数据库

居民出行调查数据库应包括以下内容：

①原始调查数据库，可分为住户信息、个人信息(车辆信息关联至个人信息)、出行信息三部分内容。

②所调查交通小区的划分图、地址信息库、交通网络图等。

③关于数据的说明文件，包括抽样步骤、加权过程、数据清洗过程等。

④修正数据库及相应的修正说明文件。

2) 调查统计分析报告

居民出行调查统计分析报告通过分析居民出行起止点、出行目的、出行方式、出行时间、出行距离和出行次数及空间分布等信息，揭示居民出行的基本交通特征和流动规律，进而表明城市交通需求与供给的相互关系，为交通模型建立以及交通规划设计和政府决策等提供基础性支撑。

居民出行调查统计分析报告主要包括调查过程情况介绍和调查统计成果。调查过程情况包括调查目的、调查方法、调查内容、调查组织实施、调查规模与样本质量、调查居民基本情况等。调查统计成果主要包括以下内容：

①出行次数：人均出行次数、有出行者人均出行次数、按家庭人口规模及小汽车拥有量交叉分类的家庭平均出行次数等。

②出行量：出行总量水平、分方式出行总量等。

③出行方式：总体、分目的、分职业、分年龄段、分出行时耗段的出行方式构成。

④出行目的：总体、分方式、分职业、分年龄段的出行目的构成。

⑤出行时耗：总体、分方式、分目的、分年龄段的平均出行时耗。

⑥出行距离：总体、分方式、分目的、分年龄段的平均出行距离。

⑦出行时间分布：总体、分方式、分目的、高峰小时、出行时间分布等。

⑧出行空间分布：总体、分方式、分目的、高峰小时、出行空间分布等。

六、居民出行调查的质量控制

在居民出行调查工作的各个阶段,均应采取严格的质量控制措施并且落实责任制,层层把关,责任到人,确保调查数据真实、可靠。

1. 前期策划阶段

前期策划阶段质量监控的主要目的是确保调查方案的科学性和合理性,主要措施是在项目运作流程上设置试调查和专家评审两个环节,修正方案中存在的问题,优化实施方案。

2. 实施准备阶段

实施准备阶段的质量监控主要体现在对调查人员的严格选拔和精心培训上,选拔素质较高、责任心强的调查人员,对其进行有组织的培训和考核,考核通过后向其颁发居民出行调查上岗证。

3. 调查正式实施阶段

居民家庭户的入户调查可采用"自检、互检、统检、抽检"四级问卷质量监控程序,高校、工厂、施工场地、旅店、机场车站等调查的质量监控与居民家庭户调查类似。

4. 数据处理阶段

首先需要对调查收回的表格进行审核,删去回收表格中不适宜作为样本的表格。居民出行调查所得到的交通数据较为庞大,故需要招集数据录入人员进行数据的计算机录入工作,数据录入人员的素质在一定程度上决定数据录入的质量,故其应具备耐心、细致的品质,这样才能保证在将庞大、枯燥的数据录入计算机时,尽可能地准确,并且遇到错误时能及时地核对、校验,从而保证录入的电子数据和调查表上的数据尽可能匹配、对应。同时,通过软件系统对所录入的数据进行自动校核、检验和查错,以保证数据的正确性。

5. 核查线检验

核查线检验的方法如前所述。

第三节 机动车 OD 调查

一、调查的内容和方法

城市机动车 OD 调查和公路机动车 OD 调查在调查内容上略有差别。城市机动车 OD 调查主要内容如下:

(1)车辆基本信息:车辆所属权、车辆类型、额定荷载、车牌照。

(2)一日出行信息:出发时间、出发地点、出行目的、到达时间、到达地点、途经主要路段(交叉口)、停车地点、停车费用、所载货类、实际载客(货)量、每次出行行驶里程、无出行原因。

公路机动车 OD 调查主要内容:车型、营业特点、载客(货)量、出行目的、出行次数、出发和到达时间与地点、经过主要江河桥址以及主要路口等。

机动车 OD 调查方法有很多,包括发(放)表调查、路边询问法、明信片法、车辆牌照调查等方法。由于市区内道路交通繁忙，采用路边询问法容易引起交通拥堵，因此，该方法多用于交通量相对较少的公路机动车 OD 调查。对于公路网规划及公路工程可行性研究、后评价等研究中的 OD 调查，我国目前多采用路边询问法和车辆牌照调查。

1. 路边询问法

贴标签的路边询问法是早期可行性研究阶段最常采用的机动车 OD 调查方法，该方法记录内容简单，调查量小，后期数据处理过程直截了当，因此目前仍是采用较多的一种方法。但是该方法在 OD 表的扩大修正过程中逻辑不够严密，加上调查过程中的人为疏忽，所得处理结果误差较大。该方法的具体实施过程是，在所有调查点，对每一辆经过调查点的车辆进行拦车访问并记录后，随即在车辆的右方车窗玻璃上贴上标示该行驶方向的标签。此后，该车经过其他调查点，则不会再被拦车调查。

未贴标签路边询问法的特点：在所有 OD 调查点，对经过调查点的所有机动车辆均进行相同内容的 OD 调查，不论其在前一调查点是否已被调查过。通过这一方法，各调查点均可获得完整的 OD 样本数据。

在公路上采用路边询问法进行调查时，OD 调查点的选择是调查工作的关键之一，其对调查数据和今后的分析预测都将产生重大影响。OD 调查点的选择，通常考虑以下几点：

(1) 选定的地点，应以能够全面掌握项目直接影响区与间接影响区之间、直接影响区内各交通小区之间以及交通小区内部等各主要线路交通流情况为基本原则。

(2) 与规划公路平行或竞争的路线，应是主要考虑设点的路线。

(3) 与规划公路交叉的主要路线，应考虑设点。

(4) 应尽量避免对市内交通的影响，设点应稍远离城镇。

(5) 应选择路基较宽、线形较直(视距 250m 以上)的路段设点。上行与下行调查处(指同一调查点)之间应留有不小于 150m 的距离。

(6) 在不影响调查目的的前提下，应适当结合调查经费和调查人员的数量而设点，以避免设置作用重复的点。

(7) 为核实日常交通量观测值和掌握昼夜交通量的比率，在具典型代表性的路段上，可同时设置几个 12h 和 24h 交通量的观测点。

总之，对 OD 调查点的选择必须慎重。设点太多，会使调查费用增加；设点太少，会导致调查结果失真。因此，选点工作应有当地熟悉交通线路情况的人员参加。在正式进行 OD 调查之前，调查组织人员应亲赴现场查看，落实具体调查地点，以确保调查资料不失真。

2. 车辆牌照调查

车辆牌照调查的特点是，在所有 OD 调查点，对经过调查点的所有机动车进行相同内容的 OD 调查，不论其在前一调查点是否已被调查过以外。一般情况下，一次较为完整的机动车 OD 调查应该包括以下内容：车牌号、车型、起点、终点、车速；客车的额定座位及实载，客车的出行目的；货车的额定吨位及实载，所载货类，货物价值。同时注意对经过该点的所有车辆均需准确记录其完整的车牌号。完整地记录车牌号是保证正确处理重复车辆问题的关键。在所有调查样本中，每一个车牌号对应唯一的一辆车。因此，在各个调查点只要准确无误地记录每辆车的车牌号便可保存该车的运行轨迹这一重要信息，从而为处理重复车辆、准确把握各点抽样率、消除各种调查过程中出现的误差及计算各种参数提供准确依据。与向驾驶人询问出行的起终点相比，该信息更为客观、准确。

二、调查表格设计

对于一个已经确立的机动车 OD 调查项目,应对调查区域(范围)选择、调查小区(或站点)布局划分、抽样大小拟定、调查表格设计进行周密、仔细的考虑。这四个方面构成了调查方案设计的内容。

机动车 OD 调查是为了获取道路上交通流的构成、流量、流向、车辆起讫点、货物类别、车辆实载率、车型等数据,这些数据通过机动车 OD 调查表来具体反映。OD 调查表的设计应根据项目侧重点的不同而略有差异,设计的基本指导思想是力求简单、适用。

拟建高速公路路边询问法机动车 OD 调查所采用的调查表格可参考表 3-2。

拟建高速公路机动车 OD 调查表   表 3-2

日期_____ 星期_____ 天气_____
地点_____ 方向_____ 调查员_____

时间	车型	出发地 O	目的地 D	额定荷载	实载	货类	备注

注:1. 车型编号:1-小型客车(<12 座);2-大中型客车(≥12 座);3-小型货车(<3t);4-中型货车(3~7t);5-大型货车(>7t);6-拖挂车;7-集装箱车。
2. 货类编号:1-空车;2-煤炭;3-石油;4-农副产品;5-日用工业品;6-化肥农药;7-矿建材料;8-钢铁;9-水泥;10-木材;11-金属矿石;12-非金属矿石;13-机械设备;14-其他。
3. 对于从事营运客车,在调查时应询问其起讫点间日往返次数,并在表中"备注"栏予以注明。

三、数据处理分析

1. 原始 OD 数据录入及纠错

1)车牌号录入

车牌号可直接按原始记录录入,一般由一个汉字、1~2 位英文字母、4~5 位数字组成,如"皖 A20110""苏 AE1880"等。调查过程中由于时间匆忙等原因,车牌号记录不全及错误现象时有发生,在录入过程中也无法补救。因此,对于车牌号录入,只限制其最多录入位数,对于缺位及记录不全者不予纠正。

2)车型录入

车型划分一般包括 7 种,录入时分别以数字代码表示,因此其有效数字范围为 1~7,如输入 1~7 之外的数字,则鸣笛报警,并等待至纠正后方可开始下一项目的录入。

3)起终点录入

一般情况下,数据录入前,需先进行 OD 区的划分,将出行起讫点转换为 OD 区编码,在确定的 OD 区的基础上进行处理。该方法的优点是简单、工作量小,但事前进行 OD 区划分时需特别慎重,一旦数据录入,则再无修改 OD 区划分的机会。在实际工作中,往往会在基年 OD 表生成之后,才发现 OD 区划分不妥,如对项目的出行范围缺乏具体的认识,致使某些 OD 区因范围过小,出行量为 0。为避免此类问题,可将原始出行起讫点直接以汉字录入,各地名经规范化处理后,汇总所有已出现的地名及出现频率,在此基础上进行 OD 区的划分,并通过程序统一进行 OD 区的编码转换工作,然后生成基年 OD 表。如发现 OD 区范围划分不妥,则可直接调整原始地名与 OD 区编码的对照表,重新执行地名编码转换程序即可。当然,数据录入前对 OD 区划分已考虑成熟时,可直接以 OD 区编码数字录入,也可以 OD 区编码及汉字等任意形式输入。

4)其他项目录入

其他项目包括客车与货车的额定荷载及实载、客车出行目的、货类、货物价值、车速等,可直接根据调查数字录入,并通过规定其有效范围而即时报错及纠错;客车出行目的、货类等可预先分类编码,然后以数字录入,也可通过规定其有效范围而即时纠错。

2. OD 数据预处理

OD 数据预处理主要包括所有地名罗列及汇总,以及流量、车速、额定荷载及实载、出行目的、货物价值、车籍等初步的统计计算。该程序通过对所有地名的罗列及汇总,使交通量分析员对项目影响区内车辆出行波及的范围有较为全面和细致的了解,在进行 OD 区划分时可有效防止对地名的遗漏和对出行范围的判断误差,为 OD 区的初步划分提供充分的依据。

(1)地名规范化。

地名规范化在此有两层含义:一是由于实际调查及数据录入时的疏忽,起终点地名中出现错误地名、非法编码等,需根据经验或查找原始记录予以纠正;二是对同一地名的随意性描述,如常见的对合肥市的描述有"合肥""合肥市""安徽省合肥市"等自由词汇,需统一标准使之规范、一致。地名规范化可通过建立错误地名与正确地名、自由地名与规范地名的对照表,并调用 OD 转换程序实现。经过地名规范化处理的数据文件,可作为下一步重复调查车辆处理的基础。

(2)重复调查车辆的处理。

重复调查车辆处理的目的有两个:一是调整具有相同车牌号的出行起终点,使之在各调查点保持一致;二是在生成项目影响区所有通道出行 OD 表前,按顺序将各调查点的重复车辆剔除。

(3)OD 区的转换及编码。

对于经以上步骤处理后的各数据文件(包括各点独立的 OD 文件及剔除重复车辆后的 OD 文件),在生成各种类型 OD 表之前,还需进行 OD 区的划分工作。实际工作中,对 OD 区的划分往往是一个渐变的过程,随着对项目认识的深入,OD 区的划分需经常调整。另外,为全面分析出行分布,还需划分为 OD 小区、OD 中区等。为此,可直接调整原始地名与 OD 区编码的对照表,并重新执行地名编码转换程序。

(4)各种类型基年 OD 表的生成。

针对以上经地名规范化处理和地名调整后的各数据库文件,对调查子样进行扩大修正。扩大修正公式如下:

$$Q_{ijk} = V_{ijk} \cdot \alpha_k \cdot P_k \cdot Y_k \cdot S_k \tag{3-5}$$

式中：Q_{ijk}——i 区到 j 区的第 k 种车型的年平均日交通量；

V_{ijk}——i 区到 j 区的第 k 种车型的 OD 调查交通量；

α_k——第 k 种车型昼夜修正系数；

P_k——第 k 种车型的交通量周日不均匀系数；

Y_k——第 k 种车型的交通量月不均匀系数；

S_k——第 k 种车型的交通量抽样率倒数。

经式(3-5)扩大修正，并对各 OD 调查点各车型年平均日交通量以小客车为标准车进行折算再汇总，即得到项目影响区基年机动车出行 OD 表。

各调查点抽样率的计算较简单，根据各点实际 OD 调查量与当日 12h 观测量计算即可。但汇总生成整个项目影响区的 OD 表时，各点的 OD 表不能简单根据各点抽样率扩样生成。这是由于多个 OD 调查点的存在，使在某点遗漏调查的车辆，在其他点则有可能被调查到，从而使该辆车依然出现在整个项目影响区的 OD 表中。因此，为生成各点的 OD 表，在进行样本扩大时，对于各点抽样率的取值，应根据分配后的路段交通量与当日 12h 观测量比值确定。需要注意的是，该过程是一个反复多次试算及校核的过程，通过不断调整各点抽样率，生成 12h OD 表。此外，在基年路网上进行交通量分配，将分配结果与各点观测量对比，直至满足精度要求。通过以上步骤生成的项目影响区总 OD 表，可全面反映项目影响区主要公路的总体出行规律，为拟建项目及各相关公路的交通量分配提供依据。

通过以上步骤生成的各点独立 OD 表，可完整、准确地反映调查点所在路段的典型出行规律，为各通道出行分布的对比分析提供依据。从调查资料的整理与数据处理及分析，到建模、预测、规划、评价都通过专门的计算机软件完成。

第四节 货流调查

货源：在一定时期内，能够产生一定品类和数量的货运需求的源点。

货流：一定时间内沿一定方向的货物的流动。货流是一个经济范畴的概念，它本身包括五大要素，即货物的类别、数量、方向、距离、时间。

货源货流调查就是运用一定的调查方法和调查形式，针对某些问题的现状及其发展趋势而有计划、有目的、系统地搜集、整理和分析有关货运信息，最终形成调查报告的过程。调查结果可为货运市场预测和某些决策提供依据，也可为发展经营运输企业、改进运输组织工作、增强市场竞争力等提供有力支撑。

一、调查形式及其特点

货源货流调查常用的调查形式及其特点如下：

(1)询访调查，指深入运输需求者(机构、公司或个人)中间进行的调查。其优点是灵活性强、内容全面、可信度高、答案回收率高、效果较好；其缺点是投入的人员多、费用高、时间长、速度慢。因而这种调查一般适用于单项调查或个案调查。

(2)路旁调查，指调查人员站在调查路段旁，拦截来往车辆进行的调查。其优点是直接性强,调查速度较快,有时有利于提高调查质量;其缺点是不易得到被调查者的配合,常需要交通警察或监理人员的协助,且调查人员工作条件差,较辛苦。

(3)巡视调查,指调查人员驱车前往调查区域,沿途查看、察访的调查。其优点是调查速度快、费用低、投入人力少;其缺点是调查不够深入,资料可信度较低。

由此可见,各种调查形式各有利弊,调查者应视调查需要选择相应的调查形式。

二、调查方案设计

以下用一个北京公路货物运输调查的实际案例来对调查方案设计进行说明。

1. 调查范围及对象

公路货物运输调查范围为所有在公路上产生运输量的民用载货汽车和农用运输车。

调查对象:营业性货运车辆和非营业性货运车辆。营业性货运车辆是指具有由北京市交通委员会运输管理局(以下简称市运输局)颁发的道路运输经营许可证、从事货物运输的车辆。非营业性货运车辆是指未办理道路运输经营许可证、从事货物运输的车辆。

由于北京市的农用运输车已被纳入公安部门管理,并在车辆类型上以"低速载货汽车"进行区分,因此在针对非营业性载货汽车的调查中划分出低速货车。另外,由于北京市的拖拉机均用于农业收割,不作为运输设备使用,因此本方案中剔除对非营业性运输拖拉机的调查。

公路货物运输调查对象中不包括以下车辆:

(1)公路养护、车辆修理、城市环卫、公安消防、地质勘探、输配电线路建设和维护等专用车辆。

(2)在机场、港口作业区、车站内部为装卸而进行搬运的各种运输车辆。

(3)在驾校、试验场内供教学或实验用的各种车辆。

2. 调查内容

本次专项调查的主要指标为公路货运量、货物周转量、运价、燃油消耗和运输结构。运输结构指标主要包括分营业性质运输量、分车辆类型运输量、营业性分区域运输量及营业性分货类运输量。

3. 调查方法

本方案中针对货运车辆调查采用抽样调查方法,抽样单元为单台车辆。根据车辆运输的特点,首先将全市被纳入调查范围的货运车辆划分为营业性货运车辆与非营业性货运车辆两类分别进行抽样。

由于营业性货运车辆与非营业性货运车辆的运输特点不同,专项调查中采用不同的抽样方法。

1)营业性货运车辆抽样调查方法

以市运输局全程办事代理服务大厅(以下简称全程办)电子政务网上审批服务系统(以下简称审批系统)中的货物运输数据为基础,建立营业性货运车辆抽样框,专业技术单位按照部级方案要求整理抽样框,并采用抽样框的分层抽样调查方法。

2)非营业性货运车辆抽样调查方法

利用交通运输部提供的公安部权威分类数据和总量数据,在不建立抽样框的前提下,依托机动车检测场、大型停车场、加油站、厂区(矿区)等车辆聚集地开展现场抽样调查。

三、货流分布特征及规律

1. 货流的特征

货流五大要素在一定程度上反映了社会生产与运输配置的关系。掌握货流及其变化规律,对于交通运输主管部门规划运输体系,运输信息服务部门提供高质量的信息服务,运输企业合理组织货运工作均具有重要意义。

货流的基本表示方法包括路段货物流量和流向。其中路段货物流量是指在一定时间内沿该路段的一个方向通过的货物数量(t/h),流向是指货流沿该路段的流动方向,通常因货物种类不同,货流流向在某一路段均是双向的,即沿路段上、下两个方向均有货流。

2. 货流图及其功能

用于表示一定时期内沿某运输线路货流特征的图像,叫作货流图。它表明了货流的五种要素构成。货流图的主要功能在于,可以帮助运输企业更好地组织汽车货运和安排生产计划,如确定各路段或整个运输线路上总的和按货物种别构成的货运量、货物周转量;确定所需车辆类型和数量;按货流方向组织车辆的运行线路;确定装卸站的工作能力等。

货流图的绘制过程:从货物起运点开始,以道路轴线为横坐标,按比例绘出各货运点间的距离,再将不同种别构成的货物数量按一定比例,用不同符号(或颜色)标在纵坐标上。同时,将同一方向的货流表示在横坐标的一侧(如下方),而将相反方向的货流表示在另一侧(如上方)。这样便得出一个表明不同货物种别和流量的货流图(图 3-2)。货流图上每一个矩形的面积表示每种货物的周转量。

为便于绘制货流图和研究货流情况,可先编制货流表(表 3-3)来反映各货运点间的货运量及交替情况,据之可以很容易地绘制货流图。

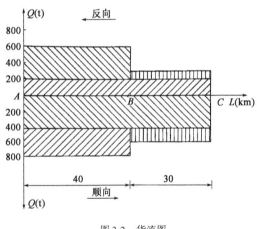

图 3-2 货流图

货流表(单位:t)   表 3-3

出 发 点	收货点货运量			共计发送货运量
	A	B	C	
A	—	400	400	800
B	400	—	200	600
C	200	100		300
共计到达货运量	600	500	600	1700

3. 货流的不平衡性和分布规律

1)货流的不平衡性

货流的不平衡性包括货流沿流动方向和随时间流动的不平衡性。货流的方向不平衡性,指货流在运输线路上、下两个方向的货流量不相等。这种不平衡的程度可用回运系数(r_d)度

量。回运系数是指运量较小方向的货流量(Q_{min})与运量较大方向的货流量(Q_{max})的百分比。即

$$r_d = \frac{Q_{min}}{Q_{max}} \times 100\% \tag{3-6}$$

显然,回运系数r_d越小,表明货流的方向不平衡程度越大;反之,则表明方向不平衡程度越小。造成货流在方向上不平衡的主要原因是社会物质生产部门在地理位置上的差异以及生产力水平的参差不齐等。由此可见,货流的方向不平衡性一般不可能完全消除,其结果必然导致部分运载工具的空载运行,造成部分运力浪费。但这种浪费可以通过合理组织汽车运输工作将其降至最低限度。

货流的时间不平衡性,指货流在不同时间的货流量不相等。这种不平衡的程度可用波动系数(r_t)度量。波动系数是指全年运量最大季节(或月份)的货流量(Q_{ma})与全年平均季度(或月份)货流量($\overline{Q}_m$)的百分比。即

$$r_t = \frac{Q_{ma}}{\overline{Q}_m} \times 100\% \tag{3-7}$$

显然,波动系数r_t越小,表明货流的时间不平衡程度越小;反之,则表明时间不平衡程度越大。货流在时间上不平衡的主要是由生产、消费以及其他条件(如自然条件)造成的。一般而言,大部分工业制成品形成的货流在时间上的不平衡程度较小,而农副产品、支农工业品以及以农产品为原料的工业品所形成的货流,在时间上的不平衡程度较大。此外,因某些自然因素作用(如台风、水灾、地震等),上述不平衡的程度也可能会增大。

2)货流的分布规律

货流的分布规律是指货流在其起终点的发运量或运达量在某段时间内的分布特征。通常选择货物流量(如以货物批量计)作为随机变量,则货流按运输时间的分布规律大体包括以下三种类型。

①离散型分布。如果货流量是离散型随机变量,则对同类货流来说,基本可按泊松分布处理。实践证明,大多数情况下计算简单货流发生的概率时,均可按泊松分布处理。

②连续型分布。如果货流量是连续型随机变量,则它多服从或近似服从正态分布。此外,在某些情况下货流量还可能服从其他形式的分布,如威布尔分布、指数分布等。

③混合型分布。如果货流量兼有连续和离散两种特性,则其服从混合型分布。

现实生活中,汽车运输工程师应对其工作地区的货流及其变化做深入、细致的研究,不断地积累资料,才能准确把握货流的分布规律。而正确掌握货流的分布规律,是合理选择运输车辆与组织运输所必需的一项重要准备工作。

【复习思考题】

1. 什么是起讫点调查?起讫点调查主要包含哪些内容?说明其主要目的。
2. 简述交通小区的划分原则和划分步骤。
3. OD调查抽样的方法有哪些?论述各方法的优缺点。

4. 简述机动车 OD 调查的主要内容。
5. 货源货流调查常用的调查形式有哪几种?
6. 货流图是什么? 货流图能够反映哪些信息?

【本章参考文献】

[1] 王建军,马超群. 交通调查与分析[M]. 3 版. 北京:人民交通出版社股份有限公司,2019.

第四章
城市公共交通调查

第一节 城市公共交通调查概述

城市公共交通是指运用城市道路公共交通、城市轨道交通、城市水上公共交通等运载工具和有关设施,按照核定的线路、站点、时间、票价运营,为社会公众提供基本出行服务的城市客运方式。城市公共交通与其他机动车交通方式相比,人均占用的能源、道路空间资源最少,人均排放的噪声、大气污染量最低,符合我国城市建设的可持续发展战略要求。优先发展城市公共交通,鼓励引导绿色公交出行,合理引导个体机动化出行,是缓解城市交通拥堵的关键途径。而公共交通调查对于建设和优化公共交通系统有着不可忽视的作用,是建立能够良好运作的公共交通系统的基础。

一、城市公共交通系统的组成

在城市行政辖区内供本市居民和流动人口乘用的公共交通,包括定时定线行驶的常规公共汽车、快速公共汽车、无轨电车、有轨电车、出租汽车、中运量和大运量的轨道交通,客轮渡、轨道缆车、索道缆车等交通工具及其配套设施。各种公共交通工具之间相互配合,以不同的功能、速度、运载能力、舒适程度和价格为乘客服务。从系统规划、建设和管理角度看,城市公共交通系统可分为城市公共交通工具(车辆)、线路网、车站与场站设施、运营管理系统等主要组成部分,下面分别进行简要介绍。

1. 城市公共交通工具(车辆)

1)常规公共汽车

常规公共汽车是目前世界上各国使用最广泛的公共交通工具。常规公共汽车之所以被广泛采用,是因为它机动灵活,只要有相宜的道路,就可以通行,并且常规公共汽车组织运行所需附属设施的投资,较其他现代化公共交通工具少。

2)快速公共汽车

快速公共汽车源于20世纪70年代巴西南方城市库里蒂巴,是一种利用改良型大容量公交车辆和现代智能交通技术,运行在公交专用道上,保持轨道交通运行特性,具备普通公交灵活性、经济性的一种便捷、安全、舒适、准点的公共交通运营服务方式。

3)无轨电车

无轨电车以直流电为动力,除了有同公共汽车一样的设备外,还要有架空的触电网、整流站等设备,故初期投资较大,且行驶时因受架空触电网的限制,其机动性不如公共汽车。无轨电车的特点是噪声低、不排放废气、启动加速快、变速方便。

4)有轨电车

有轨电车具有运载能力大、客运成本低的优点,其设备同无轨电车,但它还有轨道和专设的停靠站台。20世纪70年代,西方发达国家将有轨电车进行技术改进后,出现了一种新型有轨电车,其对线路实行隔离,使客运量增大、乘坐舒适、运行经济。

5)地下铁道系统

地下铁道系统简称地铁,是街道以外的一种强有力的快速、大运量公共交通工具,其轨道基本建在地下。不过近年来,很多大城市的地铁在市区段在地下,在郊区引向地面或高架。地铁最基本的特点是与其他交通完全隔离,此外,其线路设施、固定建筑、车辆和通信信号系统均有较高的设计标准。

6)特殊公共交通系统

特殊公共交通系统包括轮渡、缆车等,该类公共交通受地理条件的约束,一般在特殊条件下使用。

我国《城市综合交通体系规划标准》(GB/T 51328—2018)中明确规定,选择城市公共交通方式时,应使其线路上的客流量与不同层级的公共交通走廊相适应,常用的城市公共交通方式单向客流强度宜符合表4-1的规定。

城市公共交通方式单向客流强度　　　　　表4-1

适宜的交通方式	公共交通走廊层级	运送速度 (km/h)	单向客流强度 (万人次/h)
快线城市轨道交通	高客流走廊	≥65	6
	大客流走廊	45~60	3~6
	中客流走廊	45~60	1~3
干线A城市轨道交通	高客流走廊	30~40	6

续上表

适宜的交通方式	公共交通走廊层级	运送速度（km/h）	单向客流强度（万人次/h）
干线 B 城市轨道交通	大客流走廊	20~30	3~6
	中客流走廊	20~30	1~3
有轨电车	中客流、普通客流走廊	—	1~3
公共汽电车	普通客流走廊	≥20	0.3~1

2. 城市公共交通线路网

城市公共交通线路网应该综合规划，将各种相互竞争的客运方式融合在一个统一的公共交通网络系统中，使各条线路分工合作，把相互衔接的公共交通线路深入城市各区内。各线路的客运能力应与客流量相协调，线路的走向应与客流的主流方向一致；主要客流的集散点应设置不同交通方式的换乘枢纽，方便乘客停车与换乘，充分满足居民乘车的需求。

公共交通线路网密度大小反映居民接近线路的程度。按理论分析，城市公共交通线路网平均密度以 2.5km/km² 为佳，在市中心可以加密 3~4km/km²，而在城市边缘地区取值可小些。居民步行到公共交通车站的平均时间以 4~5min 为佳，根据调查，沿公共交通线路两侧各 300m 范围内的居民是愿意乘公共交通车的，超出 500m 范围，绝大多数居民选择骑车，乘公共交通车的很少。由此证明公共交通线路网的密度不能太小。为增大公共交通线路网密度，公共交通可以在适宜的支路上行驶。因此，保证公共交通行驶所需的线路网密度，是优先发展公共交通的前提。此外，公共交通线路的非直线系数不宜过大，一般不应超过 1.4。线路曲折，虽可扩大线路服务面，但会使不少乘客增加额外的行程和出行时耗。

3. 城市公共交通车站与场站设施

城市公共交通车站分为终点站、枢纽站和中间停靠站。各种车站的功能和用地要求是不同的。公共交通中间停靠站的站距受交叉口间距和沿线客流集散点分布的影响，在整条线路上是不等的。市中心区客流密集，乘客乘距短、上下站频繁，站距宜小；城市边缘区，站距可大些；郊区线，乘客乘距长，站距可更大。快速轨道交通最小站距由设计车速决定。设置公共交通停靠站的原则是应方便乘客乘车并节省乘客总的出行时间。几种主要公共交通方式的站距推荐值见表 4-2。

公 共 交 通 站 距　　　　表 4-2

公共交通方式	市区线（m）	郊区线（m）
公共汽车与电车	500~800	800~1000
公共汽车大站快车	1500~2000	1500~2500
中运量快速轨道交通	800~1000	1000~1500
大运量快速轨道交通	1000~1200	1500~2000

《城市综合交通体系规划标准》(GB/T 51328—2018) 要求：公共汽（电）车的车辆服务区域，以 300m 为半径计算，不应小于城市规划建设用地面积的 50%；以 500m 为半径计算，不应小于 90%。城市出租汽车采用营业站点服务时，营业站的服务半径不宜大于 1km。

公共交通停车场、车辆保养场、整流站、公共交通车辆调度中心等场站设施是城市公共交通系统的重要组成部分,应与城市公共交通发展规模相匹配,保证用地。公共交通场站布局,主要根据公共交通的车种、车辆数、服务半径和所在地区的用地条件设置。

4. 城市公共交通运营管理系统

城市公共交通,尤其是城市道路交通中的常规公共汽车、电车交通,是定时、定线行驶并按客流流量、流向时空分布变化而不断调节的随机服务系统。这个系统能否正常和有效地运行,不仅取决于道路和车辆、场站等物质技术设施条件,而且有赖于科学有效的运营管理系统。

二、城市公共交通调查的目的

城市公共交通调查的目的如下:

(1)通过调查,了解城市公共交通网络、城市公共交通设施供给以及城市公共交通结构的状况,从而找到制约城市公共交通系统发展的问题,为解决问题提供方法和思路。

(2)通过调查,获取用于优化或规划公共交通网络、公共交通站点及枢纽、公共交通场站等的基础资料。

(3)通过调查,了解城市客运需求、公共交通运输能力、公共交通客流特征以及乘客意愿和满意度,为提高运营服务水平提供基础资料。

三、城市公共交通调查内容

城市公共交通调查内容庞杂,大体上可分为三大类,即城市公共交通运输能力调查、城市公共交通乘客满意度调查、城市公共交通客流调查。

1. 城市公共交通运输能力调查

城市公共交通运输能力是衡量其服务水平和技术水平的重要指标。运输能力分为车辆(或列车)通行能力(通过能力)和输送能力两类。进行城市公共交通运输能力调查的目的在于:

(1)为公共交通网络规划和客流分配模型构建提供基本参数。

(2)为公共交通服务水平评价提供基本参数。

(3)通过对公共交通运输能力的计算与调查,找出限制系统运输能力的瓶颈,提出提高公共交通运输能力的措施,改善公共交通服务水平。

2. 城市公共交通乘客满意度调查

公共交通乘客是公共交通提供服务的对象,乘客满意度会直接影响乘客的出行选择,只有当乘客满意度高的时候,市民才更倾向于选择公共交通作为其出行方式。城市公共交通乘客满意度调查的目的是通过各种调查方法与手段,了解与掌握在公共交通系统设施、服务发生变化时,乘客的满意度水平变化情况。实际上,由于供需关系具有复杂的时空特征,乘客满意度调查也存在时空特性,并不简单依赖于公共交通运营提供的服务。

3. 城市公共交通客流调查

城市公共交通客流指需要乘坐公共交通工具以实现位置移动而到达出行目的地的乘客群体。城市公共交通客流调查的目的是全面掌握客流需求以及车站、线路和线网不同层面的公共交通客流特征和公共交通乘客出行特征,可按照城市公共交通划分方式进行调查。

城市公共交通是城市生产和生活所必需的公共基础设施,城市公共交通体系按照客运系统线路环境条件可由城市道路公共交通、城市轨道交通、城市水上公共交通等组成。本章主要以城市道路公共交通中的常规公共汽车和城市轨道交通中的城市地铁系统为例,介绍其相关调查内容与方法,其他公共交通方式的调查可参照之。

第二节　城市公共交通运输能力的计算与调查

本节以常规公共汽车为例,介绍其运输能力计算及调查,参考并借鉴了美国交通运输研究委员会《公共交通运输能力与服务质量手册(第3版)》[Transit Capacity and Quality of Service Manual(3rd Edition)]中的成果;以城市地铁系统为例,主要介绍目前国内常用的交通运输能力计算方法。

一、常规公共汽车运输能力的计算与调查

1. 基本概念

常规公共汽车运输能力分为公交车辆通行能力和公交乘客输送能力两大类。公交车辆通行能力是指在一定的道路条件、交通状态、环境和运输组织方法下,单位时间内站台(停靠区)、公交车站、公交车道或公交道路能够服务的最大车辆数。公交乘客输送能力是指在没有不合理的延误、危险或限制等的确定运行条件下,公交车辆在一个给定的时间里通过一个给定地点所运输的最大乘客数量。

常规公共汽车运输能力是一个复杂的体系,它关系着人和车的移动,依靠车辆的容量和公交调度策略,反映乘客的交通特性和交通流之间的相互作用。就常规公共汽车运输能力来说,公交车辆通行能力和公交乘客输送能力的利用程度一般与下列因素有关:

(1)公交站点的乘客集散量。
(2)在途运行的公交车数量。
(3)一条公交线路的上下车乘客数量分布状态。

2. 公交车辆通行能力

通常需确定三个场所的公交车辆通行能力,即站台(停靠区)(Loading Area)、公交车站(Bus Stop)、公交车道(Bus Facility),如图4-1所示。

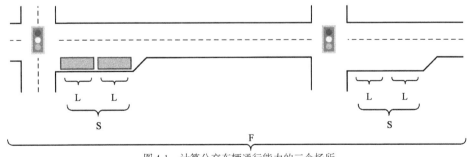

图4-1　计算公交车辆通行能力的三个场所
L-站台(停靠区);S-公交车站;F-公交车道

公交车道通行能力受车道沿线关键车站通行能力的控制,公交车站通行能力又取决于站台通行能力。而站台通行能力的影响因素很多,其中最主要的两个因素是公交车停站时间

(其值等于最繁忙的车门为乘客服务的时间、开关车门时间与损失时间之和)和交叉口绿信比(g/C),这两个参数对公交车站和公交车道通行能力影响也很大。从理论上讲,道路上交通信号灯的绿灯时间控制着一个小时内到达站台的公交车辆数量。此外,红灯时间也会影响公交车辆通行能力,例如,对于位于交叉口进口道上的车站而言,如果乘客上下车行为结束时,信号灯为红灯,公交车辆需等待信号灯变为绿灯,那么在这种情况下,公交车辆通行能力一定会小于公交车辆待乘客完成上下车行为后立即离开、其他公交车辆可以使用该站台的情况。

1) 站台通行能力

公交车站的每个站台每小时服务的最大公交车数量可按式(4-1)计算:

$$B_1 = \frac{3600(g/C)}{t_c + t_d(g/C) + t_{om}} = \frac{3600(g/C)}{t_c + t_d(g/C) + Zc_v t_d} \tag{4-1}$$

式中:B_1——站台(停靠区)的公交车辆通行能力,辆/h;

g/C——绿信比(当无信号控制时取 $g/C = 1.0$);

t_c——间隔时间,在公交车站除停站时间以外的全部损失时间,可以理解为在一辆公交车离站与另一辆公交车进站之间的最短间隔时间,s;

t_d——车辆平均停站时间,即公交车辆在车站逗留的时间,等于车辆从停止到起动的时间间隔,s;

t_{om}——运行富余时间,在不影响后续车辆运行的情况下,车辆可以滞后运营时刻表的时间,s;

Z——对应于在公交车站形成排队概率的一维正态变量,代表正态曲线上处在公交车站形成可接受排队长度的概率水平之外,曲线尾部下面的面积,建议商业中心区(CBD)公交车站 Z 取 $1.04 \sim 1.44$,郊区公交车站 Z 取 1.96;

c_v——停站时间的偏差系数。

2) 公交车站通行能力

公交车站内直线形站台数量增加,其通行能力并不能随之增加。由于多车位公交车站每个直线形站台的使用效率不同,所以直线形站台增加1倍,车站的通行能力并不会增加1倍。当要求使用3个以上的站台时,应该考虑将站台设计成锯齿形、直通式、斜角式或其他非直线形,如图4-2所示。

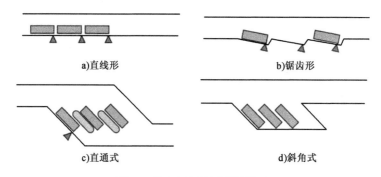

图 4-2 公交车站内站台设计类型

公交车站的公交车辆通行能力见式(4-2):

$$B_s = N_{el} B_1 f_{tb} = N_{el} f_{tb} \frac{3600(g/C)}{t_c + t_d(g/C) + Zc_v t_d} \tag{4-2}$$

式中：B_s——公交车站的公交车辆通行能力，辆/h；
N_{el}——公交车站的有效站台数；
f_{tb}——交通拥挤调节系数，具体计算见式(4-3)；
其他符号含义同前。

$$f_{tb} = 1 - f_1 \left(\frac{v_{c1}}{c_{c1}} \right) \quad (4-3)$$

式中：f_1——公交车站位置系数，可按表4-3取值；
v_{c1}——道路最右侧车道交通量，辆/h；
c_{c1}——道路最右侧车道通行能力，辆/h。

公交车站位置系数 f_1 表4-3

公交车站位置	公交车道类型		
	公交车无权使用相邻车道	公交车可借用相邻车道	公交车拥有相邻车道的全部使用权
近侧(位于交叉口进口道上)	1.0	0.9	0.0
路口区间(位于路段上)	0.9	0.7	0.0
远侧(位于交叉口出口道上)	0.8	0.5	0.0

数据来源：TCRP Report 26：Operational Analysis of Bus Lanes on Arterials。

注：1. 公交车站位置类型如图4-3所示。
2. $f_1 = 0$，指对于逆向公交车道、道路中央公交专用道和完全隔离的公交专用道，当社会车辆禁止右转或右转交通对公交运营不造成干扰时，可忽略公交位置和公交车道类型的影响。

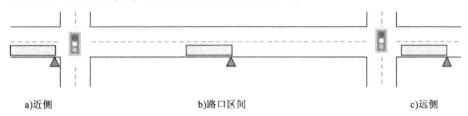

a)近侧　　　　　　　　　b)路口区间　　　　　　　　　c)远侧

图4-3　公交车站位置类型示意图

3) 公交车道通行能力

(1) 无越站运营模式。

当公交车道上不存在越站运营模式时，该公交车道的公交车辆通行能力等于沿线关键公交车站通行能力，其计算公式见式(4-2)。

当所有公交车在公交车道上都是站站停时，其关键公交车站就是全线中通行能力最小的那个车站；当公交车道属于混合服务类型时，其关键公交车站是指所有公交车都停靠的车站中通行能力最小的那个车站。

(2) 有越站运营模式。

当公交车道上某些公交车实行越站运营模式时，其通行能力等于每组线路上各自使用越站停车运行的每组关键公交车站通行能力之和乘一个调整系数 f_k，见式(4-4)。其反映了低效到达模式和相邻车道交通量对公交车辆通行能力的影响。

$$B = f_k (B_1 + B_2 + \cdots + B_i) \quad (4-4)$$

式中：B——公交车道的公交车辆通行能力，辆/h；
f_k——有越站运营模式下通行能力调整系数，具体计算见式(4-5)；

B_i——每组线路上各自使用越站停车运行的每组关键车站通行能力,辆/h,i 取 $1,2,3,\cdots,n$。

$$f_k = \frac{1 + f_a f_i (N_{ss} - 1)}{N_{ss}} \tag{4-5}$$

式中:f_a——到达类型系数,反映在越站运营模式中公交站利用率,$f_a = 0.50$ 表示公交车随机到达(运营时刻表执行情况较差),$f_a = 0.75$ 表示典型到达(运营时刻表执行情况较好),$f_a = 1.00$ 表示车辆列队到达(公交车集群到达,犹如列车);

f_i——相邻车道阻抗系数,具体计算见式(4-6);

N_{ss}——依次进行越站的站点数目。

$$f_i = 1 - 0.8 \left(\frac{v_{al}}{c_{al}}\right)^3 \tag{4-6}$$

式中:v_{al}——相邻车道交通量,辆/h;

c_{al}——相邻车道通行能力,辆/h。

3. 公交乘客输送能力

公交乘客输送能力主要取决于以下 4 个因素:公交车道的公交车辆通行能力、每辆公交车允许乘载的乘客数量、公交车发车间隔、乘客出行需求特征。公交乘客输送能力可分为运营能力和设计能力。前者反映在当前的公交运营时刻表下能可靠地输送多少乘客;后者则反映在给定的设计原则或假设前提下,如果所有设施的运营都达到了通行能力水平能输送多少乘客。

1) 运营能力

公交乘客输送运营能力是指在给定的运营时刻表和既有的公交方式下,线路断面上能够达到的最大载客量。如果公交运营策略上要求一小时内公交方式 i 的单车平均载客量不超过 $P_{\max,i}$,则运营能力计算如下:

$$P_s = \sum_{i=1}^{N_{bm}} P_{\max,i} N_i \tag{4-7}$$

式中:P_s——公交乘客输送运营能力,人次/h;

$P_{\max,i}$——公交方式 i 的单车最大载客量,人/辆;

N_{bm}——在公交车道上运营的公交方式种类;

N_i——公交方式 i 的公交车辆通过量,辆/h。

如果公交运营策略上要求一小时内公交方式 i 的单车平均载客量不允许经常性地超过,则运营能力计算如下:

$$P_s = \sum_{i=1}^{N_{bm}} P_{\max,i} (\text{PHF}) N_i \tag{4-8}$$

式中:PHF——高峰小时系数。

2) 设计能力

公交乘客输送设计能力是指在公交运营调度最大限度地利用公交车道的通行能力下,线路断面上可能达到的最大载客量。在这种情况下,可用式(4-9)和式(4-10)分别代替式(4-7)和式(4-8):

$$P = P_{\max} B \tag{4-9}$$

$$P = P_{\max} (\text{PHF}) B \tag{4-10}$$

式中:P——公交乘客输送设计能力,人次/h;

P_{max}——各类公交车辆单车最大载客量的加权平均值,人/辆;
B——公交车道的公交车辆通行能力,辆/h。

4.常规公共汽车运输能力主要参数的调查与采集

正如上文所述,常规公共汽车运输能力的计算模型涉及众多参数,这些参数的标定方法主要有三种:现场调查、采用经验值或通过数学模型计算。这里主要介绍现场调查的方法和注意事项,其余标定方法可参阅美国交通运输研究委员会《公共交通运输能力与服务质量手册(第3版)》或其他相关文献。

受很多因素的影响,乘客服务时间(和公交车停站时间)的差异很大,如乘客上车时间变化幅度为1.6~8.4s。因此,在对公交系统进行乘客服务时间和公交车停站时间估计时,建议通过现场数据采集来确定。虽然公交车的乘客服务时间受诸多因素影响,但是对于一个既定公交系统而言,这些影响因素中的绝大多数都是常量(如售票方式、公交车车门数量和宽度、上车或下车的台阶数等)。因此,其乘客服务时间的大小实际上主要取决于客流需求的各个方面,包括上车乘客人数、下车乘客人数、车内乘客人数。

1)乘客服务时间调查

当公交车站的乘降量比较小时(如有的公交车站仅有1~2名乘客上车或下车),公交车停站时间与乘客服务时间是相对独立的,而且很难收集到有效的统计数据。因此,在测定乘客服务时间用来评估比较不同公交系统(如单开门和双开门、高地板和低地板、不同的售票方式等)之间的差异性时,应在一些客流量较大的公交车站进行数据采集。根据公交车站上下车乘客人数来决定现场数据采集所需调查人员数,一般每个公交车站只需1~2名调查人员即可完成调查工作。乘客服务时间调查记录表参见表4-4,具体调查步骤如下:

乘客服务时间调查记录表　　　　表4-4

日期_____　　时间_____
线路_____　　地点_____　　方向_____

公交车车牌号和行车号	公交车到达时刻	车门打开时刻	主体客流结束时刻	车门关闭时刻	公交车离开时刻	上车乘客数	下车乘客数	公交车离开时车内乘客数	备注

①调查人员在公交车站某个位置记录每辆到达公交车辆的车牌号和行车号。
②记录公交车辆进入车站完全停车的时刻。
③记录公交车辆车门完全打开的时刻。
④统计和记录上车乘客数和下车乘客数。
⑤记录主体客流结束的时刻。
⑥当所有乘客上下车结束时,统计车内乘客数。

⑦记录公交车辆车门完全关闭的时刻。
⑧记录公交车辆启动开始离开的时刻。
⑨备注所发生的任何特殊情况。特别是用轮椅上下公交车的时间应该备注出来。

每辆到达的公交车的乘客服务时间为主体客流结束时刻减去车门完全打开时刻,每名乘客的平均服务时间为总的服务时间除以上车乘客数(或下车乘客数)。

2)公交车停站时间调查

公交车停站时间调查的步骤与乘客服务时间调查基本类似,所不同的是公交车停站时间调查应采用跟车调查的方式,调查人员在一天中分不同时段全线跟车若干次。如果是12m的双门公交车,1名调查人员即可完成调查工作;如果是三门公交车,仅靠1名调查人员可能会有些困难,此时可以使用一些自动观测设备来辅助调查,如可使用自动计数器来统计乘客人数。对于既定公交线路而言,通常所用车辆类型是一致的,如果线路中混合使用了不同的车辆类型(如线路上既有单门公交车也有双门公交车,既有单体公交车也有铰接公交车,既有高地板车辆也有低地板车辆),则应针对每种车辆类型单独采样并收集数据。公交车停站时间调查记录表可参见表4-5,具体调查步骤如下:

公交车停站时间调查记录表　　　　　表4-5

日期_____　时间_____　公交牌照_____　公交车类型_____
线路_____　公交车运行号_____　方向_____

车站编号和站名	公交车到达时刻	车门打开时刻	主体客流结束时刻	车门关闭时刻	公交车离开时刻	上车乘客数	下车乘客数	公交车离开时车内乘客数	备注

①调查人员在公交车上记录沿线停靠的每个车站的编号和站名。
②记录公交车辆进入车站完全停车的时刻。
③记录公交车辆车门完全打开的时刻。
④统计和记录上车乘客数和下车乘客数。
⑤记录主体客流结束的时刻。
⑥当所有乘客上下车结束时,统计车内乘客数。
⑦记录公交车辆车门完全关闭的时刻。
⑧记录公交车辆启动开始离开的时刻。
⑨备注所发生的任何特殊情况。特别是用轮椅上下公交车的时间应该备注出来。这部分时间是否包含在停站时间内取决于公交系统,很多公交线路在制定运营时刻表时一般不考虑不常发生的轮椅上下公交车现象,其时间延误通过运行富余时间来弥补。

在调查过程中,调查人员必须依据形势做出一些自己的判断。如在信号交叉口前的近侧车站,驾驶员可能会因等待迟来的乘客重新打开车门,而车门又在绿灯时间结束前关闭,这时会造成额外的延误,这部分时间不应计入停站时间,而应作为交叉口延误时间处理。

3) 停站时间波动性调查

停站时间的波动性是指由于乘客对车辆及其路线的需求不同导致不同车辆在同一站点停站时间的不同。停站时间的波动性对公交车站通行能力的影响用停站时间偏差系数来表示,该值等于停站时间的标准差除以停站时间的平均值。因此,通过公交车停站时间调查得到的多个样本数据,即可计算得到停站时间偏差系数。

4) 站台失效率调查

站台失效率是指公交车站所有站台都被公交车占用,公交车不能进站而需排队等待的概率,即因所有站台被占用而需排队等待的公交车占该车站公交车停靠总数的百分比。只需在乘客服务时间调查记录表或公交车停站时间调查记录表的备注栏中注明该公交车是否曾排队等待入站,即可通过数据统计计算得到站台失效率。

5) 客流高峰小时系数调查

通过上文的乘客服务时间调查或公交车停站时间调查中的上车乘客数和下车乘客数统计,可计算得到客流高峰小时系数。

6) 公交车站位置参数调查

公交车站的位置对车站通行能力影响很大,在公交车站通行能力计算中公交车站位置参数主要有公交车站与道路的相对位置、公交车站与交叉口的相对位置、公交车站类型、站台参数、公交车道类型、道路交叉口交通信号配时、道路最右侧车道交通量、右转车道交通量和通行能力、与右转车流冲突的行人过街客流量等,通过现场勘查可将公交车站位置参数记录在表4-6中。

公交车站位置参数调查记录表　　　　　　表4-6

车站名称_____　停靠线路_____　调查人员_____

车站示意图	
公交车站与道路的相对位置	①公交车停靠在机动车道上□ ②公交车驶离机动车道停靠:公交车停车道□　公交港湾□
公交车站与交叉口的相对位置	①近侧□　②路口区间□　③远侧□
公交车站类型	①直线形□　②锯齿形□　③直通式□ ④斜角式□(夹角_____)　⑤其他形式□
站台参数	站台数:_____;站台尺寸:长_____m,宽_____m
公交车道类型	①公交车无权使用相邻车道□ ②公交车可借用相邻车道□ ③公交车拥有相邻车道的全部使用权□
道路交叉口交通信号配时	①绿灯时间:_____s ②信号周期:_____s ③是否有公交信号优先:无□　有□(额外的绿灯时间:_____s)
其他交通方式流量	①道路最右侧车道交通量:_____辆/h ②右转车道交通量:_____辆/h;通行能力:_____辆/h ③与右转车流冲突的行人过街客流量:_____人/h

二、城市地铁系统运输能力的计算

城市地铁系统运输能力是通过能力和输送能力的总称。运输能力的大小主要取决于固定设备、活动设备、技术设备的运用,行车组织方法和行车作业人员的数量、技能水平等。运输能力是地铁系统最重要的参数,涉及地铁系统设计扩展、改建、舒适性设计及其在不同时期内的发展。

1. 通过能力

城市地铁系统的通过能力是指在采用一定的车辆类型、信号设备和行车组织方法条件下,城市地铁线路的各项固定设备在单位时间内(通常是高峰小时)所能通过的最大列车数。城市地铁系统的通过能力主要按照下列固定设备计算。

(1)线路:指由区间和车站构成的整体,其通过能力主要受正线数、列车停站时间、列车运行控制方式、车站是否设置配线、车辆技术性能、进出站线路平纵断面和行车组织方法等因素影响。

(2)列车折返设备:其通过能力主要受折返站的配线布置形式和折返方式、列车停站时间、车站信号设备类型、车载设备反应时间、折返作业进路长度、调车速度以及列车长度等因素影响。

(3)车辆段设备:其通过能力主要受车辆的检修台位、停车线等设备的数量和容量等因素影响。

(4)牵引供电设备:其通过能力主要受牵引变电所的配置和容量等因素影响。

在影响城市地铁系统通过能力的诸多因素中,权重最大的是列车运行控制方式和列车停站时间。列车运行控制方式是指列车运行间隔、速度的控制方式和行车调度的指挥方式,取决于所采用的列车运行控制设备类型。

根据以上各项固定设备计算出来的通过能力一般是各不相同的,其中通过能力最小的固定设备限制了整条线路的通过能力,该项固定设备的通过能力即为整条线路的最终通过能力,即

$$n_{最终} = \min\{n_{线路}, n_{折返}, n_{车辆}, n_{供电}\} \quad (4\text{-}11)$$

式中:$n_{最终}$——最终通过能力,列/h;

$n_{线路}$——线路通过能力,列/h;

$n_{折返}$——列车折返设备通过能力,列/h;

$n_{车辆}$——车辆段设备通过能力,列/h;

$n_{供电}$——牵引供电设备通过能力,列/h。

1)线路通过能力

线路通过能力计算的一般公式:

$$n_{线路} = \frac{3600}{h} \quad (4\text{-}12)$$

式中:h——追踪列车间隔时间,s。

(1)固定(自动)闭塞线路。

固定(自动)闭塞线路用于计算追踪列车间隔时间的列车间隔距离如图 4-4 所示,当前行列车出清车站轨道电路区段,在确保行车安全的条件下,后行列车以规定的进站速度恰好位于某一分界点(闭塞分区或轨道电路区段)的前方,按追踪列车先后经过车站必须保持的最小列

车间隔距离计算得到的间隔时间,即为追踪列车间隔时间。由图4-4可知,后行列车从初始位置至前行列车所处位置,须经历进站运行、制动停车、停站作业和加速出站4个作业过程,即追踪列车间隔时间应由4个单项作业时间组成,计算公式如下:

$$h = t_{运} + t_{制} + t_{站} + t_{加} \tag{4-13}$$

式中:$t_{运}$——列车从初始位置时起至开始制动时止的运行时间,s;

$t_{制}$——列车从开始制动时起至在站内停车时止的制动时间,s;

$t_{站}$——列车运行图规定的列车停站时间,s;

$t_{加}$——列车从车站启动加速时起至出清车站闭塞分区时止的运行时间,s。

图 4-4　固定闭塞时追踪列车经过车站间隔距离

(2)移动(自动)闭塞线路。

移动(自动)闭塞线路用于计算追踪列车间隔时间的列车间隔距离如图 4-5 所示,在前行列车出清车站轨道电路区段与安全防护距离时,后行列车以规定速度恰好运行至进站位置处,按图中所示的列车间隔距离计算得到的间隔时间就是追踪列车间隔时间。由图 4-5 可知,后行列车从初始位置至前行列车所在位置,须经历制动停车、停站作业和加速出站3个作业过程,即追踪列车间隔时间应由3个单项作业时间组成,计算公式为

$$h = t_{制} + t_{站} + t_{加} \tag{4-14}$$

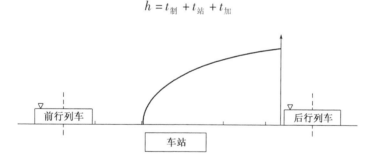

图 4-5　移动闭塞时追踪列车经过车站间隔距离

2)列车折返设备通过能力

列车折返设备通过能力计算公式为

$$n_{折返} = \frac{3600}{h_{发}} \tag{4-15}$$

式中:$h_{发}$——列车折返出发间隔时间,s。

列车折返方式主要有站后折返和站前折返两种,站后折返通常是列车利用站后尽端折返线进行折返,站前折返则是列车经过站前渡线进行折返。折返方式不同,$h_{发}$的计算方法也不同。

(1)站后折返。

站后折返时的列车折返出发间隔时间如图 4-6 所示,当折返列车 2 在折返线规定的停留

时间结束后即能进入下行车站正线时,折返列车 1 与列车 2 之间有最小的折返出发间隔时间 $h_发$,即

$$h_发 = t_{离去} + t_{作业} + t_{确认} + t_{出线} + t_站 \tag{4-16}$$

式中:$t_{离去}$——出发列车驶离车站闭塞分区的时间,s;
$t_{作业}$——车站为折返线停留列车办理调车进路的时间,包括道岔区段进路解锁延误、排列进路和开放调车信号等各项时间,s;
$t_{确认}$——驾驶人确认信号时间,s;
$t_{出线}$——列车从折返线到车站出发正线的走行时间,s;
$t_站$——列车停站时间,s。

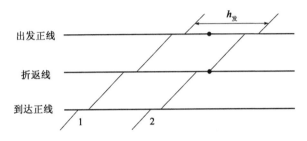

图 4-6　站后折返时的列车折返出发间隔时间

(2)站前折返。

列车经由站前双渡线折返时,可以有侧向到达、直向出发和直向到达、侧向出发两种模式。站前折返时的列车折返出发间隔时间如图 4-7 所示,当进站列车 2 位于进站渡线道岔外方确认信号距离处时即能进入车站到发正线,此时折返列车 1 与列车 2 之间有最小的列车折返出发间隔时间 $h_发$,即

$$h_发 = t_{离去} + t_{作业} + t_{确认} + t_{进站} + t_站 \tag{4-17}$$

式中:$t_{作业}$——车站为进站列车办理接车进路的时间,包括道岔区段进路解锁延误、排列进路等各项时间,s;
$t_{进站}$——车辆进站时间,s。
其他符号含义同前。

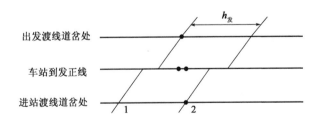

图 4-7　站前折返时的列车折返出发间隔时间

2.输送能力

城市地铁系统的输送能力是指在单位时间内(通常是一小时)所能运送的最大乘客数。

在线路最终通过能力一定的条件下,输送能力主要取决于列车编组数和车辆定员人数,即

$$P_R = n_{最终} \cdot m \cdot P_车 \tag{4-18}$$

式中：P_R——线路每小时内单向最大输送能力,人/h；

　　　m——列车编组数,辆/列；

　　　$P_车$——车辆定员数,人/辆。

第三节　城市公共交通乘客满意度调查

一、满意度概述

1. 顾客满意度与顾客满意度指数

顾客满意(Customer Satisfaction,CS),指顾客对其要求已被满足的程度的感受,也就是顾客通过将一个产品可感知的效果(或结果)与其期望值进行比较后,所形成的愉悦或失望的感觉状态。

顾客满意度(Customer Satisfaction Degree,CSD),是顾客满足情况的反馈,它是对产品或者服务性能,以及产品或者服务本身的评价;给出了(或者正在给出)一个与消费的满足感有关的快乐水平,包括低于或者超过满足感的水平,是一种心理体验。顾客满意度是一个变动的指标,能够使一个顾客满意的东西,未必会使另外一个顾客满意,能使顾客在一种情况下满意的东西,未必能在另一种情况下使其满意。只有对不同的顾客群体的满意度因素都非常了解,才有可能实现100%的顾客满意。

顾客满意度指数(Customer Satisfaction Index,CSI),是根据顾客对企业产品和服务质量的评价,运用统计的方法把顾客满意度量化,并通过建立CSI模型和进行测评,表现组织的产品(或服务)特性、满足顾客需求的程度及顾客消费行为等多层递进关系的指标。其可用于研究顾客需求,发现未能满足顾客需求的因素,从而为加强和改进组织工作指明方向。

瑞典于1989年率先建立了全国性的顾客满意度指数模型,即瑞典顾客满意度指数(SCSB)模型。此后,美国和欧盟相继建立了各自的顾客满意度指数模型——美国顾客满意度指数(ACSI,1994年)模型和欧洲顾客满意度指数(ECSI,1999年)模型。另外,新西兰、加拿大等国家和我国台湾地区也在几个重要的行业建立了顾客满意度指数模型。相比之下,ACSI吸取了SCSB的成功经验,其模型更为全面,结构体系的设计更具科学性,应用也最广泛。

2. 城市公共交通乘客满意度

结合上述概念,城市公共交通乘客作为消费者,意味着可将乘客视为公共交通运营公司的顾客,则城市公共交通乘客满意度就是指乘客通过将公共交通服务的感知效果或结果与其期望值进行比较后,所形成的愉悦或失望的感觉状态。城市公共交通乘客满意度指数就是乘客满意水平的量化,从消费者的角度来衡量公共交通服务质量。

二、城市公共交通乘客满意度调查实施步骤

1. 构建满意度指数模型,确定测评指标并量化

1) 城市公共交通乘客满意度指数模型

要衡量城市公共交通乘客满意度,就必须建立模型,将一些与乘客满意度相关的变量联系起来,构建的模型根据实际需要可以多种多样,比如可以在 ACSI 模型的基础上构建(图 4-8)。模型建立后,就需要采用数学形式将模型表现出来,并进行模型估计,得到乘客满意度模型中的参数,最后计算出城市公共交通乘客满意度指数。

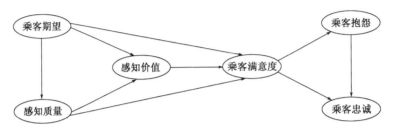

图 4-8 城市公共交通乘客满意度指数模型

该模型以满意度的生成机制为理论基础,引入了 6 个隐变量,其中乘客期望、感知质量、感知价值是前提变量,乘客满意度、乘客抱怨、乘客忠诚是结果变量。这些变量界定如下:

(1) 乘客期望是指乘客在乘车之前对公共交通服务质量寄予的期待和希望。

(2) 感知质量是指乘客在购买和消费公共交通服务过程中对公共交通服务质量的实际感受和认知。

(3) 感知价值是指乘客在购买和消费公共交通服务过程中,对所支付的费用和所达到的实际收益的体验。

(4) 乘客满意度是指乘客对其所接受的公共交通服务的总体满意程度的评价。

(5) 乘客抱怨是指当乘客对公共交通服务的实际感受不能满足其自身的要求时,乘客的满意度就会下降,就会产生乘客抱怨,甚至投诉。

(6) 乘客忠诚是指乘客在对公共交通服务的满意度不断提高的基础上,重复乘坐城市公共交通的一种表现。

该模型可以解释为:乘客满意度是由乘客在乘坐公共交通的经历中对各项公共交通服务质量和价值的感知与乘车前的期望值相比较所决定的;同时,每名乘客的期望值不同且乘客对公共交通服务质量的感知也有所不同,从而导致不同乘客对各项公共交通服务的满意程度有所不同,并会影响乘客对公共交通服务价值的感知。若乘客满意度低,就会产生乘客抱怨,甚至投诉;若乘客满意度高,就会提高乘客的忠诚度;同时,如果重视并妥善处理乘客投诉,化解乘客抱怨,同样可以提高乘客忠诚度。

2) 城市公共交通乘客满意度指数测评指标体系

城市公共交通乘客满意度指数模型中 6 个隐变量是无法直接测评的。因此,需要将这 6 个隐变量逐级展开,直到形成一系列可以直接观测的指标,而这些观测变量则通过实际调查收集数据得到。

城市公共交通乘客满意度指数测评指标体系分为四个层次：

第一层次：总的测评目标"乘客满意度指数"，为一级指标。

第二层次：城市公共交通乘客满意度指数模型中的6个隐变量——乘客期望、感知质量、感知价值、乘客满意度、乘客抱怨、乘客忠诚，为二级指标。

第三层次：由二级指标具体展开而得到的指标，为三级指标。

第四层次：三级指标具体展开为问卷上的问题，形成四级指标。

测评指标体系中的一级指标和二级指标适用于所有的产品和服务，就城市公共交通而言，实际上我们要研究的是三级指标和四级指标。比如在对地铁乘客满意度进行测评的时候，可建立如表4-7所示的指标体系。

地铁乘客满意度测评指标体系　　　　　表4-7

一级指标	二级指标	三级指标	四级指标
乘客满意度指数	1. 乘客期望	1. 总体期望	乘坐地铁前的总体期望
		2. 个性服务	乘坐地铁前对地铁个性化服务满足需求程度的期望
		3. 可靠度	乘坐地铁前对地铁服务可靠程度的期望
	2. 感知质量	1. 导向指引	1. 上车站点的地面设立的指示牌
			2. 上车站点的出口指示
			3. 上车站点的出口周边建筑、交通路线标识
			4. 上车站点的购票、出入闸等导向指引
			5. 上车站点的站台上确定列车行驶方向的指引
			6. 上车站点洗手间的指引
		2. 整洁舒适	1. 上车站点的地铁站内的明亮、整洁程度与畅通性
			2. 上车站点的地铁站内的空气流通性与温度适宜性
			3. 上车站点的候车座椅的便利性与整洁性
			4. 车厢内明亮、整洁
			5. 车厢内的空气流通性与温度适宜性
		3. 准时快捷	1. 列车到站的准时性
			2. 列车发车间隔时间的合理性
			3. 首末班车运营时间设置的合理性
		4. 列车运行与安全	1. 上车站点的楼梯、自动扶梯及电梯的使用安全性
			2. 对车门、屏蔽门即将关闭的提前通知及时性
			3. 列车行驶的安全平稳性
			4. 出现非正常情况，对乘客的告知及处理恰当性
			5. 车内、站内治安环境

续上表

一级指标	二级指标	三级指标	四级指标
乘客满意度指数	2.感知质量	5.票务服务	1.地铁票价的合理性
			2.票亭换硬币、零钞的便利性
			3.对于购票所等待的时间的可接受性
			4.地铁的票种信息、计费信息知晓程度
			5.目前地铁乘车票的种类满足乘车需求的程度
			6.各种票购票、退票的合理性
		6.设备设施	1.上车站点的自动售票机摆放位置的合理性
			2.上车站点的自动售票机购票方法介绍的清晰易懂性
			3.自动售票机在使用过程中出现故障的次数
			4.闸机在通过时出现故障的次数
			5.自动扶梯出现故障的次数
		7.员工服务	1.地铁工作人员的服务态度与热情主动程度
			2.地铁工作人员解决乘客的困难与疑问的效率
			3.投诉、沟通途径明确程度
			4.地铁运营公司处理乘客建议、投诉的及时程度
		8.信息宣传	1.地铁运营公司对地铁的宣传充分性
			2.获得地铁票务、乘坐指引及安全乘车知识等信息的方便性
		9.商业环境	1.地铁内广告形式布局与车站环境的和谐性
			2.地铁内商铺数量可以满足地铁内购物需求程度
	3.感知价值	对总体价值的感知	1.依照目前的票价对地铁服务的评价
			2.依照目前的地铁服务状况对地铁票价的评价
	4.乘客满意度	1.总体满意程度	对地铁总体满意度
		2.达到要求程度	地铁是超出期望还是低于期望
		3.与理想的差距	地铁与理想中的地铁相比,与完美状态的差距
	5.乘客抱怨	1.有无抱怨	是否对地铁抱怨过
		2.有无投诉	是否对地铁投诉过
	6.乘客忠诚	1.直达时选乘意愿	出行若乘地铁可直达目的地,选择乘坐地铁的可能性
		2.非直达时选乘意愿	出行若乘地铁需换乘到达目的地,选择乘坐地铁的可能性
		3.推荐意愿	建议家人和朋友出行时选择乘坐地铁的可能性

3)测评指标的量化

顾客满意度测评是为了定量地分析顾客对产品、服务或企业的看法、偏好和态度,而通过直接询问或观察的方法来了解顾客态度是困难的。所以需要利用某些特殊的态度测量技术进行量化处理,将那些难于表达和衡量的"态度"客观、方便地标识出来,这种态度测量技术所运用的基本工具,就是量表。常用的量表有数字量表、李克特(Likert)量表、语意差别量表、序列量表、斯马图(Simalto)量表等。

4)确定测评指标权重

根据每项指标在测评体系中的重要性不同,需要赋予不同的权重,即加权。加权方法除了主观赋权法以外,还有直接比较法、对偶比较法、德尔菲法、层次分析法,依据测评人员的经验和专业知识选择适用的方法。目前层次分析法使用较多。

2. 确定调查对象

在进行顾客满意度调查时,应事先确定要调查的顾客群体,以便有针对性地设计问卷。顾客可以是企业外部的顾客,也可以是企业内部的顾客。

在城市公共交通乘客满意度调查中,顾客是指公共交通服务的消费者,即接受过公共交通服务的或正在接受公共交通服务的乘客。确定具体调查对象的依据不能太过单一,需要从性别、年龄、文化程度、职业、经济能力、居住地等方面进行分类。

3. 抽样设计

在进行乘客满意度调查时,一般采用随机抽样,可根据实际情况选用简单随机抽样、分层抽样、整群抽样、多级抽样、等距抽样、多级混合抽样等不同的抽样方法。在乘客满意度调查中较常用的是简单随机抽样和分层抽样方法。

4. 问卷设计

按照已经建立的城市公共交通乘客满意度指数测评指标体系,将三级指标展开为问卷上的问题。问卷设计是整个测评工作的关键环节,测评结果是否准确、有效,很大程度上取决于此。

1)问卷的设计思路

首先,明确乘客满意度指数测评目的:

(1)了解乘客的需求和期望,调查乘客对公共交通服务质量、价值的感知,制定公共交通服务质量标准。

(2)计算乘客满意度指数,识别乘客对公共交通的态度。

(3)通过与竞争者比较,明确公共交通的优劣势。

其次,将四级指标转化为问卷上的问题。

最后,对设计好的问卷进行预调查,一般抽取30~50个样本,采用面谈或电话采访的形式,了解乘客对城市公共交通服务的态度以及其对问卷的看法,进行相应修改。

2)问卷的基本格式

问卷一般包括介绍词、填写问卷说明、问题和被访者的基本情况。其中问题是核心部分,问卷中的问题可分为封闭式、开放式和半开半闭式三种。封闭式,包括是非题和多选题。是非题,一般采用"是"或"否"、"有"或"无"的答题方式;多选题,给出三个或更多答案,被访者可选一个或多个答案。开放式,不给出答案,由被访者自由发表意见。半开半闭式,常见的是在封闭式的选择后面,增加开放式的回答。

5. 实施调查

对城市公共交通乘客满意度的问卷调查,较常用的方法如下:

(1)面谈访问。可以与一个被访者面谈,也可以与几个被访者集体面谈。调查可以比较深入,但人力成本高,涉及面不够广,且易受调查人员素质水平的影响,客观性不强。

(2)邮寄问卷调查。范围较广,但回收率低,且时间周期很长。

(3)电话调查。比较直接、快捷,但受时间限制,调查不能太深入。

(4)电子邮件调查。把问卷以附件的形式发送给乘客,让乘客在电脑上填写并回复邮件,或打印出来,填写后传真回来。

(5)网上调查。在网页上放置调查问卷,访问者直接填写,提交就可以。

6. 调查数据汇总整理

收集问卷后,应统计每个问题的每项回答的人数(频数),以及其所占被访者总数的百分比(频率),并以图示方式直观地表示出来。一般可采用 Excel 中的柱形图或饼图等表示方式,或更专业的统计分析软件。

另外,还应了解问卷设置的测评指标对总体评价的影响程度。如设定总体评价大于或等于 80 的为满意评价,小于 80 的为非满意评价,从而分析单项测评指标的频数和频率对总体评价的影响。

7. 计算乘客满意度指数,分析评价

结合图 4-8 和表 4-7,建立乘客满意度的结构模型和测量模型。

1) 结构模型

$$\boldsymbol{\eta} = \boldsymbol{\beta}\boldsymbol{\eta} + \boldsymbol{\gamma}\boldsymbol{\xi} + \boldsymbol{\zeta} \tag{4-19}$$

式中:$\boldsymbol{\eta}$——内生潜变量向量,$\boldsymbol{\eta} = (\eta_1, \eta_2, \cdots, \eta_m)$;

$\boldsymbol{\xi}$——外生潜变量向量,$\boldsymbol{\xi} = (\xi_1, \xi_2, \xi_n)$;

$\boldsymbol{\zeta}$——残差向量;

$\boldsymbol{\beta}$——$\boldsymbol{\beta}(m \times n)$,$\boldsymbol{\eta}$ 的路径系数矩阵,β_{ij} 表示内生潜变量之间的影响,是 η_j 对 η_i 的影响;

$\boldsymbol{\gamma}$——$\boldsymbol{\gamma}(m \times n)$,$\boldsymbol{\xi}$ 的路径系数矩阵,γ_{ij} 表示外生潜变量 ξ_j 对内生潜变量 η_i 的影响。

根据图 4-8 所示城市公共交通乘客满意度指数模型,可将结构模型式(4-19)改写成式(4-20)的形式:

$$\begin{bmatrix} \eta_1 \\ \eta_2 \\ \eta_3 \\ \eta_4 \\ \eta_5 \end{bmatrix} = \begin{bmatrix} 0 & 0 & 0 & 0 & 0 \\ \beta_{21} & 0 & 0 & 0 & 0 \\ \beta_{31} & \beta_{32} & 0 & 0 & 0 \\ 0 & 0 & \beta_{43} & 0 & 0 \\ 0 & 0 & \beta_{53} & \beta_{54} & 0 \end{bmatrix} \begin{bmatrix} \eta_1 \\ \eta_2 \\ \eta_3 \\ \eta_4 \\ \eta_5 \end{bmatrix} + \begin{bmatrix} \gamma_{11} \\ \gamma_{21} \\ \gamma_{31} \\ 0 \\ 0 \end{bmatrix} \xi + \begin{bmatrix} \zeta_1 \\ \zeta_2 \\ \zeta_3 \\ \zeta_4 \\ \zeta_5 \end{bmatrix} \tag{4-20}$$

式中:ξ——乘客期望;

η_1——感知质量;

η_2——感知价值;

η_3——乘客满意度;

η_4——乘客抱怨;

η_5——乘客忠诚。

其中,对 η_1 产生影响的模型因素只有 ξ,路径系数为 γ_{11},所以对应 η_1 的全部为 0;对 η_2 产生影响的模型因素是 η_1 和 ξ,路径系数分别为 β_{21}、γ_{21},其余的 β_{2j} 都为 0;对 η_3 产生影响的模型因素是 η_1、η_2 和 ξ,路径系数分别为 β_{31}、β_{32} 和 γ_{31},其余 β_{3j} 都为 0;对 η_4 产生影响的模型因素只

有 η_3,路径系数为 β_{43},其余 β_{4j} 都为 0;对 η_5 产生影响的模型因素是 η_3 和 η_4,路径系数分别为 β_{53} 和 β_{54},其余 β_{5j} 都为 0。

2) 测量模型

$$y = \Lambda_y \eta + \varepsilon \tag{4-21}$$

$$x = \Lambda_x \xi + \delta \tag{4-22}$$

式中:y——内生显变量向量,$y = (y_1, y_2, \cdots, y_p)$;

Λ_y——$\Lambda_y(p \times m)$ 是 y 对 η 的回归系数矩阵;

ε——y 的测量误差构成的向量;

x——外生显变量向量,$x = (x_1, x_2, \cdots, x_q)$;

Λ_x——$\Lambda_x(p \times n)$ 是 x 对 ξ 的回归系数矩阵;

δ——x 的测量误差构成的向量。

根据表 4-7 所示的指标体系,可将上述测量模型中式(4-21)和式(4-22)改写成式(4-23)和式(4-24)的形式:

$$\begin{bmatrix} y_{11} \\ y_{21} \\ y_{31} \\ y_{41} \\ y_{51} \\ y_{61} \\ y_{71} \\ y_{81} \\ y_{91} \\ y_{12} \\ y_{22} \\ y_{13} \\ y_{23} \\ y_{33} \\ y_{14} \\ y_{24} \\ y_{15} \\ y_{25} \\ y_{35} \end{bmatrix} = \begin{bmatrix} \lambda_{11} & 0 & 0 & 0 & 0 \\ \lambda_{21} & 0 & 0 & 0 & 0 \\ \lambda_{31} & 0 & 0 & 0 & 0 \\ \lambda_{41} & 0 & 0 & 0 & 0 \\ \lambda_{51} & 0 & 0 & 0 & 0 \\ \lambda_{61} & 0 & 0 & 0 & 0 \\ \lambda_{71} & 0 & 0 & 0 & 0 \\ \lambda_{81} & 0 & 0 & 0 & 0 \\ \lambda_{91} & 0 & 0 & 0 & 0 \\ 0 & \lambda_{12} & 0 & 0 & 0 \\ 0 & \lambda_{22} & 0 & 0 & 0 \\ 0 & 0 & \lambda_{13} & 0 & 0 \\ 0 & 0 & \lambda_{23} & 0 & 0 \\ 0 & 0 & \lambda_{33} & 0 & 0 \\ 0 & 0 & 0 & \lambda_{14} & 0 \\ 0 & 0 & 0 & \lambda_{24} & 0 \\ 0 & 0 & 0 & 0 & \lambda_{15} \\ 0 & 0 & 0 & 0 & \lambda_{25} \\ 0 & 0 & 0 & 0 & \lambda_{35} \end{bmatrix} \begin{bmatrix} \eta_1 \\ \eta_2 \\ \eta_3 \\ \eta_4 \\ \eta_5 \end{bmatrix} + \begin{bmatrix} \varepsilon_{11} \\ \varepsilon_{21} \\ \varepsilon_{31} \\ \varepsilon_{41} \\ \varepsilon_{51} \\ \varepsilon_{61} \\ \varepsilon_{71} \\ \varepsilon_{81} \\ \varepsilon_{91} \\ \varepsilon_{12} \\ \varepsilon_{22} \\ \varepsilon_{13} \\ \varepsilon_{23} \\ \varepsilon_{33} \\ \varepsilon_{14} \\ \varepsilon_{24} \\ \varepsilon_{15} \\ \varepsilon_{25} \\ \varepsilon_{35} \end{bmatrix} \tag{4-23}$$

$$\begin{bmatrix} x_1 \\ x_2 \\ x_3 \end{bmatrix} = \begin{bmatrix} \lambda_1 \\ \lambda_2 \\ \lambda_3 \end{bmatrix} \xi + \begin{bmatrix} \delta_1 \\ \delta_2 \\ \delta_3 \end{bmatrix} \tag{4-24}$$

式中：y_{ij}——η_j 下属的显变量；

λ_{ij}——η_j 与 y_{ij} 之间的回归系数，也称荷载系数；

x_1, x_2, x_3——乘客期望 ξ 的 3 个显变量，ξ 与它们之间的回归系数为 $\lambda_1, \lambda_2, \lambda_3$，也称荷载系数。

3）乘客满意度指数的计算

参照国际通用满意度指数的计算方法，通过式（4-25）加权计算乘客满意度分值：

$$\eta_3 = \sum_{i=1}^{3} \omega_{i3} y_{i3} \tag{4-25}$$

式中：η_3——乘客满意度潜变量；

y_{i3}——乘客满意度潜变量对应的显变量；

ω_{i3}——乘客满意度显变量相对于潜变量的权重，ω_{i3} 和 y_{i3} 要一致，即均是标准化或未标准化数值。

通过式（4-26）计算乘客满意度指数：

$$\text{乘客满意度指数} = \frac{E[\eta_3] - \min[\eta_3]}{\max[\eta_3] - \min[\eta_3]} \times 100 \tag{4-26}$$

乘客满意度潜变量的最大值和最小值是通过相应的测量变量来确定的，即

$$\min[\eta_3] = \sum_{i=1}^{3} \omega_{i3} \min[y_{i3}] \tag{4-27}$$

$$\max[\eta_3] = \sum_{i=1}^{3} \omega_{i3} \max[y_{i3}] \tag{4-28}$$

式中：$E[\eta_3]$——乘客满意度的均值；

$\min[\eta_3]$——乘客满意度的最小值；

$\max[\eta_3]$——乘客满意度的最大值。

在上述乘客满意度指数模型中，计算乘客满意度有 3 个显变量，若采用 10 分制量化，计算公式可简化为

$$\text{乘客满意度指数} = \frac{\sum_{i=1}^{3} \omega_{i3} \bar{y}_{i3} - \sum_{i=1}^{3} \omega_{i3}}{9 \sum_{i=1}^{3} \omega_{i3}} \times 100 \tag{4-29}$$

式中符号含义同前。

4）其他指数计算

其他潜变量（除乘客抱怨外）的满意指数都可按照上述计算方法得出。

$$\text{乘客期望满意指数} = \frac{\sum_{i=1}^{3} \omega_{i1} \bar{y}_{i1} - \sum_{i=1}^{3} \omega_{i1}}{9 \sum_{i=1}^{3} \omega_{i1}} \times 100 \tag{4-30}$$

$$\text{感知价值满意指数} = \frac{\sum_{i=1}^{3} \omega_{i5} \bar{y}_{i5} - \sum_{i=1}^{3} \omega_{i5}}{9 \sum_{i=1}^{3} \omega_{i5}} \times 100 \tag{4-31}$$

式中符号含义同前。

5）乘客抱怨计算

由于乘客抱怨是用乘客是否对地铁抱怨或投诉来提问的,回答不能用10分制来测评,可采用乘客抱怨率和乘客投诉率来反映。

$$乘客抱怨率 = \frac{抱怨乘客的人数}{被访乘客人数} \times 100\% \qquad (4-32)$$

$$乘客投诉率 = \frac{投诉乘客的人数}{被访乘客人数} \times 100\% \qquad (4-33)$$

第四节 城市公共交通客流调查

一、常规公共汽车客流调查

1. 调查内容

为全面、准确地掌握公交客运需求情况,有必要组织较大规模的常规公共汽车客流调查,主要包括两大方面的内容:公交客流规模调查和公交乘客出行调查。

（1）公交客流规模调查是指调查公交客流走廊、线路、枢纽的客流量。其中,公交客运走廊客流调查是指调查城市公交客流走廊主要断面的客流量,公交线路客流调查是指调查公交线路的上(下)客量、断面客流量和站间客流OD等,公交枢纽客流调查是指调查公交枢纽的上(下)客量和换乘量等。

（2）公交乘客出行调查是指调查公交乘客的基本特征和出行特征。基本特征包括性别、年龄、职业、收入等；出行特征包括出发地(到达地)、出发时刻(到达时刻)、出行目的、上(下)客站、换乘站、出行时间(等车、步行、换乘、车内等时间)、换乘次数、接驳方式等。

2. 调查时段、地点选择

调查时段应包括全日高峰时段,宜采用12h或24h连续观测,或根据交通需求预测模型要求综合确定。

常规公共汽车客流调查的调查地点的选取宜遵循以下原则：

（1）公交客运走廊客流调查的调查地点宜选择客运走廊中公交车辆数通过较多的主要路段。

（2）公交线路客流调查宜乘坐公交车辆跟车调查。

（3）公交枢纽客流调查的调查地点宜选在公交枢纽的上(下)客区域。

（4）公交乘客出行调查的调查地点宜选择车站等候区域或乘坐公交车辆跟车调查。

3. 调查方法

常规公共汽车客流调查有以下调查方法。

（1）公交客运走廊、枢纽等客流调查可采用观测法,记录通过调查点的公交车辆数和车厢客流满载情况,统计公交客流量,可参见表4-8。

常规公共汽车客运走廊客流调查表(单位:辆) 表 4-8

观测点编号_____ 观测点路段名_____ 调查日期_____ 调查员_____
观测方向_____（①南→北；②北→南；③东→西；④西→东）

时段	公交车辆数						合计
	空车	座位半满	座位全满	站位10人以下	站位半满	站位拥挤	
……							
7:00—7:15							
7:15—7:30							
7:30—7:45							
7:45—8:00							
8:00—8:15							
8:15—8:30							
8:30—8:45							
8:45—9:00							
9:00—9:15							
9:15—9:30							
9:30—9:45							
9:45—10:00							
……							

注:1. 空车是指空车或车内乘客很少,一般 5 人以下。
2. 座位半满是指车内有一半左右的空位,除下车区外无站立的人,车内人数为 5~20 人。
3. 座位全满是指所有座位均有人,除下车区外无站立的人,车内人数为 20~30 人。
4. 站位 10 人以下是指车内座位基本全满,车内有少量人(不多于 10 人)站立。
5. 站位半满是指车内座位全满,有一些人(10~20 人)站立。
6. 站位拥挤是指车内座位全满,车内站位区人数为 20~40 人,站位区很拥挤。

(2)公交线路客流调查可采用跟车法。跟车法是指安排调查员跟随公交车辆记录途经各站点上(下)客人数,且对上车乘客发放特制小票,并在下车时回收,以记录站间客流 OD。抽样方法宜采用两阶段均匀抽样法,第一阶段根据线路功能、走向、长度、客流规模等对线路进行抽样,抽样率符合模型要求;第二阶段根据调查线路的发车频率对公交车辆进行抽样。发车频率在 10min 以内的线路,抽样率不宜低于 20%;发车频率在 10~20min 的线路,抽样率不宜低于 30%;发车频率超过 20min 的线路,抽样率应进一步提高;发车频率超过 1h 的线路,宜进行全样调查。

(3)公交客流调查也可采用信息化技术采集。现阶段常用信息化技术是指通过建立公交 IC 卡与公交车辆 GPS 设备对应关系,统计分析站点上(下)客量、路段客流量和站间客流 OD 等。

(4)公交乘客出行调查可采用问询法,由调查员乘坐公交车辆对车内乘客进行问询或在公交车站对候车乘客进行问询。抽样方法宜采用均匀抽样法,样本量取决于调查线路客流规模、调查时段和问卷问题数量等,平峰时段的抽样率宜大于高峰时段的抽样率,一般抽样率不低于 10%,且样本量不低于 500 人。如果样本量低于 500 人,应提高抽样率甚至进行全样调查。

4. 线路跟车调查

1) 调查内容

(1) 统计所跟公交车辆到达沿线各站的时间。

(2) 统计所跟公交车辆到达沿线各站的上、下客数。

(3) 对所跟公交车辆到达沿线各站的上车乘客进行抽样询问,询问问题可包括下车站名、下车后是否换乘、上车前是否换乘等,也可包括出行目的、乘客满意度信息等。

公交客流调查中经常进行的公交线路跟车调查的记录表可参考表4-9~表4-12。

公交线路跟车调查汇总表　　　　　　　　　　表 4-9

公交线路____　行车方向(上行/下行)____　调查日期____　星期____　天气____　调查员____

站名	各站顺序	站点编码	到时	离时	上客数	下客数	下车站点的顺序号及转车情况	
							下车后转车	下车后不转车
	1							
	2							
	3							
	……							
	N							

公交线路跟车调查表(前门)　　　　　　　　　　表 4-10

公交线路____　行车方向(上行/下行)____　调查日期____　星期____　天气____　调查员____

站名	各站顺序	站点编码	到时	离时	上客数	受阻情况	断面形式		中途停靠站类型		
							机非车道总数	道路分幅(1,2,3,4)	港湾式		非港湾式
									有分隔	无分隔	
	1										
	2										
	3										
	……										
	N										

公交线路跟车调查表(后门)　　　　　　　　　　表 4-11

公交线路____　行车方向(上行/下行)____　调查日期____　星期____　天气____　调查员____

站名	各站顺序	站点编码	下客数	下车站点的顺序号及转车情况	
				下车后转车	下车后不转车
	1				
	2				
	3				
	……				
	N				

公交线路跟车调查表(车内问询) 表4-12

公交线路____ 行车方向(上行/下行)____ 调查日期____ 星期____ 天气____ 调查员____

站　名	各站顺序	站点编码	下车站点的顺序号及转车情况	
			下车后转车	下车后不转车
	1			
	2			
	3			
	……			
	N			

2) 调查线路

调查线路根据实际情况确定。可对全部线路进行跟车调查,也可抽样调查。

3) 调查方法

以 3 人为 1 组,具体分工为前门 1 人统计上车人数及到站时刻,后门 1 人统计下车人数并协助进行车内问询,剩余 1 人专门进行车内问询。

4) 调查日期、时段及班次

线路跟车调查的日期根据实际情况确定,一般情况均选择正常工作日。

如果非全天调查,一般将调查时段选在早晚高峰。为使车辆经过沿线各站的时刻尽可能多地落在高峰时段内,应使调查车辆在始发站的始发时间早于高峰小时,比如早高峰小时时段为 7:30—8:30,那么可选择始发站始发时间在 6:45—7:15 之间的班次进行跟车,每条线路单向至少选择 3 辆车进行跟车。

5. 站点乘降量调查

为了解公交客运需求 1 天内随时间波动的变化特征或了解各站点的客流集散量,应根据实际情况选择几处典型站点进行上下客数调查。

1) 调查内容

统计指定线路在所调查站点停靠时的上下客数及到站的时刻。具体的调查表格设计可参照表 4-13。

站点乘降量调查表 表4-13

公交线路____ 行车方向(上行/下行)____ 调查日期____ 星期____ 天气____ 调查员____

到达时间	上客数	下客数	到达时间	上客数	下客数

2）调查站点

本项调查选择在几处公交线路比较集中的站点进行,如火车站等。

3）调查方法

以2人为1组负责调查经过该站的某一条线路的停靠站情况。其中1人统计到站时间及下车人数,另1人统计上车人数。

4）调查日期与时段

站点乘降量调查的日期根据实际情况确定,一般情况均选择正常工作日。为较全面地反映全天的公交客流变化情况,调查时间可选择为6:30—20:30。

6. 案例分析——城固县6路公交车调查

为确定线路运能与乘客需求是否匹配,对城固县公交车线路进行跟车调查,确定公交客流量较大的断面及站点,为后续研究提供依据。

项目组于2019年9月20日,在汉中市城固县,采用跟车法在工作日早高峰对6路公交车的到站时间、离站时间、下车后的换乘情况以及上下客情况进行调查,公交线路跟车调查的记录表格如表4-14、表4-15所示。

公交线路跟车调查汇总表 表4-14

公交线路 _6_ 行车方向(上行/下行) _上行_ 调查日期_2019-9-20_ 星期 _五_ 天气 _阴_ 调查员 ×××

站　名	各站顺序	到时	离时	上客数	下客数	下车站点的顺序号及转车情况	
						下车后转车	下车后不转车
货场路口	1	8:29	8:35	12	0	—	—
县运司	2	8:38	8:45	3	0	—	—
乐城公园	3	8:48	8:55	2	3	1	2
家家乐超市	4	9:00	9:05	2	0	—	—
西村路口	5	9:10	9:15	0	3	0	3
新华小区	6	9:20	9:25	1	1	1	0
县养老经办中心	7	9:30	9:35	0	2	2	0
集灵小学	8	9:40	9:45	4	0	—	—
老县医院	9	9:49	9:55	2	1	0	1
文化路口	10	10:00	10:06	0	5	1	4
考院小学	11	10:10	10:16	2	4	2	2
一中路口	12	10:21	10:30	0	9	3	6

公交线路跟车调查表(前门) 表4-15

公交线路 _6_ 行车方向(上行/下行) _上行_ 调查日期_2019-9-20_ 星期 _五_ 天气 _阴_ 调查员 ×××

站　名	各站顺序	上客数	受阻情况	断面形式		中途停靠站类型		
				机非车道总数	道路分幅	港湾式		非港湾式
						有分隔	无分隔	
货场路口	1	12	不受阻	6	3		√	
县运司	2	3	不受阻	6	3		√	

续上表

站　名	各站顺序	上客数	受阻情况	断面形式		中途停靠站类型		
				机非车道总数	道路分幅	港湾式		非港湾式
						有分隔	无分隔	
乐城公园	3	2	不受阻	4	3		√	
家家乐超市	4	2	不受阻	4	3		√	
西村路口	5	0	不受阻	4	3		√	
新华小区	6	1	不受阻	4	3		√	
县养老经办中心	7	0	不受阻	4	3		√	
集灵小学	8	4	不受阻	4	3		√	
老县医院	9	2	不受阻	4	3		√	
文化路口	10	0	不受阻	4	1		√	
考院小学	11	2	不受阻	4	1		√	
一中路口	12	0	不受阻	4	1		√	

由上述调查数据可得到 6 路公交车工作日早高峰载客量以及各站点乘降量，分别如图 4-9、图 4-10 所示。

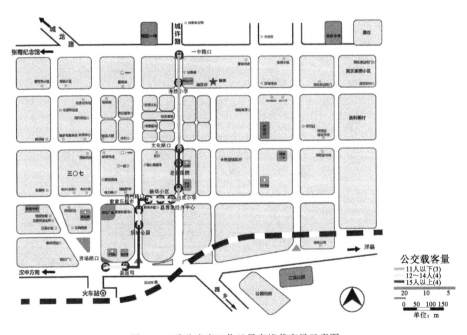

图 4-9　6 路公交车工作日早高峰载客量示意图

由图 4-9、图 4-10 可看出，早高峰时段乘坐该线路的乘客较多，整条线路的乘客数均不少于 10 人。该线路为通村公交线路，多数乘客于早高峰时段以进城为目的乘车，故始发站为上客数高峰站点，终点站为下客数高峰站点，中间站点上、下车人数较少，下车乘客换乘率也较高。

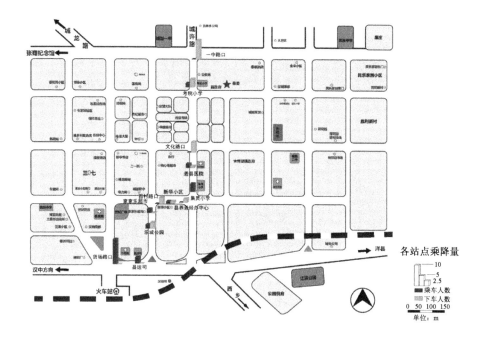

图 4-10　6 路公交车工作日早高峰各站点乘降量示意图

二、城市地铁系统客流调查

城市地铁系统客流调查包括地铁客流规模调查和地铁乘客出行调查。城市地铁系统客流规模调查是指调查城市地铁的客流规模,包括进(出)站量、上(下)客量、换乘量、断面客流量、站间客流 OD、换乘次数、平均乘距等;地铁乘客出行调查是指调查地铁乘客的基本特征和出行特征。基本特征包括性别、年龄、职业、收入等;出行特征包括出发地(到达地)、出发时刻(到达时刻)、出行目的、进(出)车站、换乘站、出行时间(等车、步行、换乘、车内等时间)、换乘次数、接驳方式等。

1. 城市地铁客流特性

城市地铁客流特性是通过客流整体所表现出来的,而地铁乘客的行为特性是从个体角度研究乘客的出行心理和习惯。城市地铁客流特性具体有:

(1)高度集中性。换乘站除了为普通进、出站客流提供场所外,还具有汇集相交线路换乘客流的功能,由此导致地铁换乘站处的客流是普通地铁站客流的数倍。

(2)多方向与多路径性。进、出站客流具有不同的出行方向,合适的引导服务能使客流更加有序,适宜的换乘设施布局更有利于疏散或吸引客流。

(3)主导性。在地铁换乘站的客流类型中,密集的换乘客流类型占主导地位,而在某一特定时段中存在多个换乘方向的客流,其中也同样存在位于主导地位的某一换乘方向客流。

(4)方向不均衡性。在某一时段,会出现不同地铁站客流量具有较大差异的现象,因此进行交通组织规划时,双向组织较单向组织更利于均衡不同地铁站客流,同样岛式站台的客流调节能力更强。

(5)时间不均衡性。高峰小时客流需求是显著影响地铁换乘站规模等关键参数的主要因素,因此不同功能的车站具有不同的高峰系数。

(6)短时冲击性。地铁站客流的到达量呈现脉冲式非连续均衡的分布,它是随着列车的到达而呈现出的规律。因此在列车到达之际,短时冲击作用会导致到达的客流形成拥堵或排队现象。

2. 城市地铁系统交通调查方法

(1)城市地铁客流调查可采用信息化技术。现阶段常用信息化技术包括进出站闸机客流信息技术、公交IC卡客流信息技术、手机用户使用轨道车站基站信息技术等。

(2)城市地铁乘客出行调查可采用问询法。抽样方法宜采用两阶段均匀抽样法,第一阶段根据线路走向、车站功能、车站客流规模等对轨道交通车站进行抽样,抽样率符合建模要求;第二阶段对调查车站的候车乘客进行抽样,样本量取决于调查时段和问卷问题数量等,平峰时段的抽样率宜大于高峰时段的抽样率,一般抽样率不低于10%,且样本量不低于500人。如果样本量低于500人,应提高抽样率乃至进行全样调查。城市地铁乘客出行调查问卷可参考表4-16。

城市地铁乘客出行调查问卷　　　　　　　　　表4-16

调查站点名称_____线_____站　调查时间_____　调查员_____

一、轨道交通出行

1. 您本次出行首先使用的地铁_____线路_____车站
2. 最终离开的地铁_____线路_____车站
3. 您的换乘站点:第一次换乘_____车站、第二次换乘_____车站、第三次换乘_____车站

二、接驳情况及出行目的

4. 出发地点_____区_____乡(镇)_____路(村)_____号
5. 从出发地到地铁站的主要交通方式
(1)步行　(2)自行车/电动自行车　(3)公交车　(4)摩托车　(5)出租车
(6)小客车　(7)班车　　(8)其他
6. 从出发地至地铁站耗时_____min
7. 目的地_____区_____乡(镇)_____路(村)_____号
8. 最终离开地铁站到目的地的交通方式
(1)步行　(2)自行车/电动自行车　(3)公交车　(4)摩托车　(5)出租车
(6)小客车　(7)班车　　(8)其他
9. 从离开地铁站到目的地大约需要_____min
10. 本次出行目的
(1)上班　(2)上学　(3)公务　(4)购物、餐饮　(5)文体娱乐、旅游休闲
(6)探亲访友　(7)看病、探病　(8)陪护　(9)回家　(10)其他

三、个人基本情况

11. 在本市工作或居住时间
(1)半年以内　(2)半年以上
12. 个人月均收入(元)
(1)低于1000　(2)1000~2000　(3)2001~3000　(4)3001~5000
(5)5001~7000　(6)7001~10000　(7)高于10000
13. 年龄
(1)6~14岁　(2)15~19岁　(3)20~39岁　(4)40~59岁　(5)60~69岁　(6)70岁及以上
14. 性别
(1)男　(2)女

【复习思考题】

1. 阐述城市公共交通客流的定义。
2. 阐述常规公共汽车运输能力的定义及主要参数。
3. 绘制城市公共交通乘客满意度调查实施的技术路线图。
4. 阐述常规公共汽车客流调查的常用方法。
5. 城市地铁客流的特性有哪些?

【本章参考文献】

[1] 王建军,马超群.交通调查与分析[M].3版.北京:人民交通出版社股份有限公司,2019.
[2] 中华人民共和国住房和城乡建设部.城市综合交通体系规划标准:GB/T 51328—2018[S].北京:中国建筑工业出版社,2019.

第五章 交通安全调查

第一节 交通安全调查概述

一、道路交通安全现状

道路交通安全问题已经成为一个世界性的问题,世界卫生组织发布的《2018年全球道路安全现状报告》指出,道路交通死亡人数持续攀升,每年死亡135万人,且道路交通伤害如今是5~29岁儿童和年轻人的首要死亡原因。其中,中等收入国家的年道路交通死亡率最高,为每10万人20.1人,高于高收入国家(每10万人8.7人)和低收入国家(每10万人18.3人)。中等收入国家人口占全世界人口的72%,拥有全世界52%的注册机动车,而道路交通死亡人数占全世界死亡人数的80%。相对于其机动车数量而言,这些国家的道路交通死亡负担过高(图5-1)。就道路交通伤害造成死亡的风险而言,非洲区域最高,欧洲区域最低(图5-2)。此外,同一区域不同国家之间的道路交通死亡率大相径庭,欧洲区域国家之间的差别最大。

交通事故不仅造成人员伤亡,造成的经济损失也是巨大的,据世界卫生组织统计,全球交通事故每年造成的经济损失高达5180亿美元,许多国家因交通事故造成的损失超过全国总收入的1%,其中英国为1.6%,美国为2%~3%。所以,人们把交通事故称为"不响枪的战斗,永无休止的交通战争"。

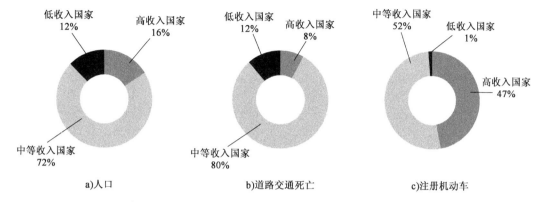

图5-1　不同收入水平国家的人口、道路交通死亡和注册机动车比例

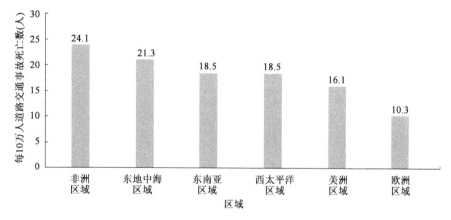

图5-2　世界卫生组织统计的不同区域每10万人道路交通事故死亡率

我国的道路交通安全形势也十分严峻,1995—2014年道路交通事故统计数据见表5-1。我国是世界上交通事故死亡人数最多的国家之一。从20世纪80年代末开始,我国交通事故年死亡人数首次超过5万人。截至2014年,我国(未包括港澳台地区)每年因交通事故死亡人数一直保持高位。

1995—2014年我国道路交通事故统计表　　　　表5-1

年　份	事故次数(起)	死亡人数(人)	受伤人数(人)	直接经济损失(亿元)
1995	271843	71494	159308	15.2
1996	287658	73655	174447	17.2
1997	304271	73861	190128	18.5
1998	346129	78067	222721	19.3
1999	412860	83529	286080	21.2
2000	616971	93853	418721	26.7
2001	754919	105930	546485	30.9

续上表

年 份	事故次数(起)	死亡人数(人)	受伤人数(人)	直接经济损失(亿元)
2002	773137	109381	562074	33.2
2003	667507	104372	494174	33.7
2004	517889	107077	480864	23.9
2005	450254	98738	469911	18.8
2006	378781	89455	431139	14.9
2007	327209	81649	380442	12.0
2008	265204	73484	304919	10.1
2009	238351	67759	275125	9.1
2010	219521	65225	254075	9.3
2011	210812	62387	237421	10.8
2012	204196	59997	224327	11.7
2013	198394	58539	213724	10.4
2014	196812	58523	211882	10.8

注：数据来源为《中国统计年鉴》、中华人民共和国国家统计局数据及国务院发展研究中心信息网数据中心。

二、道路交通事故来源

道路交通事故(简称交通事故)及其相关数据资料是进行道路安全研究最基础的数据。然而由于交通事故的随机性和不可重复性，获得交通事故数据有很大难度。世界卫生组织颁布的《2018年全球道路安全现状报告》表明，各国之间收集和报告的关于道路交通安全事故的数据，其质量和覆盖范围差距很大。各国能否获取关于死亡和非致命伤害的可靠数据以评估其道路交通安全始终是许多国家面临的大问题，在非致命伤害问题上，情况更加严重。各国之间，甚至一国之内各部门之间的术语和定义缺乏统一，削弱了数据的可比性。世界各国统计交通事故死亡人数的来源分布如图5-3所示。

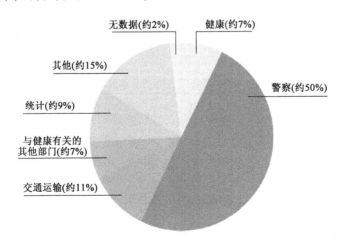

图5-3 世界各国统计交通事故死亡人数的来源分布

目前,我国的交通事故统计采用公安交通管理部门定时上报方式,主要上报材料为"交通事故月报表"和"交通死亡事故情况分析表"。这些材料由县(区)公安交通管理机关按月、季上报,并于次月15日前,逐级汇总并上报到公安部交通管理局。各省(区、市)每月将按照"城市""农村"分类统计交通事故发生的次数、死亡人数和直接经济损失,并在次月5日前上报公安部。

其中,特大事故由县(市)公安交通管理机关在24h内直报公安部,并同时上报至省(区)和地(市、州、盟)公安交通管理机关。报告内容包括时间、地点、车辆牌号、车辆类别、驾驶人姓名、车属单位、事故简况、伤亡人数、死亡者个人情况(姓名、年龄、职业)、经济损失、肇事原因及处理情况,并填报特大交通事故报告表。

三、交通事故相关概念

交通安全调查最重要的内容是交通事故的调查,交通事故调查因调研的目的不同而有很大差别,因此交通事故调查应做好调查计划,详细规划应采集的相关数据。首先调查人员应该清晰、明确地了解交通事故的定义、分类、主要形态及统计。

1. 交通事故的定义

目前,世界各国对交通事故的定义并没有统一,都是根据本国的相关法律法规和实际情况确定的。《中华人民共和国道路交通安全法》对交通事故的解释为:车辆在道路上因过错或者意外造成的人身伤亡或者财产损失的事件。

交通事故构成必须具有6个缺一不可的要素,它们在定义中十分明确、具体,且具有如下特定的内容:

(1)车辆:包括机动车和非机动车。

(2)发生于道路上:指以形态发生时在公用道路上的位置。

(3)在运动中:至少有一方的车辆在行驶过程中,关键在于车辆是否运动。

(4)发生事态:指发生碰撞、碾压、刮擦、翻车、坠车、爆炸、失火等其中的一种或几种现象。

(5)造成事故的原因是人为的:发生的形态是由违法造成的,而不是因为人力无法抗拒的其他原因。

(6)产生后果:指人、畜的伤亡或车物的损坏。

2. 交通事故的分类

根据人身伤亡或财产损失的程度和数额,交通事故分为轻微事故、一般事故、重大事故和特大事故。

(1)轻微事故:指一次造成轻伤1~2人;或者财产损失机动车事故不足1000元,非机动车事故不足200元的事故。

(2)一般事故:指一次造成重伤1~2人;或者轻伤3人以上;或者财产损失不足3万元的事故。

(3)重大事故:指一次造成死亡1~2人;或者重伤3人以上10人以下;或者财产损失3万元以上不足6万元的事故。

(4)特大事故:指一次造成死亡3人以上;或者重伤11人以上;或者死亡1人,同时重伤8人以上;或者死亡2人,同时重伤5人以上;或者财产损失6万元以上的事故。

上述规定是根据交通事故的损害后果,为满足公安交通管理统计工作的需要而进行的分类。此外,根据不同的需要,从不同角度还有许多分类方法。例如:按事故现象可分为撞车事故、翻车事故、撞人事故、失火事故等。

3. 交通事故的主要形态

交通事故发生的形态,基本可分为碰撞、碾压、剐擦、翻车、坠车、爆炸和失火7种。

(1)碰撞:指交通强者的机动车正面部分与他方接触。主要发生在机动车之间、机动车与非机动车之间、机动车与行人之间,以及机动车与其他物体之间。

根据碰撞时的运动情况,机动车之间的碰撞可分为正面相撞、迎头相撞、侧面相撞、追尾相撞、左转弯相撞和右转弯相撞。

(2)碾压:指交通强者的机动车对交通弱者如自行车、行人等的推碾或压过。

(3)剐擦:指交通强者的机动车的侧面部分与他方接触。机动车之间的剐擦,根据运动情况,可分为会车剐擦、超车剐擦。

(4)翻车:指车辆没有发生其他形态,两个及以上的侧面车轮同时离开地面。一般分为侧翻和大翻两种。两个同侧车轮离地面称为侧翻,四个车轮均离开地面为大翻。也有称90°、180°翻车。

(5)坠车:指车辆或者车辆装载乘客或货物的坠落,且在坠落的运动过程中,其中一个离开地面的落体过程。

(6)爆炸:指车内有易爆物品,在行驶过程中,因振动等引起的突爆。

(7)失火:指车辆在行驶过程中,仅因人为或车辆的原因引起的火灾。

交通事故发生的现象有的是单一的,有的是两种及以上现象并存。对两种及以上现象,一般采用时间先后顺序加以认定,如剐擦后翻车、碰撞后失火等;也有按主要现象认定的,如碰撞后碾压,简称碾压。

4. 交通事故的统计

(1)伤情分类:死亡、重伤、轻伤。

(2)财产损失:指道路交通事故造成的车辆、财产直接损失价款,不含现场抢救(险)、人身伤亡善后处理的费用,也不含停工、停产、停车等所造成的财产间接损失。

(3)有下列情况之一的,不列入道路交通事故统计范围:

①轻微事故。

②厂矿、农场、油田、林场自建的不通行社会车辆的专用道路,用于田间工作供农机行走的机耕道,机关、学校、火车站、汽车总站、机场、货场内道路上发生的事故。

③参加军事演习、体育竞赛、道路施工的车辆自身发生的事故。

④在铁路道口与火车相撞和道路渡口发生的事故。

⑤蓄意驾车行凶、自杀,或精神病患者、醉酒者自己碰撞车辆发生的事故。

⑥车辆尚未开动发生的人员挤摔伤亡的事故。

⑦由地震、台风、山洪、雷击等不可抗拒的自然灾害造成的事故。

世界上大多数国家对于交通事故的统计大致分为两种情况:一是由交通警察部门或交通运输部门统计,二是由卫生部门统计。前者是有严格时间限制的,一般国际标准为30天,即发生交通事故后在30天内死亡的就算交通事故死亡。

四、交通事故调查与分析的目的和意义

交通安全是国民经济发展和社会安定的重要方面,也是道路交通管理的两项基本任务之一,我国通常用交通事故次数、伤亡人数、受伤人数、财产损失4项指标来对其进行描述,为了预防交通事故,确保道路交通系统的安全、通畅,必须对交通事故现象有客观、全面的认识。交通事故调查与分析为查明交通事故总体的现状、变化趋势和各种特征提供了统计数据,采用科学的统计分析方法,可以从宏观上定量地认识事故现象的本质和内在的规律。

交通事故的调查与分析是一项繁重的工作,明确事故的原因和责任也是必不可少的工作。总体而言,交通事故的调查与分析为今后采取有效措施防止和减少事故提供依据,其主要作用如下:

(1) 鉴别与确认交通事故多发路段,并提出防护措施。

(2) 评价道路几何线形指标、视距和环境条件,以便提出改善工程或改变管理与控制方式的办法。

(3) 调查并总结各类防止交通事故的交通工程设施的效果,并提出改进的办法。

(4) 为改进道路规划、设计与维护提供依据。

(5) 为修正交通法规提供依据。

交通事故的调查与分析对于指导交通管理、道路设计和规划有许多重要意义,如掌握事故的变化规律和交通管理中的薄弱环节,明确交通管理目标、重点及对策,发现事故多发区域及地点并加以改进等,以此减少事故数量,从而减少人员伤亡及经济损失,增强人们乘车出行的安全感,同时促进社会的安定。

从交通安全政策与管理方面考虑,交通事故调查与分析的目的主要分为以下4个方面:

(1) 为制定交通法规、政策和规划交通安全设施提供重要依据。

(2) 检验某项交通安全政策和措施的实际效果。

(3) 为交通管理提供统计资料。

(4) 为交通安全教育和交通安全研究提供资料。

作为以改善道路安全状况为总目标的交通事故调查与分析,其具体目的有以下4个方面:

(1) 研究整个路网的道路安全状况,制定路网安全改善战略规划。

(2) 路网级事故多发点鉴别与改造设计。

(3) 项目级事故多发点鉴别与改造设计。

(4) 为道路安全评价及其他安全项目研究提供基础数据,积累经验。

第二节 交通事故调查

交通事故及其相关资料的调查方法有以下几种:

1. 在有关管理部门收集数据资料

如到交通警察部门收集交通事故数据,到气象部门收集有关气象资料,到公路管理部门收集道路原始设计资料和改建与养护历史数据、交通量观测资料等。

2. 现场调查

现场调查是处理事故的基础,也是分析鉴定事故的依据。为了研究交通事故与道路交通环境等方面的关系,在很多情况下现场勘查和调查是必不可少的,如当确定某些路段事故发生率较明显地高于其他路段时,不仅需要通过事故记录分析原因,更重要的是要进行现场勘查和调查。

3. 沿线勘查与调研

沿线勘查与调研的内容可以是道路线形状况、交通安全设施状况、自然环境、交通状况、村镇及居民点状况、沿线学校、特殊问题、交叉口的位置与环境等。沿线勘查与调研必要时应在不同的时间、气象条件和交通状况下进行。沿线勘查与调研的另一项重要工作是对交通状况予以观测,包括必要时的交通量及其交通组成观测。

4. 问卷调查

道路用户是道路安全的受益者,对道路交通安全状况和交通环境有最直接的感受,因此可以对不同的道路用户如驾驶人、行人及沿线居民等进行问卷调查。问卷内容可以包括对道路交通环境的认识、某些事故多发路段的事故情况、交通拥挤情况等。

5. 专题试验研究

对某些特定道路与交通环境进行跟踪调查或进行必要的行车试验等。

本节主要讲述与交通事故现场有关的调查工作。

一、现场调查

1. 交通事故现场的概念及分类

交通事故现场,指发生事故的地点及与事故有关的空间场所。交通事故现场根据现场的完整真实度一般可分为三类:

(1)原始现场:指没有遭到任何改变或破坏的现场。

(2)变动现场:指由于某种人为的或自然的原因,有一部分、大部分或全部原始面貌发生改变的现场。

(3)伪造现场:指当事人为了逃避责任、毁灭证据或达到嫁祸于人的目的而有意改变或布置的现场。

2. 现场调查的含义和内容

现场调查是对交通事故现场的情况(当事人、车辆、道路和交通条件),用科学的方法进行时间、空间、心理和后果方面的实地验证和查询,并将所得结果完整、准确地记录下来的工作。

(1)时间调查:确定发生交通事故的时间坐标(这是人类活动的最基本坐标之一),是分析事故过程的一个重要参数。

(2)空间调查:调查各有关物体(车辆、散落物、印迹、尸体等)的相对位置,用来确定车辆相互运动的速度、路线和接触点。

(3)心理(书证)调查:调查当事人的心理状态、身体和精神条件,交通条件(车、路、环境)对当事人的影响。

(4)后果调查:查明人员伤亡情况,致伤、致死的部位和原因,车辆损坏和物资损失情况。

现场调查是取得客观的第一手资料的唯一途径,是交通事故处理的核心,是采取事故预防对策的关键。现场调查的主要程序:尽快赶赴事故现场,采取应急措施,保护现场,勘查现场,确定并监护事故的当事人,询问当事人和调查证人,复核现场,处理现场物品,恢复交通。

3. 现场丈量及绘图

1) 现场丈量

(1) 确定方位:确定肇事路段的走向。通常用道路中心线与指北方向的夹角来表示(图5-4)。若肇事路段是弯道,可用进入弯道的直线与指北方向的夹角和转弯半径表示(图5-5)。

(2) 选定坐标:在事故现场附近选定一永久性的固定点作为固定现场的基准点。

(3) 现场定位:把事故现场的一个主要点确定在一个固定的位置。

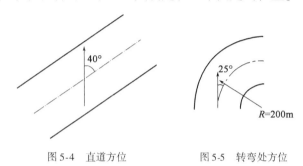

图5-4 直道方位　　图5-5 转弯处方位

(4) 丈量道路:先勘查道路的走向、附近的交通标志、安全设施、停车视距,后丈量路面、路肩、边沟的宽度和深度。

(5) 丈量主要物体及痕迹的尺寸及相对位置。

(6) 丈量肇事接触部位:丈量车与车、车与人、车与牲畜或其他物体相对应的部位,以及其距地面的高低、形状大小(长、宽、深)、受力方向等。

2) 绘制现场图

绘制的现场图包括现场草图和平面图。

(1) 现场草图:通常包括现场位置和周围环境,以及遗留痕迹、物证的地点,运动的关系,使事故现场的情况呈现给人以总观的印象。要求内容完整、齐全,尺寸准确。

(2) 平面图:指以出事地点为中心,把痕迹、其他物体的相互关系按比例、图例标准绘制的现场图。要求完整、准确、规范。

4. 现场摄影

现场摄影是现场调查的组成部分。应用摄影方法可以细致、真实地反映事故现场情况,并把与事故有关的、不便提取的、用文字及绘图难以表达的痕迹和物证,迅速、准确、清楚地记录下来,为研究和处理事故提供有利证据。专用的摄影设备可以准确地记录现场内各有关物体、痕迹的位置,经过一定处理后,还可以得到正确的现场平面图。

1) 现场摄影内容

(1) 环境摄影:拍摄现场道路的全貌和现场周围的环境情况,表明事故现场所处的位置以及其与周围事物的关系,用以说明现场环境和有关人、车的行进路线。

(2) 概貌摄影:以整个现场或现场中心地段作为拍摄内容,主要目的是把现场的整个情况反映出来。如道路、车辆、伤亡人员原始位置、制动痕迹等。

(3)中心摄影:拍摄与事故有关的重要物体或路段特点以及物体与痕迹的关系等,反映现场中心部分的情况。

(4)细目摄影:拍摄现场内发现的痕迹、文字材料等各种物证,记录这些物证的大小、形状、特征等。

2)现场立体摄影

现场立体摄影是一种测量手段,可以代替实际的现场测量工作。现场立体摄影须使用专用的立体摄影机。采用现场立体摄影法,可简化现场调查与测量过程,使现场图的绘制在现场撤除以后仍可进行,这样可以缩短事故现场的保留时间,使交通秩序尽快恢复正常。

二、当事人调查

1. 确定事故当事人

交通事故当事人,指车辆驾驶人员、受伤(死亡)人员和其他有关人员。除逃逸的死亡交通事故外,当事人多数是明确的。有的事故当事人单一,而有的事故当事人互相交叉。根据事故的基本情况,尽快确定当事人并开展调查,是查明事故真相、推动事故调查工作顺利进行的重要方法之一。

2. 调查重点当事人

(1)基本情况:姓名、年龄、民族、籍贯、文化程度、职务、工作单位、政治面貌,驾驶经历,准驾车类、驾驶证号,有无违章、肇事前科。

(2)出车目的、行车路线、车辆装载情况。

(3)出车前是否检查车辆技术状况、休息是否充足、有无思想负担、是否饮酒等。

(4)使用挡位和行驶速度。

(5)距对方(车、人、畜、物)多远感到危险,当时使用的挡位和时速。

(6)距肇事地点多远,采取何种措施,是否减速、鸣笛、开灯、避让,行驶方向及位置。

(7)事故发生形态的具体情况。

(8)对方在发生事故前后的车速、行驶方位或行人行走动态,所采取措施。

(9)对事故发生的原因、责任的看法和依据。

三、车辆调查

车辆调查是对交通事故车辆技术状况进行检查和鉴定,对与交通事故有直接关系的乘员、装载情况进行了解和认定。其内容主要包括转向、制动、挡位、轮胎、喇叭、灯光、后视镜、刮水器及乘员装载的具体情况。有的事故必要时可鉴定机械内部状况。对各项调查都要做好记录,如检验内容、试车路面、试车次数、检验结果等。

四、道路调查

交通事故与道路条件和交通环境有着密切关系,必须认真检查和鉴定,分析交通事故的道路原因,从中吸取教训并提出改进措施。

道路调查的内容有路面状况(有无积雪、冰冻,干湿状态,平整度等)、横断面尺寸、车道宽度、路基、两侧隔离和安全设施、交通标志和标线、路边构造物、桥涵的质量、道路的坡度、弯道超高、视距、天气(雨、雪、雾等)影响以及事故时间(白天或晚上)等。判断道路条件的依据是交通运输部颁布的行业标准《公路工程技术标准》(JTG B01—2014)。

第三节　交通事故分析

为了预防和正确处理交通事故,必须对事故现象有客观、全面的认识。因此,需要对交通事故进行分析。由于交通事故是与人、车、路、环境、管理等多种因素有关的非常复杂的现象,所以要从各种角度去分析。根据分析目的及考虑范围不同,可对交通事故进行统计分析、案例分析等各种形式的分析。

一、交通事故统计分析

交通事故统计分析就是依靠能够客观反映交通事故的数据资料,例如交通事故的状况(4项统计指标),发生事故的时间、地点、原因、当事人、车辆、道路等数据资料,如实反映交通安全的实际情况。同时根据这些统计资料,进行科学的推理和判断,揭示数据中的规律,继而采取措施以减少交通事故。

1. 调查程序与资料整理

1) 调查程序

交通事故统计调查是收集事故原始资料的过程,对统计分析有重要意义。事故的原始资料是进行统计和分析的唯一依据。因此,在进行事故统计调查时,一定要确保资料的准确、全面和及时。交通事故统计调查是由交通管理部门通过事故统计表,按照一定程序完成的。目前,我国有全国统一的道路交通事故信息采集项目表(2006年版),如表5-2所示。

道路交通事故信息采集项目表(2006年版)　　　　　表5-2

编号:0000001

快报信息(基本信息)							
1.事故时间	□□□□年　□□月　□□日　□□时　□□分						
2.事故地点	路号	□□□□□		路名/地点			
	公里数(路段/路口)	□□□□	米数 □□□	3.人员死伤情况	当场死亡人数	□□	抢救无效死亡人数 □□
	在道路横断面位置	1-机动车道;2-非机动车道;3-机非混合道;4-人行道;5-人行横道;6-紧急停车带;9-其他		□	4.事故形态	11-正面相撞;12-侧面相撞;13-尾随相撞;21-对向刮擦;22-同向刮擦;23-刮撞行人;30-碾压;40-翻车;50-坠车;60-失火;70-撞固定物;80-撞静止车辆;90-撞动物;99-其他		
5.现场形态	受伤人数	□□	下落不明人数 □□	6.是否装载危险品	1-是;2-否		□
	1-原始;2-变动;3-驾车逃逸;4-弃车逃逸;5-无现场;6-二次现场			□	7.危险品事故后果	1-爆炸;2-气体泄漏;3-液体泄漏;4-辐射泄漏;5-燃烧;6-无后果;9-其他		□

续上表

	快报信息（基本信息）					
8. 事故初查原因	违法过错	违法行为代码(参见违法行为代码表) 5981-未设置道路安全设施;5982-安全设施损坏、灭失;5983-道路缺陷;5989-其他道路原因				☐☐☐☐
	非违法过错	9001-制动不当;9002-转向不当;9003-油门控制不当;9009-其他操作不当				
	意外	9101-自然灾害;9102-机件故障;9103-爆胎;9109-其他意外				
	其他	9901-其他				
其他基本信息						
9. 直接财产损失	元	☐☐☐☐	10.天气	1-晴;2-阴;3-雨;4-雪;5-雾;6-大风;7-沙尘;8-冰雹;9-其他		☐
11. 能见度	1-50m 以内;2-50～100m;3-100～200m;4-200m 以上		☐	12.逃逸事故是否侦破	1-是;2-否	☐
13. 路面状况	1-路面完好;2-施工;3-凹凸;4-塌陷;5-路障;9-其他		☐	14. 路表情况	1-干燥;2-潮湿;3-积水;4-漫水;5-冰雪;6-泥泞;9-其他	☐
15. 交通信号方式	1-无信号;2-民警指挥;3-信号灯;4-标志;5-标线;6-其他安全设施		☐	16. 照明条件	1-白天;2-夜间有路灯照明;3 夜间无路灯照明	☐
17. 事故认定原因	违法过错	违法行为代码(参见违法行为代码表) 5981-未设置道路安全设施;5982-安全设施损坏、灭失;5983-道路缺陷;5989-其他道路原因				☐☐☐☐
	非违法过错	9001-制动不当;9002-转向不当;9003-油门控制不当;9009-其他操作不当				
	意外	9101-自然灾害;9102-机件故障;9103-爆胎;9109-其他意外				
	其他	9901-其他				
当事人信息						
18. 身份证明号码/驾驶证号	甲		乙		丙	
19. 户籍所在地行政区划代码	甲☐☐☐☐☐☐		乙☐☐☐☐☐☐		丙☐☐☐☐☐☐	

		甲▼	乙▼	丙▼
20. 当事人属性	1-个人;2-单位	☐	☐	☐
21. 户口性质	1-非农业户口;2-农业户口	☐	☐	☐
22. 人员类型	11-公务员;12-公安民警;13-职员;14-工人;15-农民;16-自主经营者;21-军人;22-武警;31-教师;32-大(专)学生;33-中(专)学生;34-小学生;35-学前儿童;41-港澳台胞;42-华侨;43-外国人;51-外来务工者;52-不在业人员;99-其他	☐☐	☐☐	☐☐

续上表

		当事人信息			
23.交通方式	驾驶机动车	K1-驾驶客车;H1-驾驶货车;G1-驾驶汽车列车;N1-驾驶三轮汽车;N2-驾驶低速货车;Q1-驾驶其他汽车;M1-驾驶摩托车;T1-驾驶拖拉机;J1-驾驶其他机动车	☐☐	☐☐	☐☐
	驾驶非机动车	F1-自行车;F2-三轮车;F3-手推车;F4-残疾人专用车;F5-畜力车;F6-助力自行车;F7-电动自行车;F9-其他非机动车			
	步行	A1-步行			
	乘车	C1-乘汽车;C2-乘摩托车;C3 乘其他机动车;C4 乘非机动车			
	其他	X9-其他			
24.驾驶证种类		1-机动车;2-拖拉机;3-军队;4-武警;5-无驾驶证	☐	☐	☐
25.过错行为		违法代码(参见违法行为代码表) 5981-未设置道路安全设施;5982-安全设施损坏、灭失;5983-道路缺陷;5989-其他道路原因	1☐☐☐☐ 2☐☐☐☐ 3☐☐☐☐	1☐☐☐☐ 2☐☐☐☐ 3☐☐☐☐	1☐☐☐☐ 2☐☐☐☐ 3☐☐☐☐
26.事故责任		1-全部;2-主要;3-同等;4-次要;5-无责;6-无法认定	☐	☐	☐
27.伤害程度		1-死亡;2-重伤;3-轻伤;4-不明;5-无伤害	☐	☐	☐
28.受伤部位		1-头部;2-颈部;3-上肢;4-下肢;5-胸、背部;6-腹、腿部;7-多部位;9-其他	☐	☐	☐
29.致死原因		1-颅脑损伤;2-胸腹损伤;3-创伤失血性休克;4-窒息;5-直接烧死;9-其他	☐	☐	☐
		车辆信息			
30.号牌种类		01-大型汽车号牌;02-小型汽车号牌;03-使馆汽车号牌;04-领馆汽车号牌;05-境外汽车号牌;06-外籍汽车号牌;07-两、三轮摩托车号牌;08-轻便摩托车号牌;09-使馆摩托车号牌;10-领馆摩托车号牌;11-境外摩托车号牌;12-外籍摩托车号牌;13-农用运输车号牌;14-拖拉机号牌;15-挂车号牌;16-教练汽车号牌;17-教练摩托车号牌;18-试验汽车号牌;19-试摩托车号牌;20-临时入境汽车号牌;21-临时入境摩托车号牌;22-临时行使车号牌;23-公安警车号牌;31-武警车号牌;32-军队车号牌;41-无号牌;42-假号牌;43-挪用号牌;99-其他号牌	☐☐ 挂车 ☐☐	☐☐ 挂车 ☐☐	☐☐ 挂车 ☐☐
31.机动车号牌号码		如为汽车列车,应分别填写牵引车和挂车两个号码(挂车)→			
32.实载数(kg/人)		如为全挂车,应分别填写牵引车和挂车实载数(挂车)→	☐☐☐☐	☐☐☐☐	☐☐☐☐
33.车辆合法状况		1-正常;2-未按期检验;3-非法改拼装;4-非法生产;5-报废;6-其他	☐	☐	☐
34.车辆安全状况		1-正常;2-制动失效;3-制动不良;4-转向失效;5-照明与信号装置失效;6-爆胎;7-其他机械故障	☐	☐	☐
35.车辆行驶状态		01-直行;02-倒车;03-掉头;04-起步;05-停车;06-左转弯;07-右转弯;08-变更车道;09-躲避障碍;10-静止;99-其他	☐☐	☐☐	☐☐

续上表

			甲	乙	丙
36.车辆使用性质	营运	11-公路客运;12-公交客运;13-出租客运;14-旅游客运;15-一般货运;16-危险品货运;17-租赁;19-其他营运	□□	□□	□□
	非营运	20-警用;21-消防;22-救护;23-工程救险车;24-党政机关用车;25-企事业单位用车;26-施工作业车;27-校车;28-私用;29-其他非营运	□□	□□	□□
37.公路客运区间里程数		1-100km以下;2-100~200km;3-200~300km;4-300~500km;5-500~800km;6-800km以上	□	□	□
38.公路客运经营方式		1-自主经营;2-承包;3-挂靠	□	□	□
39.运载危险物品种类		1-易燃易爆;2-剧毒化学品;9-其他危险物品	□	□	□

补充信息

道路关联信息

40.道路类型	公路	10-高速;11-一级;12-二级;13-三级;14-四级;19-等外	□□	41.公路行政等级	1-国道;2-省道;3-县道;4-乡道;9-其他	□□
	城市道路	21-城市快速路;22-城市一般道路;25-单位小区自建路;26-公共停车场;27-公共广场;29-其他路	□□	43.道路线形	01-平直;02-一般弯;03-一般坡;04-急弯;05-陡坡;06-连续下坡;07-一般弯坡;08-急弯陡坡;09-一般急弯坡;10-一般陡弯坡	□□
42.地形		1-平原;2-丘陵;3-山区	□			
44.路口、路段类型	路口	11-三支分叉口;12-四支分叉口;13-多支分叉口;14-环形交叉口;15-匝道口				□□
	路段	21-普通路段;22-高架路段;23-变窄路段;24-窄路;25-桥梁;26-隧道;27-路段进出处;28-路侧险要路段;29-其他特殊路段				□□
45.道路物理隔离		1-无隔离;2-中心隔离;3-机非隔离;4.中心隔离加机非隔离	□	46.路面结构	1-沥青;2-水泥;3-沙石;4-土路;9-其他	□
47.路侧防护设施类型		1-波形防撞护栏;2-防撞墙;3-防护墩;4-其他防护设施;5-无防护				□

当事人关联信息

			甲▼	乙▼	丙▼
48.姓名/单位名称		当事人无身份证无法关联时直接录入姓名或单位名称			
49.性别		1-男;2-女	□	□	□
50.年龄					
51.驾驶证档案编号					
52.驾龄					

续上表

机动车关联信息					
53. 车辆类型	(参考车辆类型代码表)	□□□	□□□	□□□	
54. 核载数(kg或人)	如为全挂车,应分别填写牵引车和挂车核载数 (挂车)→	□□□□□ □□□□□	□□□□□ □□□□□	□□□□□ □□□□□	
55. 第三者责任强制保险	1-是;2-否	□	□	□	
56. 有无危险物品运输许可证	1-有;2-无	□	□	□	

注:此表由公安部交通管理局编制。

2)资料整理

调查得到的事故原始资料只是一些零乱的事故数据,不能反映事故总体的规律性,必须经过整理和统计分组才能满足进一步研究的需要。统计分组是根据统计分析的需要,按照一定的特征将事故数据资料分组归类的过程。通过统计分组,一方面,可对错综复杂的事故数据按照某种特征,把性质相同的数据归纳到一起,使统计建立在共同的基础上,以便发现事故总体在某一个方面的规律性;另一方面,通过把事故总体分为若干个具有不同特征的组,深化对事故总体构成的认识。

2. 分析方法

1)计算主要指标

主要的事故指标可以说明事故总体的基本规模和水平,使人们对当前的事故形势形成概括性认识。我国采用事故次数、死亡人数、受伤人数和经济损失4项指标来对比历年交通事故状况。

2)统计表格

根据不同的分析目的,将统计分析的结果编列成各种表格。表格内可包括各种必要的绝对指标和相对指标的具体数值,便于查找和比较,是交通事故统计中常用的一种方法。

3)直方图

直方图的横坐标可以是性质不同但相互联系的各种因素,也可以是同一因素的数值分段。各矩形的高度代表对应横坐标的某项指标数。直方图比较直观、形象,用其进行事故统计分析,不仅可以表示交通事故的变化趋势,还可以比较各种因素对交通事故的影响程度。各等级公路每百公里死亡人数如图5-6所示。

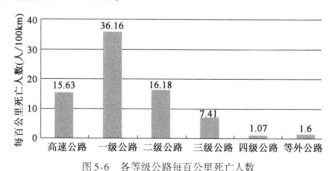

图5-6 各等级公路每百公里死亡人数

4)排列图法

排列图又称主要因素图和巴雷特图。排列图中有两个纵坐标,一个横坐标,几个直方形和一条曲线。左边的纵坐标,可以是事故次数、伤亡人数等。右边的纵坐标表示频率,用百分比表示。横坐标表示要分析的各个因素,如事故的原因、现象、当事人、车辆、道路情况等。按频率即影响程度的大小,从左向右排列,如图 5-7 所示。直方形的高度就是该因素的比重,曲线的各拐点是影响因素的累计百分比。通常按累计百分比将事故分成三类:A 类——0~80%,主要因素;B 类——80%~90%,次要因素;C 类——90%~100%,一般因素。

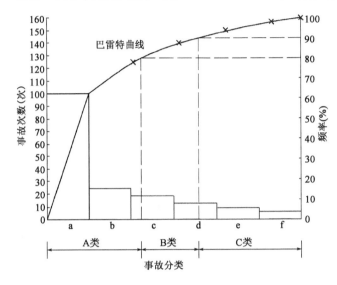

图 5-7　交通事故排列图

制作排列图时,主要因素不宜多于 3 个,以便找出主要矛盾。若并列因素较多,则应重新考虑因素分类。若一般因素较多,可列入其他栏,放于横坐标的末端。

5) 坐标图法

通过画坐标图来分析交通事故情况,通常用于对交通事故数量的分析,如图 5-8 所示。

6) 圆饼图法

将要分析的项目按比例画在一个圆内,可以直观地看出各个因素所占的比例。圆饼图法可以分析交通事故的原因、类别、道路、时间、人员等,如图 5-9 所示。

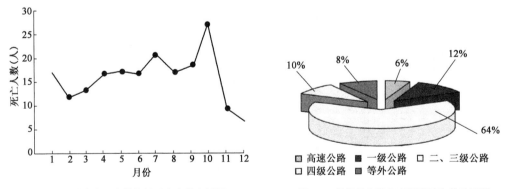

图 5-8　某市交通事故各月死亡人数坐标图　　图 5-9　各等级公路与交通事故次数关系图

7) 事故分析图

事故分析图用来分析交通事故在道路上的分布情况和事故多发点。其做法是在道路图上,用约定的简明符号将实际发生的交通事故的时间、事故形态、事故前车辆的行驶状态和方向、行人或自行车的行进方向、事故后果等标注在相应的位置上,即制成事故分析图。图5-10为事故分析图的一个例子。

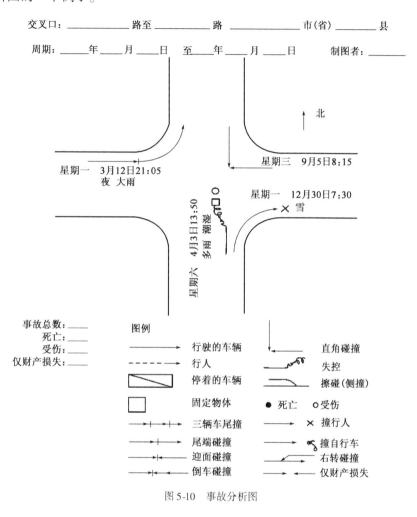

图5-10 事故分析图

二、交通事故案例分析

交通事故案例分析是对某一具体的交通事故所作的分析。其目的是通过分析该起事故的直接原因与间接原因,查明事故经过,为分清当事人责任和依法处理事故打下基础。同时也为吸取教训、总结经验以防类似事故再次发生积累资料。交通事故案例分析可采用以下几种方法。

1. 故障树分析

故障树分析又称FTA(Fault Tree Analysis)图,原是用以分析工程故障的一种方法,用在交通事故的分析上,可以定性地分析引起交通事故的直接原因和间接原因。利用FTA图的方法可使分析步步深入,既可以清楚地找到事故的原因,又可以节省时间、避免遗漏,从而全面地找出与事故有关的各种影响因素。

FTA图的做法是,首先找出与事故有直接联系的各种原因,其次把每一个直接原因分解成几个第二层原因。就这样层层分解,直到认为不必再继续分解为止。上下层原因之间有着直接关系,并认为存在逻辑"与"或逻辑"或"的关系。绘制 FTA 图时,通常采用表 5-3 所示的各种基本符号。

FTA 图中的基本符号　　　　　表 5-3

符　号	含　义
▭	表示故障现象
○	表示最基本的故障事项
◇	表示最基本的故障事项,但暂不分析其原因
⌂	表示偶数的、非故障性的事项
⌒(·) $Y_1\ Y_2\cdots Y_n$	表示逻辑"与",当 $Y_1,Y_2,\cdots,Y_n$ 全部发生 X 才会发生
⌒(∨) $Y_1\ Y_2\cdots Y_n$	表示逻辑"或",即 $Y_1,Y_2,\cdots,Y_n$ 中有一个发生 X 就会发生

2. 因果分析图

因果分析图原是质量管理中的一种统计分析方法,由许多大小不同的箭头组成,也称特性因素图,因其形状类似树枝、鱼刺,故又称树枝图或鱼刺图。因果分析图法,就是根据因果关系,把事故的原因从大到小、从粗到细、由表及里画在图上,直到能采取具体措施为止,见图 5-11。

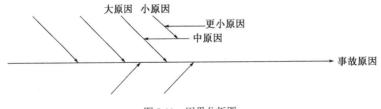

图 5-11　因果分析图

因果分析图法很适合用于分析交通事故的原因,逻辑性强,因果关系明确,给人以直观的概念,但只能作定性分析而不能做定量分析。

因果分析图法可以对交通事故总的情况进行宏观分析,也可以对具体案例进行微观分析。用其进行案例分析则更为直观、具体。

3. 交通事故再现分析

交通事故再现分析是以事故现场的车辆损坏情况、停止状态、人员伤害情况以及各种形式的痕迹等为依据,参考当事人和目击者的陈述,对事故发生的全部经过作出推断的过程。事故再现分析是事故案例分析的最主要方法。事故责任的合理划分、事故的妥善处理都要依靠对事故进行正确的再现分析。再现分析对于交通安全研究也有重要意义。对一起事故进行正确而全面的再现分析相当于做了一次实车事故实验,从中可以获得许多用其他方法无法得到的数据资料,也可为事故预防、安全措施制订提供重要依据。

交通事故再现分析的关键在于发现现场遗留的各种证据,并作出合理的解释。事故当事人或目击证人的陈述虽然可作为重要参考,但一般不宜作为主要的分析证据。

第四节　交通冲突调查

交通冲突技术(Traffic Conflict Technique,TCT)是一种依据一定的测量方法与判别标准,对交通冲突的发生过程及严重程度进行定量测量和判别,并应用于交通安全的非事故统计评价方法。20 世纪 70 年代末期,世界各国相继开展了对 TCT 的研究。由于人们一方面对交通冲突技术具有广泛的兴趣,另一方面对交通冲突技术的应用、定义和操作程序看法不一,因而于 1977 年在挪威的奥斯陆成立了一个国际机构,并举办了第一届国际交通冲突技术会议,于 1979 年在法国巴黎举办了第二届会议,以后陆续在瑞典、联邦德国、比利时等国家举办了几届会议,并且出版国际交通冲突会议论文集。目前,交通冲突技术在世界上许多国家得到了广泛的应用,并自 1988 年被介绍到我国以来,在我国有了一定的发展,成为我国乃至国际上用于定量分析交通安全(特别是地点安全)问题及其对策的重要方法。

一、交通冲突的定义和有关术语

交通冲突(Traffic Conflict,TC):交通行为者在参与道路交通过程中,与其他交通行为者发生相会、超越、交错、追尾等交通遭遇时,有可能导致损害危险发生的交通现象。

冲突避险行为:指冲突当事人为避免事故发生而采取的"制动、转向、加速、制动绕行、加速绕行"5 种规避行为。

冲突速度(Conflict Speed,CS):指冲突当事人避险行为生效的瞬间速度(m/s),以机动车一方或高速一方的运动状态发生外观突变的瞬间为测量基准。

冲突距离(Distance of Brake,DB):指冲突当事人开始采取避险行为的瞬间位置距事故接触点的距离(m)。

冲突时间 1(TAC):指冲突当事人避险行为生效的瞬间至事故接触点的时间(s)。

冲突时间 2(TAS):西方交通冲突技术的"距事故发生的时间",即"冲突当事方开始采取避险行为的时间至肇事点的时间"。

二、交通冲突与交通事故的关系

交通冲突的实质是不安全交通行为的表现形式,其发展可能导致交通事故发生,也可能因采取的避险行为得当而避免交通事故的发生,因而交通事故与交通冲突之间存在某种相似的内容。由交通冲突技术的理论研究发现,交通事故与交通冲突的成因与发生过程的最后阶段存在着极为相似的形式,两者的唯一差别在于是否发生了直接的损害性后果。在对交叉口的冲突技术的研究中已经证实了交通冲突与交通事故之间的良好线性关系。交通冲突与交通事故的分类关系见图5-12。

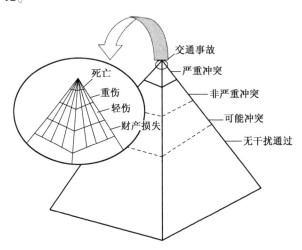

图5-12　交通冲突与交通事故的分类关系

基于对交通冲突的调查与研究发现,交通冲突技术在现代交通安全评价及事故分析中发挥着越来越重要的作用。关于中国交通冲突技术(Chinese Traffic Conflict Technique,CTCT)的研究也在不断深入,提出了适合我国国情的研究方法,这项技术逐步解决了传统事故统计评价方法中存在的"样本小、统计周期长、区域大和信度低"的问题,利用交通冲突所具备的"大样本、短周期、小区域和高信度"的统计学优势,用定量测定"准事故"(严重交通冲突)的方法代替传统的事故统计方法,实现了小区域地点快速评价的目的。

三、冲突测量与判定

1. 冲突行为心理变化的测量

冲突行为心理特征分类见表5-4。

冲突行为心理特征分类表　　　　　　　　　　表5-4

冲突类型	危险预判时间	心 理 反 应	避 险 行 为
非严重冲突	1. 充分的驾驶反应时间 2. 较充分的驾驶反应时间	1. 不紧张,反应从容 2. 注意力范围略有缩小 3. 综合判断能力下降	1. 压刹、点刹 2. 预防性转向 3. 压刹时伴有小幅度转向 4. 加速绕行
严重冲突	1. 极短的驾驶反应时间 2. 没有驾驶反应时间	1. 紧张,反应突然 2. 注意力范围略有缩小 3. 基本依赖于驾驶习惯的条件反射	1. 点刹 2. 紧急制动 3. 大幅度转向

严重冲突以 2 个道路使用者之间的相互作用将导致的损害后果为基本特征,而冲突的严重性是根据"距事故发生的时间(TA)"来测定的,即 TA 值越低,冲突的严重性越高。综上所述,冲突行为心理变化的测量途径可归纳为:①冲突当事人感知危险的机会(判断时间);②冲突当事人感知危险的程度(反应水平);③冲突当事人感知危险的能力(避险方式)。

2. 冲突状态变化的测量

事故研究表明,大多数交通事故均伴有不同形式的避险行为,这一结论意味着大多数车辆在肇事前均存在速度或方向的状态变化且具有瞬间突变特性。

因此,可以认为:

(1)避险行为是冲突主体(机动车驾驶员)对事故危险反应的必然行为。

(2)避险行为的发生必然导致车辆的运动状态发生可见的瞬间突变。

(3)由避险行为引起的车辆运动速度或方向改变的瞬间位置,可以作为冲突测量的一个观测始点。

3. 冲突测量参数选择

事故分析方法的研究表明,事故勘查测量主要是根据 $T = S/V$(时间 T、距离 S、速度 V)的基本关系式,即分别采用 V-S、T-V 或 T-S 三类测量参数来研究肇事责任者与事故接触点的关系。

交通冲突作为未产生损害后果的"准事故",其测量参数可做如下选择:

1)冲突距离(DB)的测量

(1)由经过专门训练的冲突观测员根据 DB 进行现场观测。

(2)由定点自动追踪摄像-屏幕监控系统进行追踪遥测记录。

2)冲突速度(CS)的测量

(1)由经雷达测速仪训练的冲突观察员进行现场测量。

(2)由雷达测速仪-自动摄像-计算机监控系统进行追踪遥测记录。

(3)由车载记录(黑匣子)-计算机处理系统追踪测量记录。

3)冲突时间(TB)的测量

(1)由冲突观测员根据目测得到的 DB 值和 CS 值,查 TAC 标准表得出。

(2)由中心监控室计算机编程输入处理。

部分国家的 TCT 研究表明,如果选择现场人工观察员观测方式,则应选择 DB、CS 作为测量参数,并以 DB、CS 观测值导出的 TB 值作为冲突严重性判别参数较为合理。

4. 冲突测量参数的相互关系

冲突测量参数的相互关系如图 5-13 所示。

$$TB = \frac{DB}{CS} \tag{5-1}$$

式中:TB——距可能肇事点的时间,s;

DB——距可能肇事点的距离,m;

CS——紧急避险时的瞬时速度,m/s。

5. 冲突测量始点的选择

目前,部分国家的 TCT 对于冲突的测量存在不同的选择,如图 5-14 所示。

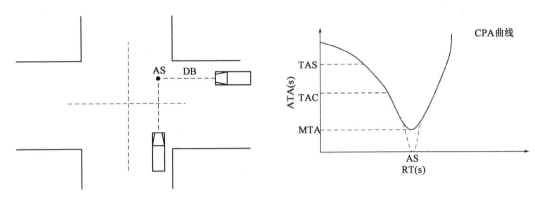

图 5-13 参数测量示意图　　　图 5-14 交通冲突测量的不同选择

图中：ATA——交通事故发生的时间，s；
　　　CPA——冲突当事人发现事故危险的瞬间至冲突结束的全过程时间，s；
　　　TAS——冲突当事人开始采取避险行为的瞬间至肇事点的时间，s；
　　　TAC——冲突避险行为生效的瞬间至肇事点的时间，s；
　　　MTA——冲突发生距肇事点的最短时间，s；
　　　RT——行驶时间，s；
　　　AS——肇事点。

通过 TAS、TAC、MTA 等三类冲突测量方式的比较，可以认为 TAC 方式较为合理。

四、交叉口冲突调查

1. 调查地点

我国城市道路交叉口交通流复杂，各种不安全因素高度集中，事故比例位居各类路况之首且高达 40%，因此，冲突调查地点选择交叉口具有代表性。交叉口的类型多样，有十字形、"T"字形、环形等基本形式。在调查期间，要求被调查的交叉口具备以下条件：

(1) 未做任何改造；
(2) 交通流量基本无变化；
(3) 交叉口日平均车流量应大于 1 万辆，同时还应保持相当比例的自行车及行人流量。

2. 调查时间

由于冲突属随机偶然事件，因此，即使在同一地点，冲突数也会有差异，须进行多天的调查以保证其调查样本回归至均值，使数据资料比较稳定、可信。

虽然调查数据的精度会随年度或观测天数增加而提高，但由于随机的原因，这一精度并非越高越好，同时其还受调查经费的制约，根据西方的经验以及我国的实际情况，同一地点的调查时间以 3 天以上均值为宜。调查时段可参照交通调查规范推荐，调查时间可选择 10~12 个时段，时段定义为每小时的第 1 个 15min 或 30min，这一时间包括了早晚高峰与低峰流量时段。可选择 7:30—19:00 这一时区，以 30min 或 15min 为一个时段。

3. 调查方法

1) 录像观测

录像观测为通过现场摄像，室内放映进行记录的方法。录像观测的优点主要有：①录像可反复倒带放映,并可随时定格研究,直至获取全部数据;②可以供多人同时在同一条件下观测同一事件,并进行讨论分析,以确定冲突事件的发生、成因及类型,观测精度高;③室内工作条件好,录像带可以作为文件保存并用于安全分析等。缺点:①要清楚地拍摄整个冲突现场全貌有一定的困难;②观测的机动性和灵活性受到限制;③摄像机只能反映冲突现场的部分情况,而且从摄像机观测到的情况与肉眼观测到的情况存在一定的差异;④需要的人员较多。

2)人工观测

人工观测的优点主要有:①具有较大的机动性和灵活性,观测工作的组织和实施以及记录形式和内容的变化调整均十分容易;②观测人员由于可以直接观察冲突发生的全过程,能够极好地体验冲突的真实性,并以此作为判断各种冲突事件的参考;③观测人员可以随时调整位置和角度,选择最好的观测点;④费用低、可靠性高等。缺点:①要求观测人员有很高的记录可靠性;②要求观测时有一定的隐蔽性,必须选择好的位置和角度;③恶劣的天气或环境对观测不利。

4. 调查样本与样本容量

1)混合交通当量的概念

近年来,西方交通调查普遍采用了小汽车交通当量(Person Car Unit,PCU)的概念,来描述各类机动车出行分布对交通流量的影响程度,但PCU的概念中未涉及自行车和行人流量。与西方发达国家相比,我国则以混合交通方式为明显特征,CTCT调查表明交通冲突与事故中属于自行车和行人责任的占相当比例。根据部分城市交通调查对自行车和行人当量值的推荐,引入了混合交通当量(Mixed Person Car Unit,MPCU)的新概念,用于描述各类道路使用者出行分布对交通安全的影响程度。MPCU定义值如表5-5所示。

混合交通当量定义值表   表5-5

道路使用者	大货车	大客车	中客车	小客车	小货车	摩托车	自行车	行人
MPCU	1.5	1.5	1.5	1.0	1.0	0.3	0.2	0.1

注:调查单位为MPCU/(h·交叉口)。

2)CTCT采用式(5-2)确定最小样本容量(即需调查的严重冲突数量)

$$N = \frac{P \cdot Q \cdot K}{E} \tag{5-2}$$

式中:N——最小样本容量;

P——卷入某种特定交通冲突的车辆占所观测的交通量比例;

Q——未卷入某种特定交通冲突的车辆占所观测的交通量比例;

K——对应一定置信度常数值,若置信度取95%,K值为1.96,说明20次冲突中只有1次冲突出现误差。表5-6为不同置信度所对应的K值;

E——交通冲突比例估计值的允许误差。

选定P、Q各为0.5,即可确定合理的样本容量估计值。P、Q的值从0.5增加或减少都会使样本容量减少,因为P和Q之和永远为1。

对应各种置信度的常数K值   表5-6

常数K值	63.8	86.6	90	95	95.5	98.8	99	99.7
置信度(%)	1	1.5	1.64	1.96	2	2.5	2.58	3

交通冲突比例估计值的允许误差取决于调查所需精度,一般在 -0.01 ~ +0.10 的范围内,由式(5-1)可算得各种特定交通冲突所需观测的最少冲突数。在任何情况下,样本容量均不得少于 30。

5. 调查人员与观测范围

1) 观测组与调查人员

观测组的配置取决于交叉口出口数量与流量,原则上每两个观测组同时负责一个出口的调查,同步观测记录该出口的流量与冲突。

观测组的人员配置一般为 2 人一组,1 人负责观测与口述,1 人负责记录与校正。CTCT 调查经验表明,1 个观察员最多只能连续观测 2h,否则观测将出现误差而导致调查记录的可靠性下降。因此,现场观测可采用观测人员与记录人员每隔 1~2h 互换的观测方式,或观测 30min 为一个时段,休息 30min 后,再进行下一时段的观测的间歇式观测方式。

2) 观测范围

观测组的观测范围以调查现场的能见度与工作方便为准,无中央分隔和有中央分隔交叉口的观测组观测范围如图 5-15 所示。

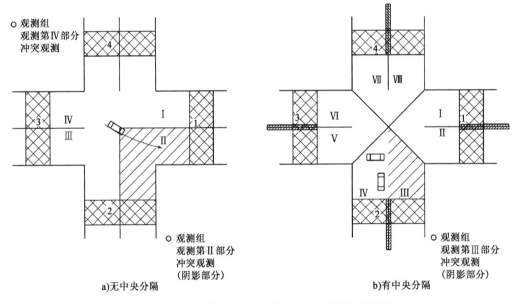

图 5-15 无中央分隔和有中央分隔交叉口的观测组观测范围

五、路段交通冲突调查

随着道路交通的迅猛发展,公路建设力度不断加大,TCT 也开始应用于速度较快的公路危险路段进行安全诊断和改善措施评价,由此判定事故多发点,确定它们的优先改善次序,进行事故多发点的成因分析,并提出相应的对策,以改善路段交通安全状况。下面主要对路段交通冲突调查与交叉口冲突调查的不同之处加以详述,对其相同或相似的通用原理及方法不再赘述,可参照上文相关内容。

1. 冲突分类

在一般道路上,由于公路交通的特殊性,车辆行驶方向比较单一,车辆间的行驶状态比较简单,因此根据冲突角或碰撞角对交通冲突进行分类。所谓冲突角(碰撞角),是指发生交通冲突的行为者的行驶方向之间的夹角 $\theta,\theta \in [0°,180°]$。如果其中一方是道路构造物,则它的行驶方向规定为固定物纵断面方向。应用冲突角进行路段交通冲突分类可得以下 4 种冲突类型。

1)正向冲突

冲突角 $\theta \in [135°,180°]$ 时的交通冲突称为正向冲突,主要表现为两冲突车辆以相反的方向相互逼近,是车头与车头之间的冲突碰撞。

2)追尾冲突

冲突角 $\theta \in [0°,45°]$ 时的交通冲突称为追尾冲突,主要表现为两冲突车辆以相同方向相互逼近,是车头与车尾之间的冲突碰撞。

3)横穿冲突

冲突角 $\theta \in [45°,135°]$ 时的交通冲突称为横穿冲突,主要表现为车辆以交错的方向相互逼近,是车头与车辆中部之间的冲突碰撞。

4)碰撞固定物冲突

道路使用者与道路上的固定构造物发生冲突,冲突角 $\theta \in [0°,90°]$,主要表现为单一车辆以一定的角度逼近道路构造物,是车头与道路构造物之间的冲突碰撞。

2. 冲突观测方式

具体冲突观测方式请参照交叉口冲突调查相关内容。

3. 冲突调查时间

冲突调查时间对保证冲突数据的均一性、统计上的可靠性、分析结果的精度有十分重要的影响。若要保证调查样本数量比较稳定、可信,必须进行连续观测,但是由于调查资金的制约,不可能进行无限期的观测。参照交叉口交通冲突观测时间的安排以及路段交通事故的特点,从成本、精度和研究目的等角度综合考虑,可以对同一地点进行路段交通冲突观测的时间为 2d 或者 3d,都在工作日进行,每天 8h,7:00—10:00,11:00—13:00,15:00—18:00,每时区再根据实际情况划分观测时段,可采用 15min 或 30min 间歇观测方法。

4. 冲突观测地点

交通冲突观测地点的选择很重要,其直接影响道路交通安全改善的有效性和经济性。因此,在应用冲突技术进行安全分析评价时,首先要确定一些冲突观测区域,它们或多或少存在着危险,并且共同反映了一个容许的安全平均水平。这样就可以在大范围普查的基础上缩小需要深入研究的范围,从而节省更多的时间和资金。

一般可以采用以下几个途径进行冲突观测地点的确定,这也是进行地点安全分析时的首要工作。

(1)进行公众调查,或是随机抽样询问当地居民、驾驶人,或是发放信息卡片,以找出那些人们担忧会发生交通冲突的地点。

(2)从当地道路交通安全管理机构取得信息,比如请该地区的交通警察提出他们认为的"事故多发点",或邀请当地公安交通管理部门、公路养护管理部门的人员进行座谈,听取他们的意见。

(3)进行全面的普查,包括路况、交通量、交通事故等的调查,并应用一定的方法进行分析。

(4)可以根据交通管理和安全分析的需要选择地点。要注意各种方法的结合应用。下面从两种道路情况来说明冲突观测地点的选择。

①建立了事故记录档案的道路。当道路有比较完备的事故统计资料时,可以直接根据事故的空间分布情况来初步判定事故多发点,选择冲突观测地点,此处应用动态聚类分析方法来研究。动态聚类流程如图 5-16 所示。

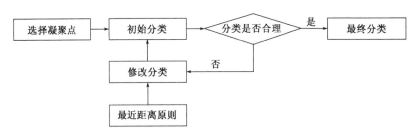

图 5-16 动态聚类流程图

按照这种方法确定的分类结果形成了道路区域按事故空间分布特征的划分,从中就可以初步判定出事故多发点,其选择标准可根据当地管理部门或道路安全机构的要求确定。一般地,一个事故多发点应满足最大长度不得超过 4km,最少事故数不得少于每三年 4 次的要求。这些初步判定出的事故多发点就是要进行冲突观测的地点。

②缺乏事故记录档案的道路。从交通工程学观点出发,事故多发点安全系统中各种影响因素对路段行车安全的影响,主要通过两个途径来显示:路段速度变化率和交通冲突状况。交通冲突状况更为深入地反映了路段交通安全的微观状态,而路段速度变化率则从宏观上反映了路段行车的安全性和安全感,是各种因素对路段行车的综合反映。可以从路段速度变化率来初步判定事故多发点,选择冲突观测地点。

路段速度变化率(Δv)的定义:

$$\Delta v = \frac{v_{相}}{v} \tag{5-3}$$

式中:Δv——路段速度变化率;

$v_{相}$——与考察地点相邻路段(上游或下游)的地点车速平均值,km/h;

v——观察地点的地点平均车速,km/h。

其中,观察地点的地点平均车速为

$$v = \frac{\sum_{i=1}^{n} v_i}{n} \tag{5-4}$$

式中:v_i——第 i 辆车的地点车速,km/h;

n——观察车辆总数。

同时,对于速度变化率 Δv 的安全区域,可以参照苏联的安全系数方法的思想,确定标准为:安全路段,$\Delta v > 0.80$;稍有危险路段,$0.60 \leq \Delta v \leq 0.80$;危险路段,$\Delta v < 0.60$。

因此,只对需要考察的路段进行地点车速的实际观察,并按照上述标准进行相应的冲突观测地点的选择。在观测时,相邻观测地点之间的距离应该满足:$S_T \leq L < 2S_T$(S_T 为要求的停车视距)。同时,应该保证道路的某些特殊几何构造(如小半径曲线、窄桥梁等)的一致性,而

避免人为的破坏。

5. 调查人员与观测范围的确定

调查人员的配置取决于被调查路段的车道数、流量和路段研究长度。一般地,分为流量观测组和冲突观测组两类,两类观测同时进行。原则上流量观测组只需要 1 组人员(2 人),冲突观测组根据调查人员总数进行配置,每组一般配 1~2 人,负责观测往返车道的冲突。从实际冲突观测训练和应用的效果来看,1 名观测员观测 30min,休息 30min,定时轮班倒换为宜。冲突观测员必须经过严格的检验,并且满足切实掌握冲突定义及分类标准、明确各自的分工、熟悉记录表格的各项内容等要求。

每名观测员的冲突观测范围以调查现场能见度和工作是否方便、判断是否准确为选择依据。根据实际冲突观测训练的结果,冲突观测范围在 100m 以内比较适宜。在具体的应用中,应针对坡道、弯道、有无中央分隔带相应地增减冲突观测员和调整冲突观测范围。

6. 冲突调查内容及样本容量

路段交通冲突调查的内容主要包括道路几何条件、沿线设施、路面状况、交通流量及组成、地点车速、交通事故,以及交通冲突本身等。在进行交通冲突观测时,必须填写大量的冲突记录表,以便进行细致的分析。冲突记录表的格式必须简单、清楚。表 5-7 是路段交通冲突记录表的一种形式。

路段交通冲突记录表 表 5-7

年 月 日		时间		冲突观测员	
地名	观测位置		晴□ 阴□ 雨□ 雾□ 风□	流量	
路面	水泥□ 沥青□ 渣油□ 碎石□ 土路□			干燥□ 潮湿□ 泥泞□ 冰雪□	
冲突类别	正面冲突□ 追尾冲突□ 横穿冲突□ 碰撞固定物冲突□				
冲突参与者	①L-大货车□;②B-大客车□;③M-中货车□;④MB-中巴车□;⑤PC-小货车□;⑥C-小客车□;⑦A-摩托车□;⑧T-拖拉机(三轮车)□;⑨C_y-自行车□;⑩P-行人□				
避险措施	制动□ 转向□ 加速□ 制动+转向□ 加速+转向□				
时 分			时 分		
DB =	CS =	θ =	DB =	CS =	θ =
冲突过程简述:			冲突过程简述:		

注:DB 为冲突距离;CS 为冲突速度;θ 为冲突角。

在进行道路交通安全分析评价时,主要考虑的是严重冲突,客观地又可以依据冲突的危险性把严重冲突分为三级,即低危险、危险、很危险。根据统计学理论,在进行交通冲突研究时,严重冲突数据的最小样本容量为

$$N = \frac{PQK^2}{E^2} \tag{5-5}$$

式中:N——最小样本容量;

P——涉及某种特定冲突的车辆数所占观测交通量的比例;

Q——未卷入某种特定冲突的车辆数所占观测交通量的比例;

K——与置信度有关的系数,若置信度取 95%,则 K 值为 1.96;

E——允许误差。

一般的路段只有两种流向(无分隔带),每一种冲突及两个方向的车流共有 4 种状态,故选定 P、Q 分别为 0.5,交通冲突比例估计值的容许误差取决于研究精度,一般在 0.01~0.10 之间,可以求得各种特定的冲突所需要观测的最小冲突数。在任何情况下,样本容量不小于 30。

第五节　事故多发点(路段)调查

交通事故调查的结果表明,尽管交通事故是小概率的随机事件,人们很难对特定的某一起交通事故的发生进行精确的预测,但交通事故在空间上的分布具有不均匀性,在一些特定的地点,交通事故经常发生。这些地点发生交通事故的可能性显著地高于其他地点,被称为事故多发点(路段)。事故多发点(路段)的排查和治理是交通事故预防的重要手段,也是国内外常用的交通事故预防方法。因此,有必要就事故多发点(路段)的调查进行研究。

一、事故多发点(路段)的定义

迄今为止,理论上尚无完整、统一的道路交通事故多发点(路段)定义。不同国家和地区因道路交通状况和道路安全度不同而对道路交通事故多发点(路段)有不同的描述。我国更多地使用"事故多发点(路段)"一词,国外则多称为"事故黑点"。

澳大利亚莫纳什大学(Monash University)的欧顿教授(K. W. Ogdend)在《道路安全工程指南》一书中将事故多发位置定义为:道路系统中事故具有无法接受的高发生率的位置。

湖南大学冯桂炎教授在《公路设计交通安全审查手册》中指出,事故密集型分布的路段和交叉口称为事故多发点。

北京工业大学任福田、刘小明教授则指出,在计量周期内,某个路段所发生的事故次数明显多于其他路段,或超过某一个规定的数值时,该路段即为危险路段。

归纳国内外对事故多发点(路段)定义的特征,可以对事故多发点(路段)做如下定义:在较长的一个时间段内,发生的道路交通事故数量和特征与其他正常位置相比明显突出的某些点(路段或区域),国外称为 Accident-prone Locations(事故多发位置)、Hazardous Locations(危险位置),或俗称"Black-spots(黑点)"。

事故多发点(路段)的定义有如下几层含义:

(1)严格地讲,事故多发点的"点"代表一个位置,可以是一个点或断面、一个路段、整条道路或一个区域。

(2)事故多发点对数据统计时间的要求是"较长的一个时间段"。这主要是为了避免事故统计的偶然性,这个时间段长度应根据所研究道路的运营情况来确定,通常为 1~3 年。

(3)定义中的"道路交通事故数量"是一个广义的概念,它可以是事故的绝对次数,也可以是死亡人数、受伤人数、各种事故率、事故损失等不同指标,或某些事故特征(如追尾、坠车等)的发生量。

(4)定义中的"正常"和"突出"是事故多发点分析的关键点,也是安全评价的主要内容之一。"正常"与"突出"是相辅相成的,没有"正常"就无所谓"突出"。"正常"位置的选取通常都源于事故的历史资料,也可以是相似道路的历史资料。

二、事故多发点(路段)调查的目的和意义

从道路安全工程研究的角度来看,事故多发点(路段)调查、鉴别的目的是通过对事故多发点(路段)的道路交通环境、人文特征等与事故的关系的研究,发现影响交通安全的因素和规律,用于指导今后的道路与交通设计。

从事故多发点(路段)本身来看,其所占道路的长度通常很短,却集中了较大比例的交通事故,具有极大的危害,可见通过对事故多发点(路段)的调查、鉴别与整改可以极大地消除事故隐患,对于提高交通安全水平具有重要的意义。

分析典型是科学研究的基本方法,事故多发点(路段)对于研究交通事故与道路的关系具有典型意义,它是事故的集中表现,事故达到一定数量,特别是某些特征的重复出现,有利于分析事故的特点、原因,从而获得有规律、有价值的东西。事故多发点(路段)的形成多与道路线形、交通设施和交通环境等因素有关,即与公路的设计有关,因此,事故多发点(路段)与道路的关系研究是公路设计和管理部门十分关心的问题。

从工程角度讲,事故多发点(路段)的调查、鉴别与整改是改善道路安全状况的有效技术途径,大部分情况下也是最为经济的。

三、事故多发点(路段)调查内容

事故多发点(路段)调查的任务主要是获得完整和有效的道路交通事故数据,道路交通事故数据涉及面很广,从记录的对象看,可划分为事故与环境两个方面。

1. 交通事故方面的调查内容

交通事故方面的调查包括事故地点、事故时间、事故对象、事故形态、事故结果、事故原因等,是对所发生事故的描述。

1)事故地点

调查事故地点的具体位置。事故地点的记录方式通常以"线"和"点"两种方式作为索引,以线作为索引是以道路里程桩号作为定位标志,确定事故发生的位置;以点作为索引是以道路上的一些特征位置作为定位标志,最常见的有平面和立体交叉口、道路出入口、路线上的特征点。

2)事故时间

调查发生事故的时间,目的是研究交通事故的时间分布特性。调查事项包括事故发生的年、月、日、时刻等。

3)事故对象

首先应该调查事故当事方的情况,是车-车相撞,还是人-车相撞或车-物相撞等;事故为单车事故,还是两个以上当事人的事故。

其次,调查当事各方的情况:机动车与非机动车的情况,如车型、车牌号、车况等;当事人的情况,如职业、驾龄、身体状况等;动物和物体的状况等。

4)事故形态

调查的事故形态内容如本章第一节所述。

5)事故结果

调查内容包括事故的人员伤亡情况、经济损失情况以及事故的相应等级划分等。

6）事故原因

事故原因的调查可以从人、车辆和道路三方面入手。

（1）人的因素。各种交通参与者在交通环境中的行为与交通事故有直接关系，换句话说，人既是交通事故的受害者，又是交通事故的肇事者。我国各地的交通事故统计表明，属驾驶人责任的事故占70%~80%，属行人责任的事故约占15%。

（2）车辆因素。一般是因车辆性能差，维修保养不完善、不及时，使车辆在行驶中发生机械故障。有时也是因为车辆装载超高、超宽，超载及货物拴绑不可靠。

（3）道路因素。道路条件是否与人、车保持协调，对交通安全有重要影响。在某些情况下，道路因素甚至成为导致交通事故的直接原因。所调查道路因素包括道路等级、道路线形、横断面、纵断面、交通条件、交通工程设施等方面。

2. 交通环境方面的调查内容

交通环境方面的调查除了包括交通事故涉及者（人、车、车载物体）之外的交通外部因素，还涉及道路设施、交通设施与管理、气候条件、照明条件、路侧环境、交通环境、道路施工与管制等多个方面。

1）道路设施

道路设施的调查内容包括道路几何设计要素（如平曲线半径、平曲线长度及前后连接缓和曲线要素、纵坡及长度、竖曲线半径、路面宽度、超高等）、道路路面条件（如路面类型、路面损坏程度、摩擦系数、路肩质量等）、视距、隧道、桥梁设施等。

2）交通设施与管理

交通设施与管理调查内容包括控制与管理方式（如封闭情况、信号灯设置情况、立交情况等），以及相应的交通标志、标线、分隔设施等。

3）气候条件

气候条件调查内容包括天气（晴、雨雪、雾等）、路面冰冻、积雪、风力、风向、气温等。

4）照明条件

照明条件调查内容包括是否为黄昏或晚上、有无照明、照明方式等。

5）路侧环境

路侧环境调查内容包括低等级道路交叉口、路边店、加油站、工矿企业进出口、路边村庄、单栋建筑物、水文地质灾害、树木植被等影响人心理行为的因素，特殊情况还包括路侧一些工厂。

6）交通环境

交通环境的调查内容包括交通的产生和出行影响，如交通量、交通饱和度、地区车辆保有量、人口、车速分布等。

7）道路施工与管制

道路施工与管制的调查内容包括道路施工的地点、时间、临时的绕行方案、相应的临时管制方案等。

3. 事故多发点（路段）调查数据的采集

事故多发点（路段）调查数据的采集通常是从已有数据的收集入手，这些数据包括交警事故记录、道路竣工资料或设计资料、交通量资料，以及天气、人口等相关统计资料，必要时，也可以到保险公司和医院收集有关资料。在此基础上,为了弥补现有资料的不足,需要进行专项调查,可能包括走访一线交警、驾驶人和沿线居民,现场踏勘和必要的测试(如车速、路表特性等)。

四、事故多发点(路段)排查标准

制定交通事故多发点(路段)排查标准的目的是设定明确的定量指标,判别特定地点(点、段、区域)是否危险,即交通事故多发或交通事故损失严重的可能性是否明显高于其他地点。因此,公路危险地点的鉴别标准通常要考虑交通事故的发生次数(Frequency)和损失情况(Severity)这两个因素,也有人用交通冲突次数来鉴别危险地点。

部分公路危险地点的鉴别标准如下:

(1)事故数(Accident Frequency)、事故率(Accident Rate)标准,其中事故率为相对于单位道路长度、每百万车公里或单位交通流量,公路上所发生交通事故的次数。

(2)事故率质量控制(Rate Quality Control, RQC)标准,当某一地点发生交通事故的频率超过相应的概率(由泊松分布得到),则该地点为危险地点。

(3)危险指数(Hazard Index)标准,综合考虑事故数、事故率、损失情况、交通流量或行车视距等因素后,得到的综合指标的标准。

(4)道路特征标准,综合考虑道路特征参数(如道路构造、道路线形、路面状况、交通设施等)对交通事故的影响后,设定的鉴别值。

(5)事故损失指数(Accident Severity Index)标准,将表征鉴别对象交通事故损失状况的指标(受伤人数、死亡人数、经济损失等)加权综合后,得到的鉴别标准。

(6)安全系数(Safety Index)标准,考虑行车速度的变化所设定的鉴别值。

(7)潜在改善效能(Potential Accident Reduction, PAR)标准,选择能够通过改善措施获得最大改善效能的地点作为危险地点。

2001年,公安部交通管理局发布了《全面排查交通事故多发点段工作方案》,其中对公路交通事故多发地点的鉴别标准,作了如下规定:

(1)多发点,为500m范围内,一年之中发生3次重大以上交通事故的地点。

(2)多发段,为200m范围内或道路桥、涵洞的全程,一年之中发生3次重大以上交通事故的路段。

2002年,公安部、国家安全生产监督管理局共同制定了《2002年预防道路交通事故工作方案》,确定了2002年事故多发点段和安全隐患点段排查标准。

1. 省(区、市)级排查重点事故多发点段

2001年以来发生一次死亡5人以上事故的公路点段;高速公路上发生一次10车以上相撞事故的路段;因缺乏电子显示牌、可视标志、报警电话等设施,不能及时报警和提示后方车辆,导致发生连续追尾事故的高速公路路段。

2. 地、市级排查重点事故多发点段

2001年以来发生一次死亡3人以上事故的普通公路的点段和3次以上带有规律性死亡事故的点段;二级以上新(改)建公路,未划设中心隔离线或未设置物理隔离设施的,或虽设置隔离设施,但开口过多或影响视线,发生3次以上带有规律性伤亡事故的点段。

3.县级排查重点事故多发点段

2001年以来发生2次以上带有规律性伤亡事故的县、乡公路点段。

4.公路安全隐患点段的排查重点

(1)二级以上新(改)建公路缺乏交通标志、标线,未划设中心隔离线或未设置物理隔离设施的路段。

(2)隔离设施开口过多且不合理,虽未发生交通事故,但严重影响行车安全的路段。

(3)三级以下公路弯道半径、超高等不符合标准,严重缺失交通标志,极易引发交通事故的路段。

(4)公路易受气象、意外等因素影响,可能导致路面损毁、坍塌、滑坡、落石、泥石流等情况的路段。

(5)改、扩建公路不设置标志或标志不明确,以及公路养护、维修不及时,堆物、挖掘形成隐患的路段。

上述标准是目前道路交通管理部门对于交通事故多发点段排查所作出的最为明确的规定,实际工作可在该规定的基础上,借鉴其他的标准来开展。

【复习思考题】

1.道路交通安全与道路交通事故的定义是什么?二者有何联系与区别?
2.简述交通事故案例分析的几种方法及其优点。
3.交通冲突的定义是什么?交通冲突与交通事故的关系是什么?
4.交通冲突测量中包含哪些参数?它们之间有何关系?
5.对事故多发点(路段)的调查包含哪些内容?其排查标准包含哪些?

【本章参考文献】

[1] 郭忠印,方守恩,等.道路安全工程[M].北京:人民交通出版社,2003.
[2] 唐琤琤,张铁军,何勇,等.道路交通安全评价[M].北京:人民交通出版社,2008.
[3] 任福田,刘小明,孙立山,等.交通工程学[M].3版.北京:人民交通出版社股份有限公司,2017.
[4] 刘东.交通调查与分析[M].北京:中国人民公安大学出版社,2008.
[5] 王建军,马超群.交通调查与分析[M].3版.北京:人民交通出版社股份有限公司,2019.
[6] 朱洪,曲广妍.新发展形势下的交通调查技术探讨[J].上海建设科技,2009(6):43-46.
[7] 中华人民共和国交通运输部.公路工程技术标准:JTG B01—2014[S].北京:人民交通出版社股份有限公司,2015.

[8] 成卫.城市道路交通事故与交通冲突技术理论模型及方法研究[D].长春:吉林大学,2004.

[9] 罗石贵,周伟.路段交通冲突的调查技术[J].长安大学学报(自然科学版),2003,23(1):71-75.

[10] 李燊.基于交通冲突的高速公路互通立交交通安全分析方法[D].南京:东南大学,2017.

[11] 张兵强.TCT技术在道路平交口安全评价中的应用[D].西安:长安大学,2012.

[12] 张殿业.道路交通事故与黑点分析[M].北京:人民交通出版社,2005.

[13] 袁浩,史桂芳,汤振农,等.交通事故多发路段研究[J].交通信息与安全,2009,27(2):100-103.

[14] 徐吉谦,陈学武.交通工程总论[M].3版.北京:人民交通出版社,2008.

PART2 第二篇

交通调查与分析技术应用

第六章 基于浮动车技术的交通调查

第一节 浮动车技术概述

一、浮动车技术基本概念

近年来,浮动车数据(Floating Car Data,FCD)技术,简称浮动车技术,已成为实现城市大范围路网交通状态信息采集的主要技术手段,并已成功应用于 ITS 领域。FCD 是指在行驶于交通流中的车辆上安装辅助仪器和其他远程传感设备,在不妨碍车辆本身运行的情况下实时采集道路交通流信息的移动采集技术,其核心是利用具有定位功能的浮动车辆(主要是城市出租车、公交车、长途汽车或者货运车辆等)采集位置和时间信息,通过地图匹配技术,得到车辆在道路上行驶的轨迹数据,从而获得道路交通流相关指标,描述道路交通运行状况。

二、浮动车原理及技术特点

1. 数据采集基本原理

基于浮动车的交通信息采集系统主要由车载设备、无线通信网络、交通信息中心等组成。

车载设备主要包括 GPS 模块、无线通信模块等,车载 GPS 接收机主要由天线、变频器、信号通道、微处理器、存储器、显示器以及电源部分组成,接收卫星定位信号并运算出车辆的坐标和瞬时速度。无线通信模块负责将车辆坐标、速度等数据传送到交通信息中心,并接收交通信息中心发送的指令和数据。交通信息中心主要包括无线通信设备、基于 GIS 的交通信息处理系统、计算机设备等。GPS 实时交通信息采集系统架构如图 6-1 所示。

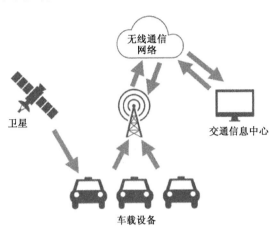

图 6-1 GPS 实时交通信息采集系统架构

2. 浮动车技术特点

浮动车交通信息采集主要采用主动方式,即在主动采集中,将探测器安装在车辆上,使用车载设备直接采集速度和行程时间。这种采集设备十分便携,容易扩展到大型路网,且不需要基础设施的投入,因此,可变的投资不会太大。

传统的交通信息采集技术主要包括感应线圈检测、超声波检测、红外线检测、雷达检测、视频图像处理等,各技术特点的对比如表 6-1 所示。

交通信息采集技术特点　　　　　　　　　　表 6-1

检测技术	检测参数	特　点
感应线圈检测	流量、占有率、车辆存在信息和速度	点测量技术,设备安装和维护都会影响道路及交通
超声波检测	流量、占有率、车辆存在信息和排队长度	点测量技术,设备安装需增加道路设施,受天气影响
红外线检测	流量、占有率、车辆分类、车辆存在信息和点速度	点测量技术,设备安装需增加道路设施
雷达检测	流量、车辆存在信息和点速度	点测量技术,设备安装需增加道路设施,有损人体健康
视频图像处理	流量、占有率、车辆分类、车辆存在信息和点速度	大量的计算任务,设备安装需增加道路设施,有限的空间覆盖面

如表 6-1 所示,固定检测技术均为点测量技术,检测设备一般固定安装在高速公路、快速路、主干路和次干路的关键交叉口处。检测设备覆盖面小,设置亦为局部覆盖,对于全路网交通信息采集存在"空白区"。设备安装时,需要改造或增加道路设施,将对道路交通正常运行产生一定的影响。传统的交通信息采集系统适用于对交通关键节点(如某一固定点、交叉路口或特定路段等)进行有效交通管理与控制的道路交通状态检测,但难以实现对全路网整体交通状态的检测。

与上述采集技术相比,浮动车技术具有空间上的整体性、移动性、便利性和时间上的连续性等特点,且具有以下几点突出优势。

(1)覆盖范围广。浮动车可视为城市范围内移动的探测器,具有极高的样本渗透率,几乎可覆盖城市路网的全部道路。

(2) 可测不同参量。利用固定检测设备可得道路断面流量、平均速度、道路占有率等参数,利用浮动车技术可得到车载终端 ID 号、车牌号、经纬度坐标、瞬时速度、方向、回传时间等信息。除上述参数外,还可从不同角度分析交通状况。

(3) 安装和维护成本低。固定检测设备成本高、寿命短,需人工长期维护,必要情况下会对路面造成破坏,安装及维护成本较高。浮动车则由安装定位和无线通信装置的普通车辆担当,即浮动车交通信息采集系统可利用现有的设备,通过对其回传的车辆定位数据进行存储、融合、处理,得到相关交通信息,节省投资。

(4) 受外界条件影响小。视频等固定检测设备在恶劣天气或者夜间使用时效果较差。浮动车几乎不受气候条件的影响,仅在隧道等部分地点可能会出现丢星(指 GPS 信号丢失)现象,造成 GPS 数据丢失。

除此之外,GPS 浮动车交通信息采集系统与传统的浮动车交通信息采集方法比较,其优势主要表现在:该方法对驾驶员的驾驶行为不做特殊要求;浮动车与数据处理中心之间的信息交换自动完成;浮动车由普通车辆担当,不额外增加道路交通流量等。

三、浮动车种类划分

目前,在大多数城市交通系统中可以用作浮动车的主要包括出租车、公交车、长途汽车、货运车辆、"两客一危"车辆(从事旅游的包车,三类以上班线客车,运输危险化学品、烟花爆竹、民用爆炸品的道路专用车辆)等。

1. 出租车

出租车是一种营运的运输车辆,在机动车保有量中占有一定的比例,且几近全天候在路网中运行,因而其对路网的覆盖率相当高,选择出租车作为浮动车可在很大程度上反映交通流的运行情况。出租车一次出行的起讫点随乘客的不同而改变,在路网中随机分布,路段的覆盖率不均衡,因此,必须保证出租车在车流中所占的比例才可使采集的数据具有较高可信度。

2. 公交车

公交车是一种在特定时段内沿固定线路运行的运输工具,以较高的覆盖率遍布城市道路网,并服务于主要的出行发生点和吸引点,所以交通信息的采集时间跨度长、空间覆盖度高,且浮动车交通信息的样本量大。公交部门较容易建立系统,安装相关硬件设备后,获取数据的成本较小。因此,以公交车作为浮动车可较全面地反映路网中公交运行状况及公交车站停车情况。

3. 长途汽车

长途汽车在运营、组织方面与公交车相似——按照班线时刻表运行于固定的线路上。长途汽车主要运行于城市对外公路上,能够在较长时段内采集交通信息。为了保证车辆运行及旅客的安全,大部分长途汽车已安装定位设备,实现线路和安全监控。因此,长途汽车可以作为浮动车的一种有效补充。

4. 货运车辆

货运车辆是机动车的重要组成部分,主要运行于城市外围的干道及主要对外公路上,可以采集城市中心区以外的交通流信息,特别是大型货车已全部安装了监控设备。但货运车辆的出行率较低,由货物运输公司管理,其采集到的信息可以作为物流运输管理方面的数据支撑。

5."两客一危"车辆

自 2011 年 8 月 1 日起,新出厂的"两客一危"车辆,在车辆出厂前应安装符合《道路运输车辆卫星定位系统 车载终端技术要求》(JT/T 794—2011)(该规范已于 2019 年更新,现为 JT/T 794—2019)的卫星定位装置 GPS,以保证群众及驾乘人员安全、减少道路交通事故的发生。

综上分析,出租车、公交车适合作为城市内浮动车交通信息采集系统的移动采集车辆,长途汽车、货运车辆可以用于采集城市中心区以外及对外通道上的交通流信息,作为浮动车交通信息采集系统的有效补充。

第二节 浮动车 GPS 数据质量分析及预处理技术

一、浮动车 GPS 数据

目前,浮动车数据基本来自各种移动交通工具监控调度的行业管理或商用系统,如出租车监控调度指挥系统、城市公交监控调度系统等。因此,浮动车数据的提供者主要有移动定位设备提供商、监控调度系统建设方、监控调度系统使用方、交通信息服务提供商等。以基于 GPS 的出租车数据为例,其主要字段内容包括经度、纬度、高程、方位角、车速、车辆状态等,如表 6-2 所示。

基于 GPS 的出租车数据结构　　表 6-2

字　段	类　型	意　义	说明及单位
VID	Number	车辆设备号	用于区别发送 GPS 信号信息源
DATEMARK	Datatime	日期	年/月/日
TIMEMARK	Datatime	时间	时/分/秒
LONGITUDE	Float	经度	度,双精度
LATITUDE	Float	纬度	度,双精度
ALTITUDE	Float	高程	m
SPEED	Float	速度	km/h,点速度
ANGLE	Float	方位角	度,点速度方向与正北方向的夹角
ISOCCUPY	Number	空载与否	—
POI	Number	附加属性	—

以西安市 2016 年 11 月的出租车 GPS 数据为例,全市运营出租车共计约 1.2 万辆,平均每天约有 3000 万条记录,任意选取一辆出租车一天的记录绘制其轨迹图,如图 6-2 所示,

图中灰色的点代表空车状态,即出租车内没有乘客;黑色的点代表满载状态,即出租车内有乘客。

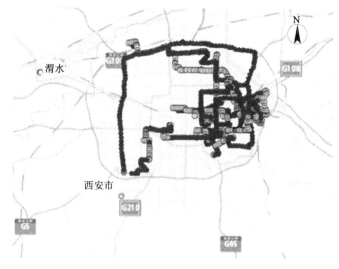

图 6-2 出租车轨迹图

二、浮动车 GPS 数据质量分析

由于数据误差的存在和实际分析的要求,轨迹数据中不可避免地存在错误数据和无用数据,这些数据会影响数据分析的效率和分析结果的准确性与可靠性,因此,需要进行轨迹数据质量分析,以筛选出满足不同研究目的的有效数据。

1. 坐标偏移

轨迹数据,即 GPS 数据包含反映出租车实时位置的经纬度信息。由于采集系统使用的坐标参考系与分析时所用路网电子地图的坐标参考系不同,GPS 的轨迹点无法对应到实际的物理空间位置。因此,在分析前需统一坐标参考系。在我国,常见的地理坐标系统主要有 WGS84 坐标系统和 GCJ-02 坐标系统。

WGS84(World Geodetic System 1984)坐标系统是为全球定位系统(Global Positioning System)的使用而建立的标准坐标系统,在全球范围内被广泛应用,具有良好的通用性。通常,通过底层接口(如车载、手持 GPS 设备)获得的定位信息多采用 WGS84 坐标系统,同时大量的电子地图也采用该坐标系统。

GCJ-02 坐标系统,又称火星坐标系统,是在 WGS84 坐标系统的基础上由原国家测绘地理信息局制定的对经纬度加入了一定随机偏移后的坐标系统,视情况不同可产生 100~700m 的偏移。我国规定,中国大陆所有公开的地理数据都至少需要用 GCJ-02 坐标系统进行一次加密。

2. 数据缺失

出租车终端返回控制中心的 GPS 数据存在一定的缺失。出现缺失的原因主要有以下两种。

(1)GPS 设备故障。浮动车的 GPS 设备出现故障,主要问题有:在一段时间内返回相同的,或者错误的数据;无线通信装置和 GPS 接收机的稳定性故障,导致原始数据出现接收延迟,出租车载客状态显示错误或无显示等数据迟报、错报。这些故障将严重影响分析的精确性,故障所得数据需全部剔除。

(2)障碍物遮挡信号GPS发射装置。GPS在发射信号时易被高层建筑遮挡,使信号无法发射或发射延误;或当浮动车进入地下停车场或隧道等较长时间时,将出现无法向控制中心发射数据或信号中断的现象,此类数据需要进行识别、处理和筛选。

3. 错误数据

GPS数据记录了大量实时反映出租车运行状态的信息,为了减少数据的分析误差,可根据GPS数据中的有效性字段"EFF"甄别可靠的数据。当EFF=0时,表示数据无效,此时记录下的数据存在写入错误、偏移过大等问题;当EFF=1时,表示数据有效,此时记录下的数据才具备分析、处理的价值。故可利用数据中的"EFF"字段筛选无效数据,保留有效数据。

4. 无用数据

以出租车作为浮动车为例,由于出租车的运营特点,其存在大量的停车启动状态,需要根据具体情况甄别;导致道路上的车辆中途停车的影响因素有很多,根据影响因素的不同,可将车辆的停车行为分为正常停车和异常停车。正常停车是指车辆受整体交通状态、交通控制手段等因素影响而停车;异常停车是指由于抛锚、交通事故等特殊原因而停车。异常停车数据不能有效反映道路交通状态,因此,需要将目标区域内的异常停车数据剔除。目标区域内存在大量的长时间停车数据,停车位置多为路侧,多是由停车等客或者驾驶员离开等原因造成的,这种数据同样不能反映道路的交通状况,需要剔除。

三、浮动车GPS数据预处理

从采集设备中直接获取的原始GPS数据存在上述问题或对于特定分析目的无用,因此,需要通过数据预处理工作补充残缺数据、修正错误数据、剔除多余数据,进而获得高质量的、干净的数据,以提高数据分析质量与计算效率。在实际应用中,除了清除错误数据外,还要剔除不在研究范围内的数据。本节总结了几种常见的浮动车GPS数据预处理方法。

(1)剔除经纬度越界的数据:根据设定的研究范围内的经纬度边界剔除该区域外的GPS数据点。

(2)剔除异常数据:以出租车为主体的浮动车系统为例,通常认为浮动车存在3种行驶模式:①正常行驶模式;②停驶待客模式;③拥堵及缓慢行驶模式。根据浮动车记录中的瞬时速度信息,可以较准确地辨别正常行驶模式,但由于浮动车GPS定位数据具有一定的误差,在低速情况下区分模式②和模式③有一定的困难,需要结合浮动车的经纬度坐标变化、事件触发类型等其他数据予以判别。如有研究者设计了一个基于SVM的浮动车行驶模式判断模型,充分挖掘相关的数据特征,以期在低速情况下将处在停驶待客模式下的原始数据剔除,提高浮动车信息处理的准确性;并且将模式②和模式③正确区分开来,为干扰数据的剔除提供决策依据。

(3)剔除有缺失记录的数据:原始数据的每条记录中,可能存在缺失字段的记录,其中任意一个字段的缺失对后续的研究都会产生影响,所以在数据预处理时,将缺失数据的记录全部剔除。

(4)坐标纠偏:对于坐标偏移问题,可利用相关专业软件,如开源软件QGIS提供的坐标转换插件GeoHey,将GPS数据采用的坐标参考系转换为路网采用的坐标参考系,即将GCJ-02坐标系统转化为 WGS84 坐标系统。由图 6-3 可知,坐标纠偏后 GPS 轨迹能与路网有效吻合。

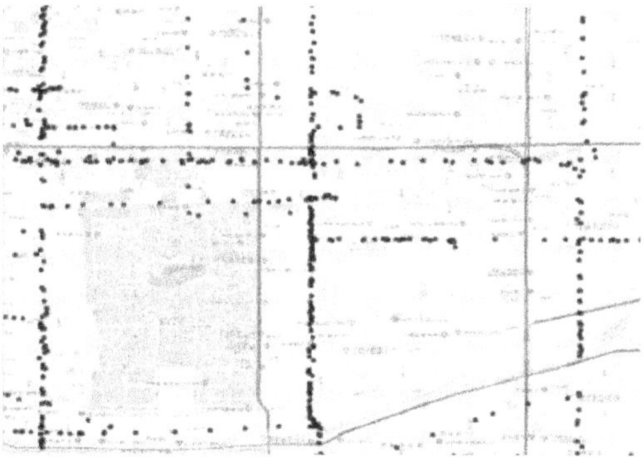

a)纠偏前 　　　　　　　　　　　　b)纠偏后

图 6-3　坐标纠偏示意图

第三节　浮动车 GPS 数据处理技术与算法研究

随着 ITS 技术的飞速发展,面向城市交通问题的浮动车 GPS 数据分析方法与处理技术层出不穷,呈现出分析视角多元化、分析方法多样化、分析技术融合化的新态势。然而,一些基本的数据处理技术仍为基于浮动车 GPS 数据进行交通分析的必要手段。因此,本节将详细介绍几种通用的数据处理技术,为浮动车 GPS 数据在交通工程中的进一步挖掘与应用提供基础的技术支撑。

一、地图匹配

1. 地图匹配技术概述

地图匹配的基本思想是将定位装置获得的车辆定位轨迹与电子地图数据库中的道路信息进行比较,通过某种特定的算法确定出车辆最可能的行驶路段及车辆在此路段上最可能的位置。地图匹配是浮动车交通信息采集与处理过程中的关键技术环节,已取得了丰富的研究成果与实践经验。

2. 地图匹配算法

近几年,随着互联网公司的蓬勃发展,各种电子地图的精度逐步提高,推动着地图匹配算法不断完善。经过大量的实践应用,已经形成了以下几种成熟的地图匹配算法。

1) 基于几何关系的地图匹配算法

该算法为最基础的匹配算法,不考虑路网的拓扑关系,将道路的形状视为简单几何,以就近原则选择 GPS 匹配的路段。具体可分为点到点的匹配、点到线的匹配和线到线的匹配。

(1) 点到点的匹配:以待匹配点为圆心获得一个误差圆,在其范围内以距离最近为原则确定最终匹配点。

(2) 点到线的匹配:在点到点匹配算法的基础上,同时考虑两点的距离约束条件和周围路段的几何形态特征(如待匹配点移动方向与路段行驶方向的夹角)约束条件。

(3)线到线的匹配:在通过点到点匹配确定候选点集合的基础上,分别确定候选路段集合和以待匹配点为起始点的移动轨迹,最后通过比较移动轨迹和候选路段集合,确定最终的匹配路段。

2)基于拓扑结构的地图匹配算法

在考虑路网几何关系的基础上,增加路网连通性、道路方向限制、车辆转向限制等道路拓扑规则,可有效地提高路段匹配的精度。

3)基于权重的地图匹配算法

在地图匹配中引入权重的概念,主要思想是将需要参考的各种相关因素(如距离、角度等)依据其在匹配时的重要程度赋予不同的权重值,计算出总的权重值后,选取权重值最大的路段作为最佳匹配路段。

4)基于模糊逻辑的地图匹配算法

引入模糊逻辑评价函数,将车辆行驶方向与道路方向一致性、GPS 数据点与候选路段距离以及 GPS 轨迹与候选路段走向相似性纳入评价范畴,通过模式识别反复筛选,确定出每个 GPS 点的最佳匹配路段。

5)基于 D-S 证据理论的地图匹配算法

D-S 证据理论是贝叶斯理论的应用与推广,属于人工智能领域中处理不确定信息的推理手段。基于 D-S 证据理论的地图匹配算法核心是以定位点的距离和方向融合后的联合支持函数作为判决条件,根据融合结果对误差区域内的候选路段进行选择。该算法具有较高的匹配精度和相对复杂的运算过程。

6)基于概率论的地图匹配算法

以 GPS 数据点为中心,设置置信区域,将处于该区域的路段作为置信区间的候选路段,依据距离、角度和路网拓扑信息等计算该 GPS 点位于各候选路段上的概率,将最大概率路段作为最佳匹配路段。

不同地图匹配算法具有不同的复杂度与精度,因此,要综合考虑研究目的、精度需求与计算复杂度,选择合适的地图匹配算法,以在保证结果准确性的基础上提高计算效率。

二、漂移数据识别算法分析

GPS 全球定位技术由于具有效率高、精度高以及成本低的优势,被广泛应用于公路工程、大型构造物的测量以及交通路网的加强改造中。但如前所述,GPS 接收到的信号本质上是卫星发射的电磁波,很容易在城市高楼林立的复杂环境中受到来自高层建筑、树木、金属物体(金属支架、电线、避雷针等)等反射物的干扰而产生杂波,降低定位精度。此外,不同的时间、地点、气候等都会影响定位模块的精度,所有厂商的卫星定位模块都不可避免发生数据的漂移现象,从而影响数据质量及数据分析结果。因此,漂移数据的识别和校正对于车辆轨迹的研究至关重要。

下面简单介绍几何方法识别中的 Douglas-Peucker 算法。

Douglas-Peucker 算法,简称 D-P 算法,是由 David Douglas 和 Thomas Peucker 首次提出的一种经典简化线状要素算法,其基本思路是将曲线首尾两点连接成一条直线,计算曲线上所有点到直线的距离 d,记录最大值 d_{max},将 d_{max} 与阈值 D 比较,若 $D \geq d_{max}$,则舍去曲线上所有中间点;反之则保留 d_{max} 对应坐标点,以该点为界将曲线分段,在每段重复上述操作。具体步骤如下。

（1）连接曲线首尾两点，计算中间各点到直线的距离，如图 6-4a）所示。

（2）比较距离最大值与阈值的大小，如果距离最大值大于阈值，则保留该最大距离对应的点，否则，舍去除端点外所有点，如图 6-4b）所示，保留点 4。

（3）从保留点处将曲线分割成两段，在每段上重复前两步，依次取舍，直到无点可舍，如图 6-4c）和图 6-4d）所示，分别保留点 6、点 7，舍去其他点，完成线性化简。

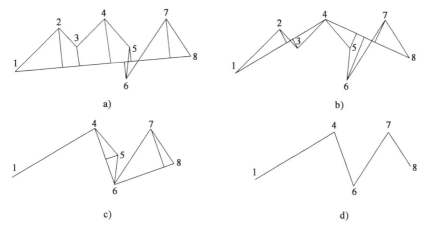

图 6-4　D-P 算法

利用 D-P 算法识别浮动车漂移数据时，若一辆车沿一条直线行驶，取其轨迹中首尾两个 GPS 点并连接两点，计算中间各轨迹点到直线的距离，构造图 6-5 所示三角形。

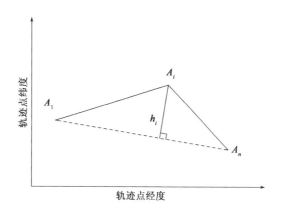

图 6-5　D-P 算法识别原理

假设 A_1、A_i、A_n 三点的经纬度坐标依次为 (Lat_1, Lng_1)，(Lat_i, Lng_i)，(Lat_n, Lng_n)，根据经纬度计算公式[式(6-1)和式(6-2)]，可以求得 A_1A_i、A_iA_n、A_1A_n 之间的距离 D_1、D_i、D_n。

$$D = \frac{\cos^{-1}(C)}{2} \cdot \pi \cdot R \tag{6-1}$$

$$C = \sin(Lat_A) \cdot \sin(Lat_B) \cdot \cos(Lng_A - Lng_B) + \cos(Lat_A) \cdot \cos(Lat_B) \tag{6-2}$$

式中：A、B——两个待计算的点；

　　　π——圆周率；

　　　R——地球半径。

A_1、A_i、A_n构成的三角形面积为

$$S = \sqrt{L(L - D_n) \cdot (L - D_1) \cdot (L - D_i)} \tag{6-3}$$

$$L = \frac{1}{2}(D_1 + D_i + D_n) \tag{6-4}$$

由式(6-5)计算 A_i 到直线 $A_1 A_n$ 的距离 h_i：

$$S = \frac{1}{2} D_n \cdot h_i \tag{6-5}$$

设定阈值 D(由 GPS 定位精度及道路宽度确定)，判断 h_i 是否满足 $h_i > D$，若满足，则视为漂移点，反之则不是。

三、道路交通运行评估

1. 速度估计及预测

在由地图匹配技术得到的浮动车的行驶路段和具体位置信息的基础上，可进一步估计和预测行程时间和平均运行车速，其中主要包括三个环节：

(1) 单辆浮动车的行程时间和行程车速估计。

(2) 基于单辆浮动车的行程时间和行程车速估计结果，统计分析得到路段的行程时间和平均运行速度估计结果。

(3) 路段行程时间和平均运行车速短期预测。

2. 路段平均运行车速计算

在获得出租车真实的行驶轨迹后，可计算行程时间及路段行程车速等参数。由于浮动车 GPS 数据具有实时传输功能，可以通过算法设计实时更新计算参数。根据图 6-6 所示算法流程可获得路段的短时动态评价运行车速。例如，在计算周期为 5min 时，根据浮动车系统流程，会存在多辆车驶过同一路段的情况，即该路段对应多条运行车速记录，可用式(6-6)计算 5min 内该路段的平均运行车速：

$$\bar{v} = \frac{\sum_{i=1}^{n-1} L_i}{\sum_{i=1}^{n} L_i / v_i} \tag{6-6}$$

式中：$\bar{v}$——平均运行车速，km/h；

L_i——第 i 条记录中车辆在该路段上的行驶距离，km；

v_i——第 i 条记录中车辆在该路段上的行驶速度，km/h。

3. 平均行程车速计算

FCD 可获取实时动态的路段平均行程车速，基于此判别路段交通状态，如图 6-7 所示，基本步骤如下：

(1) 首先将浮动车行驶道路分为若干条连续的路段，每条路段都以该车时间上相邻的两个车辆投影点为起止点。

(2) 计算所需的参数，包括各车辆投影点的坐标、所在道路编号和到道路终点的距离。设浮动车在一个周期内的车辆投影点参数分别为坐标 $P_i(x,y)$，经度 x、纬度 y，车辆投影点到道路终点的距离 S_i，道路号 n，时刻 t_i，其中 $i = 1, 2, \cdots, n$，为一个周期内车辆投影点的数量。

(3)根据这些参数计算浮动车所覆盖的道路的各个路段平均行程车速、行程时间、路段长度以及路段起点到所在道路终点的距离。设各个路段的长度为 L_i,行程时间为 T_i,平均行程车速为 v_i。计算公式如下:

$$L_i = S_i - S_{i-1} \tag{6-7}$$

$$T_i = t_i - t_{i-1} \tag{6-8}$$

$$v_i = \frac{L_i}{T_i} \tag{6-9}$$

通过上述步骤,依据路段平均行程车速值可对交通运行状态进行判别,或通过科学预测得出下一周期或时刻的交通状态,及时对下一周期的拥堵路段采取措施,从而减小拥堵发生的概率。

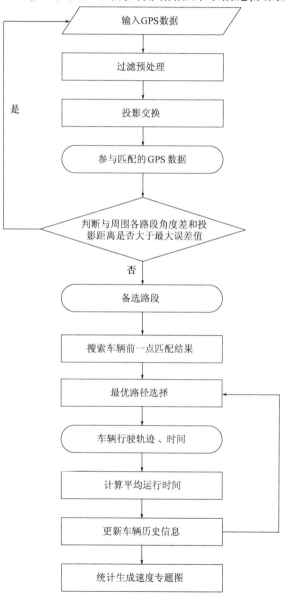

图 6-6 浮动车实时系统算法流程图

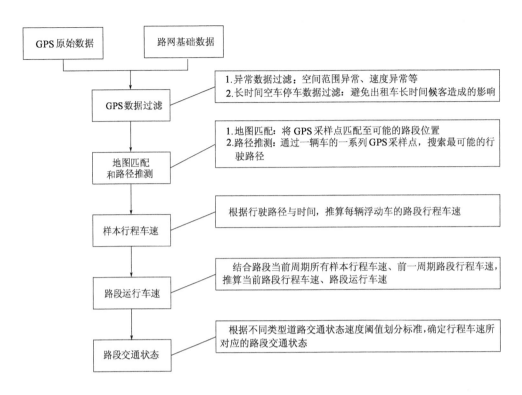

图 6-7 基于浮动车 GPS 数据的路段行程车速分析流程

4. 路网平均车速调查

路网平均车速是指路网各路段上设计车速或技术车速与路段长度的加权平均值。按矩阵排列路网中诸节点车辆平均行程时间的总平均值是路网规划方案评价的技术指标之一,亦是量化路网可达性、道路交通阻抗和分析经济效益的依据。因此,利用 GPS 浮动车监测路网车速是一项十分有必要的工作。

第四节 浮动车 GPS 数据分析方法应用

基于浮动车 GPS 数据,应用地图匹配算法可推导路网中的出行矩阵、路段行程时间、车辆行程速度等参数,从而生成反映整个路网实时运行状况的交通信息,并以文字、图片、影像等形式通过互联网、公众移动网、可变情报板、交通广播等方式向公众发布。这在为公众出行提供引导的同时,也为交通管理部门和出租车、公交车调度部门在交通控制、疏导方面提供了决策支持,有助于制订区域交通规划方案、管理策略以及交通建设计划等。

一、基于 GPS 数据的城市道路交通运行状况分析

快速、准确地发现路网中的拥挤点及路段,是制定合理有效的拥挤疏导策略的重要前提。GPS 浮动车可以实时采集路网交通信息,通过选取合理的交通状态描述指标和计算方法,定量化分析路网交通状态。

1. 交通指数的概念与计算方法

交通指数即交通拥堵指数或交通运行指数(Traffic Performance Index,TPI)的简称,是综合反映道路网畅通或拥堵的概念性指数值。其取值范围一般为0~10,分为5个级别(即"畅通""基本畅通""轻度拥堵""中度拥堵""严重拥堵"),数值越高,表明交通拥堵状况越严重。由于不同地区的交通状况不同,且同一地区的交通状态随着时间的变化而变化,所以选用的核心指标和交通指数的计算方法也不尽相同。下面以美国部分城市和北京为例,阐述交通指数的计算方法。

1)美国部分城市的交通指数计算方法

从1982年开始,美国得克萨斯州交通研究所通过整合各个城市的交通数据,持续对美国主要城市的机动化水平进行监测,并发布了《城市机动化年度报告》(The Urban Mobility Report,以下简称《报告》)系列研究成果。在2007年的《报告》中,用3个核心指标来衡量城市的交通运行状态:①出行时间指数,即高峰期出行时间与平峰期出行时间的比率,指数为1意味着没有出现拥堵情况,指数为1.3表示因为交通拥堵要多耗费30%的时间,数值越高则表示拥堵的情况越严重;②交通延时,即高峰期出行比平峰期额外多耗费的时间,包括人均交通延时和城市当年总交通延时;③交通拥堵成本,出行者在高峰期要耗费更多的时间,同时也要耗费更多的燃油。交通拥堵成本即根据当年的人力成本和平均燃油价格将交通拥堵所造成的耗费货币化。

2007年的《报告》监测数据涵盖了437个城市地区,按照规模可将其划分为特大城市地区(300万人口以上)、大城市地区(100万~300万人口)、中等城市地区(50万~100万人口)、小城市地区(50万人口以下)。《报告》最终选取其中85个有代表性的城市地区进行各项机动化指标的排名,其中包括特大城市地区14个,大城市地区25个,中等城市地区30个,小城市地区16个。排名的结果从纵向反映出各个城市地区历年的机动化水平的变化,从横向反映出不同城市地区的交通拥堵水平的差异,如表6-3所示。

美国主要城市地区机动化水平(部分) 表6-3

城市地区	人均年出行延迟		出行时间指数		人均耗费燃油	
	小时	排名	指标值	排名	加仑	排名
特大城市地区	53	—	1.36	—	38	—
洛杉矶—长滩—圣安娜	72	1	1.50	1	57	1
旧金山-奥克兰	60	2	1.41	3	47	2
华盛顿	60	2	1.37	7	43	5
亚特兰大	60	2	1.34	11	44	3
达拉斯—沃尔斯堡—阿灵顿	58	5	1.35	9	40	7
休斯敦	56	7	1.36	8	42	6
底特律	54	8	1.29	21	35	10
迈阿密	50	11	1.38	6	35	10
菲尼克斯	48	15	1.31	15	34	13
芝加哥	46	16	1.47	2	32	17
纽约—纽瓦克	46	16	1.39	5	29	23

续上表

城市地区	人均年出行延迟		出行时间指数		人均耗费燃油	
	小时	排名	指标值	排名	加仑	排名
波士顿	46	16	1.27	25	31	19
西雅图	45	19	1.30	17	34	13
费城	38	33	1.28	23	24	34
大城市地区	467	—	1.31	—	33	—
圣迭戈	57	6	1.40	4	44	3
圣何塞	54	8	1.34	11	38	9
奥兰多	54	8	1.30	17	35	10
丹佛—奥罗拉	50	11	1.33	13	33	15
滨海城—圣伯纳迪诺	49	13	1.35	9	40	7
坦帕—圣彼得堡	45	20	1.28	23	28	25
巴尔的摩	44	22	1.30	17	32	17
明尼阿波利斯—圣保罗	43	23	1.26	26	30	21
印第安纳波利斯	43	23	1.22	32	28	25
萨克拉门托	41	27	1.32	14	30	21
拉斯维加斯	39	29	1.30	18	27	27
圣安东尼奥	39	29	1.23	28	27	27

注:1. 资料来源于美国2007年的《城市机动化年度报告》。
   2. 1加仑=3.785L。

2）北京的交通指数计算方法

2016年，北京交通发展研究中心基于北京市的实际情况运用了一种不同于《报告》的方法评价北京的道路交通运行状况。北京市交通管理部门首先基于GPS浮动车的实时监测数据对车辆位置数据进行处理，得到不同功能等级道路的运行速度，然后根据道路功能不同以及流量数据计算该道路在全路网中所占权重，统计区域路网拥堵里程比例，最后将此比例通过线性转换成交通指数来衡量城市路段的交通运行状况。《北京市交通运行分析报告（2015年）》中的交通指数具体数据如下。

为了实时动态地反映全路网的运行状态，设置交通指数的计算周期为15min，并将转换后的交通指数分为5级来衡量城市的道路拥堵程度。基于2015年和2014年的统计数据分析，得到2015年全路网高峰时段平均交通指数为5.7，较2014年的5.5高3.6%，见图6-8。2015年早高峰平均交通指数为5.3，晚高峰平均交通指数为6.2，晚高峰交通拥堵程度高于早高峰时间，早、晚高峰平均交通指数较2014年增长5.3%、3.1%，见图6-9。

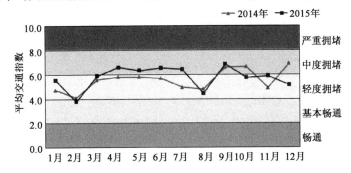

图6-8 2014—2015年高峰时段平均交通指数月变化

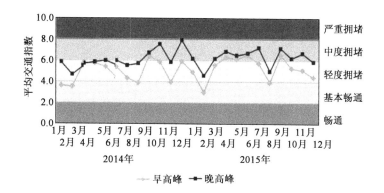

图6-9 2014—2015年工作日早、晚高峰平均交通指数月变化

3）交通指数分析对比

在梳理国内外相关应用案例的基础上，总结了几种城市交通指数的数据来源和计算方法，见表6-4。

不同地区交通指数分析总结　　　　　　　　　　　　　　　　表6-4

项目	美国部分城市	北京	上海
核心指标	行程时间与自由流行程时间比值（自由流车速的确定）	拥堵里程比例（拥堵标准的确定）	车速与自由流车速比值（自由流车速的确定）
统计周期	1h	15min	2min
加权系数	道路需求（车公里）	相对静态的道路需求（车公里数推荐值）	道路供给（路段长度×车道数）>道路需求（车公里）
应用	历史评价 决策依据	实时监测 公众发布 决策依据 历史评价	实时监测 公众发布 决策依据 历史评价

利用GPS浮动车实时监测数据，通过交通指数这一综合性指标，在衡量城市交通运行状态时可灵活选用指标及计算方法。下面以天津市为例，详细阐述利用浮动车GPS数据进行道路交通运行状况分析的方法。

2. 分析案例——天津市案例

天津市依托第四次综合交通调查，利用2011年4月至5月天津全市范围内3300台出租车历史GPS数据，处理生成了全市范围内全天道路路段行程车速信息，见表6-5。

快速路行程车速调查表（2011年4月至5月）　　　　　表6-5

地区	指标	时段		
		早高峰	晚高峰	平峰
快速环线	平均车速(km/h)	45.88	52.41	64.29
	拥堵里程比例(%)	22.04	11.32	0.2
射线及其他快速路	平均车速(km/h)	37.06	43.76	54.92
	拥堵里程比例(%)	27.01	21.33	8.42
外环线	平均车速(km/h)	45.24	45.42	51.84
	拥堵里程比例(%)	21.57	24.34	9.59

续上表

地　区	指　标	时　段		
		早高峰	晚高峰	平峰
中心城区快速路	平均车速(km/h)	40.86	46.62	57.17
	拥堵里程比例(%)	24.48	18.23	5.90
滨海新区快速路	平均车速(km/h)	45.31	48.36	58.67
	拥堵里程比例(%)	15.00	15.45	0.85

通过浮动车 GPS 数据,对不同类型路网上车速分布总结如下。

1)常发性拥堵区域识别

根据城市交通拥堵发生的原因,可分为常发性交通拥堵和偶发性交通拥堵。城市路网的常发性交通拥堵是指由于季节、城市功能区规划、道路等级或驾驶员行为习惯等固定或规律因素的影响,导致路段运行速度下降、通行能力降低的现象;由于随机事件,如恶劣天气、交通事故、车辆抛锚、道路施工、重大事故、重大活动导致流量突增等引发的交通拥堵为偶发性交通拥堵。

由于浮动车样本量与速度结果精度密切相关,因此,首先需要确认主要区域的样本量可以满足后续分析的需要。经过统计,天津市主要路网的平均样本量分布如图 6-10 所示。

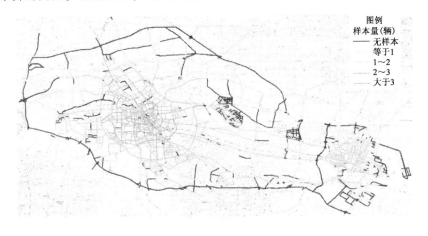

图 6-10　天津市主要路网平均样本量分布

由图 6-10 可以看出,天津市出租车样本已经较大程度地覆盖了中心城区的大部分路段以及滨海新区核心区路段,可以满足后续交通运行状态判断的精度要求。

实践中可以采用不同指标来反映道路交通状态,本案例选择行程车速作为判别指标。由于路段长度、信号相位配时、自由流车速等因素均会影响行程车速,针对不同道路类型进行速度阈值划分,最终将天津市路段运行状态划分为拥堵、拥挤和畅通三个级别,分别用红、黄和绿表示。具体的速度阈值划分如表 6-6 所示。

天津市不同道路类型的速度阈值划分　　表 6-6

路段类别	红黄阈值(km/h)	黄绿阈值(km/h)	说　明
1	20	40	城市快速路
2	8	13	中心城区内环以内主干路
3	8	15	中心城区内中环间主干路

续上表

路段类别	红黄阈值(km/h)	黄绿阈值(km/h)	说　明
4	10	18	中心城区中外环间主干路
5	5	12	中心城区内环以内次干路
6	5	15	中心城区内中环间次干路
7	8	16	中心城区中外环间次干路
8	10	20	滨海新区核心区主干路
9	8	16	滨海新区核心区次干路

2)常发性拥堵路段的判定

根据天津市的具体交通状况,对常发性拥堵路段重新定义。统计方式为在高峰时间段内,将各个路段的拥堵累计时间周期数量(在天津实地预测中,确定拥挤状态时间的折算系数为0.5)除以总高峰时间段周期数量,所得比值主要反映高峰期间常态的拥堵情况。在快速路上拥堵里程比例大于25%为常发性拥堵路段,在10%～25%之间为临界性拥堵路段,小于10%为偶发性拥堵及畅通路段;在主、次干路上拥堵里程比例大于30%为常发性拥堵路段,在15%～30%之间为临界性拥堵路段,小于15%为偶发性拥堵及畅通路段。

根据以上对拥堵路段的定义和划分,以天津市中心城区快速路为例,对天津市主城区和滨海新区核心区段的常发性拥堵路段的分布进行统计,如图6-11所示。

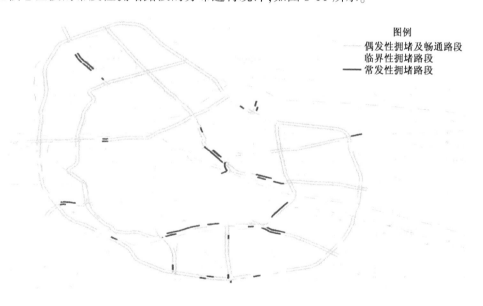

图6-11　天津市中心城区快速路拥堵路段分布

上述天津市的案例清晰地展示了如何运用浮动车GPS数据计算交通指数,并通过可视化分析直观地展现城市道路交通运行状况。

3.分析案例——西安市案例

1)早高峰车速分析

以西安市快速路等级二环路和主干道等级的中轴道路为研究对象,以早高峰时段(7:00—10:00)为研究时间范围,研究限行政策实施前后交通状态的变化。选取2016年11月

4日(限行)、11日(不限行)、18日(限行)的出租车GPS数据进行行程车速对比分析。

(1)快速路行程车速分析。

西安市二环路位于西安市区的中心地带,设计为城市快速路。对其出租车行程车速进行描述统计,结果见表6-7。

早高峰快速路(二环路)出租车行程车速描述统计　　　　表6-7

参数		11月4日	11月11日	11月18日
样本量		179201	158423	163958
平均车速(km/h)		28.38	28.42	35.16
中位车速(km/h)		28.95	28.47	40.13
众数车速(km/h)		0	0	0
众数车速百分比(%)		4.6	4.6	3.6
偏度		0.089	0.142	-0.365
峰度		-0.986	-1.002	-0.936
累计车速百分比(%)	<20km/h	36.7	38.1	25.7
	<40km/h	67.2	66.3	48.8
	<60km/h	97.0	96.3	93.2

从平均车速来看,首次限行日与非限行日的差距不大,这主要是由于人们对首次限行整体准备不足使得交通系统反应不明显。然而,再次限行日的车速均值有了明显增长,说明限行后二环快速路上交通系统的运行流畅度和运行效率都得到了提升。从偏度值和累计车速百分比来看,11月18日的行程车速分布更偏向于较高车速,同样证明了上述结论。

从累计车速百分比可以看出,在早高峰时段即使是快速路,车辆也很难达到60km/h以上的行程车速。为了更好地分析行程车速分布情况,以10km/h为组距,对0~60km/h的车速数据进行分组并绘制频数-频率图,如图6-12所示。

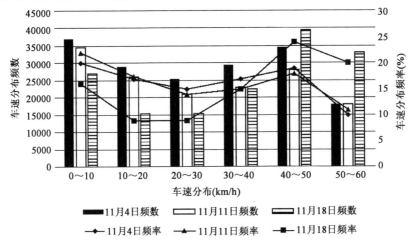

图6-12　早高峰快速路出租车行程车速分布频数-频率图

从频数-频率图可知,当限行政策得到较好的落实与执行时,快速路上的整体行程车速有明显提升。首次限行的11月4日与没有限行的11月11日在频率图上十分类似,而再次限行的11月18日则与前两者区别明显。再次限行后,车辆低速行驶(<30km/h)的比例明显下降,中速行驶($40\sim60$km/h)的比例明显上升,可以推断限行政策的实施在一定程度上缓解了交通系统拥堵,提升了道路运行效率。

(2)主干路行程车速分析。

研究选取的主干路分别为西安市南北向和东西向主干道,对其出租车行程车速进行描述统计后的结果如表6-8所示。由行程车速的描述性统计可以粗略看出,限行政策对于主干路上行驶车辆的交通状态的影响远小于对快速路上行驶车辆的影响。从平均车速来看,10%左右的提升幅度较小,很可能无法被驾乘人员感知。而11月4日、11日、18日的偏度、峰度在性质上保持了一致,以累计车速百分比为佐证,可见在主干路上无论是否执行限行政策,车辆的行驶速度依然偏向于低速。

早高峰主干路出租车行程车速描述统计　　　　表6-8

参数		11月4日	11月11日	11月18日
样本量		188290	179889	198189
平均车速(km/h)		19.85	19.99	22.15
中位车速(km/h)		18.07	17.87	21.54
众数车速(km/h)		0	0	0
众数车速占比(%)		9.4	8.9	7.9
偏度		0.526	0.540	0.360
峰度		-0.269	-0.305	-0.511
累计车速百分比(%)	<20km/h	52.6	52.9	46.5
	<40km/h	87.5	87.5	83.8
	<60km/h	99.5	99.5	99.3

同样以10km/h为组距,根据主干路上的行程车速数据绘制频数-频率图,如图6-13所示。由图6-13和表6-8可知,限行政策对主干路上车辆行驶速度的影响十分有限。首次限行与未限行时的车辆行驶状态维持了几乎一致的频率分布形状,可知未限行时主干路上就形成了稳定的速度分布状态。再次限行时,行程车速分布状态仅有细微的改变,并未对主干路交通运行状态有显著的改善效果。

2)晚高峰车速分析

同上筛选晚高峰时段(17:00—20:00)所研究道路的出租车GPS数据。

(1)快速路行程车速分析。

晚高峰出租车行程车速数据的描述性统计结果如表6-9所示。由分析结果可以看出,在限行首日晚高峰时段限行政策对交通系统的影响较早高峰明显。对比限行首日与非限行日晚高峰的车速数据可以发现,限行首日的车速均值与非限行日的平均车速差异显著,同时低速行驶(<20km/h)的比例也明显下降。

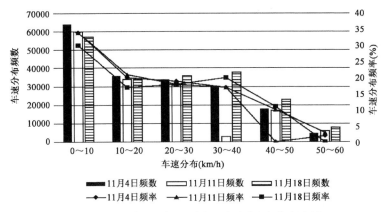

图 6-13　早高峰主干路出租车行程车速分布频数-频率图

晚高峰快速路出租车行程车速描述统计　　表 6-9

参数		11月4日	11月11日	11月18日
样本量		206545	181981	185224
平均车速(km/h)		23.67	21.71	29.33
中位车速(km/h)		21.00	18.00	31.00
众数车速(km/h)		0	0	0
众数车速占比(%)		4.9	7.2	4.8
偏度		0.484	0.622	0.042
峰度		-0.681	-0.526	-1.052
累计车速百分比(%)	<20km/h	47.8	53.0	35.3
	<40km/h	78.2	80.5	64.1
	<60km/h	98.0	98.1	96.0

　　同样绘制成频数-频率图，如图 6-14 所示。在快速路上，限行政策在晚高峰时段同早高峰时段一样可以提升交通系统的运行效率。晚高峰时段限行后中速行驶(40~60km/h)的比例低于早高峰时段，且相较于未限行时区别明显。从图 6-14 中可以看出，未限行时绝大多数车辆处于低速行驶(<30km/h)的状态，并且车速分布频率随着车速增加而降低。

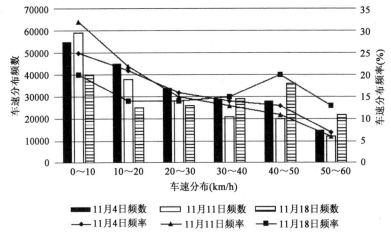

图 6-14　晚高峰快速路出租车行程车速分布频数-频率图

(2)主干路行程车速分析。

对晚高峰时段的主干路相关车速数据进行描述性分析,结果如表 6-10 所示。由该表可知,上一小节快速路的结论同样适用于主干路,即在限行首日经过一个上午的执行后,限行政策效应在交通系统中开始显现,但影响幅度没有快速路大。

晚高峰主干路出租车行程车速描述统计   表 6-10

参数		11月4日	11月11日	11月18日
样本量		221219	218259	225324
平均车速(km/h)		15.65	14.31	18.31
中位车速(km/h)		12.00	10.00	16.00
众数车速(km/h)		0	0	0
众数车速占比(%)		12	12.5	10.0
偏度		0.877	1.032	0.648
峰度		0.266	0.645	−0.096
累计车速百分比(%)	<20km/h	65.8	69.6	57.2
	<40km/h	92.8	94.0	90.0
	<60km/h	99.7	99.7	99.6

使用同样的方法进行频数-频率图的绘制,如图 6-15 所示。由图 6-15 和表 6-10 可以发现明显不同于之前三种情景的频率分布,主干路晚高峰时段呈现出低速行驶(<30km/h)为行车常态的交通状态,虽然限行政策可以改善这一状况,但是车速提升幅度不大。

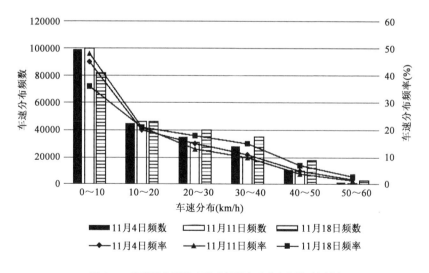

图 6-15 晚高峰主干路出租车行程车速分布频数-频率图

3)各时段各道路交通运行状况对比分析

以 11 月 11 日与 11 月 18 日数据为例,使用平均车速与车速分布两个指标(表 6-11、表 6-12)来评估哪种情形下交通系统对限行政策最敏感。

从表 6-11、表 6-12 可以看出,从高峰时段而言,晚高峰相对于早高峰对限行政策更敏感,从道路级别来看,快速路相较于主干路对限行政策更敏感。从高峰时段来看,晚高峰时段快速路和主干路上行驶车辆均存在低速行驶较多、中速行驶较少的现象,而早高峰时段虽然低速行驶同样较多,但中速行驶也具有较高的占比。因此,限行政策使得低速行驶车辆减少后,晚高峰时段比早高峰时段更加敏感。从道路级别来看,快速路上低速行驶占比相对主干路较低,中速行驶占比相对较高,且快速路不存在交通控制现象,所以限行政策的实施对快速路交通运行的影响更大。

不同条件下各车速区间百分比分布情况(单位:%)　　　　表6-11

车速区间 (km/h)	早高峰				晚高峰			
	快速路		主干路		快速路		主干路	
	11日/18日	差值	11日/18日	差值	11日/18日	差值	11日/18日	差值
0~10	21.7/16.2	-5.5	33.6/28.9	-4.7	32.2/21.8	-10.4	48.5/36.8	-11.7
10~20	16.4/9.5	-6.9	19.2/17.6	-1.6	20.8/13.6	-7.2	21.1/20.4	-0.7
20~30	13.3/9.4	-3.9	17.6/18.5	0.9	15.3/13.2	-2.1	14.2/17.9	3.7
30~40	15.0/13.7	-1.3	16.7/18.9	2.2	12.2/15.6	3.4	10.2/15.0	4.8
40~50	18.2/24.2	6.0	9.6/11.9	2.3	11.3/19.3	8.0	4.6/7.5	2.9

不同条件下平均车速变化情况　　　　表6-12

指标	早高峰		晚高峰	
	快速路	主干路	快速路	主干路
11日平均车速(km/h)	28.42	19.99	21.71	14.31
18日平均车速(km/h)	35.16	22.15	29.33	18.31
平均车速差值(km/h)	6.74	2.16	7.62	4.00
平均车速增幅(%)	23.7	10.8	35.1	28.0

4.分析案例——合肥市案例

为了探究FCD对实时路况分析的准确性,以合肥市为例,分析合肥市的交通流状态和道路的拥堵状况,从而对合肥市进行更高效的交通管制。对合肥市进行FCD实时路况验证,具体分成两部分:一是通过人工观察实时视频进行路况验证;二是通过实际跑车进行路况验证(探测车验证法)。

1)人工观察视频验证方法

人工观察视频验证方法是通过观察各路口的实时视频,对应到当前FCD计算出的当前路段情况,进行观察和对比,并记录下观察的结果,供后期分析使用。

(1)人工观察视频验证时间选择。

根据上下班的实际情况,观察的时间点主要有:周一、周二/周三/周四、周五、周六、周日,其中包括节假日(元旦、春节、劳动节、国庆节)。早高峰:7:00—8:30;早平峰:10:00—10:30;午间:12:00—12:30/13:30—14:20;晚高峰:17:00—19:00;晚平峰:15:30—16:00;晚间:20:00—20:30。

(2)人工观察视频验证的数据分析处理。

先将"FCD实时路况人工视频验证输入表格"(表6-13)录入数据库,再对数据进行统一处理和分析,得出所观察路段的总体符合度、拥堵符合度、拥堵缓行符合度,重点对出现的较大误差(FCD与观察值差别大,如FCD为拥堵,观察值为通畅)进行历史GPS数据回放查看,查找出造成误差的原因,针对具体情况再进行算法改进和二次验证。

FCD实时路况人工视频验证输入表格 表6-13

观察日期:		观察人员:		
观察路段	观察时间	上行路况		下行路况	
		FCD路况	视频路况	FCD路况	视频路况

注:FCD路况分为拥堵A、缓行B、畅通C、无数据。

2)探测车验证法

探测车验证法是测试车辆跟随道路上的车队行驶,测试人员将当前FCD计算出的当前路段情况与实际路况进行对比,并记录下数据,供后期分析使用。

(1)探测车验证道路和时间选择。

道路选择:根据合肥市的实际道路情况,选择具有代表性的道路,如一环路、长江中路、黄山路、临泉路、徽州大道、马鞍山路、合作化路等作为验证对象。

时间选择:根据上下班的实际情况,观察的时间点主要有:周一、周二/周三/周四、周五、周六、周日,其中包括节假日(元旦、春节、劳动节、国庆节)。早高峰:7:00—8:30;早平峰:10:00—10:30;午间:12:00—12:30/13:30—14:20;晚高峰:17:00—19:00;晚平峰:15:30—16:00;晚间:20:00—20:30。

(2)探测车验证的数据分析处理。

先将"FCD实时路况探测车验证输入表格"(表6-14)录入数据库,再对数据进行统一处理和分析,得出所观察路段的总体符合度、拥堵符合度、拥堵缓行符合度,重点对出现的较大误差(FCD与观察值差别大,如FCD为拥堵,观察值为通畅)进行历史GPS数据回放查看,查找出造成误差的原因,针对具体情况再进行算法改进和二次验证。

FCD实时路况探测车验证输入表格 表6-14

观察日期:		观察人员:		
观察路段	观察时间	上行路况		下行路况	
		FCD路况/速度	实际路况/速度	FCD路况/速度	实际路况/速度

注:FCD路况分为拥堵A、缓行B、畅通C、无数据;FCD速度分为当前车速、FCD发布速度。

3)FCD数据分析

(1)数据统计。

人工观察视频验证:人工观察视频验证测试期间共对176个路段进行了路况统计,其中早高峰路段 45 个,平峰(上午和下午)路段 88 个,晚高峰路段 43 个。FCD 实时路况发布颜色:红色为 0~14km/h、黄色为 15~29km/h、绿色为 30~60km/h,实际路况与 FCD 发布路况为同一个颜色的为符合。不同时段人工观察视频验证测试路段数量如表 6-15 所示。

不同时段人工观察视频验证测试路段数量　　　　表 6-15

时　段	符　合	相差 1 级	相差 2 级	合　计
早高峰	41	3	1	45
平峰	77	9	2	88
晚高峰	40	3	0	43
合计	158	15	3	176

注:红色和黄色、黄色和绿色为"相差 1 级",红色和绿色为"相差 2 级"。

探测车验证:探测车验证测试期间共对 497 段道路进行了路况统计,其中早高峰路段 142 个,平峰(上午和下午)路段 290 个,晚高峰路段 65 个。不同时段探测车验证测试路段数量如表 6-16 所示。

不同时段探测车验证测试路段数量　　　　表 6-16

时　段	符　合	相差 1 级	相差 2 级	合　计
早高峰	123	16	3	142
平峰	233	47	10	290
晚高峰	51	11	3	65
合计	407	74	16	497

路径寻优导航测试:路径寻优导航测试期间共测试 37 次,其中早高峰路段 5 次,平峰(上午和下午)路段 28 次,晚高峰路段 4 次。不同时段路径寻优导航测试路段数量如表 6-17 所示。

不同时段路径寻优导航测试路段数量　　　　表 6-17

时　段	相差 3min 以内	相差 3~5min	相差 5min 以上	合　计
早高峰	2	2	1	5
平峰	21	5	2	28
晚高峰	1	2	1	4
合计	24	9	4	37

注:以早高峰为例,"相差 3min 以内"指测试的各组早高峰发生时间相差 3min 以内,"相差 3~5min"及"相差 5min 以上"的含义类同。

(2)数据分析。

人工观察视频验证:与实际路况符合的为 158 个路段,符合率为 89.8%;相差 1 级的为 15 个路段,占总数的 8.5%;相差 2 级的为 3 个路段,占总数的 1.7%。

探测车验证:与实际路况符合的为 407 个路段,符合率为 82%;相差 1 级的为 74 个路段,占总数的 15%;相差 2 级的为 16 个路段,占总数的 3%。

路径寻优导航测试:相差 3min 以内的有 24 次,占 65%;相差 3~5min 的有 9 次,占 24%;相差 5min 以上的有 4 次,占 11%。

4)测试结论

(1)合肥 FCD 实时路况与实际路况符合率为 84%,误差相差 1 级的为 13%,误差相差 2 级的为 3%。其中平峰时段路况符合率最高,晚高峰时段路况符合率最低,造成这种现象的主要原因是早晚高峰时段出租车在市中心的比率较平峰时段低,从而导致出租车道路覆盖率降低。

(2)路径寻优导航平峰时段的准确度高于早晚高峰,平均准确率大于90%。

二、基于 GPS 数据的出租车运营特征分析

出租车的运营特征分析可为出租车的行业管理与政策制定提供数据支撑。其主要任务是基于出租车运营数据,提取出租车运营时间、运营里程、载客时间、载客里程、载客次数、空驶时间、空驶里程等指标,以更好地把握出租车的运行特点和发展规律。传统出租车运营数据采集方法有人工调查方法和基于计价器 IC 卡数据的方法。前者需耗费大量的人力,调查数据可靠度低;后者无法记录出租车每次出行的空间地理信息,从而无法获得车辆的空间分布情况。因此,利用浮动车 GPS 数据开展出租车运营特征的研究已成为该领域的趋势。

出租车的运营特征分析主要包括对出租车的运营时间、运行路线等方面的分析和总结。

(1)运营时间:出租车基本为全天候运营,运营时间较长。出租车驾驶员劳动强度较高,在其运营过程中,需要进行交接班。

(2)运行起点:出租车无固定运行起点,乘客可在任意位置上车,具有较高的便利性。

(3)运行终点:出租车每次的运行终点为用户指定地点,并且出租车对道路条件要求不高,几乎可抵达城市的各个角落,具有较高的可达性。

(4)运行路线:当出行起、终点确定后,出租车驾驶员会基于自身驾驶经验对出行路径进行选择,具有较高的随机性和灵活性。

(5)运行状态:出租车在道路上的运行状态共有空载和重载两种,其空驶时间取决于该区域内的乘客需求情况,空载出租车会增加道路负担。

(6)运行速度:当出租车空载时,驾驶员一般会减慢行驶速度,以方便寻客;而当出租车重载时,便会加快行驶速度,且中途不会停车或上下客,以便尽快将乘客送至目的地。

(7)载客量:介于私人小汽车和常规公交之间,每次搭载乘客最多为 4 人,具有较高的舒适性。

(8)付费行为:出租车驾驶员在将乘客送至指定目的地后,由乘客根据出租车计费结果付费。

出租车的运营特征分析主要应用上下车点识别的方法,以判断车辆的运行状态,计算运营里程、运营时间等相关指标。以上海市 2015 年 4 月连续 30d 的出租车轨迹数据分析结果为例,图 6-16 是出租车日均运营时间和运营里程 30d 变化图。

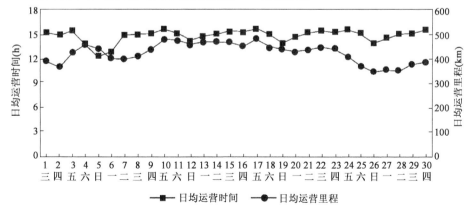

图 6-16 出租车日均运营时间和运营里程 30d 变化图

注:横坐标表示 2015 年 4 月的日期,以及对应星期数。

三、基于 GPS 数据的城市夜间公交需求分析

1. 基于城市计算框架的夜间需求分析

当现有的大多数公交系统在深夜停止服务时,出租车几乎成为夜间出行的唯一选择,因此可认为群体性出行需求由"城市感知"的出租车轨迹进行映射。在此基础上,通过将出租车轨迹表征的夜间出行 OD 特征转化为夜间公交系统的需求数据,并通过合理的模型与算法设计最优的夜间公交系统方案,以解决人们夜间公共交通出行问题。

1)夜间公交的需求分析

城市的日间公交和地铁系统,已经为大多数人提供了便捷、廉价的交通方式和通达城市主要区域的流动权利。然而,深夜返家或出行的学生和工人,如环卫工作者、夜班工人、夜间活动场所的从业者,却难以从现有的公共交通系统中获益。他们中的大多数人不但受恶劣的工作条件和低工资的困扰,而且夜间乘坐出租车返家时还需支付昂贵的额外费用,或因乘坐私人交通工具而承担夜间交通的安全风险。

在深夜及凌晨的城市繁华地段,打车行为属于完全的"卖方市场",运营的出租车数量远远少于有打车需求的乘客数量,在这样供需失衡的情况下,出租车索取额外费用、拒载及非法运营的现象屡屡发生,不仅给出行者带来不便,也给城市治理造成困扰。企鹅智库发布的《中国智慧城市全景报告》显示,"黑车"安全问题、打车难和价格高成为当前中国城市居民夜间出行面临的三大难题。图 6-17 展示了 2018 年 12 月某工作日 16:00,西安市以钟楼为起点,公交出行与出租车出行的等价圈。等价圈描述了在给定的出行成本限制下,出行者所能到达的空间范围。数据采样点横纵间隔各 500m,采样基于高德地图开放平台。

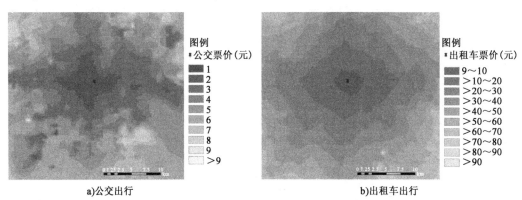

a)公交出行   b)出租车出行

图 6-17 公交出行与出租车出行等价圈对比

从图 6-17 可以看出,受路网结构的影响,公交出行与出租车出行都表现出了一定程度的"环形+放射状"特征;西安市现有的公交线路以平行于经纬度方向为主,因此公交车出行的等价圈的十字放射状特征更加明显,在其他方向上,换乘使得成本有所增加;而出租车不受固定线路的制约,灵活性更高,因此出租车出行的等价圈具有一定的同心圆特征。最重要的一点在于,图 6-17 反映出了公交车与出租车显著的出行成本差异,尤其是在西安市三环以内,出租车出行的成本普遍为公交车的 10 倍左右。显然,夜间公交的设置,对于减轻夜间出行者的经济负担意义重大;加之其具有的公共事业属性,使其更利于安全运营与规范化管理,因此,设置夜间公交是解决夜间出行难题的重要突破口。

2）城市计算中的规划方法

基于百度地图 API,利用西安市 2018 年 10 月某两个相邻工作日连续采集的出租车 GPS 数据绘制居民活动热力图(共 96 组数据),并对比分析日间热力图与夜间热力图。图 6-18 展示了其中的四个案例。从图中可以看出,日间热力图与夜间热力图各自表现出极高的相似性;但两者热点区域空间分布差异性极大。因此,夜间出行需求已经发生了实质变化,基于传统的居民出行调查数据无法为夜间公交规划提供有效的数据基础。

此外,由图 6-18 可知,不同于日间热力区域的连续集聚(带状)状态,夜间热力图表现出了更高的离散集聚(散点状)特征。夜间活动热点的分布特征决定了夜间公交设置的首要考量在于"拾取"出行热点区域的出行者,而非覆盖最广大的路网区域,这是日、夜间公交系统规划的根本区别。因此,夜间公交更倾向于服务有共同出行利益(出行起终点、出行时间、交通工具偏好等)的夜间出行人群,以获得更大的客流和利润。基于此考量建立经济适用型夜间公交系统,才能避免公交公司遭遇"空驶率高导致经营亏损"的窘境。而这种公交系统,本质上可以理解为多点对多点的需求导向型公交系统。

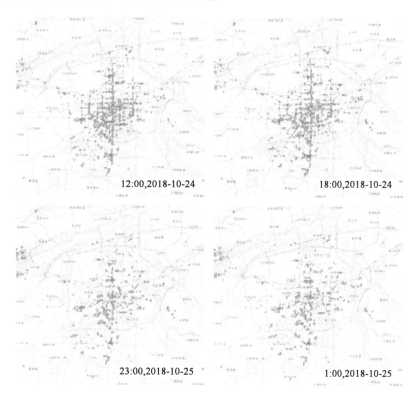

图 6-18 西安市居民不同时段活动热力图

在这样一种新数据环境下,城市计算(Urban Computing)应运而生。其基本概念或方法论,概括起来就是利用"规划支持模型"和"城市模型"的理论方法,结合计算机普适计算(Ubiquitous Computing)的技术手段,通过城市感知、数据挖掘、智慧提取、服务提供四个主要环节建立起智慧城市的循环决策系统,完成城市级别的计算,并解决特定的城市问题。其通用工作框架如图 6-19 所示,基于该工作框架,将实现图 6-20 所示的核心生产链。

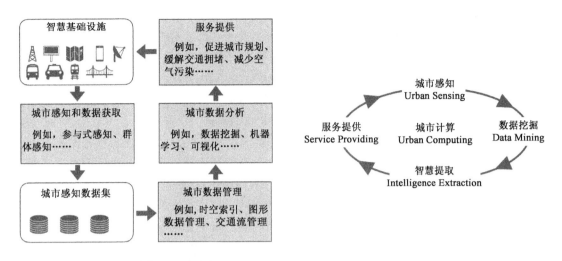

图6-19 城市计算通用工作框架　　　　图6-20 城市计算核心生产链

城市计算的方法论框架——T2NBS（Taxi to Night-time Bus Service）实现了数据、技术、知识、智慧的辩证统一，并为城市规划界带来一股新的思潮——越来越多的规划师和城市决策者认同，城市计算启发了一种非常规却切实有效的"公众参与"（Public Participation）模式，该模式超出了以往基于规划前期调研和规划效果反馈的被动参与范畴，它赋予决策者更大的能力去执行"以事实为基础的决策"（Evidence-based Policy Making），而在大数据出现之前，城市政策的制定往往基于决策者的理性或有失偏颇的抽样调查。当政府需要规划一条公交线路时，若没有居民公交出行需求的精细数据支持，其在决策时就会有更多的酌情权，并有可能做出次优或者不利的选择；甚至决策者有更大的风险被社会精英和特殊利益集团俘获，损害公众的利益。

城市规划的正义来自公众的广泛参与，而公众的广泛参与，可以通过科学采集互联网时代及信息社会庞大的统计数据，分析其背后所隐含的问题，改善城市治理与规划决策来实现。这些"数字足迹"，已经在无形中帮助市民完成了"用脚投票"的过程。换句话说，如果采集数据时感知到一名市民，那这名市民就已经参与到了规划决策中；围绕这名市民所发生的事件，就将作为规划决策的案例而为决策分析服务。在城市计算的框架中，感知即参与，群体感知即公众参与。城市中动态的轨迹数据（如出租车GPS数据、公交刷卡数据、热力图、路况图等），以及静态的城市特征数据（如基于位置的在线语料、城市兴趣点等），将不仅用以描述交通或地理等现象，而且将作为证据切实参与到"循证"的规划决策中。

2. 城市计算框架的特性

夜间公交计算框架——T2NBS计算框架，其命名源自该计算框架的设计初衷，夜间公交将用以分担高费用、高风险且难以规范管理的夜间出租车业务，即实现Taxi to Night-time Bus Service的出行方式迁移；T2NBS计算框架所生成的计算结果——夜间公交系统，将被命名为NBS，即Night-time Bus Service。

1）T2NBS计算框架所具备的特性

（1）时空敏感性：一方面，T2NBS能够发掘城市夜间具有相似时空特征的精细化的出行需求，且发掘效果优于旧范式的出行需求调查；另一方面，由于T2NBS的计算对象是源源不断的城市感知中的交通轨迹数据，T2NBS能对不同空间域、时间域的输入数据持续做出有效回应。

（2）强兼容性：T2NBS 计算框架不仅适用于由出租车转向 NBS 的出行方式迁移，也将适用于从其他可感知的竞争性出行方式（如配备轨迹定位装置并参与 T2NBS 数据采集的网约车、私家车等）转向需求导向型公交的出行方式迁移。

（3）自适应性：T2NBS 计算框架对不同的城市感知范围和周期具有自适应性，即对于任何合理的群体性出行需求，都可以产生较优的计算结果。

（4）高效性：T2NBS 计算框架具有较低的整体计算复杂度，并能在可接受的计算时间和可实现的算力条件下得到可行解。

2）诞生于 T2NBS 计算框架的 NBS 所具备的特性

（1）以群体利益为导向：为了保证系统的良性收益和可持续发展，所期望的夜间公交系统将集约服务于具有相似出行特征的夜间出行群体；离散分布的小规模需求，将不在 NBS 考虑范围内。

（2）以系统盈利为目标：为了避免夜间公交系统因遭遇前文所述的客流过少、盈利亏损导致难以维系的窘境，NBS 将以可持续的系统盈利为目标；通过在 T2NBS 计算框架中选用合理的规划模型，在一定的约束条件下，使得 NBS 线路在客流量及总体盈利上始终维持乐观的水平。

（3）以用户体验为约束：NBS 系统盈利必须以较好的用户体验为约束前提。一方面，其在步行可达性、站点设置、时间匹配度等方面与目标客户的出行需求高度契合；另一方面，用户选择 NBS 与选择其他竞争性交通方式（如出租车）相比，只需付出极小的代价（如略微延长出行时长），即可使用户体验得到极大提升（如大幅降低出行费用、使出行安全更有保障等）。

3. 实验数据的获取与处理

1）实验数据源与数据格式

选取西安市 OSM（开源地图）数据及西安市 2016 年连续一个月的出租车 GPS 数据作为实验的原始数据。OSM 地图是当前数据环境下唯一基于 WGS84 坐标系的电子地图，该坐标系与出租车 GPS 数据的坐标系相同，从而有效避免了对海量数据进行坐标纠偏的烦琐操作。因此，依照板块次序分别爬取了研究所需的 2016 年西安市 OSM 地图的 Transport Map 图层，其中一个板块如图 6-21 所示。具体而言，出租车 GPS 数据采集于 2016 年 11 月 1 日（周二）至 2016 年 11 月 30 日（周三）共 30 天 720 小时，西安市 12000 余辆出租车的 GPS 终端；原始数据以 DMP 的 Oracle 备份数据形式存储。

2）实验数据清洗

数据清洗工作基于两项原则：一是面向当前数据环境的一般性处理原则，如清除冗余记录、排除逻辑错误等；二是对当前实验目的的针对性处理原则，如保护有效字段、裁剪数据范围、构建网络数据集等。考虑到出租车 GPS 数据的清理将依赖于交通网络地图，首先对 OSM 地图数据进行清理和优化。在此基础上，对出租车 GPS 数据进行清理并将其配准到交通网络。

（1）OSM 地图数据清洗。

OSM 地图数据清洗的目的在于提取有效的路网数据和路网规则，从而构建实验所需的交通网络（即 GIS 中的网络数据集）。只有在交通网络中，才能进行后续的路网距离、设施点布局等计算，而构建交通网络所需的路网数据应具有以下特征：

①道路为单线，交通网络需要利用地理坐标化后的道路路径（即道路中线的地理路径），并根据行驶方向规则区分道路的单向、双向特征。

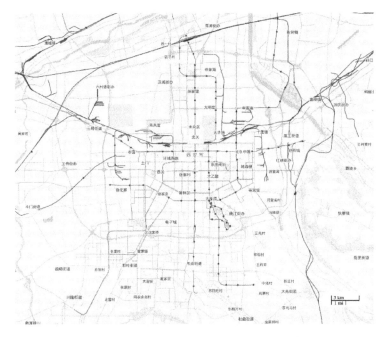

图 6-21　西安市 OSM 地图 Transport Map 板块示例

②交叉口断开,交叉口应作为交通网络中的节点,并根据转弯模型设置交叉口规则。

③道路层级有所区分,不同层级的道路将被赋予不同的属性,如成本阻抗、限行规则等。

④用于建立网络数据集的所有线要素都将对计算结果产生影响,因此清洗后的道路数据应线形规整,无杂线、乱线。

(2) OSM 地图数据的预处理。

对 OSM 地图数据的预处理主要基于 ArcGIS 10.2 平台,采用机器自动处理与人工调整相结合的方式进行,主要包含以下 5 个步骤。

①转换数据格式:使用 OSM 转换工具将预先爬取的西安市 OSM 地图板块数据导入 ArcMap 中,并将各板块地图合并,使用投影工具将完整地图转换为投影坐标系 WGS1984 UTM 49N,并按西安市市域边界进行裁剪。原始数据中,道路多为双线或多线;交叉口线形杂乱,且未在交叉口处形成节点;道路不规整,杂乱线段较多。

②清除冗余数据:使用 ArcMap 的编辑器工具,配合属性表,清理冗余的道路数据,例如包含空值、出口、入口、服务区、辅路、互通、河岸、步行街等字段的数据对象。

③生成道路中线:依次使用融合工具(将属于同一条道路的线段融合为同一对象)、拆分多部件要素工具(将道路红线提取为平行线段)、合并分开的道路工具(生成道路红线的中心线段)处理原始路网,从而生成道路中线要素集。

④建立道路属性分级并修正交叉口格式:将地理数据文件转入 AutoCAD 中,进一步修正道路中线,手工检查断线、重复线,并将不同属性(限速、单双向等)的道路线段划分至不同图层;整理交叉口,确保交叉口为单点联结。通过该步骤的处理,可以获得交通网络的 DWG 文件。

⑤将上述 DWG 文件重新导回 ArcMap 中,建立文件地理数据库并在其中创建要素数据集,从而形成交通网络的运行环境;将 DWG 文件中的 Polyline 要素按照图层顺序依次导入要

素数据集,并创建网络数据集,在网络数据集中依次载入道路交通网络的转弯模型、连通性参数、高程字段、属性,包括成本、偏好程度、驾驶方向,从而建立起符合真实路网规则并以 WGS84 坐标系为地理参考的交通网络数据库。

经上述预处理操作后,任何基于路网空间的设施点布局、路径计算、出行成本计算、车辆配送分析、区位评价等都可以基于该交通网络进行,从图面上看,西安市新城、碑林、莲湖"老三区"和灞桥、未央、雁塔"新三区"的交通网络最发达,网络节点分布最密集;外围的三区四县交通网络高度集中于区县的政治、商业中心地段,并通过县道公路与城市建成区连接。

(3)出租车 GPS 轨迹数据清洗。

在 Spark 平台通过以下步骤:剔除经纬度越界的原始数据→裁剪夜间运营的原始数据→剔除字段缺失及字段异常的原始数据→数据重组→剔除状态异常的轨迹数据→剔除重复的轨迹数据→剔除坐标跳跃的轨迹数据,对出租车 GPS 原始数据进行清洗后,获得实验所需的移动轨迹数据。表 6-18 对比了 2016 年 11 月 1 日至 2016 年 11 月 30 日共 22 个"工作日夜间"与 8 个"休息日夜间"的平均数据规模。需要注意的是,考虑到市民夜间活动的一般规律,将周日 22:50 至次日(周一)6:10 算作工作日夜间,而将周五 22:50 至次日(周六)6:10 算作休息日夜间。

GPS 原始数据与清理后的数据对比 表 6-18

时 间 段	出租车数量	原始数据条数	清洗后数据条数
工作日夜间	12580	9009596	8942763
休息日夜间	12396	9027009	8961078

由表 6-18 可知,2016 年 11 月的夜间时段(22:50 至次日 6:10),西安市的活跃出租车数量维持在 1.258 万辆左右,虽然休息日夜间的出租车数量略小于工作日夜间,但休息日夜间的出租车 GPS 数据量却略大于工作日夜间,这在一定程度上反映出休息日的夜间经济活跃程度高于工作日。此外,相较于 2016 年 11 月日均(24h 周期)2946 万条的 GPS 原始数据,夜间数据量占全天的 31% 左右,可见在夜间公共交通空缺的时段,交通出行需求依然庞大。因此,西安市亟须部署公共交通以分担其中一部分夜间出行需求,以保证经济、社会弱势群体的出行权利,同时推进城市交通和城市夜间经济的可持续发展。

(4)实验数据融合。

数据融合是整合多源数据,从而生成比任何一种单源数据更一致、更准确、更实用的信息的过程。出租车 GPS 轨迹数据与 OSM 地图数据之间构成了多源、异构、多模的关系。两类数据融合的目标,一方面是要建立轨迹数据对数字地图的空间映射,另一方面是要建立数字地图对轨迹数据的空间索引;而在当前基于 Hadoop 的分布式数据处理环境中,这两个目标是同步实现的,其核心都在于轨迹坐标的空间点与交通网络的空间图之间的"地图匹配"。为解决此问题,提出一种基于动态加权的匹配算法 DWMM(Dynamic Weight-based Map Matching)。该算法的核心思想是将数字地图进行网格划分,根据待匹配轨迹点所在网格的经纬度范围确定候选路段集,进而使用待匹配轨迹点的投影距离、航向夹角和轨迹夹角,通过动态加权模型从候选路段集中计算出最佳匹配路段,并更新待匹配轨迹点的矫正坐标。

①DWMM 算法的地图网格化处理。

GeoHash 提供了一种高效的地理编码方法,它利用二分法将经纬度信息进行二进制编码,并用 Base32 进行一维压缩,每个一维编码与一个矩形网格形成映射。该方法可以解决 DWMM 算法的地图网格化问题。

在 WGS84 坐标系中,西安市是一个位于左下角(107.622959E,33.695586N)、右上角(109.817320E,34.744203N)的矩形区域。若将字符串长度为 7 的 GeoHash 网格遍布西安市域所占据的矩形区域,则共有 771 行×1614 列的网格,每个网格将与唯一的 GeoHash 编码字符串形成映射。GeoHash 网格编码的过程分为 4 步:

a. 对网格对角线上的两坐标取平均值,作为中心点的坐标;

b. 利用二分法将该中心点坐标的经纬度分别转为二进制编码;

c. 将经度码放在奇数位,纬度码放在偶数位,从而使两串二进制编码合二为一;

d. 将合并后的字符串进行 GeoHash Base32 编码(压缩),得到网格编号。

② DWMM 算法的实现。

将 DWMM 算法思想编辑为 Spark RDD 的编程模型,输入如下数据:

a. 网格化后的 OSM 数字地图交通网络数据集,每条数据的字段信息包括路段编号、路段名称、路段分级、路段长度和路段中心线的经纬度坐标点序列,以及每条数据对应的 GeoHash 编号。

b. 轨迹数据集,每条数据的字段信息包括车牌号码、创建时间、瞬时速度、瞬时速度切向(航向)、载客状态、经纬度,以及经纬度对应的 GeoHash 编码。DWMM 算法的输出数据为匹配到交通网络的轨迹数据集。

图 6-22 所示为车牌号为陕 AT944× 的出租车在 2016 年 11 月 30 日夜间 23:00 后的一组轨迹点,经 DWMM 算法进行地图匹配后,轨迹点能以较高的准确度与交通网络数据吻合。

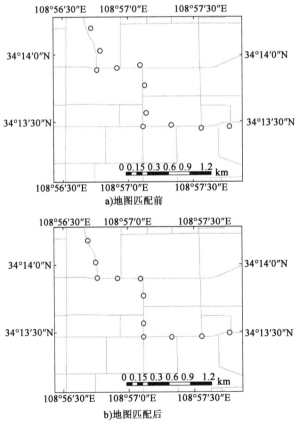

图 6-22 单车轨迹点的地图匹配可视化效果

4. 实验数据精细化

NBS 夜间需求导向型公交系统,服务对象为具有相似出行 OD 点与相似出行时间的出行需求共同体。传统的 OD 信息获取方法主要基于居民出行调查,但其对于夜间出行特征发掘以及基于城市动力学的动态出行信息的获取收效甚微,而通过城市感知数据所研究的出租车数据,则能以更低的成本、更强的可操作性和更大的样本量弥补居民出行调查的不足。在实验数据融合部分,融合后的轨迹数据反映了每辆出租车的动态运营轨迹,但仍不能直观地表现出行个体的 ODT 移动模式。根据前文对夜间出行需求与出租车运营状态的讨论,出行个体的 ODT 移动模式是通过出租车载客状态的变化及相应变化发生的时间和地点来间接反映的。因此,为了便于挖掘出行需求共同体的出行 ODT 特征,还需对实验数据做进一步精细化处理(Data Refinement),即获取出租车轨迹的载客、落客记录 PDRs(Pick up and Drop off Records)。

通过出租车 PDRs 数据精细化提取,对 PDRs 进行可视化处理,即将 PDRs 通过 ArcGIS 平台在 OSM 数字地图上进行投影。PDRs 数据 OD 点对可视化效果如图 6-23 所示。

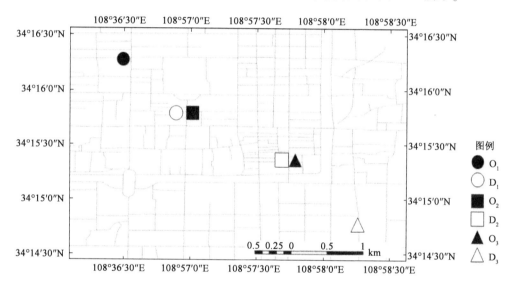

图 6-23 PDRs 数据 OD 点对可视化效果

对 OD 点对之间的轨迹点序列进行投影,并将相邻轨迹点进行空间差值连接,即可得到出租车的载客路径图,如图 6-24 所示。

四、基于 GPS 数据的城市轨道交通潜在需求挖掘

出租车作为一种灵活、可提供门到门服务的出行方式,具有广泛的时空覆盖,并在公共交通系统中起到重要的补充作用。然而,一些公共交通服务水平相对落后的地区,居民出行严重依赖于这种半私人交通方式,使得公共交通的分担率远未达到预期目标。因此,需要更具针对性和更有效的政策和策略来提高公共交通的使用率。公交网络的效率不仅取决于公交系统本身,还取决于人们如何进入以及离开系统,即"最后一公里"问题。实际上,出租车与公共交通在出行方面具有复杂的协同关系。Wang 和 Ross 提出两者同时存在竞争、补充和延伸的关系,具体划分取决于出租车出行是否可以被公共交通替代,或这次出行公共交通无法服务,或者这次出行可能用于进入或离开公共交通系统。基于上述竞争关系,可利用出租车 GPS 轨迹数

据,通过分析出租车乘客的时空分布,挖掘潜在的城市轨道交通需求,并明确其出行方式向城市轨道交通转移的可能性,从而通过提高公共交通服务质量来引导私人交通方式向公共交通方式转变,优化城市居民出行结构。

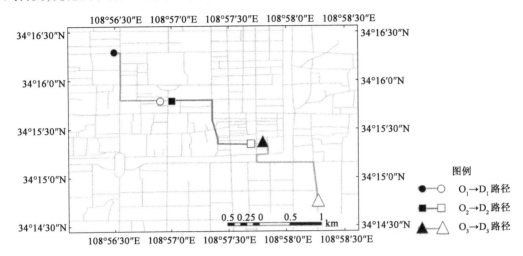

图6-24 PDRs数据OD点对间路径可视化

1. 数据及研究范围和时段

选取西安市OSM开放地图数据、西安市公共交通(包含公交与地铁)线路与站点数据,以及西安市2016年11月20—30日连续10d的出租车GPS数据作为原始数据。以西安市为研究范围,研究时段为城市轨道交通运营时间,即6:00—23:50。

2. 城市轨道交通潜在需求定义

对于选择出租车出行的居民,一次出行的路径即从上出租车到下出租车形成的完整轨迹;对于出租车来说,一次出行是其整个行车轨迹的子集,由车载GPS获取的出租车轨迹一般应包括若干次出行。但如果乘客的出行同时满足以下空间和时间约束要求,他就有可能选择城市轨道交通:

(1) 空间约束:起、终点均位于城市轨道交通站点服务范围内。

(2) 时间约束:两种出行方式的出行时间差在可接受的范围内。

对于时间约束而言,如果出租车具有显著的时间优势,则出行者不会转向城市轨道交通。

此外,城市轨道交通潜在出行包含了随机性、偶发性和规律性的出行模式。其中,规律的部分更适合通过优化公共交通策略转移到城市轨道交通上。因此,这部分出行才是城市轨道交通潜在出行需求。通过时空约束判别后,需要通过SVD(Singular Value Decomposition)矩阵分析获得规律的确定性需求部分。

3. 获取出租车原始OD矩阵

在构建出行需求矩阵之前,需要对时空要素进行初步处理。首先将城市轨道交通服务范围划分为100m×100m的网格单元;再以2h间隔划分研究时间段;最后在研究范围的时间段内,对不同空间分析单元内出租车乘客的上车点和下车点分别进行汇总,最终得到需求矩阵 O 阵和 D 阵。在实际计算中,会出现一次出行时间跨越两个相邻时间片段的现象。如果直接删除这些出行数据,而会在一定程度上减少实际出行次数,而由于该研究旨在将出租车乘客的上下车需求转化为城市轨道交通车站的进站和出站需求,因此可以对每个时间间隔分别计算划分单元中各自的起点和终点,这样跨越时间片段的现象将不影响本研究结果。以 O 阵为例,行数表示时间片段,列数表示栅格数,矩阵元素 $x_{ij}(i=1,2,\cdots,m;j=1,2,\cdots,n)$ 表示在时间片段 i 内,落在栅格 j 内的所有上客点数。

$$O = \begin{bmatrix} x_{11} & x_{12} & \cdots & x_{1n} \\ x_{21} & x_{22} & \cdots & x_{2n} \\ \vdots & \vdots & & \vdots \\ x_{m1} & x_{m2} & \cdots & x_{mn} \end{bmatrix}$$

其中,将 OD 点通过 ArcGIS 平台在 OSM 数字地图中进行投影,可以对 OD 数据进行可视化,效果如图 6-25 所示。

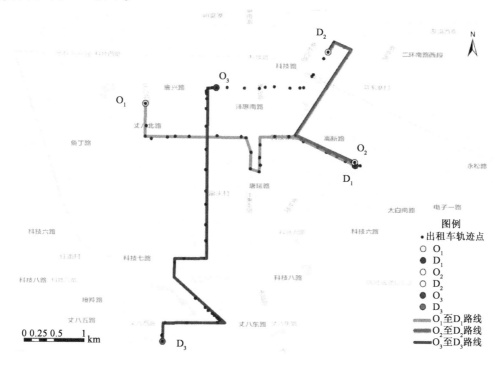

图 6-25 出租车 OD 点与路径可视化效果

4. 提取与城市轨道交通运行时间特性一致的确定性需求效果

利用 SVD 矩阵分解技术,根据出行需求在时间维度的变化分解出具有空间稳定性和时间规律性的确定性需求,即符合公共交通服务重要特征的出行需求。将需求矩阵 O 阵和 D 阵分解后得到图 6-26 所示三种不同类型的时间流,其中图 6-26a)为确定性交通需求,有明显的变化趋势和周期性,图 6-26b)为交通需求中偶然的且持续时间短的突发性变化,图 6-26c)为误差数据。

从图 6-26 中提取交通出行需求随时间有明显变化规律的出租车 OD 子矩阵,重新构造符合公共交通运行时间特性的城市轨道交通潜在出行需求。

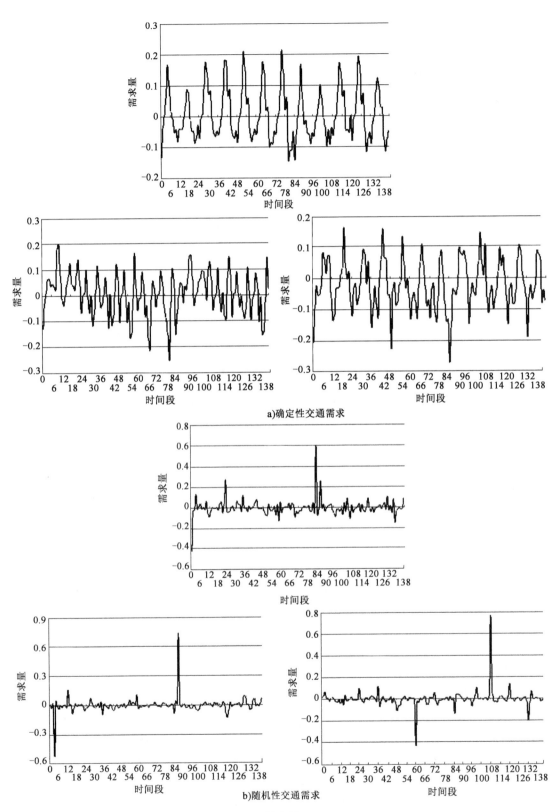

图 6-26

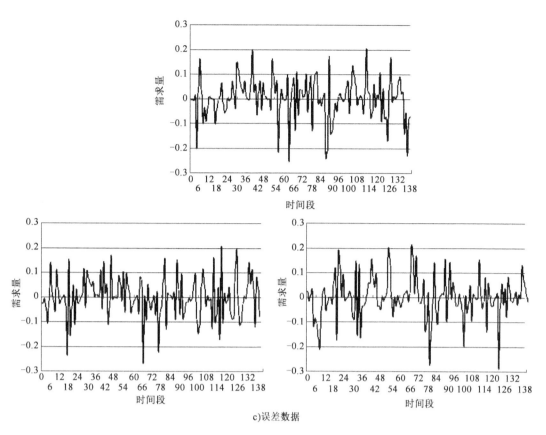

c)误差数据

图 6-26 时间流的三种模式

5. 城市轨道交通潜在需求的站点部署设计

基于 Mean-shift 聚类算法对稳定出行需求 STD 进行第一次聚类运算,将具有稳定出行需求点聚类为具有相同的乘车点、时间。将这类需求称为出行需求共同体,以便于二次聚类成站点。聚类结果如图 6-27 所示。

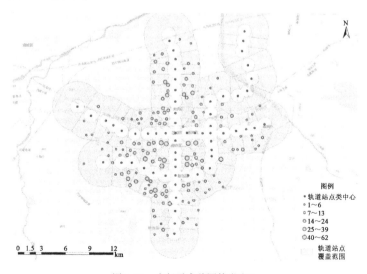

图 6-27 出行需求共同体类中心

一次聚类后,这些潜在出行需求共同体都相对分散,需要对其进行二次聚类,以使大量需求主体都可以在一个站点乘车,从而降低运营成本,提高出行效率。因此,为了平衡用户的步行长度与运营效率,根据显示部署,在规划站点时,首先进行站点层次聚类以确定K-means聚类的类中心和聚类数量。其中,层次聚类时,考虑到日常人们出行和公交行业进行站点设施设置的习惯,将聚类直径设置成1000m,然后对于分散的出行需求共同体进行层次聚类分析,以市图书馆、凤城五路站点辐射范围为例,得到层次聚类分析结果,其中市图书馆层次聚类结果为4,凤城五路层次聚类结果为3。最终所得规划站点信息和位置分别如表6-19和图6-28所示。

规 划 站 点 信 息　　　　　　　　　　表6-19

站点编号	站点所在公交站	站点服务人数
1	市图书馆	47
2	市图书馆	33
3	市图书馆	27
4	市图书馆	12
5	市图书馆	10
6	凤城五路	8
7	凤城五路	56
8	凤城五路	7
9	凤城五路	15

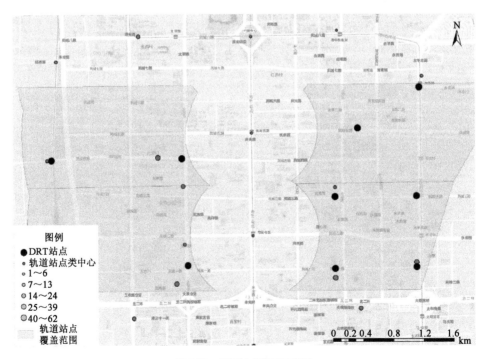

图6-28　规划站点位置示意图

【复习思考题】

1. 简述浮动车数据采集原理及其主要技术特点。
2. 利用浮动车技术能获取哪些交通参数？
3. 简述浮动车数据存在的问题及相应的处理方法。
4. 论述地图匹配技术的基本原理及几种比较成熟的地图匹配算法。
5. 列举1~2个浮动车GPS数据在交通问题分析中的具体应用。

【本章参考文献】

[1] WALLBAUM H, KRANK S, TELOH R. Prioritizing sustainability criteria in urban planning processes: methodology application[J]. Journal of urban planning and development, 2010, 137(1): 20-28.

[2] MOORE II J E, CHO S, MEZGER D B. Feasibility of using freeway service patrol trucks as probe vehicles: proceeding of the American society of civil engineers[J]. Transportation engineering, 2002, 128: 528-536.

[3] TURKSMA S. The various uses of floating car data[C]// International Conference on Road Transport Information & Control. IET, 2002.

[4] 许涛.基于海量出租车轨迹数据的旅行时间预测[D].上海:华东师范大学,2017.

[5] 北京交通发展研究中心.北京市交通运行分析报告(2015年)[R].北京:北京交通发展研究中心,2016.

[6] 陈滨.基于GPS车辆轨迹数据的地图匹配算法研究[D].福州:福建师范大学,2015.

[7] 刘宁瑜.基于出租车轨迹数据的降雨对交通出行的影响研究[D].北京:北京交通大学,2017.

[8] 王博然.基于出租车轨迹数据的OD经验轨迹分析[D].北京:北京交通大学,2018.

[9] 蔡亮.一种GPS车辆监控系统定位数据处理算法[J].电子测量与仪器学报,2008,22(S2):334-338.

[10] 陈艳艳,王东柱.智能交通信息采集分析及应用[M].北京:人民交通出版社股份有限公司,2011.

[11] ZAREI R, HE J, SINLY S, et al. Exploring douglas-peucker algorithm in the detection of epileptic seizure from multi-category EEG signals[J]. BioMed research international, 2019:5173589.

[12] 贾珊珊,李娟.城市交通系统的综合评价的量化方法——交通指数[J].中国水运(学术版),2007(8):137-138.

[13] 李乐园,陈明威,杨红军,等.基于浮动车数据的天津市常发性拥堵区域识别研究[C]// 公交优先与缓堵对策——中国城市交通规划2012年年会暨第26次学术研讨会论文集.中国城市规划学会,城市交通规划学术委员会,福州市人民政府,2012:7.

[14] 吕振华,吴健平,姚申君,等.基于FCD的出租车运营特征分析——以上海市为例[J].华东师范大学学报(自然科学版),2017(3):133-144.

[15] 翁剑成,刘文韬,陈智宏,等.基于浮动车数据的出租车运营管理研究[J].北京工业大学学报,2010,36(6):779-784.

[16] 康留旺.基于FCD的城市出租车空驶率及拥有量的计算[J].数字技术与应用,2010(7):81-82.

[17] 关金平,朱竑.基于FCD的出租车空驶时空特性及成因研究——以深圳国贸CBD为例[J].中山大学学报(自然科学版),2010,49(S1):29-36.

[18] BEIRÃo G, CABRAL J S. Understanding attitudes towards public transport and private car: a qualitative study [J]. Transport policy, 2007, 14(6): 478-489.

[19] 胡金东,桑业明.汽车社会交通问题及共同体合作治理思路[J].长安大学学报(社会科学版),2015,17(1):41-45.

[20] ESTEBAN J, STARR A, WILLETTS R, et al. A review of data fusion models and architectures: towards engineering guidelines[J]. Neural computing & applications, 2005, 14(4): 273-281.

[21] 张大庆,陈超,杨丁奇,等.从数字脚印到城市计算[J].中国计算机学会通讯,2013,9(8):17-24.

[22] 刘伦,龙瀛,麦克·巴蒂.城市模型的回顾与展望——访谈麦克·巴蒂之后的新思考[J].城市规划,2014,38(8):63-70.

[23] ZHENG Y, CAPRA L, WOLFSON O, et al. Urban computing: concepts, methodologies, and applications[J]. ACM transactions on intelligent systems and technology, 2014, 5(3): 1-55.

[24] CLARKE A, MARGETTS H. Governments and citizens getting to know each other? Open, closed, and big data in public management reform[J]. Policy & internet, 2014, 6(4): 393-417.

[25] KIM G, TRIMI S, CHUNG J. Big-data applications in the government sector [J]. Communications of the ACM, 2014, 57(3): 78-85.

[26] MALOMO F, SENA V. Data intelligence for local government? Assessing the benefits and barriers to use of big data in the public sector[J]. Policy & internet, 2017, 9(1): 7-27.

[27] HONG S, KIM S H. Political polarization on Twitter: implications for the use of social media in digital governments [J]. Government information quarterly, 2016, 33(4): 777-782.

[28] HONG S. What are the areas of competence for central and local governments? Accountability mechanisms in multi-level governance[J]. Journal of public administration research and theory, 2016, 27(1): 120-134.

[29] BRABHAM D C. Crowdsourcing the public participation process for planning projects[J]. Planning theory, 2009, 8(3): 242-262.

[30] ROWE G, FREWER L J. Public participation methods: a framework for evaluation[J]. Science, technology & human values, 2000, 25(1): 3-29.

[31] ZHANG D, GUO B, YU Z. The emergence of social and community intelligence [J]. Computer, 2011, 44(7): 21-28.

[32] 龙瀛,沈尧.数据增强设计——新数据环境下的规划设计回应与改变[J].上海城市规划,2015(2):81-87.

[33] JIANG B, CLARAMUNT C. Topological analysis of urban street networks[J]. Environment and planning B: planning and design, 2004, 31(1): 151-162.

[34] 张远.基于GIS的交通网络处理系统应用研究[D].南京:东南大学,2005.

[35] PORTA S, CRUCITTI P, LATORA V. The network analysis of urban streets: a primal approach[J]. Environment and planning B: planning and design, 2006, 33(5): 705-725.

[36] ESTRADA M, ROCA-RIU M, BADIA H, et al. Design and implementation of efficient transit networks: procedure, case study and validity test[J]. Transportation research part A, 2011, 45(9): 935-950.

[37] THOMAS C J, BROMLEY R D. City-centre revitalisation: problems of fragmentation and fear in the evening and night-time City[J]. Urban studies, 2000, 37(8): 1403-1429.

[38] 李元.基于多源大数据的居民出行调查校核体系研究[D].西安:长安大学,2017.

[39] GORMLEY C, TONG Z. Elasticsearch the definitive guide: a distributed real-time search and analytics engine[M]. Sebastopol: O'Reilly Media, 2015.

[40] QIN G Y, LI T N, YU B, et al. Mining Factors affecting taxi drivers' incomes using GPS trajectories[J]. Transportation research part C: emerging technologies, 2017, 79: 103-118.

[41] WANG F, ROSS C L. NEW potential for multimodal connection: exploring the relationship between taxi and transit in New York city (NYC)[J]. Transportation, 2019, 46(2): 1-22.

[42] CHENG X, HUANG K, QU L, et al. A cooperative data mining approach for potential urban rail transit demand using probe vehicle trajectories[J]. IEEE access, 2020, 8: 24847-24861.

[43] LIU X, GONG L, GONG Y X, et al. Revealing travel patterns and city structure with taxi trip data[J]. Journal of transport geography, 2015, 43: 78-90.

[44] TANG L L, SUN F, KAN Z H, et al. Uncovering distribution patterns of high performance taxis from big trace data[J]. ISPRS international journal of geo-information, 2017, 6(5): 134.

第七章
基于地磁车辆检测技术的交通调查

第一节 地磁车辆检测技术概述

一、应用背景

随着感应技术与电子监控技术的发展,以及人们对交通动态信息采集的需求增加,车辆检测技术迅速发展,检测水平不断提高,检测器的种类也不断增多。在众多车辆检测器中,地磁车辆检测器(Geomagnetic Vehicle Detector,GVD)由于具有安装和维护方便、成本低、车辆辨识度强以及可靠性高等特点,近年来被广泛应用于交通信息采集的研究与实践中,尤其是在动静态车辆检测、车型分类、车速车长估计等方面具有良好的应用效果。

二、地磁车辆检测器硬件构成

地磁车辆检测器使用的磁阻传感器主要分为异向磁阻传感器(Anisotropic Magneto Resistive,AMR)和巨型磁阻传感器(Giant Magneto Resistive,GMR)。由于 AMR 仅提供与敏感轴方向一致的磁场振幅特性曲线,在干扰因素较多的情况下,更适合用作路面车辆检测器的感应设备。一套 AMR 地磁感应检测器通常由磁钉、接收器及数据处理系统组成。

其中,磁钉是地磁车辆检测系统的"感觉器官",一般埋设于车道下。车辆经过时,磁场变化产生的电信号由磁钉内部微型处理器处理为数字信号后通过接收器无线传输到数据处理系统,通过相关算法可获得相应的交通基础数据。每个磁钉由 AMR 传感器、微型处理器、识别软件、通信模块、电池和外层保护盒组成,如图 7-1 所示。磁钉埋设位置的设置要考虑平均排队长度以及路口地磁异常等影响因素,当路段长度小于 400m 时,可埋设于路段中间位置;当路段长度大于或等于 400m 时,宜埋设于路口前 200～250m 位置。磁钉预埋设位置如图 7-2 所示。

图 7-1　磁钉实物图

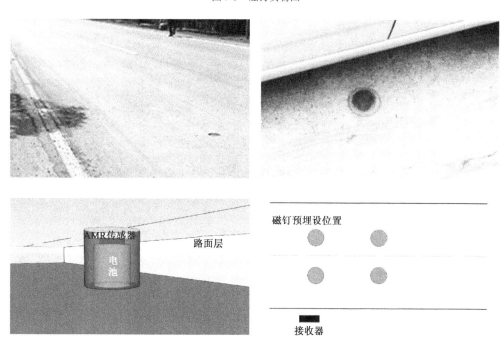

图 7-2　磁钉预埋设位置图

磁钉内部的 AMR 传感器在车辆通过磁钉时将磁场的变化量转换成电信号。AMR 传感器将利用标准半导体技术制作的四个电阻桥接成典型的惠斯通电桥,如图 7-3 所示。当外界磁场发生变化时,电桥中各电阻阻值发生改变,输出电压也随之改变。因此,可通过对电桥输出的电压信号进行处理来反映所测磁场强度的大小。

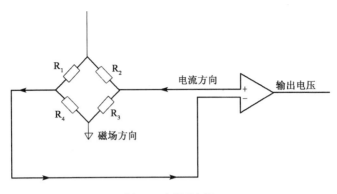

图 7-3 惠斯通电桥

微型处理器主要用于数字信号的处理:将来自 AMR 传感器的电信号转化成特殊格式的数字信号,用于车辆的识别检测。通信模块是地磁车辆检测器中能源消耗较高的部分,因此,为了延长磁钉的使用寿命,通信模块的设计要在满足检测需要的同时,尽量降低电量的消耗。目前应用的多种无线技术具有一致的特点,即高效、远距、低功耗。通过对体积小、能耗低的蜜蜂采蜜过程的观察,人们发现蜜蜂通过相互交流传输采集到的花粉。它们实现了一种与无线传输相似的简洁的通信方式,这种通信方式被命名为 ZigBee 技术。应用 ZigBee 技术,系统在无工作任务时会自动进入休眠模式从而降低能耗,其系统简单,开源协议,大大降低了设备的开发成本,可以很好地应用于地磁车辆检测系统中的信号数据传输。在数据传输过程中,可以通过 ZigBee 技术配合路由器进行中继传输,如图 7-4 所示。

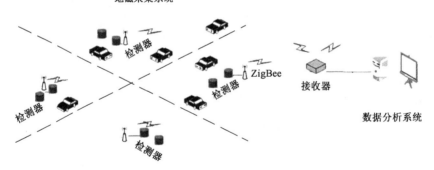

图 7-4 地磁车辆检测系统工作原理

三、数据采集原理简介

在一定范围(几千米)内,地球磁场是均匀分布的,地球磁场强度几乎不变(平均强度约为 0.05~0.06mT)。汽车车身的主要部分均为铁磁体(发动机、底盘、变速器等),铁磁体只要进入磁场就会使磁力线发生变化。测量磁场强度的变化量,根据地磁强度的数据结合不同算法计算,即可得到通行车辆的参数,进而可以获取流量、密度、时间占有率、车型、速度及其他交通基础数据。

如图 7-5 所示,在磁场区域稳定的情况下,车辆的驶入会对这一范围内地球磁场的磁力线产生一定干扰,干扰程度受铁磁体的形状、质量、内部结构以及通过速度的影响。因此,不同的车辆对地球磁场的扰动程度不同,相同车辆以不同的速度通过同一片区域时,对这一片区域内磁场的扰动程度也会不同。AMR 传感器利用磁场变化实现对通过车辆的检测,进而将磁场变化量转化为电信号,电信号再经过磁钉内部微型处理器被转化为便于分析的数字信号。磁阻检测通常结合 ZigBee 无线传感技术将数字信号传给接收器,利用数据分析程序获得车辆行驶的具体信息,如图 7-6 所示。

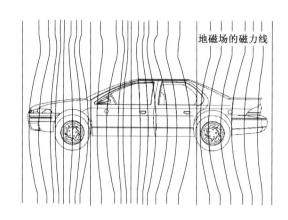

图 7-5　车辆周围地磁场扰动

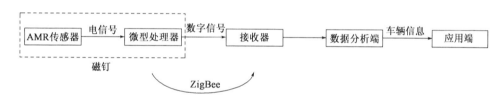

图 7-6　地磁感应检测原理图

四、数据格式与上传方式

在地磁感应检测中,车辆的检测信号数据为时间序列(Time Series)数据,即按时间顺序排列的、具有相等时间间隔的数据集合,记为 $X=\{x_1,x_2,\cdots,x_n\}$,其中,$x_i=(t_i,v_i)$ 为时间序列的状态点,表示在 t_i 时刻时间序列的值(在地磁感应检测中为输出电压值)为 v_i,n 为时间序列的长度。数据的传输经过两层:第一层为原始数据收集,通过磁钉收集地磁场数据,经过放大器处理及无线传输,发送至接收器;第二层为数据处理,CPU 将数据读入数据处理线程,通过识别算法判断车辆状态。两层传输中数据分别有不同的格式。当检测到车辆的数据时,检测数据将被发送到上位机供调查与决策者使用。

对于地球磁场,其要素有地磁总强度 F、水平分量 H、垂直分量 H_z、东分量 H_y、北分量 H_x、磁偏角 D(水平分量 H 与 x 轴的夹角)、磁倾角 I(地磁总强度 F 与水平分量 H 的夹角),如图 7-7 所示。地磁车辆检测法可根据研究的地磁要素不同分为垂直分量检测法(H_z)和水平分量检测法(包括 H_x、H_y、H、D)。

在第一层数据传输中,将得到的地磁场信息(x 轴磁场值、y 轴磁场值、z 轴磁场值、磁偏角值等)、所接收磁板编号和所发送磁钉的编号按照数据包格式,以一定传输间隔传输。通过数据处理线程对数据进行解析,得到机动车基本信息,再利用第二层传输线程将信息发送至上位机。在第二层数据传输中,根据对信息的不同需求,分四种方式上传,包括定时上传、命令上传、事件上传和方波上传。通过定时上传方式,调查者可以接收到定长时间间隔内的车辆数据。调查者也可以采用命令上传方式,即通过上位机向数据处理线程发送请求命令,从而得到最新的时间间隔内的车辆信息。当调查者需要获得每一辆车通过时的数据时,可以采用事件上传方式。事件上传方式为当数据处理线程检测到有车辆通过时,及时上传该车辆的信息至上位机,数据类型主要包括上传日期和时间、车长、即时速度、检测磁钉及接收板编号等。当调查者需要获得车辆占有磁钉状态的数据时,可以通过方波上传方式实现。当检测到有车辆开始通过某一车道时,检测器将与该车道对应的输出电位调至高电位,直到该车辆完全通过。上位机一般可利用通信修改检测器的工作方式。

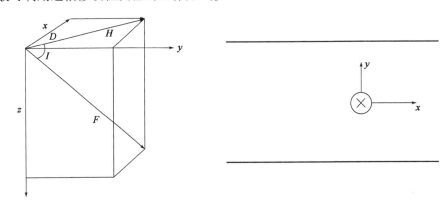

图 7-7 地磁要素图

在应用端,调查者可对上传的数据进行统计分析,从而判断某一断面、某一车道、某一道路的车辆运行状况。表 7-1 所示为一地磁车辆检测系统应用端接收到的数据格式,可以通过该系统接收路段及交叉口的流量、占有率、速度等数据。表 7-2 与表 7-3 分别展示了使用该地磁车辆检测系统在截取时间内对路段及交叉口进行检测时应用端接收到的检测数据。

地磁车辆检测系统应用端接收到的数据格式　　　　　表 7-1

序号	数据类型	表示	说明
1	路段 ID	CINTSID	应用端所获数据来源的路段 ID
2	路段名称	CINTSNAME	应用端所获数据来源的路段名称
3	检测器 ID	DETECTOR	每一个检测器拥有的 ID
4	检测时间	RUNTIME	检测器运行的时间
5	起始时间	BRGINTIME	检测器运行的起始时间
6	终止时间	ENDTIME	检测器运行的终止时间
7	行驶方向	DIRECTION	车辆运行的方向,使用 0 与 1 来表示
8	流量	VOLUME	检测时间内的流量
9	相位数	CURRENTPHASE	交叉口处的信号相位数
10	绿灯时间	GREENTIME	交叉口信号灯绿灯时间
11	相位 ID	PHASEID	交叉口处信号相位 ID

地磁车辆检测系统应用端接收到的路段数据　　　　　　　　　表7-2

序号	CINTSID	DETECTOR	RUNTIME	VOLUME	CINTSNAME
1	104	1	2013-6-5 8:00	183	科学大道与天达路
2	104	2	2013-6-5 8:00	2	科学大道与天达路
3	104	3	2013-6-5 8:00	179	科学大道与天达路
4	104	4	2013-6-5 8:00	123	科学大道与天达路
5	104	5	2013-6-5 8:00	35	科学大道与天达路
6	104	6	2013-6-5 8:00	7	科学大道与天达路
7	104	7	2013-6-5 8:00	1	科学大道与天达路

地磁车辆检测系统应用端接收到的交叉口数据　　　　　　　　　表7-3

序号	CINTSID	DETECTOR	DIRECTION	BRGINTIME	ENDTIME	VOLUME	CURRENTPHASE	GREENTIME	PHASEID
1	204	11	0	2013-3-8 10:05:11	2013-3-8 10:05:32	1	3	20	4
2	204	9	0	2013-3-8 10:05:11	2013-3-8 10:05:32	1	3	20	4
3	204	18	0	2013-3-8 10:05:11	2013-3-8 10:05:32	2	3	20	4
4	204	3	0	2013-3-8 10:05:11	2013-3-8 10:05:32	1	3	20	4
5	204	17	0	2013-3-8 10:05:31	2013-3-8 10:05:41	1	4	9	7
6	204	6	0	2013-3-8 10:05:31	2013-3-8 10:05:41	1	4	9	7
7	204	18	0	2013-3-8 10:05:40	2013-3-8 10:06:04	1	5	23	1
8	204	6	0	2013-3-8 10:05:40	2013-3-8 10:06:04	3	5	23	1
9	204	6	0	2013-3-8 10:06:03	2013-3-8 10:06:22	2	6	18	2

第二节　地磁车辆检测数据预处理技术

一、检测数据偏差及处理

地磁车辆检测器检测出的信号序列会出现噪声干扰、数据不连续、基准值漂移等现象。噪声干扰是指信号序列受噪声干扰后的波形不光滑；数据不连续是指信号序列在个别时间点出现断点或异常值；基准值漂移是指信号序列受铁磁体影响后呈现出的现象。

因此，如何更好地从信号序列中提取出准确的车辆信息是基于地磁传感器的车辆检测算法首先需要解决的问题。对于噪声干扰,可以通过过滤高频信号的方法增强波形平滑性;对于数据不连续,可以通过异常检测标示出异常数据;对于基准值漂移,可以对信号数据进行定时校正,在下一个校正时刻调整漂移的基准值。

二、信号过滤及平滑处理

基于上述影响因素,对于检测数据首先要进行信号序列处理,常用方法介绍如下。

1)滤波处理

由于在传送信号时存在电路干扰及环境噪声等外部因素,所分析的信号往往产生尖峰或突变部分,检测信号会出现高频的毛刺现象。因此,必须先对信号作预处理,保留有效信号,如图 7-8 所示。常用的预处理方法为滤波处理,该方法以傅立叶变换为基础,可进一步分为均值滤波法和中值滤波法两种。

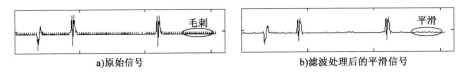

图 7-8　滤波处理前后信号对比

(1)均值滤波法。

均值滤波法是典型的线性滤波算法,可在波动比较小的范围内削弱高频干扰。均值滤波法公式如下。

$$f(x)=\begin{cases} \dfrac{H_s(k)+H_s(k-1)+\cdots+H_s(1)}{k}, & k<N \\ \dfrac{H_s(k)+H_s(k-1)+\cdots+H_s(k-N+1)}{N}, & k\geqslant N \end{cases} \quad (7-1)$$

式中:$H_s(k)$——采集器在 k 时刻采集到的信号,为待检测车辆信号、地球磁场信号、干扰信号的叠加;

N——采样频数。

(2)中值滤波法。

中值滤波法基于排序统计理论,把数字序列中某一点的值用该点的一个邻域中各点值的中值替代,从而达到消除孤立噪声点的目的。相比于均值滤波法,中值滤波法对脉冲噪声有良好的剔除作用,且在剔除噪声的同时还能够保护信号的边缘。

2)小波分析

由 Morlet 于 20 世纪 80 年代首创的小波分析(Wavelet Analysis)也可用于高频噪声的过滤及信号的平滑处理。小波变换(Wavelet Transform)是一种崭新的频率域分析理论,已成为傅立叶分析的新阶段。传统的傅立叶变换只能得出信号范围,无法给出信号的具体细节,如结构、大小以及不同尺度之间的关系。与之相比,小波变换具有正交性、方向选择性、可变的时(空)频率分辨率及所需数据量小等优点,是更加有效的信号处理工具。

已有研究基于地磁感应的交通检测方法提出了利用小波分析进行数据预处理的两个步骤。第一步是小波变换,通过研究信号在各个时空中不同尺度的演变情况,实现时频局部化分析,变换后的数据剔除了含有高频噪声的数据;第二步,通过小波重构拟合出光滑、干净的数据。小波处理后的信号对比如图7-9所示。

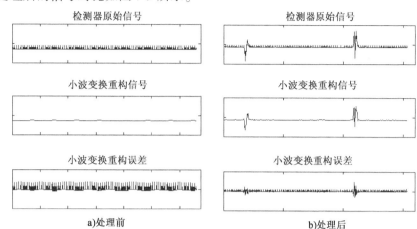

图7-9 小波处理后的信号对比

三、车辆存在识别算法

目前国内外基于地磁车辆检测技术普遍使用以下几种方法检测车辆的存在,分别是固定阈值法、状态机检测法、自适应阈值法。

1)固定阈值法

固定阈值法是指通过设定信号波动阈值,将受到干扰时 z 轴方向的地磁信号和固定的阈值进行比较,当超过一定阈值时,可判定为有车辆到达,否则将判定为其他干扰。但由于地磁车辆检测器的周边环境较复杂,影响因素较多,检测到的时间序列往往存在断点和异常值,容易引起车辆误检。

2)状态机检测法

状态机检测法通过设定中间状态消除噪声的干扰,该算法具有较强的稳定性。状态机检测法可以根据中间状态的个数分为单中间状态检测法和多中间状态检测法。

(1)单中间状态检测法。

单中间状态检测法将采样的地磁序列输入状态机并设置检测基准值。Knaian首次提出了应用于车辆检测中的状态机算法,如图7-10所示。状态机包含未触发状态、半触发状态、完全触发状态和计数状态,其中半触发状态为中间状态。该算法设定了最大阈值 T_{max} 和最小阈值 T_{min},当输入信号值为正且大于 T_{max} 时,状态机由未触发状态进入完全触发状态;进入完全触发状态后,若信号值为负且其绝对值大于 T_{max},进入计数状态,否则进入半触发状态;当进入计数状态后,若输入值为正且大于 T_{max},将返回完全触发状态;若信号绝对值小于 T_{min},进入未触发状态;进入半触发状态后,输入值在最小阈值与最大阈值范围内达到一定时间间隔后重置至未触发状态。

(2)多中间状态检测法。

多中间状态检测法包含两个及以上的中间状态,不仅可以检测车辆进入检测区的时刻,还能够判断车辆离开检测器的状态,可从时间序列中获得更加详细的车辆信息。Jiagen Ding提出了多中间状态检测法,如图7-11所示。多中间状态检测法的状态机包含5个状态:no car、car、count1、count0 和 count00。输入为 $\mu(k)$,其中间状态为 count0、count00,输出为 car、no car。首先将采集的信号 $f(k)$ 转换为二值化信号并作为 $\mu(k)$ 状态机输入,设置阈值 $T(k)$,当 $f(k) > T(k)$ 时,$\mu(k) = 1$,否则 $\mu(k) = 0$。在状态机中的 count1、count0 和 count00 状态上分别设置一个计数器,并设定阈值 M_s,发生状态转换时该计数器的值均置于 0。工作过程:起始状态为 no car,$\mu(k)$ 为 0 时保持在该状态;若 $\mu(k)$ 为 1,进入 count1;进入 count1 后,若 $\mu(k)$ 为 0,跳至 count0,否则对连续出现的 1 序列进行计数,当 $\mu(k)$ 为 1 且计数值大于或等于 M_s 时,则进入 car;进入 count0 后,对连续出现的 0 序列进行计数,当 $\mu(k)$ 为 0 且计数值大于或等于 M_s 时,则进入 no car,否则返回 count1;进入 car 后,若 $\mu(k)$ 为 1 则保持该状态,否则进入 count00;进入 count00 后,若 $\mu(k)$ 为 1 且计数值小于 M_s,则返回 car,若 $\mu(k)$ 为 0,对后面连续的 0 序列计数,当 $\mu(k)$ 为 0 且计数值大于或等于 M_s 时,进入 no car。输出 car 代表有车,no car 代表无车。

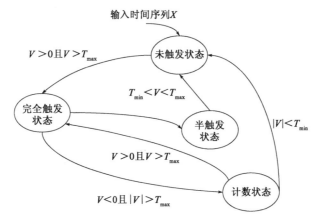

图 7-10 Knaian 提出的单中间状态检测法

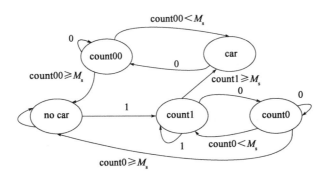

图 7-11 Jiagen Ding 的多中间状态检测法

3)自适应阈值法

自适应阈值法是在固定阈值法的基础上考虑了一定范围内磁场基准动态与阈值的变化,其识别流程如图 7-12 所示。检测车辆通过终端后,周围地磁场恢复,此时对周围磁场强度与设定的阈值做比较。若超过阈值,则终端一定范围内磁场发生了变化,应对强度阈值进行更新。无车经过时,信号比较平稳,不会出现大的方差变化;车辆经过时,地磁传感器所采集的数据会产生大的波形变动,此时将无车通过时的方差值与当前的方差值进行比较,以判断车辆存在与否。

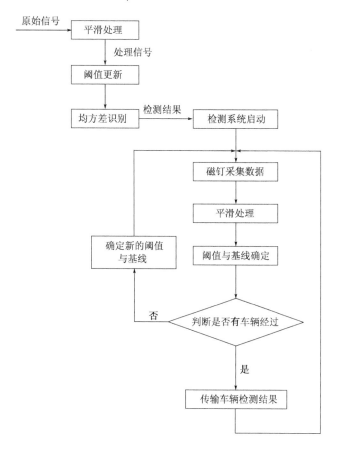

图 7-12 自适应阈值法识别流程图

第三节 地磁车辆检测器的应用

地磁传感器可获得时间占有率、交通流量与饱和度、车辆速度和车型等交通流参数。本节将对如何获取这些重要参数进行详细介绍。

一、时间占有率的计算

时间占有率(Occupancy)代表车辆的时间密集度,即单位周期内道路上某点或路段被车辆占用的时间百分比。使用地磁车辆测速器可以对时间占有率进行测定,如图7-13、图7-14所示。从车辆经过传感器时的波形图可以获取车辆 i 进入磁钉感应区域的时间点 $t_{on}(i)$,离开磁钉感应区域的时间点 $t_{off}(i)$,则其占用传感器的时间为 $t_o(i) = t_{off}(i) - t_{on}(i)$,记录一段固定时间间隔 T 内,经过车辆的占用传感器时间,如经过 n 辆车,各辆车占用时间分别为 $t_o(1)$, $t_o(2)$,…,$t_o(n)$,则 T 时间内的时间占有率 t_{occ} 可通过下式表示:

$$t_{occ} = \frac{\sum_{i=1}^{n} t_o(i)}{T} \times 100\% \tag{7-2}$$

式中：$t_{on}(i)$——第 i 辆车开始压地磁感应线的时间点；
$t_{off}(i)$——第 i 辆车离开地磁感应线的时间点；
$t_o(i)$——第 i 辆车压地磁感应线的时间；
T——时间计算周期。

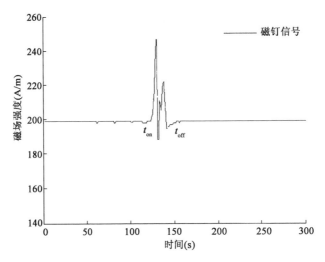

图 7-13　车辆 i 经过检测器时的波形图

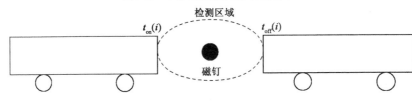

图 7-14　时间占有率检测示意图

二、交通流量与饱和度检测

使用地磁车辆检测器可以对一定时段内通过某一车道或道路的车流量进行检测。通过在车道下方预埋设磁钉，检测 T 周期内通过磁钉检测范围的车辆数 N，可以计算单位时间内通过该节点或车道的交通流量：

$$q = \frac{N}{T} \tag{7-3}$$

式中：q——交通流量；
N——T 周期内被检测到的车辆数；
T——时间计算周期。

进而，通过计算得到的交通流量 q 与路段通行能力 c 的比值，可得到检测器所在车道或断面的饱和度 $x = q/c$。

三、车辆速度检测

若使用单个磁钉对车辆速度进行检测，往往需要对车辆长度进行预估。先预设通过单个磁钉的车辆长度 L，利用实际车辆到达磁钉时刻 t_1 和离开磁钉时刻 t_2，得到车辆通过磁钉的时间 $T = t_2 - t_1$，从而估算出车辆的速度 $v = \frac{L}{T}$。但是，实际通过车型的不同将导致预估的车辆长度与真实的车辆长度不一致,使得使用单个磁钉检测到的车辆速度存在较大误差。故在实际中往往使用双磁钉检测算法对车辆速度进行检测,其原理如下:

在行车道的中央位置布设两个检测区域、信号频率相同的传感器,传感器之间的距离不宜过大,一般取 4~6m,如图7-15所示。由于两磁钉之间距离较短,传输速度较快,故可以认为车辆匀速通过。经过对前、后磁钉信号的处理,便可分别获得车辆到达两磁钉检测区域的时间间隔 t_1、车辆离开两磁钉检测区域的时间间隔 t_2,两磁钉之间的距离 Δl 即为车辆到达与离开两磁钉检测区域所经过的距离,如图7-16所示。故车辆速度 $\bar{v}$ 计算公式如下:

$$v_1 = \frac{\Delta l}{t_1} \tag{7-4}$$

$$v_2 = \frac{\Delta l}{t_2} \tag{7-5}$$

$$\bar{v} = \frac{v_1 + v_2}{2} \tag{7-6}$$

式中:Δl——两磁钉之间的距离;

t_1——车辆到达两磁钉检测区域的时间间隔;

t_2——车辆离开两磁钉检测区域的时间间隔。

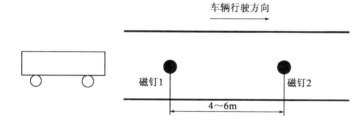

图7-15 双磁钉埋设示意图

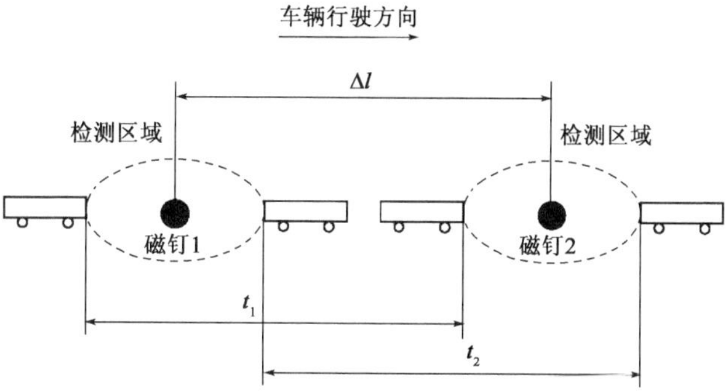

图7-16 双磁钉车速测量示意图

四、车型分类

对于双磁钉的车辆时间占有率,可以通过下式得到:

$$\bar{t}_o = \frac{t_{o1} + t_{o2}}{2} \times 100\% \tag{7-7}$$

其中,t_{o1} 与 t_{o2} 分别为车辆在磁钉1与磁钉2的时间占有率,如图7-17所示。基于上一节

求得的车速,便可得到车辆车长计算公式:
$$L = \bar{v} \cdot \bar{t_o} - 2R \tag{7-8}$$
其中,R 为距离参数,基于车长的计算,便可对通过磁钉检测区域的车辆车型进行分类。

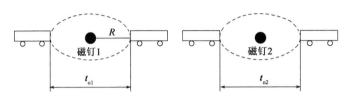

图 7-17 双磁钉车长测量示意图

【复习思考题】

1. 简述地磁车辆检测器数据采集的基本原理。
2. 地磁车辆检测数据的影响因素有哪些?针对这些影响因素,有哪些常用的数据预处理方法?
3. 地磁车辆检测器可获得哪些交通流参数?选择一个参数进行具体分析。

【本章参考文献】

[1] 樊海泉,董德存.基于模式匹配算法的车型识别研究[J].微型电脑应用,2002,18(4):20-21,19.
[2] 李谋成,徐满意.基于地磁传感的交通监测系统[J].大连大学学报,2005,26(4):19-23.
[3] 陈华.基于AMR地磁感应检测器的车辆检测和分类识别[D].天津:天津大学,2009.
[4] MARCUS K H. Vehicle magnetic sensor:USA,4425717[P].1984-01-17.
[5] 郑然.基于AMR效应的磁阻位移传感器的设计[D].西安:西北工业大学,2007.
[6] PATTERN Z. Introduction to ZigBee wireless sensor networks [J]. ZigBee protocol,2015:1-12.
[7] Caruso M J, WITHANAWASAM L S. Vehicle detection and compass applications using AMR magnetic sensors[J]. Sensors expo proceedings,1999:1-13.
[8] 苏东海.基于地磁感应的交通流检测方法研究[D].天津:天津大学,2007.
[9] CHEUNG S Y, COLERI S Dundar B,et al. Traffic measurement and vehicle classification with a single magnetic sensor[J]. Transportation research record,2005(1917):173-181.

[10] HARLOW C, PENG S. Automatic vehicle classification system with range sensors [J]. Transportation research part C:emerging technologies, 2001, 9(4): 231-247.

[11] NERSES K A. A wireless sensor network for smart roadbeds and intelligent transportation systems[D]. Boston: Massachusetts Institute of Technology, 2000.

[12] 潘霓,骆乐,闻育.基于磁阻传感器的车辆检测算法综述[J].计算机工程与应用,2009, 45(19): 245-248.

第八章
基于视频检测技术的交通调查

第一节 视频检测技术概述

基于视频检测技术的交通调查是指综合利用图像处理、计算机处理、视觉技术、模式识别、信号处理及信息融合等技术分析并处理交通视频图像。通过将安装在道路上方的摄像机所拍摄的交通视频图像进行处理,可获得一定时间内某路段交通流量、车速、占有率,为交通控制管理决策提供重要依据。也可提取被观测车辆的车牌号、车型等车辆特征以及速度、加速度、运动轨迹等数据,为交通管理人员再现交通拥堵、超速、违章等交通场景。

一、视频检测系统的组成及工作原理

视频检测系统主要由摄像机、视频检测器主机、管理服务器、客户端等组成。视频检测系统工作原理是通过视频监控系统采集视频图像,并在视频图像范围内设置检测区,采用动态图像背景自适应技术、车辆图像动态跟踪技术等多项计算机视觉处理技术,并辅以计算机模式识别原理,获得并统计交通信息(如流量、速度、事件等),对异常道路交通事件和交通违法事件在第一时间内取证抓拍并向指挥中心报告(图8-1)。

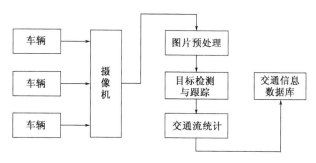

图 8-1 视频检测系统工作原理

二、视频检测技术的优缺点

通过对视频检测数据进行处理和分析,可获得多种交通信息,如①交通流运行参数:车辆速度、车流密度、车头时距、车头间距、交通流量、时间占有率;②车型信息:车型的分类;③实时事件信息:逆向行驶、照明变化(特指隧道)、散落物(一定体积以上)、排队、停车;④拥挤信息:交通延误、拥挤自动检测算法得到的时间警告。视频检测系统相对于其他检测系统,主要有以下优点:

(1)检测的内容丰富:可以检测到的信息包括事故事件、车型、交通流量、路段交通密度、车道时间和空间占有率、跨线(跨车道)行驶车辆、停车时间、停车排队长度等。

(2)提供数据、事件、行人存在等多种检测类型,并能根据用户需求自由组合。

(3)采用机架式结构,单个机架最多支持 8 路视频。

(4)检测范围广:同时检测多个车道,实现大区域路段范围的交通流观测。

(5)设置灵活、调整容易:可以在视场范围内设置多个不同类型的虚拟检测区;当道路扩建或更改时,可方便、直观地在计算机上移动虚拟检测区的位置或改变其大小,以满足不同的交通应用和道路覆盖范围等要求。

(6)安装简便,维护方便,无须破坏路面。

但是视频检测技术也存在一些不足之处,主要表现为检测效果受环境变化的影响,图像处理的精度和实时性都较低,制约了该技术的实际应用。尽管如此,随着图像信号处理技术的发展,融合各种数据采集技术,采用严密的算法,提高系统的适应性和鲁棒性,获取更加完整、准确的交通信息,是视频检测技术未来的发展趋势。

三、视频检测技术的应用

随着视频图像处理和计算机图形识别技术的不断提高以及硬件和后期运营成本的降低,视频检测技术的应用范围不断扩大,可应用到以下几个方面:

1. 车辆安全与辅助驾驶

我国 ITS 体系框架中的服务领域之一就是车辆安全与辅助驾驶,包括视野扩展、安全状况分析、自动车辆驾驶等服务,而在这几项服务中均不同程度地应用了视频检测技术。

2. 交通管理与规划

在交通流量的检测方面,视频图像技术的应用可以有效辅助系统对各个路段二维交通流信息进行准确获取,以此对相关信息进行分析与统计。而信息的提取则基于对路面车辆情况的检测,这时可以通过特定图像处理算法检测路面监控范围内有无车辆经过,此外还可检测车辆行驶速度。

3. 收费监控

目前的收费站出入控制系统主要由车辆检测系统和抬杆放行系统组成。在高速路的各个出入口安装车牌识别设备,车辆驶入时识别车辆牌照并将入口资料存入收费系统,车辆到达出口时再次识别其牌照并根据牌照信息调用入口资料,结合出入口资料实现收费管理。这种应用可以实现自动计费并防止作弊,避免应收款的流失。

第二节　基于视频检测技术的交通数据采集与处理

基于视频检测的交通信息获取技术的关键在于有效且准确检测和提取目标车辆。其实质是利用图像处理技术对交通视频图像中连续画面中变化部分进行分析,进而获取目标车辆的各种特征,最终统计所获得道路交通信息。因此,运动目标的有效检测是获取交通信息的前提。

一、视频检测的算法研究

视频交通流检测系统是一种利用图像处理技术实现对交通目标检测、分析、处理的系统,通过对交通主体各种行为的实时检测,实现自动分析交通流参数,判断交通状态,以达到检测交通状况的目的。同时,通过构建交通历史信息数据库,可方便交通管理者对历史交通问题进行追溯,以改善交通运行环境,提高道路的使用率,缓解交通拥堵等问题。

1. 运动目标检测的基本算法

目标检测(Object Detection)的主要任务是从图像中定位感兴趣的目标,准确判断每个目标的具体类型,并给出每个目标的边界框。运动目标的有效检测及提取主要是指将图像序列中的变化区域通过一定的算法从背景中准确地提取出来,其已经成为计算机视觉、目标识别及跟踪等领域的研究热点。

1)背景差法

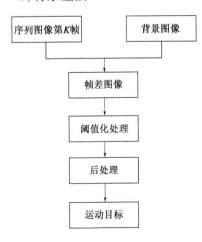

图 8-2　背景差法流程图

背景差法是目前处理交通图像使用最广的方法之一。其基本原理是用一幅不断更新的无车辆的图片作为背景,将当前图像与背景图像相匹配,与背景模型相匹配的像素被称为背景,不匹配的像素被称为前景(运动目标)。其优点是简单、高效,有利于目标的准确定位,适用于摄像头静止的交通监控视频。背景差法的基本流程如图 8-2 所示。

2)帧差法

帧差法是最常用的一种运动目标检测和分割方法,也称为时间序列差分法,它是将时间序列上相邻两帧或者多帧图像对应的像素相减,滤除图像中小于设定阈值的像素即静止的景物,仅保留大于设定阈值的像素即运动目标的信息,适用于背景静止的条件。该方法主要有相邻两帧图像差分法和连续三帧图像差分法。图 8-3 主要介绍相邻两帧图像差分法的流程。

3)光流法

光流法目标检测的基本思想是分析图像序列中各像素点对应的运动变化,可以把光流定义为图像平面上亮度引起的坐标矢量的瞬时变化。但是,当外部光照条件改变时,即使目标没有运动也有可能检测到光流,因此物体的真实运动情况不一定可以被反映出来。光流场可以近似为运动场的二维投影,可以利用光流场来分析图像中的运动目标及运动参数。光流法检测

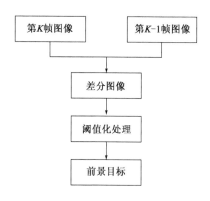

图 8-3 相邻两帧图像差分法流程图

运动目标的原理是,在确定光流场后,去除随机噪声的影响,如果在检测期间内某一运动向量和邻域(背景)的运动向量不同,则判定该处位置有运动目标。依据分析方法可以将光流场的算法分为基于时空梯度的算法和基于频率域的算法等。

上述三种方法的综合性能对比如表 8-1 所示。

运动目标检测算法的综合性能对比　　表 8-1

方　法	性　能				
	光线适应性	噪声抑制	静止目标	速度快慢	内存需求
背景差法	一般	好	好	较快	小
帧差法	较好	较好	差	快	一般
光流法	差	一般	差	慢	一般

2. 基于深度学习的视频目标检测算法

传统的目标检测方法倾向于选择统一的特征应用于多目标的分类与识别,其准确度往往无法满足实际需求,从而导致分类的错误率较高。为了提取更深层次的特征,Hinton 在 2006 年提出了深度学习的思路,即利用深度神经网络从大量的数据中迭代学习到高级语义特征。相比于传统方法,该方法获取的图像特征更丰富,表达力更强。实际上,这两类基于深度学习的目标检测算法均应用较广。

1)Two-stage 目标检测方法

该类算法是基于 Region Proposal 的 R-CNN 系算法,包括 R-CNN、Fast R-CNN、Faster R-CNN。Region Proposal 即图中目标可能出现的位置。该类算法首先使用启发式方法(Selective Search,选择性搜索)或者 CNN(Convolutional Neural Network,卷积神经网络)(RPN)产生 Region Proposal,然后在 Region Proposal 上进行分类与回归。

具有代表性的算法是由 Girshick 等首先提出的 R-CNN。该算法将检测问题分为包括选择搜索的区域建议、CNN 预训练、CNN 迁移训练、SVM 分类以及边界区域回归等部分。为了提高 R-CNN 的训练效率,Fast R-CNN 随后被提出,用在最后一层特征图上的区域建议代替 R-CNN 中在原始图片上的区域,减少对每一个候选框的多次重复特征提取,进而减小特征提取过程中的计算量。而在 Faster R-CNN 中,一个由卷积操作构成的区域建议网络被提出,该部分代替之前的选择搜索算法,可以同主干网络一起进行端到端的训练,极大地提高训练速度。

以上 R-CNN 系算法的这种 Two-stage 的候选框建议的方法虽然具有较高的检测精度,但是却降低了检测的速度。虽然后续的改进模型,如 Fast R-CNN 和 Faster R-CNN 致力于在加速目标检测上取得突破,但是候选框区域生成的过程仍不可避免地带来更多的运算消耗。

2) One-stage 目标检测方法

同时进行区域回归和目标分类的 One-stage 目标检测方法,最基础的有 YOLO 系列和 SSD 算法。One-stage 算法准确率没有 Two-stage 算法高,但其速度较快。

YOLO 全称为 You Only Look Once,意思为算法只需要进行一次 CNN 运算。该算法将原始图像分成 $N \times N$ 的均匀网格,同时预测每个网格内物体的边框和分类置信度,该置信度包含两层含义,即边界框含有目标的可能性大小和边界框的准确度。

SSD 全称为 Single Shot Multibox Detector,其中 Single Shot 表示 SSD 算法属于 One-stage 方法,Multibox 表示 SSD 是多框预测。SSD 算法在 YOLO 的基础上主要做了三点改进,即绘制多尺度特征图、利用卷积进行检测、设置先验框,因此,其在准确度和速度上均优于最原始的 YOLO 算法。SSD 算法在每个像素位置上生成多个固定尺寸的区域(因大小和长宽比的不同一般固定为 6 个或 9 个),并同时预测分类置信度,便于进一步区域回归。该类方法省略了候选区域建议的过程,虽然大大提高了检测速度,但忽略了许多小目标和密集目标的信息,在一定程度上降低了检测精度。

3. 传统视频跟踪算法

近年来,随着人们对智能监控和视频的智能处理需求的增加,以及计算机技术、图像处理、人工智能等领域的迅猛发展,视频跟踪技术得到了长足的发展,许多效果良好的视频跟踪算法被提出。其中比较有代表性的有 Struck、TLD(Tracking-Learning-Detection)、SCM(Sparsity-based Collaborative Model)、MIL(Multiple Instance Learning)、VTD(Visual Tracking Decomposition)等。此外,还有许多较流行的方法,如 ASLA(基于自适应结构的稀疏表达模型)、VTS(Vector Taylor Series)、IVT(Incremental Visual Tracking)、CXT(Context Tracker)等。

4. 基于深度学习的视频跟踪算法

传统视频跟踪算法大多使用了诸如 SVM 和 Boosting 等浅层模型,而浅层模型并不具备强大的特征表达能力,且靠人工进行特征提取,这需要较丰富的专业领域知识和特定的应用场景,这些缺陷限制了传统视频跟踪算法的性能和发展。利用深度学习的深层结构可以从大量数据中主动学习目标的特征,从而避免手工设计几百万个参数的漫长过程。

1) SAE 的视频跟踪算法

SAE(Stacked Auto Encoder,堆栈自编码器)是一种无分类标签的深度神经网络,其输入向量与输出向量具有相同的维度,通过隐层来学习数据表示或对数据进行有效编码。由于采用的是无监督的训练方法,SAE 提取特征的目的并不是执行分类任务,而是获得更好的信息表示。为了提高 SAE 的泛化能力和鲁棒性,在其输入层和隐层中引入随机噪声,即通过稀疏性约束或随机强制使某些值置零。通过重构出没有噪声的原始信息,达到降低噪声的目的,也称为堆栈降噪自编码器(SDAE)。

2) CNN 的视频跟踪算法

当前,视频跟踪算法所采用的深度模型大多为 CNN,这与它的研究发展和自身结构特点息息相关。在图像和视觉领域，CNN 是应用较成功的一个深度模型。如著名的深度网络 Alex Net、R-CNN、Deep2D-Net、VGG、Google Net，采用的都是 CNN。

基于 CNN 与基于 SAE 的视频跟踪算法不同的是，它可以不与传统视频跟踪算法结合而独立完成跟踪任务。当然，为了提高算法的某些性能，不少的方法仍结合了传统视频跟踪算法，如粒子滤波、SVM 和 Boosting 等。

二、基于视频检测技术的车流量统计方法

1. 基于虚拟线圈的车流量统计方法

基于虚拟线圈的车流量统计方法的原理与交通道路上常见的物理线圈类似。在运动目标驶过虚拟线圈的过程中，对于二值化等处理后的连续视频图像帧，前景像素值为 255，而背景像素值则都变为 0。因此，线圈中出现的图像颜色会呈现由白变黑又变白的过程，此时用预先设计好的算法对线圈中变化的像素规律进行判断，便可实现对车流量的检测。

2. 基于目标跟踪的车流量统计方法

基于目标跟踪的车流量统计方法的基本原理是对预处理后的连续视频图像帧中带有车辆目标属性的信息（如车辆大小、位置、形状等）进行分析，再对下一帧所有像素点进行匹配，以此找到含有上一帧车辆目标属性信息的像素点，在连续帧之间重复此步骤，从而实现对车辆目标轨迹的跟踪，最后通过连续时间内轨迹变化的持续性来完成对运动目标的统计。

三、基于视频检测技术的车速检测方法

基于视频检测技术的车速检测方法是在一系列车辆检测及跟踪算法的基础上发展而来的，大致可分为两类：第一类主要是使车辆在交通道路上通过固定的位移，并对通过该段位移的实际时间进行测量来实现对其车速的检测，如虚拟线圈车速检测法等；第二类主要是通过对固定时间的交通道路上目标行驶过的位移进行测量来实现对车速的检测，如特征匹配车速检测法、车牌定位车速检测法、运动矢量车速检测法等。

1. 虚拟线圈车速检测法

虚拟线圈车速检测法的原理是在视频图像中交通道路上设定两个或两个以上的虚拟线圈，固定好虚拟线圈之间距离，通过标定视频图像，可求得实际道路上对应的距离。当目标车辆通过虚拟线圈时，线圈内的灰度变化超过指定阈值后，线圈被激活，开始计时，当目标车辆完全通过该线圈时，则线圈被重置为初始状态，当最后一个线圈被目标车辆激活时，结束计时，得到通过该段路程的时间，从而根据速度公式求得目标车辆的实际速度。

2. 特征匹配车速检测法

特征匹配车速检测法的主要原理是通过对目标车辆的某些特征进行采集，在连续视频图像序列中对前景目标进行特征匹配，匹配成功后获得目标车辆行驶轨迹，再通过图像与实际道路坐标的转化得到实际交通道路中车辆运行的轨迹，最后根据帧差时间得到实际行驶速度。

3. 车牌定位车速检测法

车牌定位车速检测法的基本原理是对得到的视频图像进行一系列处理后,再对带有车牌号的前景目标进行提取并获得每一帧中所处的图像坐标,在连续帧间进行处理以实现对车牌的定位及跟踪,最后将图像坐标转换为实际路面坐标从而获得车牌实际位移,再除以帧差时间以实现对其速度的检测。

4. 运动矢量车速检测法

运动矢量车速检测法对运动目标的跟踪过程类似于运动目标跟踪方法,即得到目标移动的坐标轨迹后,通过计算求得车辆速度。其中较为常用的跟踪算法有基于 Mean Shift 的跟踪方法、基于卡尔曼滤波的跟踪方法等。

四、基于视频检测技术的交通行为调查方法

视频检测技术由于在数据采集的过程中不会对观测对象造成影响或干扰交通运行,可获取自然驾驶数据,因此在研究车辆交通行为时能够获得较为可靠的观测结果。加上其具有安装配置较简单、成本低、可观测样本量大、观测信息丰富等优点,尤其是支持多车道交通状态获取、可观测区域广,可捕捉道路上车辆换道、跟驰的行车轨迹,故成为交通行为研究主要的数据采集方法。

1. 美国 NGSIM 数据

美国联邦公路局和交通运输部联合发起的 NGSIM(Next Generation Simulation)计划和 SHRP 2(Strategic Highway Research Program 2)等大型项目均采用了视频检测技术。2004 年,美国联邦公路局(Federal Highway Administration,FHWA)发起了"次时代仿真 NGSIM 研究计划",通过共享高精度的车辆轨迹数据,为研究者提供了统一的研究模型和参数标定平台。NGSIM 是当今最大的自然车辆轨迹数据集,广泛用于交通流量和驾驶员模型研究。NGSIM 项目总共采集了 I-80 和 US-101 两组高速公路的车辆轨迹数据,数据采集点的位置信息和数据信息如表 8-2 和图 8-4 所示。

NGSIM 数据采集点信息表 表 8-2

采集地点	I-80	US-101
道路类型	高速公路	高速公路
道路长度	503m	640m
采集时长	45min	45min
采集时段	16:00—16:15 17:00—17:15 17:15—17:30	7:50—8:05 8:05—8:20 8:20—8:35

NGSIM 项目通过在高层建筑架设摄像机的方式,以鸟瞰的视角捕获高速公路上的车辆轨迹。其以每秒 10 帧为间隔对高速公路中的车辆进行图像采集,通过图像识别技术提取并分析车辆行驶过程中的相关数据,数据类型包括车辆位置、车辆速度、车辆类型等,详细的数据类型如表 8-3 所示。

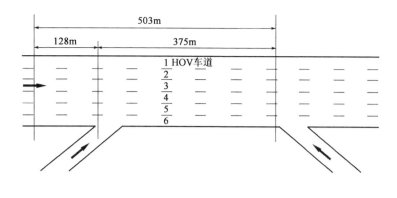

a) I-80路段

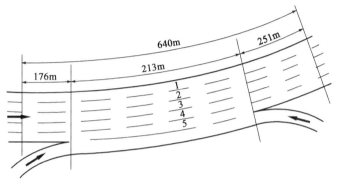

b) US-101路段

图 8-4　NGSIM 数据采集点道路示意图

NGSIM 车辆轨迹数据类型　　　　　　　　　　　表 8-3

字　段	说　明	单　位
Vehicle ID	车辆编号	—
Frame ID	数据帧号	1/10 s
Total Frames	数据总帧	1/10 s
Global Time	标准时间	1/100 s
Local X	采集区域坐标系的 X 值	ft
Local Y	采集区域坐标系的 Y 值	ft
Global X	标准地理坐标系的 X 值	ft
Global Y	标准地理坐标系的 Y 值	ft
Vehicle Length	车辆长度	ft
Vehicle Width	车辆宽度	ft
Vehicle Class	车辆类型	1-摩托车;2-小型车;3-大型车
Vehicle Velocity	车辆速度	ft/s
Vehicle Acceleration	车辆加速度	ft/s^2
Lane Identification	车道编号	—
Preceding Vehicle	跟驰前车编号	—
Following Vehicle	跟驰后车编号	—
Spacing	车头间距	ft
Headway	车头时距	s

注：1ft = 0.3048m。

2. 德国 HighD 数据集

德国亚琛工业大学汽车工程研究院新近发布的 HighD 数据集,提出了一种从空中角度测量车辆数据的新方法,包含道路使用者的自然行为以及与所识别场景的描述相关的所有数据,可用于基于场景的各类验证研究。通过使用配备相机的无人机,以鸟瞰视角获取每辆车的位置和运动情况,能够无遮挡、以较高的分辨率(4K 高清相机)捕获车辆纵向和横向尺寸信息(图 8-5)。尽管车辆高度方面的信息不能通过俯视图直接获得,但可以依照车辆的种类预测。

此外,研究人员还提供了一个名为 HighD 的德国高速公路大型自然车辆轨迹数据集,他们根据数量、种类和所包含的情景对数据集进行了评估。在 HighD 数据集中,超过 99% 的车辆被检测到并精确定位(图 8-6)。HighD 数据集包括来自 6 个地点的 147 个驾驶小时测量值和 110500 辆车,所测量的车辆总行驶里程为 44500km,还包括 5600 条完整的变道记录。因为使用了最先进的计算机视觉算法,所以定位误差通常小于 10cm。虽然数据集最初是为自动驾驶而创建的,但它也适用于许多其他任务,例如交通模式分析或驾驶员模型的参数化。

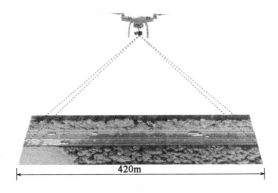

图 8-5 无人机拍摄范围

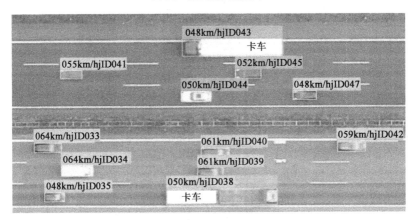

图 8-6 车辆检测及定位示意图

尽管 NGSIM 在两个不同的站点(每个 45min)提供约 90min 持续时间的记录数据,但是 HighD 数据集中 6 个不同站点可收集超过 16.5h 的记录数据。其记录的数据总量是用 NGSIM 方法记录的轿车数量的 10 倍,卡车数量的 70 多倍。

虽然目前基于视频检测技术的美国 NGSIM 数据集(https://catalog.data.gov/dataset/next-generation-simulation-ngsim-vehicle-trajectories)与德国 HighD 数据集(https：//www.highd-data-set.com/)可供下载使用,为研究者提供了丰富的数据资源。然而,在某些需考虑道路设计参数、驾驶习惯等因素的研究中,由于这两种方法存在较大差异,若直接套用,则无法保证建模严谨性和精确性。因此,应针对具体研究内容,设计详细的视频数据采集方案,结合图像分析技术进行后续的运动状态提取与分析。

第三节　基于车牌识别技术的交通数据采集与处理

一、车牌识别技术的定义

车牌识别技术(Vehicle License Plate Recognition,VLPR)是指能够检测到受监控路面的车辆并自动提取车辆牌照信息(含汉字字符、英文字母、阿拉伯数字及号牌颜色)进行处理的技术。车牌识别以数字图像处理、模式识别、计算机视觉等技术为基础,对摄像机所拍摄的车辆图像或者视频序列进行分析,得到每一辆汽车唯一的车牌号码,从而完成识别过程。

二、车牌识别系统工作流程

车牌识别系统工作流程如图 8-7 所示。

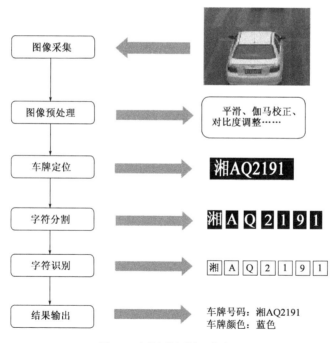

图 8-7　车牌识别系统工作流程

1. 图像采集

图像采集设备一般由光源、数字摄像机和图像采集卡构成。在由光源提供照明的条件下,数字摄像机拍摄目标物体并将其转化为图像信号,通过图像采集卡传输给图像处理部分。

2. 图像预处理

图像预处理的方法主要分为空域法和频域法两大类。空域法主要利用图像中各点之间的位置关系与颜色信息进行处理,其中具体的方法有图像的点运算、图像增强等;频域法则是将图像变换到频域后再进行处理,一般采用的变换方式为线性正交变换、傅立叶变换、离散余弦变换等,然后根据目标信息的特征进行相应的滤波处理。一般来说,空域法比较直接、方便,频域法则具有计算量小、易于消除噪声等特点。

3. 车牌定位

车牌定位是车牌识别系统中的关键技术之一,在复杂的背景下能否克服干扰并准确定位出含有车牌字符区域,直接关系车牌识别系统后续识别的正确率高低。主要的车牌定位方法有基于彩色信息的方法、数学形态学的方法、基于纹理的方法和人工神经网络方法等。对于背景复杂的车牌定位问题,可将上述两种或以上的方法结合起来使用。

4. 字符分割

完成牌照区域的定位后,再将牌照区域分割成单个字符,然后进行识别。字符分割一般采用垂直投影法。由于字符在垂直方向上的投影必然在字符间或字符内的间隙处取得局部最小值的附近,并且这个位置满足牌照的字符书写格式、尺寸限制和一些其他条件,故利用垂直投影法对复杂环境下的汽车图像中的字符进行分割有较好的效果。

5. 字符识别

牌照字符识别方法主要有基于模板匹配算法和基于人工神经网络算法。基于模板匹配算法:首先将分割后的字符二值化并将其尺寸大小缩放为字符数据库中模板的大小,然后与所有的模板进行匹配,选择最佳匹配结果。基于人工神经网络算法有两种:一种是先对字符进行特征提取,然后用所得特征来训练神经网络分配器;另一种是直接把图像输入网络,由网络自动实现特征提取直至识别出结果。

三、车牌照识别数据预处理

为避免由于天气、检测设备、交通事故、通信传输中断等因素导致调查数据失真,造成后续对交通状态及交通参数的预估偏差,需要对原始数据进行修正。数据预处理的主要目的是对无效数据及冗余数据进行清理,主要包括删除无效数据、转换数据格式、处理冗余数据。

1. 删除无效数据

无效数据是指检测系统录入的"无车牌"数据,此类数据无法匹配上下游检测点车辆信息,进而无法获取车辆的运行轨迹等交通信息,因此需要删除。

2. 转换数据格式

根据车辆通过检测区域的时间格式,获取的原始数据为日期时间型(DATETIME)数据,显示为"YYYY-DD-MM HH:MI:SS"。在数据库系统中,不同的数据库对时间类型有不同的解释,不利于后续时间加减的直接运算,因此需将日期时间型数据格式转换为类数值型数据格式,这样既能解决直接加减运算问题,又能加快数据查询的处理速度。

3. 处理冗余数据

同一辆车在极短的时间内先后被摄像机记录两次,并且不在同一车道,这种类似重复数据的冗余数据将造成部分车辆信息的重叠,不利于数据存储及后续分析。在处理此类数据时需要根据实际道路状态,附加一定的条件进行删减。

四、异常数据的影响因素和识别方法

1. 异常数据的影响因素

车牌识别系统获取的数据包括车辆通过时间、通过地点、车辆属地、号牌号码、号牌图片、全景图片等,车牌识别数据的获取终端为摄像头。影响摄像质量的因素主要有大风、霜降、大雨、大雪等恶劣天气及车辆前照灯眩光、车辆行驶阴影等。另外,检测器安装不当、设置不当、设备年久失修及车牌识别系统各个组成部件的稳定性与可靠性均会影响车牌识别的准确性。此外,车辆在检测路段行驶时出现以下状况也会导致异常数据的产生:

(1)在行驶路段途中抛锚停车、停车接客等会导致车辆通过上下游检测器的时间与历史数据明显不同。

(2)车牌漏检、车辆中途离开检测区间等情况可能导致两个断面获取的相同车牌数据源于车辆的二次出行,甚至多次出行。

上述影响因素导致所获取的原始数据主要存在流量数据丢失和行程速度异常(极大或极小)的问题。

2. 异常数据识别方法

对于异常交通数据的识别,可以采用阈值检查法,即通过阈值判断数据是否有效。数据的阈值是依据道路的相关设计要求及检测器的工作原理等确定的。当交通参数在阈值范围之外时,可判定这一数据是异常数据,需要剔除,以确保数据的准确性。目前,判别异常数据的方法基本划分为两类:分位值法和偏移值法。

1)分位值法

分位值法需要设定两个固定的数值 T_h 和 T_l 作为其上下分位值,对于某个时间段内所有的行程时间数据,计算出上下分位值,并判断每辆车的行程时间是否在上下分位值之间,如果不在,则认定其为异常值。数学表达如式(8-1)所示:

$$T_i = \begin{cases} N, & T_l < T_i < T_h \\ Y, & T_i = 其他 \end{cases} \quad (8\text{-}1)$$

式中:T_i——第 i 辆车的行程时间异常数据;

Y——是;

N——否。

分位值法是在假定事先知道行程时间的分布规律的基础上确定上下分位值。但是,现实中行程时间的分布规律是未知的,一般选用行程时间的 10 分位数作为下分位值,90 分位数作为上分位值。显然这种方法较为极端,因为该方法的应用将导致 20% 的检测值被认定为异常值。

2)偏移值法

偏移值法认为一定时间段内的行程时间是基于中位值在一定的范围内对称分布的,如果行程时间不在这个范围内,则认定其为异常值。数学表达式如式(8-2)所示:

$$T_i = \begin{cases} N, & M_e - d \leq T_i \leq M_e + d \\ Y, & T_i = 其他 \end{cases} \quad (8\text{-}2)$$

式中：M_e——一定时段内行程时间的中位值；
 d——异常数据偏移值。

对于一段时间内经过某路段的所有车辆行程时间来说，由于中位值不易被极端数据影响，和等效样本均值相比，能够更好地描述路段的交通状况，因此其具有更高的使用价值。

第四节 车牌识别技术在交通调查中的应用

基于车牌识别技术能够获取的信息主要包括车牌号、车牌颜色、车辆类型、通过时刻（精确到秒）、进口道方向、进口道编号等。通过对这些数据的分析计算，可以得到交通控制和交通管理中需要的一些重要指标，如流量、车辆行程时间、车辆延误、路段的行程时间等，甚至能够提取车辆行驶路径等信息。

一、基于车牌识别技术的交通状态判别

1. 路段旅行时间和平均行程速度的获取

路段平均行程速度可直观反映道路通畅程度，也是衡量交通管理效果的有效指标。通过卡口系统的车牌识别数据计算得到的车辆路段平均行程速度可表征不同道路交通状态。计算路段平均行程速度首先需要得到路段长度及路段旅行时间，因此，获得路段旅行时间是关键。

车牌识别系统中的检测设备一般被称为卡口设备，主要沿着交通流方向的前端（车辆牌照信息）为车辆头部区域拍照，如图8-8所示，其中，A1、A2、B1、B2为卡口检测设备，P1、P2为道路停车线，车辆从停车线P1到达P2的时间即路段旅行时间。

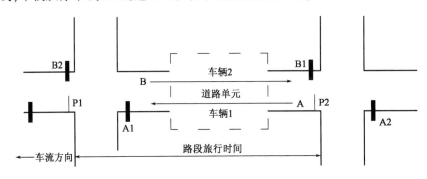

图8-8 车牌识别系统道路安装示意图

设车辆1沿A方向经过停车线P2被检测设备A2检测到的时间记为t_{A2}，经过停车线P1被检测设备A1检测到的时间记为t_{A1}，则车辆1沿A方向经过该路段的旅行时间：

$$t_1 = t_{A1} - t_{A2} \tag{8-3}$$

同理可得车辆2沿B方向经过该路段的旅行时间。

为得到车辆的路段旅行时间，现行的主要方法是根据车辆的通行日期，逐一匹配检测设备编号、通行方向路段、车辆车牌号码，并将无用信息，如车牌颜色、车身颜色等舍弃，计算流程如图8-9所示。

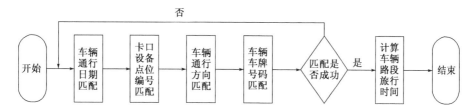

图 8-9　车辆路段旅行时间计算流程

2. 交通状态判别

交通状态判别是基于获取的具体交通参数,利用算法或者模型对交通运行状态进行判别。其中交通状态判别算法或模型的好坏是权衡判别系统性能优劣的关键。及时、准确地确定城市道路的交通状态,对于控制交通信号、现场指挥交通、诱导车辆行驶、合理规划路网等,进而缓解道路交通拥堵具有十分重要的现实意义。

相比其他交通信息采集技术,基于车牌识别数据的交通信息采集技术具有工作连续性强、数据精确度高、检测样本量大等优点。常用的交通状态自动判别算法主要包括以下几种。

1）经典算法

经典的交通状态判别算法根据某个交通参数的变化设定阈值来对交通状态进行分类,包括 *California* 算法、*McMaster* 算法、指数平滑法、标准偏差法等。目前,对交通状态的判别大部分都以感应线圈采集的交通流量、占有率和地点速度等交通数据为基础,所采用的数据分析技术主要包括决策树、动机分析、平滑滤波等常规方法。近年来,模糊理论、专家系统、模式识别、人工神经网络等人工智能技术已经成为交通状态判别算法设计的重要手段。

2）模糊理论

基于模糊理论对道路交通状态进行判别的基本思路:运用模糊聚类方法对大量的交通数据进行数据集划分并分析,确定不同交通状态的模糊集合。对于聚类后的交通数据,根据交通管理评价指标体系确定其所属的模糊集合,最终得到模糊的交通状态描述。

3. 基于车牌识别数据的交通状态判别

交通状态判别最为直观的方法,就是利用卡口系统获得的真实可靠的车牌识别数据来计算实际行程速度,将测得的行程速度与预定期望行程速度进行对比,实现交通状态的实时判别。根据国内外的实践经验,城市道路交通状态的划分依据主要是路段的平均行程速度。根据《城市交通运行状况评价规范》(GB/T 33171—2016),城市道路交通状态可划分为畅通、基本畅通、轻度拥堵、中度拥堵、严重拥堵 5 个等级,如表 8-4 所示。

城市道路交通状态级别划分　　　　表 8-4

交通状态级别	速度(v)取值范围
A:畅通	$v > v_f \times 70\%$
B:基本畅通	$v_f \times 50\% < v \leqslant v_f \times 70\%$
C:轻度拥堵	$v_f \times 40\% < v \leqslant v_f \times 50\%$
D:中度拥堵	$v_f \times 30\% < v \leqslant v_f \times 40\%$
E:严重拥堵	$v \leqslant v_f \times 30\%$

注：v 表示路段平均行程速度,v_f 表示路段自由流速度。

二、基于车牌识别技术的 OD 调查

车牌识别技术的采集精度虽然在恶劣天气下受到一定影响,但总体上能够达到获取 OD 矩阵的要求,且其数据量庞大(接近实际交通量)、信息详细。因此,通过车牌识别技术获取 OD 矩阵在成本和精度方面都具有一定的优势,其获取车辆出行 OD 矩阵的具体步骤如下:

(1)选取所需车牌数据。

根据具体条件,从海量的车牌数据库中选取研究时段和区域内的所有交通卡口记录的车牌数据。

(2)获取交通卡口间的出行 OD 矩阵。

利用专业软件对选取的车牌数据进行处理和挖掘,得到交通卡口间的车辆 OD 数据信息,通过将同一起点(O 点)和终点(D 点)的车辆数汇总,得到全区交通卡口间的车辆出行 OD 矩阵。

(3)计算基于交通小区的车辆出行 OD 矩阵。

基于上述交通卡口间的车辆出行 OD 矩阵,以交通小区为空间单元进行车辆出行信息汇总,计算出交通小区之间的规划层面的 OD 矩阵。

三、基于车牌识别技术的车辆出行轨迹分析

在路网中,车辆的出行轨迹隐含着丰富的交通出行与状态信息,包含完整的出行路径、精确的出行时间、行经路段和交叉口的交通状态、出行者路径选择行为等信息,因此车辆出行轨迹可看作路网交通运行的静态存储。通过对路网中全部车辆出行轨迹的深入分析,即可获取全路网丰富的交通运行状况信息,全面、系统地再现复杂的交通运行场景。

基于车牌识别技术的车辆出行轨迹分析数据处理流程如图 8-10 所示。首先根据调查点布设方案生成该方案的一次可达网络,即调查点布设方案在路网拓扑结构上的可达性映射。解析并描述调查点之间的一次可达性,是进行所有轨迹分析与数据处理的理论基础。通过对原始车牌数据中问题的分析,利用一次可达网络,结合时间、地点等信息校核原始车牌数据集,构建原始车牌信息数据库。全部车牌数据经搜索与整理后可统计出路网中的车辆总数以及每辆车所经过调查点的时间序列。此时的调查点序列可能存在异常问题,需要经过拆分、还原、单点补充等处理得到完整的车辆途经调查点序列集合,利用一次可达网络中的一次可达关系和一次可达路径将调查点序列中的调查点从头至尾串联起来,可生成车辆的完整出行轨迹,再进行轨迹扩样即可得到路网中全部车辆的出行轨迹。

轨迹中包含了车辆出行的全面信息,据此可进行多方面的分析。对各种轨迹进行单独分析,包括对出行者路径选择行为、行程时间、行驶速度、停车延误等的分析;也可将车辆出行轨迹视作交通场景再现,从中统计出 OD 矩阵、路段交通量、交叉口交通量、路径交通量等信息,建立路网交通运行状态信息数据库;还可以基于现状 OD 和交通量的调查情况,构建交通分析模型,进行深入的交通运行分析。路网中全部车辆的出行轨迹都通过排列有序的调查点序列计算得到,因此,获取正确、完整的调查点序列是车辆出行轨迹分析的关键。

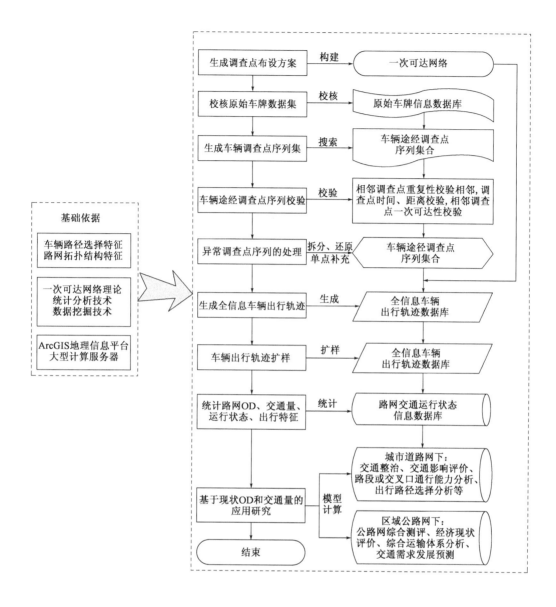

图 8-10　车辆出行轨迹分析数据处理流程图

第五节　案例分析一：基于视频检测技术的交通状态判别

　　城市道路实时交通状态判别是城市智能交通系统的重要前提和组成部分,也是动态导航和交通诱导的基础。交通管理者根据实时获取的信息判别城市道路路况,进行实时交通诱导,疏散交通流,减少道路负荷,降低交通拥堵发生的概率。因此,交通状态判别算法的精度直接影响整个城市路网的交通流运行情况。错误的判别可能会导致部分路段交通负荷过大,形成停滞。
　　国内各大城市智能交通系统逐步完善,市区内布设了各种功能的固定点检测器,包括微波检测器、地磁检测器、视频检测器等。在这些固定点检测器中,视频检测器覆盖面积较广,所采集的交通信息数据准确度较高。

本节以利用 Autoscope 视频检测器所采集的一个月的交通信息数据为例,分析工作日与节假日交通流特征。结合《道路通行能力手册》相关规定确定状态判别标准,建立基于视频检测器的城市道路交通状态判别方法。

一、算法模型

1. 数据源标准化

从 Oracle10 数据库中选择一个 Autoscope 视频检测器所采集的一个月的数据作为数据源,以速度、流量、占有率三个参数的数值作为基础参数,通过 z-score 标准化方法对数据进行标准化处理,将原始数据转化为无量纲的指标评测值,保证各个参数数值均在同一数量级上。

2. 聚类分析方法

聚类分析算法较多,传统的聚类分析算法可以分为五类:划分方法、层次方法、基于密度方法、基于网格方法和基于模型方法。在划分方法(Partitioning Method,PAM)中较为典型的是K-means算法,通过计算数据样本与簇中心的欧几里得距离来判断该数据样本属于哪个簇。K-means算法是常用的数据挖掘算法之一,把 N 个样本集合划分为 K 个簇($K<N$),通过多次循环反复计算得出各个簇的中心(簇的中心可以是一个虚拟的点),使得各个簇内部的样本均方差总和达到给定的阈值。视频聚类分析流程如图 8-11 所示。

3. 模型构建

将若干个视频检测器作为相互独立的个体,对每个个体选取一个月的交通信息数据,将数据分为两组:一组是工作日的数据源,另一组是节假日数据源。分别针对工作日和节假日建立相应的聚类中心矩阵,制定工作日和节假日两种不同的交通状态判别标准。目前一般将交通状态分为三种,但是其不能完全反映交通流的状态,因此在此根

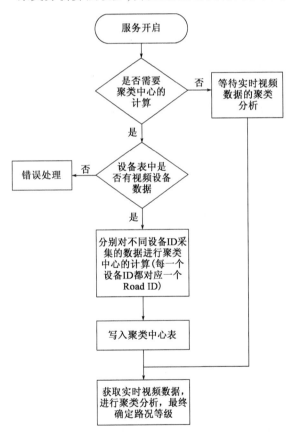

图 8-11 视频聚类分析流程图

据《道路通行能力手册》相关规定,将交通状态分为四类,即自由流、通畅、缓行和拥挤,根据数据源将其分为四个簇,每个簇中心分别是 $(\tilde{q}_1,\tilde{o}_1,\tilde{v}_1)$,$(\tilde{q}_2,\tilde{o}_2,\tilde{v}_2)$,$(\tilde{q}_3,\tilde{o}_3,\tilde{v}_3)$,$(\tilde{q}_4,\tilde{o}_4,\tilde{v}_4)$。

得到簇中心后,计算样本与簇中心的欧几里得距离,以判别其交通状态。步骤如下:

(1) 在某一时刻获取一组实时数据 (q,o,v)；
(2) 对此数据进行 z-score 标准化得到 $(\hat{q},\hat{o},\hat{v})$；
(3) For $i=1$ to $i=4$，计算 $(\hat{q},\hat{o},\hat{v})$ 与 $(\tilde{q}_i,\tilde{o}_i,\tilde{v}_i)$ 之间的距离（欧几里得距离）；
(4) 取最小距离对应的交通状态类别。

二、数据分析

视频检测器采集的平均车速是采集周期内通过该断面 N 个车辆瞬时车速的算术平均值；流量是采集周期内整个路段单向多车道通过的车辆数；时间占有率是采集周期内虚拟线圈被占用时间与采集周期的比值。对工作日和节假日采集的交通数据分别进行分析，以合肥市 camera013 号视频检测器在 2010 年 9 月 6 日（周一）和 9 月 12 日（周日）采集的交通数据为例，分析各个参数的变化规律。选择的分析时段内的平均车速、流量和时间占有率 24h 变化曲线如图 8-12 所示。

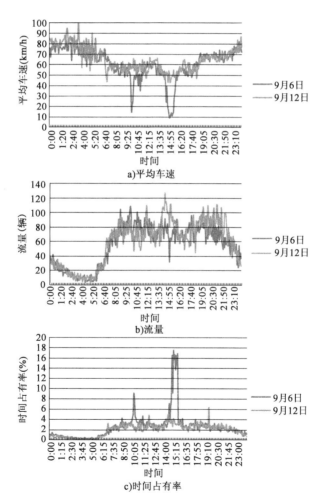

图 8-12　工作日与节假日平均车速、流量、时间占有率 24h 变化曲线图

三、交通状态判别

取合肥市 camera013 号视频检测器采集的交通信息数据作为数据源建立 K-means 交通状态判别模型,以判断其对应路段——长江中路—长丰路桥东向西(图 8-13)的全天实时动态的交通状态。

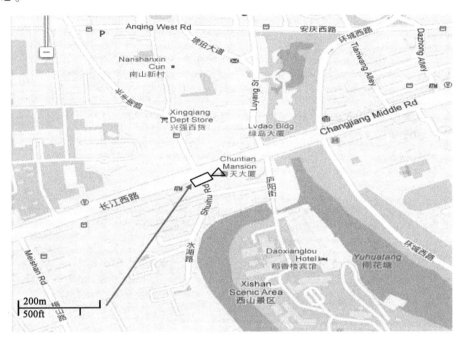

图 8-13 camera013 所处的位置

首先提取一个月的历史数据做样本,利用 z-score 法对其作标准归一化处理,使用 K-means 聚类分析,得出工作日的四个交通状态等级的聚类。工作日四个交通状态聚类中心的中心矩阵如式(8-4)所示:

$$M = (\hat{q}, \hat{o}, \hat{v}) = \begin{bmatrix} -1.23744 & 0.782024 & -0.86293 \\ 0.041053 & 0 & 0 \\ -0.793382 & 0.471184 & 0 \\ -0.96536 & -0.1843 & 0 \\ -0.586111 & 0 & 0 \\ 2.127761 & -2.69757 & 3.147024 \end{bmatrix} \quad (8-4)$$

为了验证模型以 camera013 的工作日时间为例。通过程序运行,从数据库中选择 2010 年 9 月 6 日 6:00 至 2010 年 9 月 7 日 6:00 24h 的交通状态值进行验证分析,数据间隔 5min,共计 288 个交通状态值。该时间段 24h 交通状态分布如图 8-14 所示。

在城市中,工作日上班和下班时刻出行集中,交通流量大、车流密度大、车速较低,无论是驾驶人还是乘车人均感到不适、有较大的延误,车流运行状态不稳定,此时道路的交通负荷达到全天候最大,会造成常发性交通拥堵。从图8-14中可看出该路段全天24h内交通状态变化,7:00车流量开始增加,7:30时交通状态值为3(缓行),7:30—8:30是全天第一个高峰小时,随后交通状态值迂回,交通流趋于稳定流。17:35—18:35出现第二个高峰小时,交通状态值均在3与4之间。检测时间是9月6日星期一,属于工作日,模型判别结果显示高峰时刻与实际高峰时刻相吻合。此外,从图8-14中可以看到凌晨时刻,交通状态值为1,交通流呈现自由流状态,车速快、交通量极小、密度低,驾驶人不受任何干扰,自由度较大,与实际交通流正常运行规律相吻合。

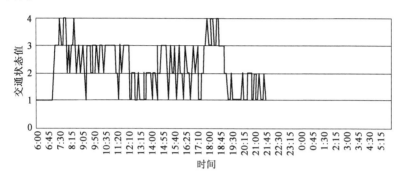

图8-14　9月6日6:00至9月7日6:00 24h交通状态分布

第六节　案例分析二:基于视频采集技术的自由换道行为分析

城市快速路车辆自由换道行为分析及决策建模研究是一项精细的工作,不仅要考虑宏观层面的影响,更要考虑天气、环境、驾驶人特性、车辆运动状态等微观因素的影响。因此,数据采集方法需要满足一定的精度,以确保后续研究的有效性。本节将详细阐述基于视频采集技术的自由换道行为分析,包括具体调查实施方案设计、原始数据处理、特征提取与分析等内容,以说明视频检测技术在交通行为分析中的应用。

一、换道行为数据采集方案设计

1. 调查地点与时间的选取

1) 调查地点

为了有效识别自由换道行为,尽可能地排除强制性换道(转向性换道)干扰,调查路段应相对封闭,车辆行驶方向尽可能保持一致。城市快速路交叉口间距大、道路出入口少,且与高速公路相比其车流密度较大,能够产生更多的换道需求。因此,设定以下条件对西安市快速路进行筛选:

(1)附近有利于视频拍摄的建筑物结构(如人行天桥)。
(2)有足够长度的封闭路段,交通流横向干扰较小。
(3)可通过视频识别自由换道行为。

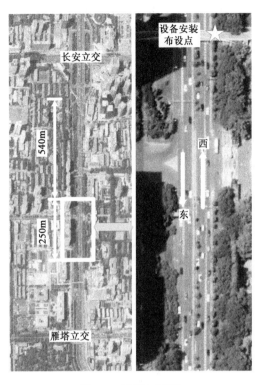

图 8-15 调查地点选取

通过比对分析,最终选取西安市二环南路中段(长安立交至雁塔立交部分)作为调查地点,如图 8-15 所示。长安立交与雁塔立交之间的路段长约 1.2km,主路为双向六车道,限速 70km/h,路段上方有多座人行天桥。该路段白天无大型车驶入,交通流横向干扰较小。

2)调查时间

为减小天气等外部环境对调查的影响,视频拍摄期间需多云无霾、能见度良好、风速较低、路面干燥、无交通事故或其他特殊事件发生。通过预调查,发现该路段由东至西方向在工作日 13:00—15:00 间交通流密度较低,接近自由流状态,大部分车辆能以期望速度行驶,自由换道需求较低;15:00—17:00 间,交通流量稳中有升,车流密度适中,处于亚稳态,自由换道需求和条件均具备,能较容易观察到车辆自由换道行为;17:30—19:30 间,交通流量达到高峰,接近间断流状态,车辆之间间隙较小,基本不具备可穿插条件,难以观察到自由换道行为。白天或存在其他亚稳态交通流时段,但持续时间较短,为提高数据采集效率,本研究将调查时段定为 15:00—17:00,于 2019 年 10 月 8 日(星期二)至 10 月 11 日(星期五)连续 4d 在该时段进行观测。

2. 数据采集

1)视频拍摄设备及模式选择

本研究数据采集过程所用视频拍摄设备为 IMX386,具体参数如表 8-5 所示。

摄像机技术参数　　表 8-5

相机参数	取值
图像传感器	1/2.3 英寸 CMOS,1200 万
镜头	焦距 27~54mm,光圈 F/1.8
ISO	100~3200
快门速度	1/2~1/1000s
录像分辨率	HD:1280×720;FHD:1920×1080;UHD:3840×2160(4K)
帧率	30~120fps
视频最大码率	20Mbps

在相同帧率和拍摄时长情况下,分辨率越高,录制的图像越清晰,画面内的对象越容易被图像处理软件精准识别。但分辨率越高,视频文件所占的内存也越大,而图像处理软件所能导入的视频文件大小有限,且视频文件过大会大大降低软件的处理效率。帧率是指视频拍摄设备每秒拍摄的画面数量,帧率越高,画面越流畅,相应地,相同分辨率、时长的视频文件所占的

内存也越大。当帧率过低时,图像处理效率较高,但无法真实反映观测对象在连续两帧画面间的微小时间间隔内的运动状态变化;当帧率过高时,图像处理效率低,且由于系统误差被放大,将导致处理结果出现异常大的噪声,加大后期数据处理难度。因此,既要保证视频中观测对象能够被准确识别且微观运动状态信息不被遗漏,又要考虑图像处理软件所支持的视频文件大小,提高图像处理效率,降低误差,经过预调查、预处理对比分析,最后选择拍摄模式为 FHD:$1920 \times 1080,30\text{fps}$。

2) 设备安装布设点的选取

初步选择好调查路段及时间后,对交通流向观测、设备安装布设点进行具体确定。该路段上方有多座天桥可供拍摄设备安装,考虑到尽量减少视线遮挡、距离立交不宜太近(避免强制性换道干扰调查)的原则,最终选择距离长安立交东侧约 540m 的一座人行天桥作为拍摄设备安装布设点。该路段由西至东方向有次干路接入,且次干路车流可直接汇入该路段主路,使得由西至东方向车流横向干扰较大,故本次调查选择由东至西方向的车流作为观测对象。由东至西方向主路有三条车道,为减小调查误差,将设备安装在人行天桥上正对中间车道中线的位置。该路段主路由东至西方向左侧车道和中间车道均为直行车道,右侧车道为直左右车道,左转车流、右转车流均需从主路右侧车道汇入辅路在立交处实施转向。因此,主路东西向从左向右换道既可能是转向性换道,也可能是非转向性换道,而从右向左换道均为非转向性换道,但是考虑到辅路车流汇入主路右侧车道时可能迫使主路右侧车道原有车辆向左换道避让,为提高自由换道识别准确率,本次调查只观测由主路中间车道向内侧车道换道的车辆。视频图像采集效果如图 8-16 所示。

图 8-16 视频图像采集效果示意图

3) 视频图像处理

车辆识别是提取视频图像交通流信息的核心环节。其工作内容如下:在图像处理、模式识别、机器视觉技术的基础上,对视频拍摄设备录制的视频图像连续帧进行分析,获取每一帧画面中各辆车识别结果并进行匹配,从而得到各辆车在时间序列中的位置信息。车辆识别技术的核心是卷积神经网络,其是一种内置卷积计算、具有深度结构,通过仿造生物的视知觉机制构建而成的前馈神经网络(Feedforward Neural Networks)。CNN 的内置特殊结构使其能够以较小的计算量对音频、像素等格点化特征进行学习,例如通过人工神经元识别一定范围内的邻居单元,将其与原始输入的像素特征进行匹配。

二、直接线性变换、运动状态提取与数据清洗

1. 直接线性变换

借助 Simi Motion 视频图像识别处理平台来提取和处理自由换道轨迹相关数据。从视频图像获取车辆的运动状态相关数据,需要知道每个时刻车辆的所在位置,时间信息可以通过视频帧数和相邻两帧画面的时间间隔推算出来,而车辆的位置信息则需要建立空间实际物方点与其在图像平面上像点之间的对应关系,以便根据像点坐标来测算其在空间坐标系中的位置。通过 Abdel-Aziz 等提出的直接线性变换法(Direct Linear Ttransformation,DLT),可建立像方坐标与物方坐标的直接线性关系,不需要提供内方位元素和外方位元素的初始值,恰好能适应非测量相机所拍摄的图像。

DLT 法的思路是预先建立空间参考坐标系,在视频拍摄范围内设定足够多的控制点,并记录每个控制点在空间参考坐标系中的坐标,视频采集完毕后在视频图像上建立像方坐标系,将这些控制点的空间坐标和像方坐标代入共线方程,即可得到该摄像机内方位元素和外方位元素。三维空间的 DLT 法表达式如下:

$$\begin{cases} x + \dfrac{l_1 X + l_2 Y + l_3 Z + l_4}{l_9 X + l_{10} Y + l_{11} Z + 1} = 0 \\ y + \dfrac{l_5 X + l_6 Y + l_7 Z + l_8}{l_9 X + l_{10} Y + l_{11} Z + 1} = 0 \end{cases} \tag{8-5}$$

式中:(x, y)——像方平面坐标;

(X, Y, Z)——物方空间坐标;

$l_1 \sim l_{11}$——内方位元素、外方位元素、比例尺不一系数、不正交系数相关参数。本例中只研究车辆在平面内的运动,不需要 Z 方向上的坐标,故可将式(8-5)转化为二维 DLT,表达式如下:

$$\begin{cases} x + \dfrac{l_1^* X + l_2^* Y + l_3^*}{l_7^* X + l_8^* Y + 1} = 0 \\ y + \dfrac{l_4^* X + l_5^* Y + l_6^*}{l_7^* X + l_8^* Y + 1} = 0 \end{cases} \tag{8-6}$$

式中:参数 $l_1^* \sim l_8^*$ 可由 $l_1 \sim l_{11}$ 进行一系列变换得到。

根据式(8-6),借助控制点,可实现像方坐标与物方坐标的二维直接线性变换,如图 8-17 所示。

考虑到视频数据采集存在误差以及近大远小的成像原理,为提高坐标变换的精度,本次视频数据采集选取了 12 个控制点,以车辆行驶方向为 y 轴建立坐标系,在 Simi Motion 平台中输入各个控制点的物方坐标 $P_1(0, 0)$、$P_2(0, 20)$、$P_3(0, 40)$、$P_4(0, 60)$、$P_5(0, 80)$、$P_6(0, 100)$、$P_7(12.15, 100)$、$P_8(12.15, 80)$、

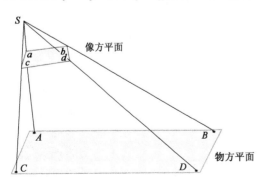

图 8-17 像方坐标与物方坐标的二维直接线性变换示意

$P_9(12.15,60)$、$P_{10}(12.15,40)$、$P_{11}(12.15,20)$、$P_{12}(12.15,0)$,并在视频像方坐标系中标记各个控制点,如图 8-18 所示。将控制点配置方案保存为坐标标定文件,供后续视频序列图像处理导入使用。

图 8-18 控制点选取

2. 运动状态提取

本次调查摄像机采集的高清数据共有 4 段视频,每段视频时长达 2h,占据了相当大的内存空间,而 Simi Motion 平台对视频图像进行处理分析所支持导入的文件大小有一定限制。因此,需要事先对采集的 4 段视频进行人工筛剪,将视频剪辑成包含车辆自由换道或跟驰完整轨迹的短视频并编号命名,再逐个导入 Simi Motion 平台,每次只处理目标车辆及其相关几辆车的运动轨迹,一方面可以减轻计算机的工作负荷,提高视频处理的效率,另一方面方便后续对各个样本进行定位和校核。

将视频导入 Simi Motion 平台后,载入配置好的坐标标定文件,确定目标车辆 M 及相关车辆 Lo、Ld、Fd,选取特征点并分别标记,即可完成对车辆的定位和追踪,若出现误识别或识别不精准的情况,则需要进行人工校正。车辆定位跟踪及运动轨迹分别如图 8-19、图 8-20 所示。

完成车辆定位跟踪,得到车辆位置、速度、加速度等一系列运动状态数据,可将其导出到 Excel 中,也可直接在 Simi Motion 平台中将其可视化,相关车辆运动状态数据如图 8-21 所示。

3. 数据清洗

利用 Simi Motion 平台从短视频中提取车辆轨迹,通过直接获取或间接推导可得到如下有效信息:

(1)表征车辆跟驰运动特征的指标:车辆速度、加速度、急动度(又称力变率,表示加速度随时间的变化率,是位移的三阶差分量)。

(2)表征微观交通流动力学跟驰特征的指标:车头间距。

(3)表征车辆换道运动特征的指标:纵向位置及横向位置。

图 8-19　车辆定位跟踪

图 8-20　车辆运动轨迹

但是这些数据因存在实验误差,仍不能直接用于后续建模研究。控制点在像方平面上的位置偏差以及对车辆进行追踪时的定位识别偏差,都会导致用直接线性变换法解析车辆的物方坐标时出现错位,从而使车辆的纵向位移、横向位移被错误计算,所提取的车辆运动轨迹都存在噪声。而车辆的速度和加速度都是基于纵向位置的差分推导量,如式(8-7)所示。纵向位置的误差将在差分过程中被放大,因此速度和加速度的误差将巨幅增加,尤其是加速度,其进行了两次差分,这将导致加速噪声异常大。

$$\begin{cases} v(t) = \dfrac{x(t) - x(t-1)}{time\ step} \\ a(t) = \dfrac{v(t) - v(t-1)}{time\ step} \end{cases} \quad (8\text{-}7)$$

式中：$x(t)$——t 时刻车辆的纵向位置；
$v(t)$——t 时刻车辆的差分速度；
$a(t)$——t 时刻车辆的差分加速度；
$time\ step$——视频数据每帧画面的时间间隔。

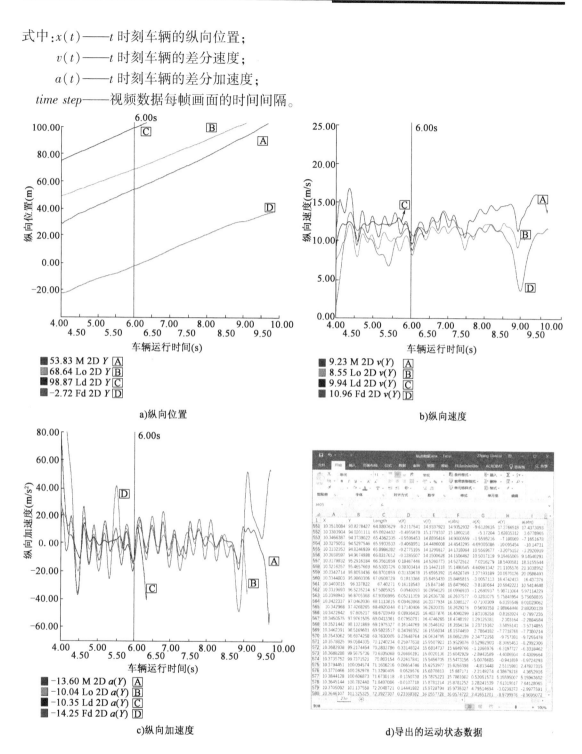

图 8-21 相关车辆运动状态数据

若要利用车辆轨迹数据进行建模研究,就必须先进行数据清洗,消除系统误差。在数据清洗过程中,为保证清洗后的数据的可靠性,需要满足以下要求：

(1)保证数据内部一致性,即位置、速度及加速度之间相对应的关系。

(2) 保证车队一致性,即表征微观交通流动力学特性的车头间距约束。

(3) 车辆的急动度应当控制在合理范围之内。现实中急动度的范围是 $[-10\text{m/s}^3, 10\text{m/s}^3]$,微观仿真平台中车辆急动度范围一般是 $[-3\text{m/s}^3, 3\text{m/s}^3]$,而一般令驾驶员感到舒适的急动度范围是 $[-2\text{m/s}^3, 2\text{m/s}^3]$。

Punzo 等在 2011 年提出的多步滤波法,是目前最系统、最全面的运动轨迹数据清洗方法,它能够满足数据内部一致性、车队一致性检验以及急动度要求。多步滤波法的基本步骤如下:

(1) 采用三次样条插值重建加速度离群值对应的纵向位置。

(2) 采用 Butterworth 滤波器截断速度曲线中的中高频响应。

(3) 遵循急动度和一致性约束,使用最优化模型重建加速度离群值对应的速度,再利用 Butterworth 滤波器截断重建后的速度曲线中的中高频响应。

按照上述步骤处理后的数据在微观层面上比原始数据更合理,且在宏观层面上所表现出的交通模式与实测无异。但是多步滤波法并未对横向位置进行约束,无法直接用于换道轨迹处理。目前,唯一得到广泛认可的横向位置数据处理方法为 Thiemann 等提出的对称指数移动平均(Symmetric Exponential Moving Average, SEMA)算法,但是其在平滑效果方面缺少约束。因此,针对横向位置数据,采用在 SEMA 算法的基础上改进的两步重建法,在尽可能优化原始信号的基础上,避免后续分析步骤被极端偏差干扰。

1) 纵向位置、速度和加速度重建

(1) 剔除加速度离群值。

纵向位置误差经过两次差分放大后将产生加速度离群值(即有较大偏差的值)。以 M 车为例,其纵向位置及纵向加速度与时间的关系分别如图 8-22 a)、b) 所示,M 车在每秒内都有多次强力加速和强力减速。根据常识以及 Jagacinski 等对机械和人的正常响应范围的研究,急动度在 1s 内超过一次正负号的变化在物理上是不可行的。显然,这种短时间内频繁的加减速不符合实际。此外,图 8-22 b) 中所显示纵向加速度峰值的绝对值更是达到了 20m/s^2,远远超过了人和车辆实际所能达到的加速度范围。

本研究通过用合成数据替换偏差较大纵向位置数据以达到剔除加速度离群值的目的,具体流程为:对加速度和减速度分别设定一个阈值,对于超出加(减)速度阈值的数据,找到与加速度离群值对应的纵向位置信息,利用该点前后 0.5s 的纵向位置做三次样条曲线插值替换该点的原纵向位置信息,确保插值窗口内的纵向位移保持不变。设置加(减)速度阈值的目的在于过滤较大的测量误差,而非移除随机噪声,若阈值设置太大,则加速度离群值的过滤效果较差;若阈值设定太小(与实际加速度范围相接近),虽能取得较好的加速度离群值过滤效果,但移除过多的点也会损失加速度变化趋势信息。因此,综合考虑过滤效果和保留变化趋势信息两方面因素,本研究将加(减)速度阈值设置成稍大于实际加(减)速度的范围值,加速度阈值设置为 5m/s^2,减速度阈值设置为 -8m/s^2。剔除加速度离群值后的车辆纵向位置、纵向加速度分别如图 8-22 c)、d) 所示。由于此步骤未对合成的车辆轨迹进行一致性约束,该轨迹可能仍然保留了不合理的加速度值,因此也可能产生新的噪声。

(2) 过滤速度噪声。

在剔除加速度离群值后,可利用移动平均法或低通滤波来降低信号噪声,即减弱高于截断频率的信号。上一步剔除了离群值,这一步可以选择稍高于原始信号的截断频率,在过滤信号的同时也可保留实际运动学特性。参考 Montanino 等的研究,此步选择一阶 Butterworth 滤波器,设置截断频率3Hz,低于采样频率(30Hz)的一半。该滤波器不会改变信号的积分,因此将其应用到纵向速度上可保证车辆纵向总位移不变。过滤速度噪声后,纵向位置、纵向加速度的重建结果如图8-23所示。

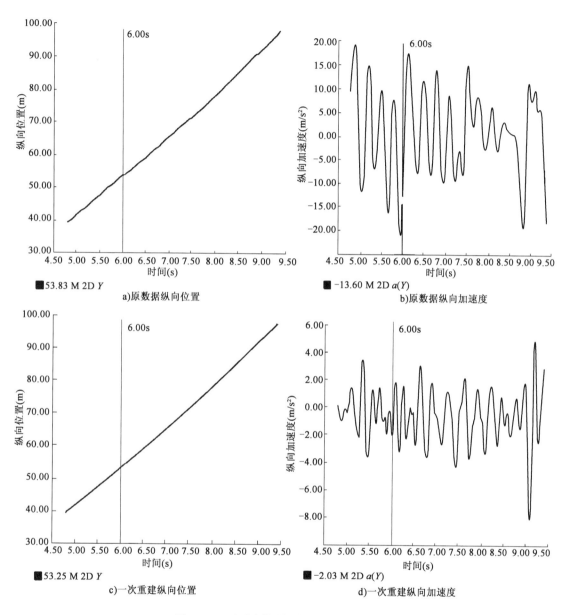

图 8-22 一次重建前后的纵向位置、加速度对比

(3)重建车辆速度。

这一步将利用车辆运动学及交通流动力学对车辆轨迹进行约束,重建车辆速度。采用局部重建的方法,将局部不合理的速度数据用满足以下约束条件的数据替换:①数值符号和急动度要求(速度和加速度合理);②内部一致性要求(与重建的纵向位移保持一致);③车队一致性要求(保证车头间距的合理性)。

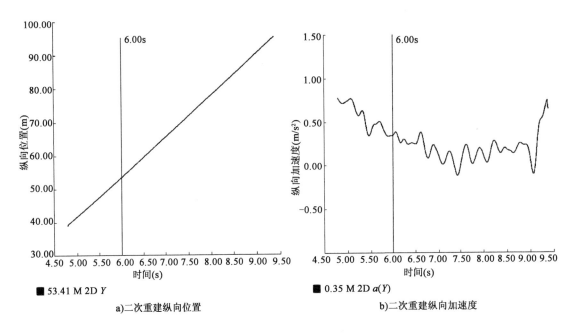

图 8-23　第二次重建后的纵向位置及纵向加速度

具体而言，将按照以上约束条件对速度进行重建，一旦检测到的车辆的运动特性不符合实际，就以该数据点搜寻合适的时间窗，在此范围内进行重建，利用满足约束条件的合成轨迹替换重建时间窗内的部分轨迹，而不是直接修改对应的纵向位置，避免下一个点的位移改变而产生新的离群值。此步需要注意的是，车辆运动学约束作用于单独的每辆车，而交通流动力学约束则作用于保持跟驰与被跟驰关系的前后两车。速度重建过程中可能导致加速度产生中、高频响应，需要再次利用 Butterworth 滤波器截断重建后的速度曲线中的中高频响应。最终重建后的车辆纵向加速度及纵向速度如图 8-24 所示。

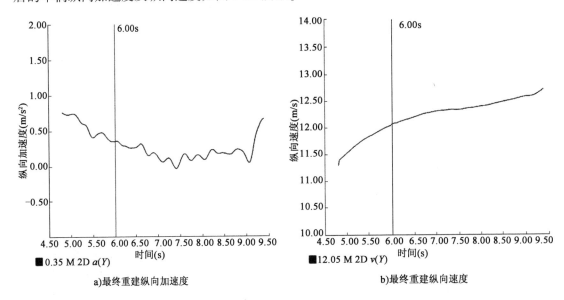

图 8-24　最终重建后的车辆纵向加速度及纵向速度

2) 横向位置重建

在获取车辆纵向位置后,可重建横向位置。此部分采用 SEMA 算法来消除横向位置的随机误差。该算法的核心思想是以平滑窗口内部点的加权平均值来替代原始数据点,权重随着与原始数据点的距离的增大而减小。在此之前需要标定平滑窗口的宽度,以保证平滑效果。因此,通过初次滤波、自适应平滑修正横向位置两个步骤对车辆横向位置进行重建。重建后的车辆横向位置与原始横向位置对比如图 8-25 所示,6.00s 对应的横向位置为 8.31m,换道起始时刻 3.68s 对应的横向位置为 7.38m,车辆 M 在 2.32s 内横向移动了 0.93m。

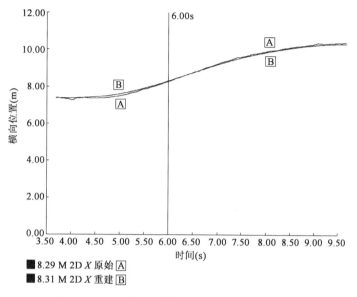

图 8-25 重建后的车辆横向位置与原始横向位置对比

将每个剪辑的短视频中提取的数据都按照上述纵向位置、速度和加速度重建以及横向位置重建(非换道数据则省略此步骤)的流程进行数据清洗,最终获取了 940 组有完整轨迹的观测样本,其中自由换道样本 401 组,跟驰(非换道)样本 539 组。

三、自由换道持续时间提取与分析

1. 换道持续时间提取

换道持续时间即车辆从换道起点行驶至换道终点所消耗的时间长度。关于换道起点的定义通常有:①车轮首次压车道分界线的时间点;②车辆开始横向位移的时间点;③车轮首次压车道分界线的时间点往前移一个松弛时间(大概 1.25s)。关于换道终点的定义有:①车辆行驶到目标车道中心线停止横向位移时的时间点;②车辆行驶至目标车道后车头调正的时间点。

本研究从车辆换道过程的空间运动角度出发,将换道起点定义为车辆开始横向位移的时间点 $t=0$,换道终点定义为车辆行驶至目标车道中心线停止横向位移时的时间点 $t=T$。因此本研究中将换道持续时间定义为从车辆开始横向位移到车辆行驶至目标车道中心线停止横向位移所花费的时间。

按照图 8-25 所示横向位移发生变化的起点时刻和终点时刻来提取换道持续时间,最终提取了 401 组自由换道样本的换道持续时间,对其进行统计分析,结果如表 8-6 所示,相应的频次分布如图 8-26 所示。

换道持续时间统计 表8-6

变　　量	统　计　量	值
换道持续时间	均值(s)	5.48
	标准差	0.75
	最大值(s)	7.76
	最小值(s)	3.62
	总数(组)	401

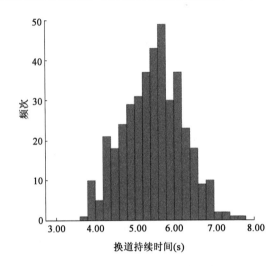

图8-26　换道持续时间频次分布

由表8-6可知,401组自由换道样本中最长换道持续时间为7.76s,最短换道持续时间为3.62s,换道平均耗时为5.48s。由图8-26可看出,自由换道持续时间大多分布在4.5~6.5s范围内,左侧分布重心略高于右侧。

2. 换道持续时间分析

通过对换道持续时间数据进行各类分布探索性假设检验,发现用正态分布拟合效果较好,对应的换道持续时间正态分布 P-P 图、去势 P-P 图(即正态分布的残差图)如图8-27所示。

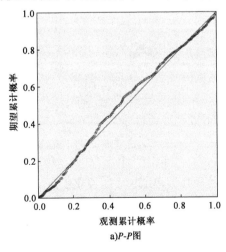
a) P-P 图

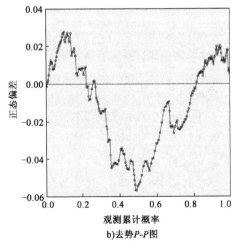
b) 去势 P-P 图

图8-27　换道持续时间正态分布 P-P 图和去势 P-P 图

从换道持续时间正态分布 P-P 图中可直观看出,数据与对角线基本上处于同一直线,有少量的偏差,且去势 P-P 图表明正态分布残差绝对值小于 0.1,这在绝大部分研究中都是可以忽略不计的概率分布差异。为进一步检验自由换道持续时间的正态性,现采用单一样本 Kolmogorov-Smirnov 检验,正态性检验结果如表 8-7 所示。其中,渐进显著性(双尾)值为 0.755 > 0.05,表明原假设成立。综上分析,可认为换道持续时间服从正态分布:$T \sim N(5.48, 0.75^2)$,拟合效果如图 8-28 所示。

单一样本 Kolmogorov-Smirnov 检验结果　　　　　　表 8-7

统计量		值
样本数		401
正态参数	平均值	5.477
	标准差	0.748
最极端偏差	绝对值	0.034
	正	0.027
	负	-0.034
Kolmogorov-Smirnov Z		0.673
渐进显著性(双尾)		0.755

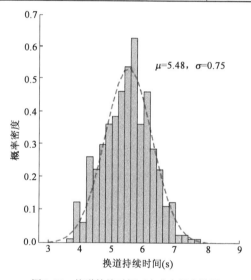

图 8-28　换道持续时间正态分布拟合效果

【复习思考题】

1. 视频检测系统由哪些部分组成?简述视频检测技术的特点。
2. 视频检测技术在交通工程中的应用方向有哪些?
3. 基于视频检测技术的车速检测方法可分为哪几类?选择其中一个方法进行具体分析。
4. 简述车牌照识别数据预处理过程。

5. 阐述视频检测技术中异常数据产生的原因，并分析异常数据的处理方法。
6. 简述基于车牌识别技术获取车辆出行 OD 矩阵的具体步骤。

【本章参考文献】

[1] 王艳华. 视频检测技术在交通运输系统中的应用分析[J]. 电子制作, 2017(24): 21-22.

[2] 周剑. 视频检测技术在智能交通系统中的应用探究[J]. 建筑工程技术与设计, 2018(1): 120.

[3] GARIBOTTO G, CASTELLO P, DEL NINNO E, et al. speed-vision: speed measurement by license plate reading and tracking[C]//Intelligent Transportation Systems, 2001. Proceedings. IEEE, 2001.

[4] 张楠. 城市道路交通流视频检测与数据处理技术研究[D]. 西安: 长安大学, 2012.

[5] 张燕燕. 基于视频的交通流量检测技术研究与实现[D]. 成都: 电子科技大学, 2013.

[6] 李旭冬, 叶茂, 李涛. 基于卷积神经网络的目标检测研究综述[J]. 计算机应用研究, 2017, 34(10): 2881-2886, 2891.

[7] GIRSHICK R, DONAHUE J, DARRELL T, et al. Rich feature hierarchies for accurate object detection and semantic segmentation[J]. 2014 IEEE conference on computer vision and pattern recognition, 2014: 580-587.

[8] GIRSHICK R. Fast R-CNN[J]. 2015 IEEE international conference on computer vision, 2015: 1440-1448.

[9] REN S, HE K, GIRSHICK R, et al. Faster R-CNN: towards real-time object detection with region proposal networks[J]. IEEE transactions on pattern analysis & machine intelligence, 2017, 39(6): 1137-1149.

[10] REDMON J, DIVVALA S, GIRSHICK R, et al. You only look once: unified, real-time object detection[J]. Proceedings of the IEEE computer society conference on computer vision and pattern recognition, 2016: 779-788.

[11] 陈志欣. 基于深度学习的视频目标检测算法研究与应用[D]. 北京: 北方工业大学, 2019.

[12] HARE S, GOLODETZ S, SAFFARI A, et al. struck: structured output tracking with kernels[J]. IEEE transactions on pattern analysis & machine intelligence, 2015, 23(5): 263-270.

[13] Kalal Z, Mikolajczyk K, Matas J. Tracking-Learning-Detection[J]. IEEE transactions on pattern analysis & machine intelligence, 2012, 34(7): 1409-1422.

[14] ZHONG W, LU H, YANG M H. Robust object tracking via sparsity-based collaborative model[J]. Proceedings of the IEEE computer society conference on computer vision and pattern recognition, 2012, 157(10): 1838-1845.

[15] BABENKO B, YANG M H, BELONGIE S. Visual tracking with online multiple instance learning

[J]. IEEE transactions on pattern analysis & machine intelligence,2009, 33(8):983-990.

[16] KWON J, LEE K M. Visual tracking decomposition [J]. Proceedings of the IEEE computer society conference on computer vision and pattern recognition,2010, 119(5):1269-1276.

[17] YI W, LIM J, YANG M H. Online object tracking:a benchmark[C]//Computer Vision & Pattern Recognition. IEEE, 2013.

[18] KRIZHEVSKY A, SUTSKEVER I, HINTON G E. Image net classification with deep convolutional neural networks [J]. Advances in neural information processing systems, 2012, 25(2):2012.

[19] OUYANG W, LUO P, ZENG X, et al. DeepID-net:Multi-stage and deformable deep convolutional neural networks for object detection[J]. Eprint arxiv, 2014:1-13.

[20] SZEGEDY C, WEI L, JIA Y, et al. Going deeper with convolutions[C]//2015 IEEE Conference on Computer Vision and Pattern Recognition (CVPR). IEEE, 2015.

[21] CHATFIELD K, SIMONYAN K, VEDALDI A, et al. Return of the devil in the details:delving deep into convolutional nets [J]. Computer science, 2014:1-11.

[22] 覃亦华.基于深度学习的视频跟踪技术研究[D].北京:华北电力大学,2017.

[23] 胡云鹭.基于视频的车流量及车速检测系统研究[D].西安:长安大学,2017.

[24] 肖文明.基于DSP的车流量视频检测技术及其实现研究[D].昆明:云南大学,2011.

[25] LAI A, YUNG N. Vehicle-type identification through automated virtual loop assignment and block-based direction-biased motion estimation[J]. Intelligent transportation systems, 2000, 1(2):86-97.

[26] 徐伟,王朔中.基于视频图像Harris角点检测的车辆测速[J].中国图象图形学报, 2006, 11(11):1650-1652.

[27] KOBAYASHI K, CHEOK K C, WATANABE K. Estimation of absolute vehicle speed using fuzzy logic rule-based kalman filter[C]//American Control Conference. IEEE, 1995.

[28] 康健新.基于图像的车牌识别系统的设计和实现[D].长春:吉林大学,2014.

[29] 李剑仕.基于车牌识别数据的城市道路超车特性分析[D].昆明:昆明理工大学,2013.

[30] 窦志伟.基于车牌识别数据的交通流参数短时预测[D].成都:西南交通大学,2016.

[31] 谢方方.基于视频检测系统的城市道路交通状态估计[D].济南:山东大学,2015.

[32] 龚越.基于车牌识别数据的交通出行特征分析[D].杭州:浙江大学,2018.

[33] 胡旭峰.基于车牌识别数据的城市道路交通状态判别及旅行时间可靠性的研究[D].青岛:青岛科技大学,2017.

[34] 刘静.基于车牌分析的交通状态判别方法研究[D].北京:北方工业大学,2015.

[35] 刘聪,李娟,马丽,等.基于卡口系统车牌识别数据的交通状态判别方法[J].青岛理工大学学报, 2017, 38(2):90-99.

[36] ANON. Highway capacity manual 2000[M]. Washington, D. C.:Transportation Research Board, 2000.

[37] 梅冬晨.基于车牌数据的OD矩阵获取及动态交通分配仿真研究[D].北京:中国人民公安大学,2017.

[38] 王龙飞.基于车牌照的车辆出行轨迹分析方法与实践研究[D].西安:长安大学,2011.

[39] SOHR A, BROCKFELD E. Current and future use of floating car data[C]// International Transportation Systems Performance Measurement Conference. DLR, 2011.

[40] MARTINEZ J J, CANUDAS-DE-WIT C. A safe longitudinal control for adaptive cruise control and stop-and-go scenarios[J]. IEEE transactions on control systems technology, 2007, 15(2): 246-258.

[41] SCHULTZ G G, RILETT L R. Calibration of distributions of commercial motor vehicles in CORSIM[J]. Transportation research record, 2005, 1934(1): 246-255.

[42] PUNZO V, BORZACCHIELLO M T, CIUFFO B. On the assessment of vehicle trajectory data accuracy and application to the next generation simulation (NGSIM) program data[J]. Transportation research part C: emerging technologies, 2011, 19(6): 1243-1262.

[43] THIEMANN C, TREIBER M, KESTING A. Estimating acceleration and lane-changing dynamics from next generation simulation trajectory data[J]. Transportation research record, 2008, 2088(1): 90-101.

[44] JAGACINSKI R J, FLACH J M. Control theory for humans: quantitative approaches to modeling performance[M]. Florida: CRC Press, 2018.

[45] MONTANINO M, PUNZO V. Trajectory data reconstruction and simulation-based validation againstmacroscopic traffic patterns[J]. Transportation research part B: methodological, 2015, 80: 82-106.

[46] 李慧轩. 基于驾驶行为动态获取的换道行为微观建模及仿真校验研究[D]. 北京: 北京交通大学, 2016.

[47] HANOWSKI R J. The impact of local/short haul operations on driver fatigue[D]. Virginia: Virginia Tech, 2000.

[48] TOLEDO T, ZOHAR D. Modeling duration of lane changes[J]. Transportation research record, 2007, 1999(1): 71-78.

[49] LEE S E, OLSEN E C B, WIERWILLE W W. A comprehensive examination of naturalistic lane-changes[R]. Washington D. C. National Highway Traffic Safety Administration, 2004.

第九章
基于智能移动终端的交通调查

第一节 基于智能移动终端的交通调查概述

一、基于智能移动终端的交通调查方法

智能移动终端与移动互联网的飞速发展为交通出行调查的开展提供了全新的途径,同时催生出新的交通调查技术。智能移动终端具有接入互联网的能力,是各种操作系统的载体,可根据用户的各种需求进行特殊功能的定制。生活中常见的智能移动终端包括移动智能手机、笔记本电脑、掌上智能电脑(PDA 终端)、车辆调度监控终端(TCU 终端)、可穿戴设备等。基于智能移动终端的调查系统由两大部分组成,即手持客户端和后台服务器。客户端通过无线网络与后台服务器进行交互,接收到数据信息后,后台服务器进行数据保存以供实时查看及后期的数据分析处理。基于智能移动终端的交通调查及数据管理分析软件可采用 Java 语言、VB.NET 和 MySQL 数据库等编程开发,且同时包含数据收集、数据导入、数据管理、数据处理和分析等各种功能,达到进一步提高交通调查效率的目的,节省交通数据统计、分析和处理的时间,此软件的开发适应于新形势下交通调查技术的发展,具有较高的应用价值。

二、基于智能移动终端的交通调查技术的特点

充分利用具有可视化、交互性特点的智能移动终端,使得交通调查软件可实现交通数据的

精确收集、后期自动汇总分析以及对调查人员的监管等功能,现有的人工调查数据精度低、工作量大、受人为因素影响等问题得以解决,大大地提高了调查数据的准确性和交通调查的效率。此外,一方面,智能移动终端能够辅助对交通量、交通密度和行车延误等交通参数的人工调查,并且在调查完成后自动生成 Excel 调查数据表格,通过互联网实现调查人员对数据的自动上传、汇总、整理与分析;另一方面,基于智能移动终端中的 GPS 模块能够实现对调查人员的自动监管和返回被调查者的精确位置信息,不仅使位置信息精确到坐标点(经纬度),也使采集到的基础数据可以满足后期分析应用中对不同交通小区划定的需求。

由第三章可知,传统居民出行调查方法主要是设计居民出行调查问卷表,由访问人员入户访问。针对特定的被访问人群,当面填写问卷或留置问卷,从而采集居民在某个时间段内的家庭特征信息、个人特征信息和出行信息。回收问卷后,通过统一的调查表编码和问卷数据录入,形成以 Excel 或 Access 为主的数据库文件,以供后续数据分析使用。传统居民出行调查主要存在以下问题:

(1)居民出行调查通常采用家访调查的方式,此方式所需样本量较大,因此需要提前培训一定数量的调查员,并做好现场协调工作,整个过程往往要耗费大量的人力、物力、财力。

(2)回收的调查表中存在的无效表格占多数。

(3)数据录入处理工作量大,只能记录某个人在某天内出行的出发地和到达地的位置信息,无法判断或推算出其实际的出行轨迹,必须使用后期的需求分析处理软件,按照假定的理想化数学模型和算法,模拟居民的出行路径。模拟的路径在一定程度上只能大致反映出被访问人员的出行分布情况,无法真实展现或替代实际的出行路径信息。

城市居民出行调查智能数据采集终端可弥补现有居民出行调查方法的不足,解决现阶段的交通调查及数据管理与分析方面存在的种种问题,实现科学、高效的居民出行数据采集和分析。与传统家访调查相比,基于智能移动终端的居民出行调查具有以下显著优势:

(1)调查数量更大,成本更低。

(2)有效提升调查质量。

(3)可实现调查数据与地理位置信息的紧密结合,获取出行距离与路径等用传统调查方法难以获取的数据,提升调查精度。

第二节　道路交通参数调查系统的设计

一、系统总体设计

道路交通参数调查系统主要包括以下 4 部分:

(1)智能移动终端:用于运行交通参数人工调查软件。

(2)交通参数人工调查软件:用于记录与汇总交通参数数据,实现数据的自动汇总、整理、上传、共享以及获取调查人员位置信息。

(3)数据汇总与监控系统:用于对每一个调查人员采集的交通参数数据进行汇总、整理,以及进一步深入挖掘和分析,并利用调查人员的位置信息对其进行监控。

(4)Web 服务器:用于智能移动终端和数据汇总与监控系统的数据交换。

其中,智能移动终端是本系统的硬件部分,智能移动终端需具有 GPS 功能、蓝牙互连功能和数据连接功能;交通参数人工调查软件通过启动智能移动终端的 GPS 模块,获取调查人员的实时位置信息;调查数据内容和位置信息通过数据连接功能实时上传到 Web 服务器。

二、交通参数人工调查软件

交通参数人工调查软件包括参数设置、交通量数据采集、交通密度数据采集、行车延误数据采集、数据导入、数据汇总和数据导出 7 个模块。

1)参数设置模块

参数设置模块用于设置交通参数调查所需的基本参数。参数设置模块主要包括调查项目资料填写、交通调查类型选择、调查时间周期设置和用户登录信息管理四个主要功能。调查项目资料包括本次调查项目名称和项目负责人、调查人员等信息;可供选择的交通调查类型主要有交通量调查、交通密度调查和行车延误调查三类;调查时间周期设置可以设定本次调查的开始时间、结束时间以及调查间隔周期;用户登录信息管理可以修改账户信息以及账户密码等。

2)交通量数据采集模块

交通量数据采集模块用于调查人员根据现场交通实际情况录入交通量调查数据,并同时利用智能移动终端的 GPS 模块记录调查人员位置信息。交通量数据采集模块在智能移动终端软件显示直观的交互式界面,各类调查参数用清晰、直观、形象的图标表示,该模块原理如图 9-1 所示。

3)交通密度数据采集模块

交通密度数据采集模块用于调查人员根据现场交通实际情况录入交通密度调查数据,并同时利用智能移动终端的 GPS 模块记录调查人员位置信息。交通密度数据采集模块将通过出入量调查法来获得路段的交通密度,包含出口交通量计数、入口交通量计数及浮动车计数 3 个界面,模块原理如图 9-2 所示。其中出口交通量计数、入口交通量计数界面与交通量数据采集模块功能类似,即分别采集路段出口、入口的交通量数据;浮动车计数界面用来记录从路段入口行驶到出口处浮动车分别超过与被超过的车辆数。最后利用出口交通量、入口交通量及浮动车计数得到路段在指定时刻的交通密度以及在指定时段的平均交通密度。

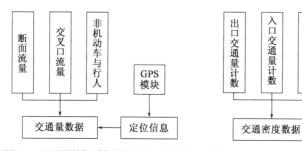

图 9-1　交通量数据采集模块原理示意图　　图 9-2　交通密度数据采集模块原理示意图

4)行车延误数据采集模块

行车延误数据采集模块用于调查人员根据现场交通实际情况录入行车延误调查数据,并同时利用移动终端的 GPS 模块记录调查人员位置信息。行车延误数据采集模块将交通密度数据采集模块获得的路段平均交通密度和交通量数据中的路段平均车速与路段标准车速进行比较,从而得到路段平均延误及路段总延误。该模块原理如图 9-3 所示。

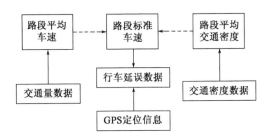

图 9-3　行车延误数据采集模块原理示意图

5) 数据处理流程

数据导入模块用于接收其他调查人员或 Web 服务器发送到本智能移动终端的交通参数数据和调查参数数据。数据汇总模块用于将调查人员选择的调查数据汇总并生成 Excel 格式的数据。数据导出模块利用蓝牙或数据连接功能将数据汇总模块生成的数据传给其他调查人员或上传到 Web 服务器。具体步骤如下：

首先，交通参数人工调查软件可通过数据连接模块从服务器下载数据或者通过蓝牙共享从其他智能移动终端导入数据；然后，导入的数据会从数据导入模块传输到数据汇总模块，数据汇总模块将对数据进行分类整理，将数据转换成标准格式以及对数据进行简单的统计；最后，经过汇总的数据会传输到数据导出模块，可以通过保存为本地文件、上传服务器以及与其他终端共享 3 种方式导出数据。

三、数据汇总与监控系统

数据汇总与监控系统包括数据导入、数据汇总、数据查询与导出、地理位置监控四个模块。

1) 数据导入模块

数据导入模块用于通过 Web 服务器将不同调查人员采集的交通参数数据及其对应的位置信息从相应的智能移动终端导入数据汇总与监控系统。

2) 数据汇总模块

数据汇总模块用于根据需求对获得的交通调查数据进行汇总、简单分析及深入挖掘。数据汇总模块将根据调查实际情况对从数据导入模块获取到的交通参数数据进行合并，并按照地点、时间等因素对交通参数数据进行分类、统计，同时在已有数据的基础上进一步挖掘以得到新参数。例如，利用精细交通量数据得到平均车头时距；利用路段交通量与交通密度数据并结合道路通行能力得到道路服务水平；利用交叉口交通量与行车延误数据并结合交叉口信号配时现有方案得到交叉口信号配时优化方案；等等。

3) 数据查询与导出模块

数据查询与导出模块用于对从数据汇总模块获得的调查数据结果进行查询，并根据需求生成相应的文件格式。

4) 地理位置监控模块

地理位置监控模块用于通过位置信息对调查人员进行监控，保证数据质量。地理位置监控模块在可视化操作的地理信息系统界面可设定监控目标的移动许可边界及其对应的移动许可区域；并且结合获得的调查人员位置信息判断调查人员是否越界，并在调查人员越界时发出警报提醒监控人员，同时对调查人员在越界期间得到的调查数据进行标记。该模块原理如图 9-4 所示。

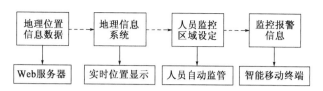

图 9-4 数据汇总与监控系统地理位置监控模块原理示意图

第三节 居民出行调查软件的设计

一、系统架构

系统可实现的主要功能有调查人员录入调查对象的家庭情况、个人基本情况、个人出行情况、个人出行意愿等文字信息,把录入的文字信息进行数字编码并通过移动网络发送至终端服务器汇总。系统中的主要模块包括初始化主界面、家庭特征信息输入模块、个人特征信息填写模块、个人出行特征填写模块及个人出行意愿填写模块。

二、关键技术分析

1. 地址信息与交通小区编号匹配技术

居民出行调查中的地址信息包括家庭地址、个人出行信息的出发地址和到达地址(OD)。为便于后期的数据统计分析,一般需要对地址信息进行对应小区编号的匹配。常用的匹配方法有精确匹配、模糊匹配和人工匹配3种。对于精确匹配失败的地址信息用模糊匹配方法进行匹配,对于精确匹配和模糊匹配失败的地址信息,需要用人工匹配方法进行匹配,如图9-5所示。

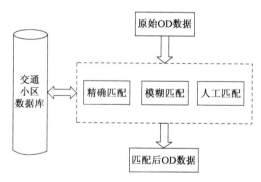

图 9-5 地址信息与交通小区编号匹配技术

2. 交通小区边界设定

在研究区域地图上添加交通小区划分图,实现地址输入并查询出对应的交通小区编号。依据调查项目的需求,可添加多个图层,实现交通小区编号、小区边界的地图显示功能。

3. 居民出行调查数据库设计

一般居民出行调查的内容包括家庭特征、个人特征、出行特征及出行意愿4组数据,并且数据间联系紧密,各数据组间的一般结构关系如图9-6所示。居民出行调查数据是以家庭为根的树形结构数组,根据数据结构特点,构建图 9-7 所示的调查数据结构图,便于后期的数据统计和分析工作顺利进行。

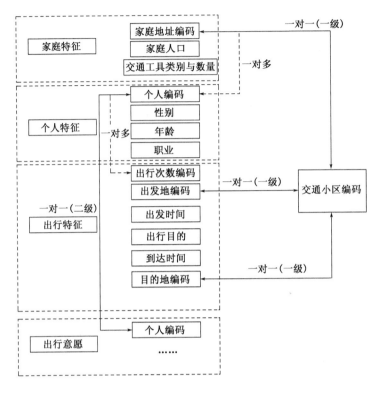

图 9-6 一般居民出行调查数据结构关系

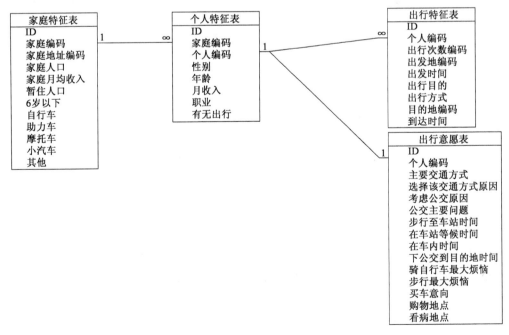

图 9-7 调查数据结构图

三、智能移动终端数据在交通需求模型中的应用

通过对智能移动终端获取的数据进行处理,可得到交通规划模型需要的参数。

1. 应用到"四阶段"交通需求模型的步骤与方法

智能移动终端采集数据在"四阶段"交通需求模型开发中的应用如表9-1所示,具体步骤与方法如下。

(1)将从智能移动终端得到的社会经济属性数据、出行目的、空间位置、时间信息根据经纬度分配到交通小区中,然后按照出发和到达计算出行生成和出行吸引次数,结合交通小区所有的人口社会经济属性边际分布数据和就业数据对不同出行目的的出行生成和出行吸引次数利用交叉分类法等方法进行预测,得到小区不同出行目的的总生成量和吸引量。

(2)得到小区不同出行目的的总生成量和吸引量后,计算各个交通小区的OD。

(3)根据从智能移动终端中的个人注册得到的社会经济属性数据、用户填写的出行日志构建不同人群的出行方式选择模型,最后根据交通小区人口社会经济属性边际分布数据得到每个小区所有人口的出行方式分布。

(4)交通分配中,将(3)中得到的各方式分担出行量作为输入数据分配到路网上,然后评价路网。

智能移动终端采集数据在"四阶段"交通需求模型开发中的应用　　　　表9-1

四阶段模型子模块	子模块输入数据需求	移动终端数据处理与监理参数提取	所需其他数据	应用方法
交通生成	交通生成量	调查得到的社会经济属性数据,各种出行目的(HBW、HBS)的出行生成数(次、人)	交通小区人口社会经济属性边际分布数据	通过交叉分类法或者线性回归预测小区的总交通生成量
	交通吸引量	调查得到的社会经济属性数据,各种出行目的(HBW、HBS)的出行吸引数(次、人)	交通小区就业数据	通过线性回归预测小区的总交通吸引量
交通分布	OD矩阵	观测的出行分布	土地利用数据	以观测到的数据来标定分布模型参数
方式划分	出行方式选择概率	观测的出行方式	交通小区人口社会经济属性边际分布数据	以观测到的数据来标定出行方式选择模型参数
网络分配	出行路线选择概率	观测的路线选择概率	道路交通网络分布数据	以观测到的数据来标定路径选择模型参数

2. 非集计交通需求模型开发中的主要方法

智能移动终端采集数据在非集计交通需求模型开发中的应用如表9-2所示,具体方法如下。

(1)交通小区的社会经济、人口数据:虽然智能移动终端获取的数据是每个用户的全属性数据,但是在某些小区可能出现由于样本量较少导致不能直接用于非集计模型中的情况,因此,需要根据整个交通小区人口社会经济属性边际分布数据,通过迭代拟合法合成得到整个交通小区所有居民的社会经济属性全样本数据,并将此数据用于后面的数据扩样。

(2)出行次数及出行目的:由于所合成的交通小区的社会经济、人口数据不具有出行信

息,因此需要根据已有的智能移动终端的小样本数据,把具有相似社会经济属性数据人群的出行信息匹配到全样本的数据中,这里假设可直接匹配的数据有出行次数及出行目的。

(3)出行目的地、出行方式、出行时间:由于人们在日常生活中对于某一活动的出行时间、出行目的地及出行方式的选择具有一定的随机性,因此不能直接将手机的这些信息分配到交通小区的人群中。在非集计交通需求预测模型中,在已知出行次数与出行目的的条件下,可以根据 App 收集的数据建立概率分布,通过蒙特卡洛法等方法对每个人的每一次出行随机分配这些属性。

(4)将以上得到的出行链、出行目的地、出行方式分配到路网上,最终得到各交通小区所有人群的出行次数及时间、选择的方式及路径。

智能移动终端采集数据在非集计交通需求模型开发中的应用　　　表 9-2

非集计模型数据需求	手机基础数据	所需其他数据	应用方法
交通小区的社会经济、人口数据	被调查人的社会经济属性	研究区域人口社会经济属性边际分布数据	迭代拟合法
出行次数及出行目的	被调查人的社会经济属性、观察得到的出行次数、出行目的	研究区域人口社会经济属性边际分布数据	直接匹配
出行目的地、出行方式、出行时间	日出行链形态	就业数据、土地利用数据、出行目的、出行距离	根据社会经济属性及蒙特卡洛法随机分配,构建各社会经济属性群体出行链分布

第四节　基于智能移动终端的调查实例

随着智能移动终端的不断普及,基于智能移动终端的交通调查技术已在交通管理、控制及现代城市交通规划中得到了广泛的应用。以基于掌上 PDA 的智能踏勘系统和居民出行调查系统为例,了解其在调查中的使用过程及应用。

一、基于掌上 PDA 的智能踏勘系统

1. 系统简介

智能踏勘系统安装于掌上 PDA 上,是用于进行各类流量调查现场踏勘的智能化终端。该系统可对调查点基础信息进行记录,对调查现场情况绘制详点图,对调查点附近标志性建筑进行拍照,外业采集完成后采用 PC 端报表导出程序一键导出 Word 格式报表,避免使用传统的踏勘方法踏勘完后无法将点位信息与现场情况相对应等情况,并且大大提高了现场踏勘的精度和效率。

2. 技术优势

1)调查点位类型选择界面更人性化

智能踏勘系统通过更人性化的操作界面,使调查人员只需点击触摸屏,选择需要记录的调

查点位的类型（图9-8），便可实现快速、准确记录调查点位类型，更省时省力。

2）常规属性记录确定唯一调查点位

如图9-9所示，通过调查点名称唯一确定站点位置，标志性建筑帮助调查员辨别方向，点位编号确定表格对应站位点。同时，智能踏勘系统可以自动搜索调查点位的经纬度并保存搜索结果。这些对于确定调查点位精确的地理位置，特别是对距离市区较远的出入口可以发挥出巨大的作用。

图9-8　调查点位类型选择界面

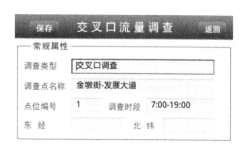

图9-9　调查点位常规属性界面

3）现场属性及人员安排记录保证调查精度

智能踏勘系统对现场属性及人员安排的记录采用了更加简洁、方便的操作界面（图9-10）。对于现场属性的记录多采用选择的方式记录。在观测点人员安排方面，通过记录人员分组、站位帮助小组长组织现场调查人员，方便项目组巡查人员检查调查员站位情况及提高记录的准确性。

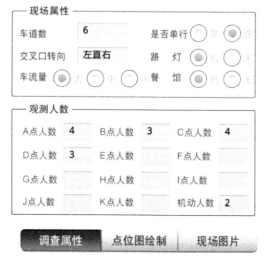

图9-10　现场属性及人员安排的记录界面

4）二维图像全面说明调查点位路面信息

智能踏勘系统可以让图面清晰，具有可更改性，同时对于不同的表示单位可以使用不同的颜色在界面上标示。利用绘制的现场图片记录调查点位名称、调查点位形状、标志性建筑物信息、调查员站位分布等。绘图页面有6个工具辅助调查员进行现场草图绘制，如图9-11所示。

5）现场拍照保证调查点位准确

智能踏勘系统具有拍照功能，可将照片与所记录点位对应起来（图9-12）。其在导出详点图为Word形式数据库时显得尤为重要。因为照片是最直观反映调查点位信息的方式，是确保调查人员在有限的时间内到达准确的调查点位的最优方法，而智能踏勘方式可以将照片与相应的调查点位一一对应，保证调查数据的准确性。

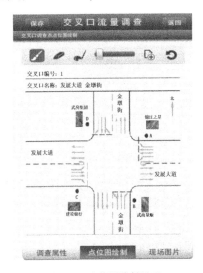 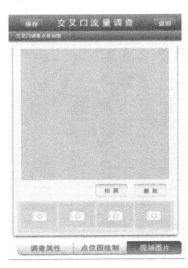

图9-11　点位图绘制界面　　　图9-12　智能踏勘系统摄取照片操作界面

6）一键导出为Word数据库保证数据精度

智能踏勘系统可以一键导出形成报表，避免信息遗漏、现场照片与点位编号对应错误、人员分工记录混淆等问题；并记录现场其他基本情况，如GPS定位该点位置，记录车流量大小、周边是否有路灯和餐馆等辅助设备等信息，帮助调查组织人员制订最优执行方案，提高调查效率、节省经费等。

二、基于掌上PDA的居民出行调查系统

掌上PDA在居民出行调查上，可替代传统的纸质问卷调查方式，提高了调查的效率和精度，实现了调查更精确、快捷、环保的目标。下文以北京晶众时讯市场调查有限公司（以下简称北京晶众公司）开发的基于掌上PDA的居民出行调查系统为例展开介绍。

1. 新技术介绍

为解决传统调查方法中的技术瓶颈问题，北京晶众公司在掌上PDA的基础上设计了针对城市居民出行调查的掌上PDA，将原有的纸质调查表格转移到掌上PDA上，同时增加原有纸质调查方法所不具备的功能，如调查数据数字化采集、位置信息自动查询定位、一键式数据导入导出、与分析应用平台无缝衔接等。

2. 系统功能

1）调查数据数字化采集

采用智能数据采集终端设备,将居民出行信息电子化,访问人员只需要携带终端设备就可以完成所有调查工作,避免调查表格的印刷和携带。

2）位置信息自动查询定位

利用嵌入式地图引擎技术和搜索引擎技术,对家庭地址信息和出发地、到达地的位置信息进行搜索定位,实现位置信息自动查询定位功能,并自动将定位到的位置坐标信息(经纬度)加载到数据库,大大提高了居民出行位置信息的精度,保证数据质量。

3）出行路径辅助规划

出行路径辅助规划功能基于信息全面的电子地图和路径搜索引擎,在调查过程中,自动生成自出发地到目的地的可行路径选择集,供被访问人员选择,同时自动计算出该次出行距离,从而实现出行信息中出行路径信息的采集。

4）途经点自定义和路径选择

系统可以方便地实现被访问人员出行信息中途经点的自定义,从而确保所采集路径信息的正确性。同时系统还将根据被访问人员选择的出发地和到达地,自动根据道路等级生成多个出行线路推荐方案,方便被访问人员选取出行线路,从而很好地帮助被访问人员回想出行路径,提高调查数据精度和调查效率。

5）数据采集实时纠错

系统管理员可以根据实际调查的需求,预先设定调查指标项的纠错规则,当访问人员在现场采集数据时,若出现错误填写调查指标项内容的情况,则系统自动报错并给出修改建议。

6）数据采集进度和质量实时跟踪

利用 GPS 和 GPRS 实时采集访问人员调查执行情况,通过 GPRS 实时将采集信息发送到数据中心,对已经回传的数据进行实时监控,统计调查样本分布情况和完成情况。同时,调查终端安装 GPS 定位装置,可以实时监控访问人员的分布情况,实时监控执行过程。

7）同时满足"四阶段"和基于出行链的交通需求模型的要求

利用嵌入式 GIS 和电子地图技术,系统不仅能采集出行点坐标,还可以采集被访问人员的出行路径信息,包括出行路径的轨迹路段、时间、距离等重要信息,使得调查数据既能满足常规"四阶段"交通需求模型的数据要求,又能满足基于出行链的交通需求模型的数据要求。

8）一键式数据导入导出

由于采用的是电子数据采集终端,在访问人员采集完一户样本家庭的同时,已经将该户家庭的调查数据录入数据库中,系统可以方便地实现多台智能数据采集终端的数据合并和整体性校验,实现一键式的数据导入和导出。

9）与分析应用平台无缝衔接

智能数据采集终端完成数据导出和完整性检验后,系统可以直接将调查数据导入城市综合交通规划信息管理平台,利用城市综合交通规划信息管理平台的指标计算和分析功能,实现调查数据和基础数据的统一管理和分析应用,从而科学、便捷地得到居民出行调查分析指标,并可输出为统计报表或分析图形等多种形式。

3. 应用情况

掌上 PDA 居民出行调查技术已在湖南、江苏等省份的多个城市投入使用。湖南省株洲市居民出行调查:调查规模为 10000 户居民,共涉及 5 个区,调查时间为一周;共用到掌上 PDA 230 余部,收集到 10200 余户的出行信息。江苏省丹阳市居民出行调查:调查规模为 3000 户居民,调查时间为一周;共用到掌上 PDA 百余部,收集到 3000 余户的出行信息。

在掌上 PDA 投入使用的同时,通过跟访、现场计时及新旧技术对比发现,使用掌上 PDA 进行调查有效地防止了数据填写时出现的逻辑混乱现象,并将调查一户家庭所需时间由原来的 30~40min 缩短为 15~20min,大大提高了调查效率。加之掌上 PDA 无须录入,避免了录入环节的误差,进一步提高了数据的精度。

【复习思考题】

1. 生活中常见的智能移动终端有哪些?基于智能移动终端的调查系统由哪两部分组成?
2. 简述传统居民出行调查与基于智能移动终端居民调查技术的特点。
3. 道路交通参数调查系统主要包括哪些部分?该系统功能共有几个模块?各模块功能分别是什么?
4. 基于掌上 PDA 的居民出行调查系统主要功能包括哪些?其与传统问卷调查的差别有哪些?

【本章参考文献】

[1] 阳扬,欧冬秀,何向俊.基于手机 App 大数据的交通出行数据获取方法[J].交通信息与安全,2015,33(6):40-47.
[2] 蒋礼仁,杜红波.智能手机在家访式居民出行调查中的应用研究[C]//2018 世界交通运输大会论文集.中国科学技术协会,交通运输部,中国工程院,2018:7.
[3] 钱昌犁,施泉.基于 Google Maps API 的居民出行调查方法研究[C]//公交优先与缓堵对策——中国城市交通规划 2012 年年会暨第 26 次学术研讨会论文集.中国城市规划学会,城市交通规划学术委员会,福州市人民政府,2012:1504-1510.
[4] 邓博,钟鸣,陈德军,等.手机 App 出行调查系统开发及其模型应用研究[J].交通信息与安全,2017,35(6):67-77.
[5] 张颖涛,师恭鹏.智能现场踏勘系统——晶众交通调查[R/OL]. https://wenku.so.com/d/bf4397b95300488bdd6bf4bc2f7f119d.
[6] 张颖涛,师恭鹏.掌上 PDA 在居民出行调查中的应用——晶众交通调查[R/OL]. https://max.book118.com/html/2016/1118/63945848.shtm.

第十章
基于移动通信数据的交通分析

移动通信是当代人们日常生活中不可或缺的通信方式。随着移动通信技术的普及,移动终端设备也遍及每个交通出行者手中,移动通信设备通过地点更新、切换,以及通话、短信等通信活动向移动通信基站发送设备的时间和位置信息,通过收集和分析这些移动通信设备的时空信息,可以获取相应的交通出行信息。

第一节　手机数据采集系统和技术

一般来讲,有两大系统检测移动手机用户的位置和移动,即定位系统和运动系统。在定位系统中,无线射频(Radio Frequency,RF)信号常用于确定移动通信设备的位置。这些 RF 信号来自移动通信网络、GPS、AGPS、Wi-Fi、蓝牙等。对于运动系统,内置的传感器用于检测移动通信设备的运动状态。这些传感器包括加速度计、磁传感器和罗盘仪,如图 10-1 所示。

一、定位系统

1. 基于蜂窝网络的定位

移动运营商通过建立大范围覆盖的蜂窝网络保持其注册用户与网络的连接,以使用户享受通信网络服务,同时,注册用户的位置会随触发事件(如通话和使用网络)被定期和不定期上传。起初,移动手机的位置被记录为其连接的蜂窝编号(Cell ID),每个蜂窝都有自己的经纬度。但这种基于 Cell ID 数据的空间分辨率取决于每个蜂窝基站的服务范围,其值因不同通信公司在不同应用区域而差异较大。如,在我国城市区域,基站服务半径为 100~500m,但在郊区其值为 400~1000m。随后,通过测量接收的信号强度和信号传输时间,采用三角测量技术可获得移动手机设备的经纬度位置。如果服务范围内有可获取的 3 个及以上基站,采用该技术获得的数据的空间分辨率可提高到几米的精度。

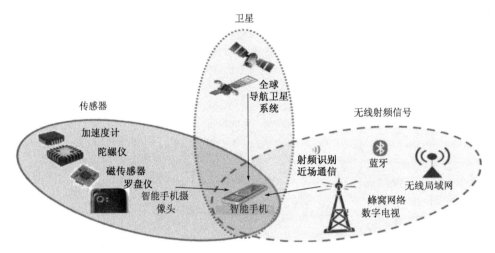

图 10-1　移动手机设备的数据采集系统和设备

2. GPS 定位

移动手机设备内嵌的 GPS 接收器可通过卫星传输的无线电波信号来确定其位置,利用这种采集技术得到的数据的位置空间分辨率在户外可提高到几米的精度。但是定位有时无法获取或不精确,如 GPS 信号在城市峡谷区域出现丢失或由于信号反射而造成多路径噪声。

3. Wi-Fi 定位

大部分移动手机设备都具有无线上网功能,而城市许多区域都开放了 Wi-Fi 接入点,使得 Wi-Fi 定位因为接收信号强度指标(Received Signal Strength Indication,RSSI)技术而易于实现。定位空间分辨率约为几米,但如果结合了三角测量技术,其精度可被提高至 1m 内。

4. 蓝牙定位

为了提高移动手机设备之间在一定距离范围内(通常为 100m)的无线信息交换能力,大部分移动手机都配置了蓝牙,这使得移动手机设备通过蓝牙定位成为可能。当移动手机设备进入和通过装有蓝牙发射设备的空间时,其位置及时间戳会被记录。

二、运动系统

大部分智能手机配备有多种运动传感器,如加速度计和磁传感器,可检测移动手机用户的运动状态。这些传感器使详细探查出行为成为可能。

1. 加速度计

作为广泛用于活跃行为和物理活动研究的传感器,加速度计可测得移动手机用户在多方向的加速度和运动状态,如爬上、走下、站立、行走、跑步、转圈和驾驶。

2. 磁传感器

在设定一些磁体作为探测器之后,通过监测磁通量密度可探测磁体与移动手机设备之间的距离以及移动手机设备的移动速度。

目前,传感器融合技术已被广泛用于智能手机。该技术可以根据有效性自动选择合适的定位技术,并以一种更精确和连续的方式确定移动手机设备的位置。此外,多种定位技术和运动传感器已被联合用于出行调查中,以收集更全面和详细的出行行为信息。

第二节 移动通信系统与定位技术

一、移动通信系统基本概念

GSM:Global System of Mobile Communication,全球移动通信系统,是当前应用最为广泛的移动电话标准。

IMSI:International Mobile Subscriber Identity,国际移动用户识别码,是 GSM 系统分配给一个移动用户(Mobile Station,MS)的国际上唯一识别号码。

BSC:Base Station Controller,基站控制器,具有对一个或多个 BTS 进行控制的功能,主要负责无线网络资源管理、小区配置数据管理、功率控制、定位和切换等。

BTS:Base Transceiver Station,基站收发器,与 BSC 共同构成基站子系统。主要负责无线传输,具有无线与有线的转换、无线分集、无线信道加密、跳频等功能。

BS:Base Station,基站,数十个 BTS 和 BSC 组成一个基站(BS),每个基站都有一定的无线覆盖范围,即蜂窝小区。

MSC:Mobile Switching Center,移动交换中心,管理数十个基站,是整个 GSM 系统的核心,控制所有 BSC 的业务,提供交换功能和系统内其他功能的连接。MSC 从 GSM 系统内的三个数据库,即归属位置寄存器(HLR)、拜访位置寄存器(VLR)和鉴权中心(AUC)中获取用户位置登记和呼叫请求所需的全部数据。此外,MSC 还支持位置登记、越区切换等具有移动特征的功能。

LAC:Location Area Code,位置区编号,移动通信系统中为寻呼而设置的一个区域,唯一标识该区域。

CI:Cell Identity,基站小区编号,区域内的基站小区编号与位置区编号(LAC)可唯一确定基站小区。

Cell:蜂窝,每个基站的可靠通信服务范围,是通信网络系统的基本地理单元,该范围半径根据天线高度、增益和传播条件可以从百米至数十千米。GSM 网络一共有 4 种不同的蜂窝单元尺寸——巨蜂窝、微蜂窝、微微蜂窝和伞蜂窝,覆盖面积因不同的环境而不同。巨蜂窝的基站天线通常安装在天线杆或者建筑物顶上。微蜂窝的天线高度低于平均建筑高度,一般用于市区内。微微蜂窝则是那种只覆盖几十米范围的很小的蜂窝,主要用于室内。伞蜂窝则用于覆盖更小的蜂窝网的盲区,填补蜂窝之间的信号空白区域。

LU:Location Update,位置更新,移动台在开机或移动过程中,若收到的位置识别码与移动台存储的位置识别码不一致,则发出位置更新请求,通知网络更新移动台的位置识别码。在移动通信系统中,移动台在通话状态时发生的位置更新称为切换。

Handover:切换,指由于移动通信网络中的基站覆盖范围有限,当正在通话的手机穿越小区边界时,当前服务基站的信号强度逐渐下降,目标基站的信号强度逐渐增强,为了保证通话质量和通话的连续性,当信号强度低到某一阈值时就将手机移动台与基站之间的通信链路从当前基站转移到信号强度较高的目标基站,否则切换不当将会引起掉话。由信号波动引起的手机移动台在两个基站之间不必要的来回重复切换称为"乒乓切换",是移动通信数据预处理需消除的对象之一。

二、移动通信定位技术

按照定位实现方式的不同,手机定位可以划分为两类,即基于网络定位和基于手机终端定位。基于网络定位是通过测量和处理手机与基站的通信信号数据估算出手机位置,例如通过三角定位法解析方程获取手机位置坐标,这通常需要在基站或者移动交换中心(Mobile Switch Center,MSC)上加装专门的信号监测设施;基于手机终端定位通常是在手机内部加装 GPS 芯片,其定位原理与 GPS 定位相似。基于网络定位方式的主要优点在于不会对手机加装 GPS 芯片有要求,对所定位的目标手机没有干扰,只是利用手机通信过程中的信号数据实现定位。但其也具有明显的缺点:

(1)定位精度较低,通常在几百米至几千米范围内。
(2)需要在基站上加装信号监测设施,随着基站数量增多,设施成本变高。

基于手机终端定位方式的主要优点包括定位精度较高,可以达到 5~10m 的精度,不需要在基站上额外增加辅助设备。其不足是对手机有要求:

①需加装 GPS 芯片,随着手机设备的发展,目前市场中占主导地位的智能手机已经内置了 GPS 定位芯片并逐渐普及,这个问题已经逐步得到解决。

②定位过程中,要求手机打开 GPS 定位功能,这将消耗相当的手机电池容量,在一定程度上影响手机的正常使用。

按照定位过程是否获取手机位置坐标,手机定位还可以划分为两类,即坐标定位和移动通信小区定位。坐标定位是指通过测量手机通信信号数据或者内置 GPS 芯片的手机等方式,获取手机位置坐标,其应用于道路交通车速采集的原理与车载 GPS 定位技术类似;移动通信小区定位的核心思想是通过分析手机发生通信事件时使用的基站小区编号(Cell ID)的话单进行定位,或者连续追踪手机通话过程中发生的信令切换变化模式,通过与道路设施的关联匹配判定手机所在的路段,而不会直接获取手机所在的位置坐标。移动通信小区定位属于基于网络定位方式的一种类别,不同的是,移动通信小区定位不需要在每个基站上加装信号监测设备,而是在移动交换中心上加装专门的信号提取分析设备。由于一个移动交换中心通常控制几百个基站,因此,移动通信小区定位的附加设备成本将大大降低。

手机定位技术分类情况和主要特点如表 10-1 所示。

手机定位技术分类情况和主要特点　　　　　　表 10-1

划分标准	定位类型	特　点	技术实现形式
定位实现方式	手机终端定位	定位精度较高,但对手机使用有影响	手机 GPS 定位
	网络定位	获取的手机坐标定位精度较低,需要在基站等通信设施上加装信号监测设备	到达时间差;基站定位;信令

续上表

划分标准	定位类型	特 点	技术实现形式
是否获得位置坐标	坐标定位	根据具体的定位实现形式,定位精度有所不同,包含终端定位和部分网络定位的具体形式	到达时间差; 手机 GPS 定位
	移动通信 小区定位	属于网络定位的一种形式,独特地依靠变化模式切换与道路设施的关联实现手机经过的路段位置追踪	基站定位; 信令数据

移动通信定位常用的方法有 Cell ID 定位法、到达时间差(Time Difference of Arrival, TDOA)或到达角度测距(Angle-of-Arrival, AOA)定位法、A-GPS 定位法 3 类。本节主要对 Cell ID 定位法进行详细介绍。

Cell ID 定位法根据移动终端所连接的蜂窝位置来表示用户的位置,其定位原理如图 10-2 所示。因此,Cell ID 定位法定位精度,取决于蜂窝信号的半径大小,一般差异较大。在郊区或农村地区,单个蜂窝信号覆盖范围很大,定位精度较低;城区蜂窝信号覆盖范围通常在 300m 左右,部分话务量大的地区可以小于 100m,定位精度相应较高。Cell ID 定位法技术实现简单,只需要移动终端能够连接到无线通信网络,就可以实现用户位置定位。无须对现有通信网络进行改动,也无须在通信终端安装额外设备。目前,这种定位技术已经在移动网络中广泛使用。

本节涉及的移动通信定位数据是通过 Cell ID 定位法获取的 TDR/CDR 数据。国外也称之为手机定位数据(Mobile Phone Data)。具体的定位过程如下:

1. 位置更新

移动台从一个位置区(LAI)移动到另一个位置区时必须登记,即位置更新。移动系统中位置更新的目的是使移动台始终与网络保持联系,使得移动台在网络覆盖范围内的任何一个地方都能接入网络,或网络能随时知道 MS 所在位置,以使网络可随时呼叫到移动台。处于开机空闲状态连续移动的 MS 会产生以下四种可能情况,如图 10-3 所示。

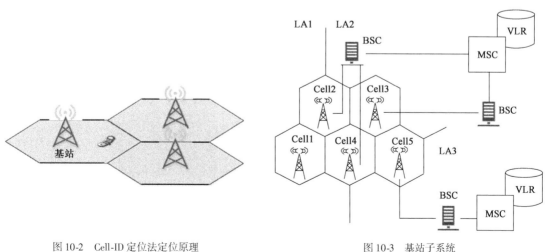

图 10-2　Cell-ID 定位法定位原理　　　　　　图 10-3　基站子系统

①相同位置区(LAI)不同小区(CI),不进行位置更新,如从小区 1 移动到小区 2。
②不同位置区的不同小区,进行位置更新,如从小区 2 移动到小区 3。
③相同 MSC/VLR 不同位置区,产生位置更新。
④不同 MSC/VLR 业务区间的位置更新,如从小区 3 移向小区 5。

此外,考虑开机与网络特殊情况,GSM 系统的位置更新包括三个方面的内容。

(1) IMSI 附着位置更新。

移动用户在网络服务区开机时,网络要对移动用户识别码(IMSI)的数据做"附着"标记,表明 MS 在网络中处于活动态。移动用户关机时,就在该用户对应的 IMSI 上做"分离"标记,去"附着"。

(2) 常规位置更新。

当移动台从一个位置区域进入一个新的位置区域时,移动系统所进行的通常意义下的位置更新,即常规位置更新。

(3) 周期性位置更新。

在一定时间段内,网络与移动台没有发生联系时,移动台自动地、周期性地(以网络在广播信道发给移动台的特定时间为周期)与网络取得联系,核对数据。

2. 通话建立

处于待机状态的手机通过蜂窝与手机通信网络保持联系,如图 10-4 所示。手机通信网络对手机所处的位置区信息进行记录,在移动台拨打电话或接听电话时,根据所记录的 LAC,通过呼叫路由选择找到另外一个移动台,建立通话连接,LAC 信息都以数据库的形式存储在拜访位置寄存器(VLR)中。除接打电话外,当移动台发生下列动作时,也将触发通信网络以记录触发信息。

(1) 主叫、被叫。
(2) 收短信、发短信。
(3) 开机、关机。
(4) 周期性位置更新:长时间没有上报位置信息时触发。
(5) 常规位置更新:在待机状态下跨越了位置区时触发。

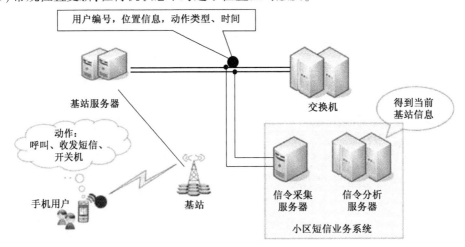

图 10-4　移动通信数据采集原理

3. 定位

当手机在通信网络中注册后,网络将寻呼到手机的 LAC 位置,在寻呼中也能获得手机的 Cell 小区编号。只要采集到各个 Cell 小区分布的地理位置和小区半径,就能确定用户大概的位置和精度范围。Cell ID 定位法的定位精度取决于 Cell 小区的半径。在城市市域内,基站小区比较密集,Cell ID 定位完全能够满足交通信息提取的要求。

第三节 移动通信数据的分类及特点

一、移动通信数据的分类

移动通信数据可以分为手机信令数据和手机话单数据两类。手机信令数据是依托运营商建立的信令监测平台,采集手机与基站之间信令数据的交换,通过后台关联、合成和解析,获得识别号、事件类型、时间戳、基站小区编号、位置区编号等信息,包括通话、非通话期间的事件数据;手机话单数据是依托运营商建立的计费系统,记录和计费有关的通话、短信事件、发生时间、基站编号、位置区编号等信息。

移动业务中心存储户手机信令数据表结构见表 10-2。

移动业务中心存储户手机信令数据表结构 表 10-2

序号	字段名称	描 述	类 型	字段长度
1	MSID	手机识别号,IMSI 或由 IMSI 单向加密的结果,唯一标识手机	Text,加密,可能为空	32
2	Time Stamp	时间戳,由厂商在采集卡上对成功发生的信令过程加上的时间标记,精确到秒	时间格式,例如 20090731172328,共 14 位	14
3	LAC	位置区编号	UINT32 类型数字	5
4	Cell ID	基站小区编号	UINT32 类型数字	5
5	Event ID	事件类型	UINT8 类型数字	3
6	Cause	原因编码	UINT8 类型数字	3
7	Flag	标示能否获取 IMSI	UINT8 类型数字	3
8	Msc ID	移动交换中心编号	UINT8 类型数字	8
9	Bsc ID	基站控制器编号	UINT8 类型数字	8
10	Area Code	手机归属地	以区号区分手机归属地	4
11	CR	回车	—	1

示例:原始数据中随机提取一行数据,如

9FD17624FFE9D7F92042D55A018B566F, 20090626140600, 06314, 16898, 002, 000, 000, 01004407, 01024c00, 0755, <CR>

说明:该数据表明,识别号为 9FD17624FFE9D7F92042D55A018B566F 的手机,于 2009-6-26 14:06:00 时刻,在 06314 号位置区下的 16898 小区,开机(002, Event ID), Cause 值为 000, Flag 值为 000, Msc ID 和 Bsc ID

分别为 01004407、01024c00,手机归属地 0755(深圳)。

其中事件类型(Event ID)及对应编号如表 10-3 所示。

移动通信信令事件类型及对应编号　　　　　　　　　　　表 10-3

EI(Event ID)	信令事件类型
0	LU 过程——常规位置更新
1	LU 过程——周期性位置更新
2	LU 过程——开机 IMSI ATTACH 信令
11	切换失败
14	通话结束,挂机
15	主叫失败
16	被叫失败
17	发送短信失败
18	接收短信失败
22	常规位置更新失败
24	周期性位置更新失败
41	主叫发短信
51	关机过程——IMSI DETTACH 信令
41	主叫和短信启呼过程——CM Service Request 信令
61	被叫和短信接收过程——Paging Response 信令
110	HO 过程——BSC 内切换(小区内或小区间)
120	HO 过程——下行信号质量和强度变差产生的 BSC 间切换
121	HO 过程——其他原因产生的 BSC 间切换
130	HO 过程——下行信号质量和强度变差产生的跨 MSC 切换
131	HO 过程——其他原因产生的跨 MSC 切换

二、移动通信数据的特点

移动通信数据采集的原始目的是服务于移动运营商费用结算。然而,目前移动通信数据在解决既有及未知交通问题中表现出的显著优势已得到越来越多的学者和管理者认可。总体来讲,与传统的调查数据相比,移动通信数据在交通分析中具有以下几个显著的特点:

(1)无用户个体属性信息。利用手机数据进行交通信息采集,需要用手机唯一的 ID 来进行字段匹配和计算,IMSI 是移动用户的唯一身份识别号码,而使用 IMSI 会产生用户的隐私问题。目前,针对隐私问题的解决方法是采用 MD5 等算法对 IMSI 加密,IMSI 明文中的号码与 IMSI 密文中的号码具有一一对应的关系,加密后的号码可以作为唯一识别用户的字段进行后续分析与计算。因此,无法将数据与实际中具体的交通出行个体对应。

(2)数据获取成本低。现有网络环境直接记录该数据,不需要对现有基站与网络系统进行升级改造,只需少量服务器用于数据采集和存储,相对传统手段费用低廉。

(3)覆盖率(渗透率)高。截至 2018 年,我国净增移动电话用户数达到 1.49 亿户,移动电话用户总数达到 15.7 亿户,移动电话普及率达到 112.2 部/百人。全国已有 24 个省(区、市)

的移动电话普及率超过 100 部/百人，巨大的市场占有率和不断增长的用户数量都为移动通信数据采集的样本量提供了保障。

（4）所采集数据可兼顾实时性及长期性。由于移动通信数据具有实时传输的特征，理论上可得到任意时刻的动态数据，可为动态评估城市交通出行状况及构建动态交通流分配模型提供数据支持。同时储存每天的历史数据，为交通出行周期性及随机性波动特征等研究提供可能。

除上述特点之外，移动通信数据由于其特殊性，在用于交通分析时需注意以下几点：

（1）蜂窝信号覆盖范围及信号强度的变化。电磁波传播特性造成同一点的信号强度是一个随时间变化的随机值，因此扇区信号的覆盖范围并不是固定不变的，根据最强蜂窝信号连接规则，移动台会选择信号更强的蜂窝；同时城市中建筑材料、结构、温湿度的变化等，也可能对基站覆盖范围及其变化情况产生影响。

（2）移动通信数据定位精度应满足交通问题分析需求。不同空间尺度的研究问题需要不同精度的数据予以支撑，才能保证分析结论的准确性与可靠性。在实际中，由于信号的不稳定会产生毫秒级频率的基站切换，但是在数据表中时间戳的精度只到秒级，因此会存在同一用户在相同时间出现在不同基站的情况，即产生"乒乓效应"的异常数据，需要通过数据预处理最大限度地减小其产生的影响。

手机数据的个人隐私问题可通过手机号码加密、处理器安置于移动机房等方式规避。独立个体信息只是海量信息中经过字符串唯一标识的采样点，可经过处理从中获取有价值的交通数据。具体实施中可从以下 3 个层次来保障安全：

（1）手机号码单向加密（如 C627802F5E26CEAC63A738C878F2BDA2），唯一标识手机，以规避个人隐私问题；加密算法可以采用 MD5、SHA、HMAC 等单向加密算法，从技术上保证用户信息不外泄。

（2）业务处理服务器放置于移动机房，以保证移动信令数据安全及数据传输速度，从而保证用户信息不外泄。

（3）处理结果为基于路网的交通信息或基于流量的出行信息，为统计数据非个体行为信息，从数据使用上保证用户信息不外泄。

三、移动通信数据与其他交通调查方式所获数据的对比

主要从技术推广范围、技术成熟程度、数据准确性、成本、抽样率、更新频率以及被调查人员群体方面对比移动通信数据与其他交通调查方式所获数据的特点，见表 10-4。

移动通信数据与其他交通调查方式所获数据的对比　　表 10-4

客流信息获取方式	技术推广范围	技术成熟程度	数据准确性	成本	抽样率	更新频率	被调查人员群体
问卷调查	大	高	中	高	极低	低	主要是常住居民
OD 反推	小	低	低	低	高	很高	无法区分
志愿者 GPS 轨迹	小	中	很高	很高	极低	低	取决于志愿者人群
IC 卡	特定出行方式	高	高	高	高	中	特定出行方式人群
视频识别	断面	高	高	高	高	高	无法区分
手机采集技术	大	逐步成熟	高	很低	很高	很高	可以区分为常住居民或流动性人员

第四节 移动通信数据采集原理及质量分析

一、移动通信数据采集原理

Cell ID 定位法获取数据的方式可分成两类:第一类是主动定位法,移动终端主动记录连接蜂窝的编号,再通过运营商的蜂窝位置数据库查询扇区的位置坐标,通常把数据记录软件安装在移动设备上,以一定时间间隔采集扇区信息;第二类是被动定位法,无须在移动终端上安装任何基站采集软件,完全可以通过通信运营商的信令数据和话单数据获取数据,但该方法仅在用户触发一定事件后才能记录扇区编号。通过移动定位技术,用户携带手机在由基站构成的移动通信网络中活动时会产生位置更新信息,该信息将被移动业务中心记录下来并保存在数据库中。被记录的信息包括用户手机识别号、手机号、用户所在位置区编号(LAC)及基站小区(Cell ID)、触发事件类型、记录时间等。

话单数据包含手机用户的通话、短消息的业务记录,由运营商采集并维护。话单数据可以从通信运营商处直接协议获取,在此不再赘述。需要注意的是,由于话单数据并不包含切换及位置更新信息,其应用范围受到一定程度的限制。

手机信令是指用户触发通话、短信、上网等通信事件时,无线通信系统会记录用户数据传输信息,通过数据在基站、终端及管理中心间的传输过程分析,实现基站切换信息的记录,并据此得到用户大致的出行轨迹信息。信令数据采集流程如图 10-5 所示。基于手机的交通信息采集技术可以充分利用现有的移动网络资源,对移动通信网络的正常运行影响很小。利用已有手机通信中的少量信息定位手机用户,获取实时的交通数据,从而判断道路交通通行状况。该技术只需在现有的移动手机上安装少量的采集设备,就能在短时间内完成城市内大范围实时交通数据采集。

二、移动通信数据质量分析

在对来源于移动运营商的手机原始信令数据进行覆盖分析前,首先应对其进行质量分析,评估其完整性和准确性。

1. 手机原始信令数据的完整性分析

手机原始信令数据的完整性分析是评估信令采集平台能否将链路覆盖区域内要求的信令信息全部捕获。因此,手机原始信令数据的完整性可以用捕获率表示,如切换信令的捕获率可以通过下式计算得到:

$$切换信令的捕获率 = \frac{信令采集平台捕获到的切换信令记录总数}{手机发生切换事件的总数} \times 100\% \quad (10\text{-}1)$$

对捕获率的分析还可以细化为针对不同空间和时间段的分析。

2. 手机原始信令数据的准确性分析

手机原始信令数据的准确性是指信令采集平台从移动通信网络相关接口(A 接口、E 接口)捕获到的信令数据的准确性,包括信息内容的准确性,例如 LAC、Cell ID、Event ID、Cause

等信息是否准确。采用信令数据信息的准确率作为评估指标,通过抽样的方式评估手机原始信令数据的准确性:

$$信令数据信息的准确率 = \frac{准确的抽样事件数}{所有的抽样事件数} \times 100\% \quad (10\text{-}2)$$

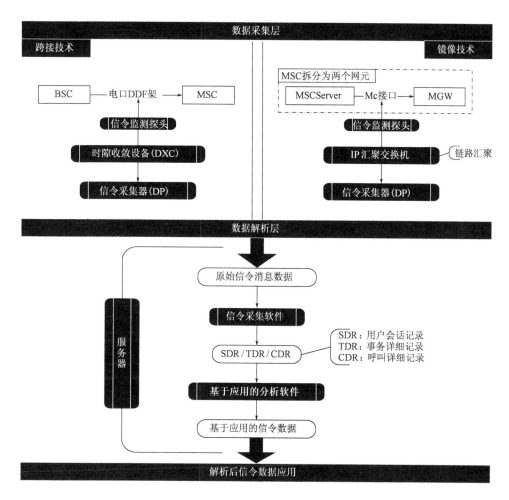

图10-5 信令数据采集流程

3. 手机原始信令数据的覆盖分析

手机原始信令数据的覆盖分析将从空间与时间两方面进行。

1) 手机原始信令数据的空间覆盖分析

以采集于部分高速公路和国省公路的手机信令数据为例,手机原始信令数据的空间覆盖分析如下:

(1) 采集范围的整体信令覆盖分析。

$$整体空间\,\text{LINK}\,覆盖率 = \frac{有覆盖的\,\text{LINK}\,条数}{整体道路的\,\text{LINK}\,总条数} \times 100\% \quad (10\text{-}3)$$

$$整体空间里程覆盖率 = \frac{有覆盖的道路里程总数}{整体道路的里程总数} \times 100\% \quad (10\text{-}4)$$

(2) 采集范围各道路的信令覆盖分析。

$$各道路空间 LINK 覆盖率 = \frac{各道路有覆盖的 LINK 条数}{各道路 LINK 总条数} \times 100\% \quad (10\text{-}5)$$

$$各道路空间里程覆盖率 = \frac{各道路有覆盖的里程总数}{各道路里程总数} \times 100\% \quad (10\text{-}6)$$

2) 手机原始信令数据的时间覆盖分析

对手机原始信令数据在不同时间段进行覆盖分析。对于交通流而言,时间段可分为早高峰、晚高峰、平峰、低峰,分别查看手机原始信令数据在这些时间段的覆盖分布。

手机原始信令数据的时间覆盖分析如下:

(1) 采集范围的整体时间覆盖分析。

$$整体时间覆盖率 = \frac{有覆盖的时间段个数}{目标时间段总数} \times 100\% \quad (10\text{-}7)$$

(2) 采集范围各道路各路段的时间覆盖分析。

$$各路段时间覆盖率 = \frac{该路段有覆盖的时间段个数}{一天时间段总数} \times 100\% \quad (10\text{-}8)$$

3) 手机原始信令数据的时空覆盖分析

使用时空覆盖率来表示手机原始信令数据在时空维度上的覆盖情况,即手机原始信令数据的完整性。

$$时空覆盖率 = \frac{有覆盖的系统 LINK 时间段总个数}{系统 LINK 总数 \times 时间段个数} \times 100\% \quad (10\text{-}9)$$

通过对手机原始信令数据的质量分析与评估,了解该数据源的基本特性,掌握该数据源的质量情况,对基于手机数据的交通信息采集系统的应用具有重要意义。原始信令数据评价指标说明见表 10-5。

原始信令数据评价指标说明　　　　表 10-5

评价内容	评价指标	指标值
原始信令数据的准确性	信令数据的准确率	>99%
原始信令数据的完整性	IMSI 的捕获率 信令的捕获率	>90% >90%
原始信令数据的实时性	平均响应延迟时间	<2s
原始信令数据的利用分析	原始信令数据的利用率	约 50%
原始信令数据的覆盖分析	原始信令数据的空间覆盖率 原始信令数据的时间覆盖率	约 80% >99%

三、移动通信数据质量可视化分析案例

本节将以西安市 2018 年 5 月移动通信信令数据为例,通过可视化方法,直观展现原始信令数据的空间分布与时间变化情况。西安市城市规划区内移动基站共 13788 个,研究范围内移动基站共 11803 个。移动基站主要分布在城镇建设用地,且人口数量越高,基站布局越密集。

本案例选取了西安市 2018 年 5 月 1—30 日共计一个月的数据进行研究,以更为全面地分

析西安的相关状况。本次研究从交通小区、交通大区及总归范围边界等方面入手,根据道路、自然与行政边界情况,共划分了 2268 个交通小区、156 个交通中区、35 组团大区。

对数据总体质量的统计分析,主要从每日识别用户数、每日信令数及每日人均手机信令数三个层面进行,从而把握数据整体变化规律。研究时段内上述 3 类数据的日变情况分别如图 10-6 ~ 图 10-8 所示。

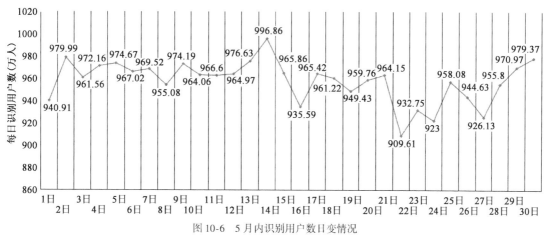

图 10-6　5 月内识别用户数日变情况

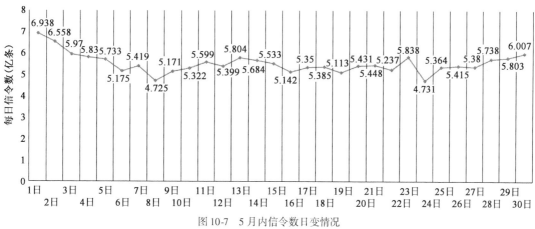

图 10-7　5 月内信令数日变情况

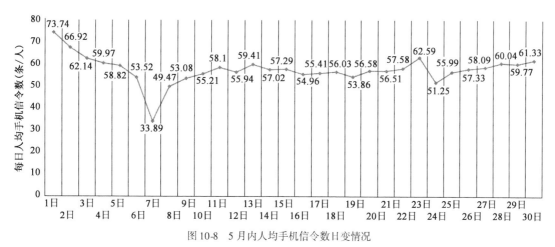

图 10-8　5 月内人均手机信令数日变情况

根据统计,5月1—30日,西安市每天的用户数量可以达到900万～1000万人,累计统计调查时间段内非重复的总用户数为1149.57万人。《2017年西安市国民经济和社会发展统计公报》显示,西安全市常住人口为961.67万人。本次调查日平均用户为958万人,根据西安移动市场占有率65%计,日均手机用户活跃量约为747.22万人。考虑到可能存在一个人使用多部手机的情况,以及流动人口、过境用户的情况,本次采集到的手机用户量与实际基本一致。

第五节　移动通信数据预处理技术

数据预处理是为了处理原始数据中存在的"脏数据",是数据挖掘中重要的环节。庞大的数据中同时包含了大量的对研究内容无用的信息,不但增加了计算量,更对信息提取造成干扰。科学合理的数据预处理,可以大大提高数据挖掘的效率和质量。数据预处理是交通信息提取的基础和前提,是知识挖掘过程的关键,它保证了挖掘数据的正确性和有效性,通过对数据格式和实质的调整,使数据更符合挖掘的需求。对于移动通信数据,常用的数据预处理技术有以下几种。

1. 数据压缩

移动通信网络会将每位用户每一次与基站的交互信息记录在基站后台的数据中心。以某市一个地区为例,该市一天内将产生940多万条数据,运算量大,所以根据研究目的进行数据预处理尤为重要,这不仅能减小数据运算量,更能提高运算精度。

底层信令采集系统提供的手机用户信令数据存在的字段较多,且部分字段对交通信息提取没有实际意义,为提升系统处理效率及优化查询性能,方便各类功能调用,应首先进行数据预处理,主要完成数据的质量分析、清洗、转换、预统计、加载等操作。在数据预处理时可以将对分析问题无用的字段去掉,最终保留的字段主要是 MSID、Time Stamp、LAC、Cell ID、Event ID。另外,对同一用户在同一位置发生的多次事件进行压缩,只体现出移动性即可,不考虑发生的具体信令事件,必要时计算用户停留时间或结合其他数据推断实际活动类型。

2. 缺失数据推断

移动通信数据除了涉及隐私问题之外,还会出现空间及时间无覆盖的情况,即数据缺失,如图10-9所示。从交通工程的角度考虑,需要结合与空间和时间相关的信息作出交通状态的判断。空间相关是指根据与该路段有连通关系的相邻路段的交通状态,对无样本的路段进行推断;时间相关是指综合短期历史信息和长期历史信息,对无样本的时段进行推断。

3. 空间分析单元构建

现实世界中的位置由地点的经纬度组成,然而以基站为空间分辨率的移动通信数据,因基站服务范围边界模糊且在不同地区分布的稀疏程度不同,对位置的表达不利于空间维度上的信息挖掘。因此,空间分析单元构建对大部分移动通信数据的研究尤其是对与人类活动有关的研究结论具有直接的影响,并随着研究的不断深入,适应于不同研究目的的空间分析单元构建方法也应运而生。本节主要介绍目前常用的两种空间分析单元构建方法。

图 10-9 基站数据质量空间覆盖情况

注:图中灰色覆盖区为数据质量最好,白色次之,黑色为数据质量最差,无覆盖即基站无数据区域。

1) VDA

早期大量有关移动通信数据的研究都引入 VDA(Voronoi Diagram Area,维诺图)的概念对基站的覆盖范围进行确定性描述,如图 10-10 所示。每一个 VDA 唯一对应一个基站,其大小可以近似地描述对应基站的覆盖区域(图 10-11)。这种构建方法的特点是,对基站数量不做改变,只是采用距离变换来划分邻近区域,因此,可以保证实现移动通信信令位置到实际物理空间位置的一对一完全映射。但是,对于开发强度高、人口集聚的中心城区,基站布设密集,同一设施或地点具有多个基站,导致活动点的识别存在较大的误差,且大大增加了计算量。此外,这种不规则边界的难识别性,给后期移动通信数据与交通设施、土地利用、POIs 等其他地理数据的融合带来了很大困难。

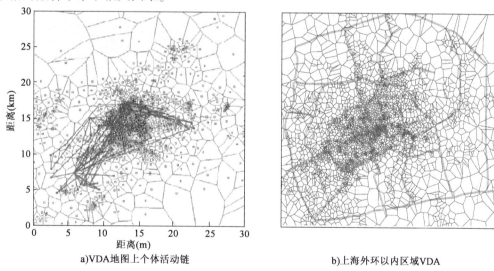

a) VDA 地图上个体活动链　　　　b) 上海外环以内区域 VDA

图 10-10　VDA 示意图

2) 栅格划分

很多研究者采用规则的空间栅格单元作为研究区域划分方法,栅格原理如图 10-12 所示。如 Francesco Calabrese 等(2013)研究个体活动模式时,将研究区域划分为 500m×500m 的栅格,在牺牲一定的空间精度下将邻近的蜂窝数据集合到一个更大空间尺度的"箱"中,以一个虚拟的等效基站表示该空间单位的位置。这种构建方法可以合并同一地点的多个基站的数据,从而更好地得到数据统计特征和更稳定的活动模式。此外,通过对合并后的等效基站进行分析,可大大减少数据冗余,提升计算效率。而栅格是地理信息系统中一种重要的空间数据存储结构,建立了地物的物理属性和地理位置的关系,在相关研究中具有广泛的应用,也为后文的非参数估计方法(插值或平滑)提供了基础,更为移动通信数据与其他数据源在空间单元上的集成提供了平台,如可将POIs、交通网络、土地使用数据、人口统计数据等作为栅格单元的多维属性,建立以栅格为单元的城市规划与交通分析模型。

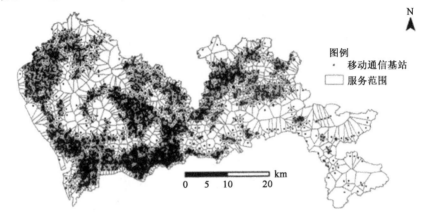

图 10-11 移动通信基站的 Voronoi 服务范围

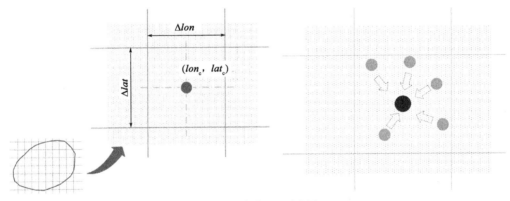

图 10-12 栅格原理示意图

注:图中灰色点代表原始基站位置,黑色点代表生成的等效基站位置。

4. 时间分析单元构建

如果将用户使用手机时触发的信令作为一次数据采集,则所得到的采样时间间隔取决于每个用户使用手机的习惯与频率和无线运营商设定的周期性位置更新的参数。因此,数据在时间轴上的分布密度具有很大的差异,不利于信息挖掘。许多研究者采用一种非监督的、等宽间隔的数据离散化方法——分箱法,在时间域上对数据进行重新抽样,即通过计算等宽(以10min为例)内数据点的以停留时间为权重的坐标加权平均值而确定新样本点,作为该10min间隔内的等效样本点,如图10-13

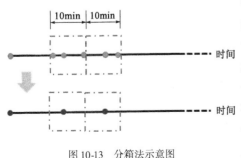

图 10-13 分箱法示意图

所示。这种构建方法在保证数据原始特征的前提下,一方面,可以平滑信令事件的位置信息,去除数据噪声,获得更多的数据信息;另一方面,大大缩减了数据量,提高了数据计算效率。

5. 路径匹配

在利用手机信令数据进行有关路径问题的研究时,数据还会受到道路空间结构的影响,可以从手机的运动轨迹、地图匹配、速度分布、交通状态等方面进行分析。目前针对路径匹配问题,研究者们提出了多种方法,如道路切换序列标定法、聚类法、模糊识别法、K次最优手机定位路径搜索算法等。

第六节 基于移动通信数据的交通流特征提取方法

手机定位数据在交通运行状态监测方面的应用主要是实时人口流量监测和交通运行速度估计。其中,实时人口流量监测实现难度较小,目前已有不少应用案例。而关于在交通运行速度估计方面的应用,虽然已开展了大量研究,但受限于大间隔、大离散性、不均匀的数据特征,缺乏有效的路径匹配方法,研究结果达不到理想应用效果,因此,移动通信数据在交通运行状态监测方面的应用研究仍需进一步深入。目前,应用移动通信数据进行路径匹配的技术有电子地图匹配技术、模糊偏序综合评估、聚类法等。

1. 电子地图匹配技术

电子地图匹配技术是一种基于软件技术的定位修正方法,其基本思想是将定位轨迹与数字地图中的道路网信息联系起来,并由此确定相对地图的位置。根据蜂窝建立泰森多边形,利用手机定位数据中的切换数据和常规位置更新数据,建立用户出行轨迹与泰森多边形耦合对应关系、多边形的中心点与道路投影匹配关系,进而推测用户的出行路径。该方法可行性较高,但会因无线通信网络环境的差异性,造成大量用户样本流失。

2. 模糊偏序综合评估

模糊偏序综合评估的核心思想是在综合考虑路径识别影响因素的情况下,通过特征变量提取及相似性估计,匹配最相似的路径。例如,在考虑蜂窝小区的区域信息、路段的连通性、路网的拓扑结构等因素的同时,将用户位置数据运动轨迹看成一个子时间序列,提取特征变量,以动态时间规整(Dynamic Time Warping,DTW)算法进行相似性计算,对多特征变量的相似性提出利用模糊偏序关系进行综合评估的方法,将与车行轨迹最相似的路段作为匹配点所在的路段。

3. 聚类法

依据手机的位置、速度和加速度属性信息进行实时交通参数估计。分析手机运动信息与聚类阈值之间的关系,确定阈值的优化选择方法,并尝试其他独立车辆识别方法,以提高独立车辆识别度和参数估计精度。对候选路段集合中的每一个路段计算匹配度,当匹配度达到一定的阈值后,认为匹配成功。

关于利用手机定位数据进行交通运行速度估计方面的研究,国外多采用真实通信网络环境下的数据进行研究,同时也开展了不少测试校核,主要以通话过程中的切换数据为主,但该类型的数据量较少,测试结果不太理想。国内研究以仿真方法居多,主要包括两类:第一类是主动 Cell ID 定位法,高频率采集用户连接基站信息,但其数据采集方法有悖于通信网络的被动数据采集法,在实际中的可行性较低;第二类是利用切换数据,建立切换点数据库,其难点在于进行海量的切换点实际测试,因为在复杂的基站网络中,运营商的任何调整都有可能导致切换位置变化。

目前,一些研究团队和机构致力于开发基于移动通信的出行信息获取方法研究,并取得了突出的成果。一些研究成果已经运用于城市道路交通流量分析。而这些研究和分析得益于城市交通大数据技术的数据融合解决方案。大数据技术数据融合解决方案能够进行多种数据源间的多种融合,其融合数据源包括手机网络、GPS 浮动车、感应线圈、地面 SCATS 系统,以及高速公路收费站信息。通过数据融合系统,对来自多个或多种数据采集设备的基本交通参数进行识别判断和综合处理,得出比任何单个数据源更全面、准确、可靠的基础交通数据,从而有效弥补单独数据源固有的不足,产生出高覆盖率、高精度的交通信息。

同时,基于位置的社交网络(Location-based Social Network)数据的地理位置和时间信息也为城市交通流关联分析提供了大量数据支持。互联网上的社交网络具有地址签到功能,能获取社交网络用户签到的时间和位置信息。同时,一些手机网络用户也会利用交通路况信息软件上传出行的时间和位置信息。通过分析这些社交网络数据,可获取出行的相关信息,用于城市交通流分析。城市交通大数据技术采集并整合这些移动通信和网络的交通出行数据,以便为城市交通流分析提供更准确、更全面的出行信息。

第七节 基于移动通信数据的出行 OD 矩阵提取方法

手机可以作为一个居民随身的出行探测器,实时返回居民的出行位置信息,利用移动通信网络设施分析出行 OD 信息已在实际应用中取得了显著成效。传统的 OD 获取采用的是入户调查、询问调查等居民出行调查的方法,详见本书第三章。该方法一般是被访者回想前一天或者当天出行信息并填写问卷,问卷信息包括出行时间、出行起止点等。这种方法存在一定的不足和局限性,如调查成本较高,耗费的人力、物力、财力以及时间较多;抽样的样本量非常有限,且限于成本,只能抽取较少部分居民进行出行问卷调查;数据更新频率较低,各大城市居民出行调查基本上每隔 10 年进行一次;调查数据质量较低,被访者对出行信息的回忆不清晰,或者随意填写出行信息,严重影响了调查数据的准确性;数据采集分析过程较长,从培训、调查、收集问卷到录入和整理数据,整个采集分析过程耗时 3 个月以上。然而,基于手机数据的 OD 获取基本上可以克服上述不足。本节在已有研究的基础上归纳总结基于移动通信数据提取 OD 矩阵的理论和技术方法。

一、基于移动通信数据的交通分析区划分

交通分析区根据研究目的和研究内容的不同,可划分为不同的尺度和形状。常用的交通分析区有考虑人口、土地、社会、经济等特征而划分的交通中区和小区。也有研究者根据具体的研究需要或空间特性,提出具体的划分方法。

1. 利用已有交通小区划分方法

如采用已有的交通小区划分方法,需要依据空间关系将基站小区映射到交通小区范围内,

分析基站位置与基站间人群移动,获取直接反映交通特性及交通出行发生与吸引的人群流动趋势数据。

2. 基于数据特性的交通小区划分方法

有一些研究因已有交通小区划分方法不能有效体现其数据特性而无法直接采用该方法。因此,应在考虑数据某些特性的情况下,提出适用于具体研究内容的交通小区划分方法。

例如,欲研究交通出行发生与吸引的人群流动趋势特征,在划分交通小区时可同时考虑基站交通区位和人群流动特征。先将基站小区映射到交通用地上,分析基站位置与基站间人群移动,获取直接反映交通特性及交通出行发生与吸引的人群流动趋势数据,再依据这些"直接特征"划分交通小区,相比传统根据经验及"间接特征"划分交通小区,其精度将会有很大提升。其中,可选取基站流量用户新增量(早高峰峰值与晚高峰谷值之差)来表征基站的交通特性。利用移动通信网络数据,提取基站小区交通属性特征,并采用聚类法划分,将交通属性相似且距离相近的基站小区划为一个交通小区。(用户新增量是指统计目标区域内单位时间用户新增数量,即固定的时间段里目标区域新增加用户数量,也是当前时段目标区域用户流入量与流出量的差值。)为了避免出现将交通特性相似而实际空间距离很远的基站划分在同一个交通小区内,基站区位特征与基站交通特征在基于基站的交通小区划分方法中的重要性也不相同。针对此问题,可采用基于加权马氏距离的 K-means 聚类法对基站实施交通小区划分。

二、基于移动通信数据的 OD 矩阵的获取及分析

带有位置属性的移动通信数据,理论上在提取交通 OD 信息时具有显著优势。然而,因其位置精度和采样频率的不确定性,基于移动通信数据提取的 OD 信息的可行性和精度受到了学者们的广泛关注。Cacere 等采用一种仿真的方法,建立了一个虚拟的仿真移动通信网络并对无线通信系统在交通数据采集方面运用的可行性进行分析,通过仿真产生数据,再以此数据为研究对象,对道路上的车辆运行 OD 进行分析。研究结果表明,OD 的误差在 5% 以内,故认为该方法完全可以取代传统的视频监控方法。Bveong-Seok Yoo 等利用出租车试验用户出行 OD,他们在出租车上安装了 Cell ID 采集器和 GPS 设备采集器,分别用 Cell ID 定位法采集定位数据和 GPS 定位法采集位置信息,将精准的 Cell-ID 数据与 GPS 数据进行对比分析,同样证明了该方法的可行性。

移动通信数据的原始数据是每分钟一张记录表,记录用户手机与通信网络的交互信息。利用 Oracle 数据库提取每个用户一天的位置变化信息,提取的用户轨迹信息的时间粒度是 1min。但由于用户并非每分钟都提交位置信息,所以需要填补空缺的位置信息。

1. OD 矩阵的获取

针对数据缺失的问题,有学者采用的方法是复用前一分钟的信息填补当前时刻空缺的位置信息,即认为当前时刻用户位置没有变化,而是停留在原来的位置区。然后,分析基站逗留时长,确定逗留时长阈值 K_t,以判定 O、D 点。如果在某一基站逗留时长大于逗留时长阈值,则认为该基站是用户出行的 O 或 D。

2. 扩样方法

受居民手机拥有率的影响,以及"乒乓切换"数据清洗过程中要删除大量数据,基于移动通信网络数据获取的 OD 信息并不是全样本的,获取 OD 数据后还需要采用下列公式进行样

本扩样：

$$N'_{OD} = \frac{N_{OD}P}{M(1-r_d)} \quad (10\text{-}10)$$

式中：N'_{OD}——样本扩展后 OD 量；

N_{OD}——基于移动通信网络数据获取的初始 OD 量；

P——分析范围内人口数量；

M——移动通信网络数据获取的用户量；

r_d——"乒乓切换"数据清洗率。

1）小区交通发生、吸引分析

小区交通发生分析是指定某一交通小区为出发地，分析该小区的交通出行的目的地分布；小区交通吸引分析是指定某一交通小区为目的地，分析该小区的交通出行的来源地（出发地）分布。分析步骤如下：

（1）提取该小区所有用户的一天出行轨迹信息，轨迹信息的时间粒度是 1min。

（2）若用户某一时刻没有产生位置更新，则复用该时刻前一分钟的基站位置信息。

（3）利用卡尔曼滤波过滤每个用户的轨迹记录信息，获取较为可靠的出行信息。

（4）利用逗留时间阈值获取用户的来源地 O（出发地）小区或目的地 D 小区。

（5）统计分析研究小区用户出行来源地 O（出发地）小区或目的地 D 小区，并绘制目的地分布及分布量统计图。

2）小区间出行分布分析

小区间出行分布分析即分析城市各交通小区之间的交通发生量与吸引量，获取表征交通出行分布的 OD 矩阵。分析某区域内各通勤交通小区之间的交通发生与吸引分布的主要步骤如下：

（1）前三个步骤与小区交通发生、吸引分析的步骤相同。

（2）利用逗留时间阈值获取用户的来源地 O（出发地）小区以及目的地 D 小区。

（3）统计分析各个交通小区的发生量及吸引量，并利用 TransCAD 等软件绘制各个交通 OD 期望线图。

3）宏观交通态势分析

交通态势分析是将态势评估技术应用于交通领域，利用交通出行数据分析城市人群移动及交通路网运行状态，并对其进行评估与状态研判。根据分析的范围不同，交通态势分析研究分为微观、中观和宏观三个层次。本节利用移动通信数据分析城市宏观交通态势，从两个方面着手分析，分别是区域人群移动时空态势和路网人群移动时空态势。

（1）区域人群移动时空态势。

分析区域人群移动时空态势是分析城市市域范围内不同时刻各区域居民的集聚程度。人群移动宏观上体现城市的交通发生与吸引，故可利用移动通信网络数据分析城市人群移动的时空变化特征和演变规律，宏观把握城市交通出行的脉搏。

可借助 GIS 数据库平台，分析某区域内移动通信网络覆盖下的居民实时移动聚集情况，绘制人群移动时空变化图及专题图，如基站覆盖用户量专题图和人群分布云图等。

（2）路网人群移动时空态势。

城市道路网是城市的基本骨架，路网人群移动时空态势分析是准确把握城市交通系统行为,科学制定交通管理决策,充分挖掘交通设施潜能的基础。理论思路为通过采集路网实时人群流量,辨别路网交通态势。基于实测基站利用小时流入量及小时流出量数据评估路网负荷度,定性与定量地宏观分析路网人群移动态势时空分布和时空演变特征。

第八节 基于移动通信数据的活动轨迹提取方法

移动通信数据正逐渐成为研究个体时空活动特征的主要数据源。一定时间跨度的移动通信数据使得研究者不断深化对测量个体活动范围、提取活动特征、挖掘关于城市空间和时空行为特征关系的研究。基于GSM无线蜂窝网的手机定位技术所提供的相关位置信息可用于表达用户在地理空间的历史行为。将通信数据中一个用户的一系列位置点按时间顺序连成链路,可再现该用户的历史活动或移动时空序列。重复性历史轨迹在空间中的叠加分析可反映用户稳定的生活规律、行为特征及活动空间。对于群体特征分析而言,大量用户的通信数据集合可反映出一个区域内人们的活动模式和社会规律,如活动集聚地区、城市区域间的关联与联系强度等。此外,结合POIs数据或城市交通网,可深入挖掘城市空间结构、交通网络与个体活动行为的关联关系。

为了研究群体活动的时空分布模式,探讨群体活动模式的多样性,以及其在时空上的分异性,首先通过对原始数据的预处理和停留轨迹提取,构建一定的时空规则实现对人类时空活动的精确识别,标记活动语义信息;随后对不同类型的活动时空特征进行分析。具体处理流程主要包括:①基于手机基站尺度的时空轨迹生成;②时空停留轨迹提取;③家庭-工作-社会活动识别;④群体活动时空特征分析。下文重点介绍前两个处理流程。

一、基于手机基站尺度的时空轨迹生成

为了从海量的手机定位数据中生成完整的时空轨迹序列,首先需要对原始数据进行预处理,过滤掉不符合需求的数据,主要步骤包括:①去除重复数据;②去除缺少属性的数据;③去除时间和空间尺度不在研究范围内的数据;④根据每个用户的原始数据分布,剔除用户出现时间少于18h(即数据点序列小于18个)的用户记录。

每个城市都有它主要的节奏,并表现为一定时间和空间规律的形成。城市节奏与个人生活节奏之间存在着相互影响和制约的关系,个人日常活动形成城市的节奏,而城市的节奏又影响着个体的节奏。研究者们采用一种基于数据特征的阈值标定方法,即分别采用典型居住区和商业区标定在家和工作地的停留时间判别阈值。如采用如下识别规则:

(1)家:在21:00至次日6:00的时段内,用户最少停留6h,且在一个月的观测时段内至少重复出现20d的地方。

(2)通勤点:在9:00—11:30和14:00—17:00两个时段内,用户最少共停留4h,且在1个月的观测时段内(除去休息日)至少2/3的时间,即14d重复出现的一个点;和重复天数之和大于或等于14且与出现天数最大的点之间的距离小于1km(即2个栅格)的多个点。

其中,停留时间可按以下方法计算:

$$\Delta T_p = T_{(last,p)} - T_{(first,p)} \tag{10-11}$$

式中:ΔT_p——用户在p地点停留时间;

$T_{(last,p)}$——用户在 p 地点的要求时段内产生最后一条信令的时间;
$T_{(first,p)}$——用户在 p 地点的要求时段内产生第一条信令的时间。

进一步得到除家以外的锚点(如工作地、学校等,统称通勤点)和其他活动驻点,具体处理流程如图 10-14 所示。

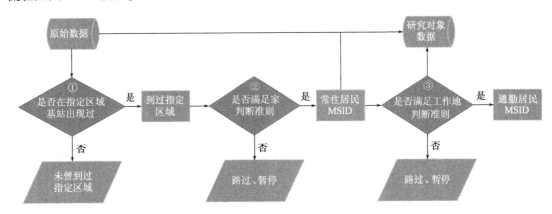

图 10-14 处理流程图

(1)筛选指定区域内的所有基站,根据判别准则①获得在该区域出现过的用户编号,并在原始数据中根据编号提取所有这些用户的信息。

(2)分别计算上述用户在该区域的停留时间和重复天数,满足判别准则②的用户为常住居民,根据常住居民的 MSID 构建研究对象数据库。

(3)根据判别准则③识别居民的通勤地,并进一步获得通勤居民 MSID。

类似地,Francesco Calabrese 等(2013)提出了在 500m×500m 的栅格网中识别每个手机用户的居住地位置的算法:①计算在 18:00 至次日 8:00 时段内,某个用户在每个栅格内的夜间有通信活动的天数;②以天数最大值的栅格作为该用户的家位置;③用在时间维度上的重复性度量表征该方法识别的精确度,即最大活动天数/总观测天数,得到 0~1 范围的精确度。用户总体的累积分布曲线显示,40% 用户家位置估计的精度大于 0.5,这表明对家位置的估计至少要满足一半的观测天数,同时也验证了提出的判别准则(精度为 0.62)的准确性与可靠性。

二、时空停留轨迹提取

人们通常在一天中大部分时间处于停留状态,由于活动性质的不同,停留的时空属性(停留点数量、停留时间段和时长)会存在差异。停留点由满足一定时空约束条件的一系列连续的手机位置点确定。对于时序点轨迹,需要将空间接近和时间邻近的时序点聚类成更为抽象的停留点轨迹。为了简便,每一个抽象停留点的位置由停留点内位置点个数最多的位置确定。考虑到用户 i 的序列点轨迹为 $T_r = \{P_1, P_2, P_3, \cdots, P_n\}$($n$ 为位置记录点个数),将第一个时序点 P_1 加入候选停留点轨迹中的第 1 个停留点,随后计算时序点轨迹中每一个点与已有候选停留点轨迹中的停留点的空间距离。若空间距离小于设定的阈值(如可设为 500m),则将该点加入候选停留点,否则将该点设为新的候选停留点,直到时序点轨迹中 n 个位置点全部计算完毕,最终得到候选停留点轨迹,如式(10-12)所示:

$$T'_{r_i} = \{S'_1, S'_2, \cdots, S'_n\} \tag{10-12}$$

式中:S'_i——个体的第 i 个停留点,$i = 1, 2, \cdots, n$,如式(10-13)所示:

$$S'_i = (x, y, t_{start}, t_{end}) \tag{10-13}$$

式中：x, y——第 i 个停留点的基站位置的坐标；

t_{start}——该停留开始时间；

t_{end}——该停留结束时间。

对于候选停留点轨迹中的所有停留点，若该点的开始时间与结束时间的差值小于设定阈值（本例设为1h），则认为该点不是真正停留点，将其从候选停留点轨迹中移除，最后得到完整的停留点轨迹。需要注意的是，考虑到基站空间分布的不均匀性和服务范围的差异以及邻近基站之间信号跳跃的因素，这里可以利用ArcGIS软件生成手机基站的Voronoi多边形，并计算得到任意相邻基站距离的分布。

对于符合标准的数据，按照用户和时间排序，可以得到完整的个体轨迹数据集。一条个体轨迹通常表示为带有地理坐标和时间标记的点序列，如式（10-14）所示：

$$T_r = \{P_1, P_2, P_3, \cdots, P_n\} \tag{10-14}$$

式中：P_i——个体的第 i 个位置记录点，$i = 1, 2, \cdots, n$，如式（10-15）所示：

$$P_i = (x, y, t) \tag{10-15}$$

式中：x, y——手机基站位置坐标；

t——停留时间，s。

利用获得的完整的个体轨迹数据集可在地图上再现其时空轨迹图。

第九节　基于移动通信数据的活动特征分析方法

不同于传统的基于居民出行调查数据的活动特征分析，移动通信数据无法准确获知出行目的。虽然有些研究尝试利用通话时间分布特征结合用地性质来识别活动目的，但分辨率较低，只能有效区分商业与住宅用地。随着政务数据的开放，结合土地利用数据的活动目的识别研究具有越来越重要的研究价值。同时，通过对历史时空轨迹点的统计分析，可以获取更多维度、更丰富的活动特征指标。例如，通过对不同访问地点访问频率的长期观测反映不同类型的出行需求，如重要活动锚点反映刚性需求，其他活动点则反映维持性需求和弹性需求；通过对个体每天活动数量的统计反映个体出行需求强度；在观测时段内统计个体活动点频率的基础上，借鉴熵的概念对个体出行的规律性或可预测性进行量化；借助空间地理学理论，揭示人与城市空间要素之间的关系。本节将在已有研究的基础上，总结和梳理基于移动通信数据的全面、多角度刻画用户出行及活动特征的指标体系。

一、职住距离

居住与就业同时作为城市空间结构和个体行为空间结构的两个核心变量，在城市规划、交通、人文地理学等领域都得到了广泛的关注。传统的对居住就业均衡（Job-Housing Balance）和居住就业失衡或错位（Spatial Mismatch）的讨论都是从土地利用供给的角度出发，通过职住分离强度指数、独立指数等指标计算反映其城市空间结构或功能的合理性或研究其对交通出行的影响。

二、活动强度

移动通信数据无法根据传统出行的定义对个体的一次出行进行合理切分,但活动是出行的原动力,活动点数量在一定程度上可表征活动强度,进而反映个体的出行需求强度。此外,活动点数量也可作为社会参与度、对公共设施享有公平性的衡量指标。对于个体而言,个体的每日活动点数量可反映其活动强度在观测时段内的变化规律,也可以反映用户出行需求的周期性变化规律。详细的活动点数据取决于个体每天的活动日程及城市公共交通基础设施提供的便利条件,可反映不同居民对城市空间的不同利用情况。

具体计算方法如下:

$$(I_A)_i = \frac{1}{N}\sum_{j=1}^{m}a_{(d_k,j)} \tag{10-16}$$

式中:$(I_A)_i$——第 i 个用户的活动强度;

$a_{(d_k,j)}$——在第 k 个观察日中用户 i 的第 j 个活动强度;

d_k——第 k 个观察日序列数,$k=[1,N]$,N 为观测周期天数;

j——在第 k 个观察日中用户 i 的第 j 个活动点。

三、活动复杂度

居民每天的活动具有变异性和灵活性,同时也具有规律性和稳定性。在长期的追踪观测中,这两种特征反映在对不同地点访问的不同频率上。从交通需求的角度来看,可认为具有规律性、固定的活动产生居民的刚性需求,而具有不确定性、弹性的活动产生居民的弹性需求。从可预测性的角度来看,有稳定规律、出现频率高的活动具有较高的可预测性,而灵活多变、偶尔发生的活动则难以预估。因此,引入信息熵的基本思想,提出活动复杂度的概念,即基于活动点出现频率,衡量个体活动在一定周期内的确定性或可预测性。具体计算方法如下:

$$(E_A)_i = -\sum_{j=1}^{m}p(x_{i,j})\log_2 p(x_{i,j}) \tag{10-17}$$

式中:$(E_A)_i$——第 i 个用户的活动复杂度;

m——第 i 个用户访问的不同活动点总数;

$p(x_{i,j})$——第 i 个用户第 j 个活动点在观测时段中出现的频率,可用下式计算:

$$p(x_{i,j}) = \frac{1}{N}\sum_{j=1}^{N}\phi_j \tag{10-18}$$

式中:N——总观测天数;

ϕ_j——决策变量,取值如下:

$$\phi_j = \begin{cases} 1, & \text{用户 } i \text{ 在第 } n \text{ 天至少访问活动点 } j \text{ 一次;} \\ 0, & \text{用户 } i \text{ 在第 } n \text{ 天未访问活动点 } j。 \end{cases}$$

两个极端的情况:当用户在观测时段内的每一天都访问一个固定的活动点时,其活动复杂度为 $E_{A1} = -1 \times \log_2 1 = 0$;当用户在观测时段内的每一天都访问不同的活动点时,其活动复杂度为 $E_{A2} = -1 \times \log_2 \frac{1}{30} = 4.9$。可见,当个体活动变异性越大,规律性越小时,活动复杂度值越大。

四、活动空间模式

活动空间是出行者为了其每日活动而使用的部分空间环境,它包括被访问的地点和个体出行经过的路线和区域,反映了个体的移动性,并取决于居住位置和到交通网络的可达性。活动空间概念旨在表示限制个体在一定时段内访问的空间,是观测到的或实际的日常出行模式的(几何学)度量指标(Axhausen, 2002)。活动空间是个人与个人,或个人与社会、地理环境之间直接接触的范围。与其他相关概念[感知空间(Perceptual Space)、心象地图(Mental Maps)或时空棱镜(Space-time Prisms)]相比,前者更强调出行者直接接触的活动地点,而后者则描述的是个体潜在的出行空间。因此,活动空间也被定义为个体亲历或接触的位置点的二维空间分布。活动空间中重要的地理参考点通常是居住地和其他规律性访问的重要节点(如工作地和学校等)。

Golledge(1997)认为活动空间的几何形状、尺寸及内在结构主要取决于以下三个要素:

(1)家:出行者居住地的区位,居住时间,居住地附近可提供的活动点以及产生的周围出行。

(2)规律的活动:经常访问的活动点,如工作地和学校。

(3)其他点之间或附近的出行:日常出行中心之间的移动。

前两个要素决定了活动空间的几何形状和尺寸,第三个要素则需要以实际交通网为依托形成各点之间的内在联系结构,如活动点与轨道交通网的关系。

模式(Pattern)是对物体或事件的一种规律变化与自我重复的样式与过程的表达形式。活动空间模式是对群体有规律性的活动空间的量化表达方式,也是一种基于活动点概率统计的描述活动分散与集聚特性的量化方式。

Schönfelder 和 Axhausen 提出了一套具体的活动空间量化指标体系。该指标体系以两种相关统计概念为基础,即(i)概率和(ii)密度或强度估计。在此指标体系下总结和梳理了相关研究成果(表10-6),为指标的引用和借鉴提供理论经验。

活动空间量化指标体系及相关研究 表10-6

概念及分类	统计特征	规则	相关研究	所用数据

置信椭圆
  以形心为中心
  以家位置为中心
	概率	预测区间椭圆	Schönfelder 和 Axhausen, 2002	Mobidrive 调查数据

核密度
  覆盖面积(大于一定密度阈值的点)
  数量
	密度/强度	插值或平滑技术	Buliung, 2001; Cheng X, Li W 等, 2013	活动和出行调查数据;家庭活动和出行行为调查数据;移动通信数据

最小生成树(适用于网络)
  基于路网
  具体计算模式
  最短路径
  概率性
  最小生成树缓冲区
	密度/强度	最小生成树(图论)	Schönfelder 和 Axhausen, 2002	Mobidrive 调查数据

【复习思考题】

1. 检测手机用户位置和移动的两大系统分别是什么？这两大系统分别由什么组成？
2. 按照定位实现方式的不同,手机定位技术可以分为哪几种？
3. 移动通信数据采集原理是什么？
4. 移动通信数据常用的数据预处理技术有哪几种？分别解决哪些数据问题？
5. 利用移动通信数据可以分析哪些活动特征？

【本章参考文献】

[1] PEI L, GUINNESS R, CHEN R Z, et al. Human behavior cognition using smartphone sensors [J]. Sensors, 2013: 1402-1424.

[2] KAMSAL A, ZHAO F. Location and mobility in a sensor network of mobile phones [C] // Proc. ACM SIGMM 17th International Workshop on Network and Operating Systems Support for Digital Audio & Video. Urbana-Champaign, 2007.

[3] BARCELó J, MONTERO L, MARQUéS L, et al. Travel time forecasting and dynamic origin-destination estimation for freeways based on Bluetooth traffic monitoring [J]. Transportation research record: journal of the transportation research board, 2010, 2175: 19-27.

[4] LANE N D, MILUZZO E, LU H, et al. A survey of mobile phone sensing [J]. IEEE communications magazine, 2010, 48(9): 140-150.

[5] 赖见辉. 基于移动通信定位数据的交通信息提取及分析方法研究 [D]. 北京: 北京工业大学, 2014.

[6] RAPPAPORT T S. 无线通信原理与应用 [M]. 2版. 周文安, 付孝龙, 王志辉等, 译. 北京: 电子工业出版社, 2006.

[7] 王上. 基于移动通信数据的轨道站点服务范围分析 [D]. 上海: 同济大学, 2011.

[8] WANG P, GONZALEZ M C, HIDALGO C A, et al. Understanding the spreading patterns of mobile phone viruses [J]. Science, 2009, 324(5930): 1071-1076.

[9] ZHOU X, LIU J, YEH A G O, et al. The uncertain geographic context problem in identifying activity centers using mobile phone positioning data and point of interest data [J]. Advances in spatial data handling and analysis, 2015: 107-119.

[10] CALABRESE F, DIAO M, LORENZO G D, et al. Understanding individual mobility patterns from urban sensing data: a mobile phone trace example [J]. Transportation research part C: emerging technologies, 2013, 26: 301-313.

[11] 李斯伟, 贾璐, 杨艳. 移动通信技术 [M]. 北京: 清华大学出版社, 2008.

[12] CACERES N, ROMERO L M, BENITEZ F G. Inferring origin-destination trip matrices from aggregate volumes on groups of links: a case study using volumes inferred from mobile phone data [J]. Journal of advanced transportation, 2013, 47(7): 650-666.

[13] CACERES N, WIDEBERG J P, BENITEZ F G. Deriving origin destination data from a mobile phone network [J]. IET intelligent transport systems, 2007, 1(1): 15-26.

[14] YOO B, KANG S, CHON K, et al. Origin-destination estimation using cellular phone BS Information[J]. Journal of the Eastern Asia society for transportation studies, 2005, 6: 2574-2588.

[15] 武明超. 基于移动通信网络数据的交通小区划分与OD分析方法研究[D]. 北京：北京交通大学, 2015.

[16] 蔡念慈, 柯敏. 基于大数据时代的数据挖掘预处理技术研究[J]. 纳税, 2019, 13(11): 228.

[17] CALABRESE F, DIAO M, DI LORENZO G, et al. Understanding individual mobility patterns from urban sensing data: a mobile phone trace example[J]. Transportation research part C: emerging technologies, 2013, 26: 301-313.

[18] AXHAUSEN K W. A dynamic understanding of travel demand: a sketch[J]. Integrated land-use and transportation models, 2005: 1-20.

[19] GOLLEDGE R G. Spatial behavior: a Geographic perspective[M]. New York: Guilford Press, 1997.

[20] SCHöNFELDER S, AXHAUSEN K W. Measuring the size and structure of human activity spaces-the longitudinal perspective [J]. Arbeitsbericht verkehrs-und raumplanung, 2002: 135.

第十一章
基于公交 IC 卡数据的交通分析

城市公共交通系统安全、高效地运营,不仅取决于道路和车辆等设施条件,更有赖于先进的运营管理技术手段。深入挖掘公交运营数据有助于了解城市居民的公交出行特征,对科学的公交规划和运营决策提供有力支撑。传统的人工调查方法所得数据不能动态且持续反映城市公交系统的实时变化特征及长期变化趋势。近几年,随着公交 IC 卡在城市中的广泛应用及大数据分析技术的飞速发展,基于公交 IC 卡数据的公交调查与统计方法已被普遍用于城市公共交通系统运营管理、城市公交线网规划等方面。本章将详细阐述利用公交 IC 卡数据分析公交出行特征及提取客流信息的方法。

第一节 公交 IC 卡数据采集

一、公交 IC 卡数据

城市公共交通的基础数据分为静态数据和动态数据两类。静态数据,即在一定时间内不发生变化或不需实时更新的数据,包括公交站点位置数据、各公交线路所经过的站点信息、站点间距、公交站点间运行时间统计数据、换乘站点位置信息、公交线路车辆配置信息、公交运营调度表等;动态数据,即随着时间实时更新的数据,包括站点客流量、线路客流量、交通流量、车辆实时速度等数据。对公交 IC 卡数据进行分析时,需结合一定的公共交通静态和动态基础数据。

1. 公交静态基础数据

(1)公交线路信息线路名称:线路名称、线路号、站点数。

(2)公交站点信息:站点位置、站点编号、相邻站间距。

2. 公交动态基础数据

(1)IC 卡信息:乘客卡号、线路号、车辆编号、刷卡日期、刷卡时刻、刷卡站点。

(2)公交调度信息:车辆编号、运营线路、发车时刻、到达时刻、发车间隔。

城市公交 IC 卡收费通常分为一票制收费与分段计价收费两种,其中一票制收费只需乘客一次刷卡即可完成缴费;分段计价收费则需要乘客上下车时均刷卡,并根据出行距离来完成缴费。我国大部分城市如武汉、西安等采用的都是一票制收费,而少部分城市,如北京的部分公交线路,采用的是上下车均刷卡的模式。由于一票制收费数据只有上车数据而无下车数据,分析方法相对复杂,且这种收费模式在我国应用较广,因此本章主要针对一票制收费的公交 IC 卡数据进行讨论。我国大部分城市的公交 IC 卡数据的主要字段信息如表 11-1 所示。

我国大部分城市公交 IC 卡数据的主要字段信息   表 11-1

编号	名称	数据类型	示例
1	卡编号	整型	3209509884;678680139……
2	卡类型	字符型	老年卡、学生卡、成人卡等
3	卡余额	货币	30.00;31.40……
4	消费金额	货币	1.00;2.00……
5	消费日期	日期	2019-5-18
6	消费时间	时间	16:42:33;09:05:46……
7	线路编号	字符型	IC 卡刷卡线路编号(例:609 路)
8	车辆编号	字符型	778;511……
9	单位编号	字符型	IC 卡所属单位(例:西安市公共交通总公司)
10	上车站点	字符型	上车站点名
11	下车站点	字符型	下车站点名(对于上下车均刷卡的线路)

二、公交 IC 卡数据采集流程

公交车当天运营结束后,工作人员将各个车载收费机当天产生的交易记录通过数据采集中心传送到公交 IC 卡管理中心,以获得收费系统内每台车载收费机的实际交易金额,公交 IC 卡数据采集流程(图 11-1)主要包含 IC 卡记录的产生、IC 卡数据的传递及 IC 卡数据的接收三部分。

三、其他公交基础数据采集

1. 公交调度信息

公交调度信息是公交车辆的运行情况,包括车辆编号、运营线路、发车时刻、到达时刻、发车间隔等内容,如表 11-2 所示。公交调度信息是动态的,随着每日调度计划的不同,车辆班次、发车时间及间隔都会发生变化。车辆故障、道路拥堵等情况会导致公交运营时间可靠度变低，有时需要对调度班次进行调整。因此，应以实际的调度信息为准，动态处理公交调度信息，才能保证公交客流信息分析的准确性。

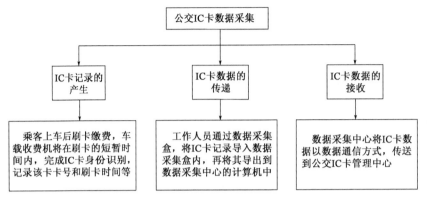

图 11-1 公交 IC 卡数据采集流程

公交调度信息数据 表 11-2

字 段	字段类型	示 例
线路编号	整型	20
车辆编号	字符型	46006
车牌号	字符型	闽 CY6702
发车站点编号	字符型	30463
发车时间	时间	7:10;8:10……
到达站点编号	字符型	30463
到达时间	时间	7:40;8:40……

2. 公交线路及站点信息

公交线路及站点信息包括线路名称、线路号、站点位置、站点编号、相邻站间距等内容。这些信息通常可以从公交公司或者政府管理部门直接获取，但有时这些部门提供的资料往往不够详细和准确，尤其是公交站点位置和线路走向会存在变更和调整的情况。因此，需要通过实地调查对部分城市公交线路及站点位置信息进行补充，确定其正确走向和位置。公交线路和站点信息属于空间数据类型，可采用 GIS（地理信息系统）技术构建数据库进行存储。

GIS 是一种集采集、存储、管理、分析、显示与应用功能于一体的计算机系统，是分析和处理地理数据的常用技术。该技术基于地理空间数据管理，以道路交通网的地理位置为坐标，将道路交通特性数据与地理空间的点、线、面相结合，形成一个完整的、多层次的空间数据库。将 GIS 系统运用于公共交通系统，称为 GIS-PT（Geographic Information System-Public Transit），其增加了公交线网、公交站点等图层，能更方便地应用于智能公共交通系统。图 11-2 所示为 GIS-PT 能够实现的功能。利用 GIS-PT 描述城市公交网络信息，以电子地图的形式展现公交网络的布局，并形成城市公交完整的、多层次空间数据库，作为公交 IC 卡数据分析的基础数据库。公交 IC 卡数据分析的结果亦可以通过 GIS 的可视化技术，采用电子地图或专题地图的形式表达。

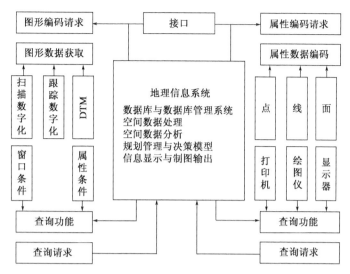

图 11-2 GIS-PT 能够实现的功能

第二节 公交 IC 卡数据分析

公交 IC 卡数据分析过程包括三个步骤:数据预处理、数据分析、表达与评价。数据预处理的目的是为后续的数据分析做准备。公交 IC 卡数据可用于多种问题分析,如辅助公交运营决策和为公交规划提供数据依据等。可根据不同的分析目的设计灵活的公交 IC 卡数据分析思路。

一、公交 IC 卡数据的预处理

公交 IC 卡数据的预处理主要是对公交系统数据库中的原始数据进行筛选和清理,消除冗余数据,保留合理、准确的数据,从而缩小数据范围,提高公交 IC 卡数据的质量。数据预处理的内容主要包括数据清理、数据结构化、数据补齐等。在进行公交 IC 卡数据分析时,除了需要公交 IC 卡数据之外,还需要辅以公交的实时 GPS 数据。公交 GPS 动态数据表中,包含单据时间(BILLTIME)、车载终端编号(CZZDBH)、车辆编号(CLBH)、经度坐标(JDZB)、纬度坐标(WDZB)、方向(FX)、GPS 速度(GPSSD)、GPS 时间(GPSSJ)、线路编号(XLBH)等共 11 列字段信息,其一般存储在公交系统数据库中,用于记录车辆在道路上的实时行驶信息。

1. 数据清理

数据清理主要解决以下问题:

(1)删除无效数据,GPS 数据中部分线路、车辆信息在公交 IC 卡刷卡数据中并不存在,为无用的数据,应将其删除。

(2)删除 GPS 中的重复数据和异常数据,对于重复的进站数据保留第一条,对于重复的出站数据保留最后一条。

(3)对于刷卡数据中完全相同的数据,只保留其中一条。

(4)(结合研究需求)删除公交 IC 卡数据中的首站的进站数据与末站的出站数据,这是由于线路在首末站的 GPS 记录缺失较多,且在上车站点的推算过程中也不需要线路首站进站数据和末站出站数据。

2. 数据结构化

为了实现上下车站点的推算以及后续的研究,需要对 IC 卡数据与 GPS 数据做一定的结构化处理。数据结构化的方法如下:

(1) 依次取出日期相同、线路相同、车辆相同、时间连续的三条 GPS 记录。

(2) 如果当前记录为进站,下一条记录为出站,且站点相同,则下一条记录为当前站点对应的出站记录。

(3) 如果当前记录为进站,下一条记录为出站,再下一条记录为进站,且第一、第二站点相同,第二、第三站点不同,则第三条记录为对应的下一站进站记录。

(4) 如果当前记录为进站,下一条记录为进站,前后两条记录站点不同,则下一条记录对应下一站的进站记录。

对于进站数据来说,利用上面的规则可以区分出各个站点的进站记录以及下一站的进站记录。对于出站数据来说,方法类似,只是对于线路的起终点需要分开对待。这种方法会忽视完全没有记录的站点(既无进站,也无出站)。从结构化处理后的数据中,可以识别出进出站数据记录不全的站点,这为后面的数据补齐提供了依据。

3. 数据补齐

在公交 GPS 数据中,出现了部分站点进出站信息记录不全的情况,可分为有进站无出站、有出站无进站、既无进站也无出站三种情况。缺失进出站信息,不仅影响上车站点的推算精度、推算率,还会影响后续下车时间的推断,故有必要采用一定方法补齐部分缺失的数据。补齐的内容包括线路编号、车辆编号、方向、站点编号、进站时间等,而且主要针对每一趟内局部的缺失数据,不考虑连续几个站点数据缺失的情况。

由于在前面的过程中,已经删除了车辆在线路首站的进站数据、末站的出站数据,所以在上述补齐数据的算法中,并未考虑末站出站数据缺失或者首站进站数据缺失的情况。

通过以上方法,可以将只缺失进站(出站)的数据补齐,在此基础上,如果某站的进出站数据都未记录,则对比前后两条记录中站点的序号。当在一趟之中,站点序号不连续时,在对应位置插入缺失站点的进出站数据即可,其中进出站时间的推算方法与上面类似。

二、公交 IC 卡数据分析方法

公交 IC 卡数据的分析思路与方法多种多样,可根据不同的分析需求进行设计。本节将结合已有研究文献以两个常用的分析目标为例,阐述公交 IC 卡数据分析过程。

1. 面向公交运营管理者的公交 IC 卡数据分析方法

公交运营管理者需要掌握未来某时间公交运营客流信息,包括总客流、线路客流、站点客流、断面客流及客流时空变化分布,以辅助公交运营调度方案决策。基于此目标,公交 IC 卡数据分析流程如图 11-3 所示。

具体数据分析过程:根据 IC 卡原始数据运用数理统计方法计算得到各指标值,再预测未来某时间(某月、某周、某日或某日一时段)公交客流时空分布数据,据此对公交运营方案作出决策。公交客流预测较为复杂,目前常用的方法有时间序列法和神经网络法。其中,神经网络模型在处理大量数据时具有比较好的预测效果,并且具有自学习功能,随着历史数据的增加,自动调节模型参数以达到更好的预测效果。

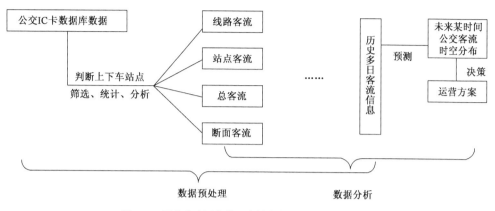

图 11-3　面向公交运营管理者的公交 IC 卡数据分析流程

2. 面向公交规划者的公交 IC 卡数据分析方法

公交规划者对于城市公交最为关心的是公交出行时空分布特征,希望得到未来年城市公交出行 OD 量(公交客流信息也可作为规划依据)。基于此目标,公交 IC 卡数据分析流程如图 11-4 所示。

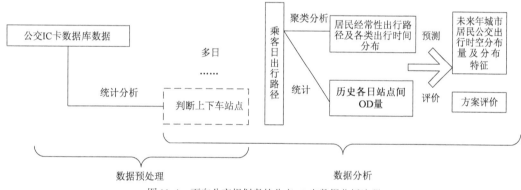

图 11-4　面向公交规划者的公交 IC 卡数据分析流程

通过 IC 卡数据获得历史各日站点间 OD 量与居民经常性出行路径及各类出行时间分布,最后预测未来年城市居民公交出行时空分布量及分布特征。可采用非集计的预测方法,在充分考虑城市居民出行习惯和特性的基础上进行预测,比传统的通过对居民出行调查所得居民出行数据进行预测的集计方法更具科学性和准确性。

由图 11-4 可以看出,分析乘客日出行路径的前提是判断乘客上下车站点。对于下车不刷卡的公共交通系统,判断乘客上下车站点是进行面向公交规划者的公交 IC 卡数据分析的关键。

三、公交 IC 卡数据分析结果的表达与评价

数据分析结果的表达与评价是公交 IC 卡数据分析的重要环节,好的结果表达形式可以有效提高分析结果的可用性,而科学的评价方法可以极大地提高数据分析的精度。

数据分析结果的表达是指通过可视化工具,将数据分析得到的信息以便于用户理解和观察的方式直观地呈现给用户。面向不同的用户需求,数据分析结果的形式可以分为数据型、图表型和概念型三种。数据型是指直接给出公交运营客流数据和公交乘客的分布数据,利用数据结果指导公交决策和规划;图表型是将数据采用统计报表的形式表达,例如采用柱状图或其他形式图形描述公交线路一个月的客流变化趋势等;概念型是指结果不以数据形式表达而直接对公交运营情况作出评价,例如得到某条线路"过于拥挤""车辆配置不够"等定性结论,并为用户提供运营和规划建议。数据分析范围和分析时长可根据用户的不同需求而确定,如可分析一年内或者一个月内某条公交线路的客流运营情况。数据分析结果可以利用可视化工具呈现给用户,也可以存储在数据库中供日后进一步比较分析。

数据分析结果的评价是用户基于实际情况、领域知识及相关经验对分析结果的讨论过程,并依据分析的结果对所选数据和数据挖掘方法进行调整。评价分析结果的用户需要精通公交运营各项业务,全面了解公交运营情况和特点。公交 IC 卡数据分析需要经过反复多次的反馈与修正,才能得到较理想的结果。

第三节　基于公交 IC 卡数据的出行分析

基于 IC 卡数据的公交出行分析,包括乘客刷卡上车站点的判断、下车站点的推断、换乘的识别等内容。如前文所述,公交 IC 卡刷卡数据所包含的信息是乘客卡号、线路编号、刷卡日期、刷卡时间、车辆编号等,需要结合公交车 GPS 数据和站点位置信息推断乘客上车站点的信息。另外,大多城市公交采用一票制,即上车刷卡下车不刷卡,因此下车站点信息无法通过刷卡记录获得。在现有的公交 IC 卡数据环境下,基于公交 IC 卡数据分析居民出行的关键问题是推断乘客上下车站点。

一、公交出行分析

居民乘坐公交车完成一次出行目的的出行路径称为一次公交出行,是指以居民第一次刷卡站点作为出行起点至最后下车站点作为出行终点的全过程。其间可能经历换乘,刷卡站点即为换乘站点,从上车站点至换乘站点的出行只能称为乘坐了一次公交车,而非一次公交出行。居民一次公交出行如图 11-5 所示。

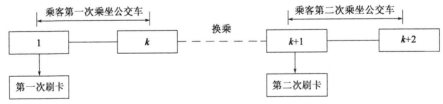

图 11-5　居民一次公交出行示意图

如图 11-5 所示,居民由第 1 站刷卡上车,在第 k 站下车,完成第一次乘坐公交车的过程,再由第 $k+1$ 站换乘第二条线路,最后到达出行终点第 $k+2$ 站。虚线部分表示换乘过程,居民一次公交出行可能经过若干次换乘,也可能不换乘。在公交 IC 卡数据中提取用户一日刷卡记录,根据用户一日刷卡次数,可以判断用户出行情况如下:

① 当用户一日刷卡次数为 1 次时,说明用户只进行了一次公交出行,如图 11-5 所示,居民由第 1 站刷卡上车,第 k 站即为其出行终点。

② 当用户一日刷卡次数为 2 次或者超过 2 次时,需进行换乘判断,以确定用户公交出行终点。图 11-5 中,用户可能在第 k 站与第 $k+1$ 站经过换乘最后到达终点第 $k+2$ 站;另一种可能是用户两次乘坐公交车是完全不相关的两次公交出行,即 $(1,k+1)$,$(k,k+2)$ 分别为两次公交出行的起点和终点。

二、上车站点判断方法

对于上车站点的判断,本节主要介绍两种常用的方法,即基于聚类分析和运营调度信息及基于智能调度数据关联关系的方法,对居民公交出行上车站点进行判断。

1. 基于聚类分析和运营调度信息的乘客上车站点判断方法

乘坐相同公交车乘客的 IC 卡刷卡数据在刷卡时间上具有聚集特征,因此,可以利用时间聚类方法将乘坐相同公交车乘客的刷卡记录聚合成一组。若线路上各站点均有乘客刷卡,则聚类所得各组数据与公交线路各站点一一对应。但考虑实际情况,有的站点并没有乘客刷卡上车。因此,通过聚类分析只能对有乘客刷卡站点的刷卡数据进行统计。通过表 11-1 和表 11-2 对比可知,公交 IC 卡数据中的 IC 卡刷卡数据信息与公交调度信息相匹配的数据包括日期、时间、线路编号、车辆编号等。通过这些对应信息,可将公交线路运营调度数据中的站点信息、上下行等相关信息和 IC 卡刷卡数据中的卡号等信息对应起来。通过对应两个表中的刷卡日期和到站时间,进行时间匹配,结合公交 IC 卡数据的聚类分组结果,便可较为准确地实现对刷卡乘客上车站点的判断。其流程如图 11-6 所示。

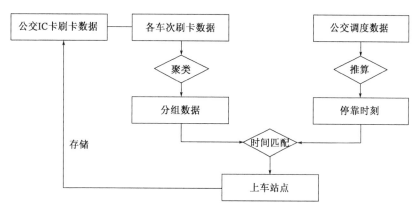

图 11-6 刷卡乘客上车站点判断流程

1) 公交站点上车刷卡数据的聚类分析

城市公交的线路和站点通常相对比较固定,对于一辆公交车,乘客在公交站点的上车客流具有很强的时间群集特征。公交 IC 卡数据中的刷卡时间可以反映刷卡乘客的上车时间,其同样具有时间群集特征。对刷卡时间进行聚类分析,以时间间隔长短作为聚类的相似性依据,即两次刷卡时间间隔如果较短,则这两次刷卡记录作为一组或一类。

由于一些站点无乘客刷卡上车,因此会导致聚类的分类数量不能确定,此时应采用层次聚类方法。其基本思路如下:

(1)取一趟公交车的所有刷卡时间记录,数量设为K,并将每一个记录看成一类,即初始记录分类数为K。

(2)比较相邻两类刷卡时间的距离D_{pq}(取两类数据中最短间隔),将距离最小的两类或几类合并成一类(刷卡时间数据在数据库中通常按时间先后顺序排列,因此相邻的刷卡时间数据间隔最短)。

(3)重复(2)直到$\min[D_{ij}] > T_u$停止聚类,T_u表示线路上相邻两站点之间最短的刷卡时间间隔。不同的线路受道路条件、站点分布等条件限制,其取值变化有所差异。

以上聚类过程可以用图11-7所示的聚类树来表示(图中选取6个起始组)。在图11-7中,当聚类到C_3时,$\min[D_{ij}] T_u$停止聚类过程。形成C_2分类,即C_1,C_2,C_3三类分别包含3、2、1个元素。经过聚类分析以后,各组数据的分类号可存储在新建的"分组号"字段中。计算各组刷卡数据的中间值和最大刷卡时间间隔,最大刷卡时间间隔为组内最后一次刷卡时间与第一次刷卡时间的时间差,中间值为组内各刷卡数据的算数平均值。在新建的"刷卡间隔"与"中间值"字段中分别存储对应数值,以便后续与车辆到站时间进行时间匹配,确定上车站点。

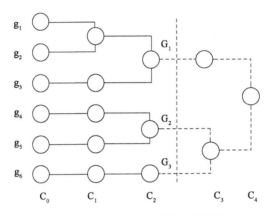

图11-7 刷卡时间聚类分析过程的聚类树

以某市公交IC卡刷卡数据为例,表11-3是对公交IC卡刷卡数据进行聚类分析后的结果。

某市公交IC卡刷卡数据聚类分析结果　　　　表11-3

卡 号	卡 类 型	乘坐线路编号	乘坐车辆编号	刷卡日期	刷卡时间	分 组 号
3209509884	5	1	778	2010年5月18日	7:57:12	1
1186849338	101	1	778	2010年5月18日	7:57:29	1
2805962162	5	1	778	2010年5月18日	8:00:12	2
938951451	118	1	778	2010年5月18日	8:00:14	2
1618851834	0	1	778	2010年5月18日	8:00:17	2
3711277444	105	1	778	2010年5月18日	8:00:23	2
3546298386	105	1	778	2010年5月18日	8:00:37	2
……	……	……	……	……	……	……

2)时间匹配

根据上文已知公交IC卡刷卡数据和公交运营调度数据,有与其相对应的信息,前者的线路编号、车辆编号、刷卡日期、刷卡时间分别与后者的线路编号、车辆编号、到站日期、到站时间依次对应。上文中通过对公交 IC 卡刷卡数据的聚类分析，按照刷卡时间的聚集特征将 IC 卡刷卡数据进行分组。而在公交运营调度数据中，对应线路公交车辆的到站时间与刷卡时间的分组结果相匹配。当聚类分析的刷卡数据分组时间段介于两次公交停靠站之间时，该组 IC 卡刷卡数据属于前一个停靠站，则该组 IC 卡数据的刷卡站点即为该站点。这样依次可以确定所有 IC 卡刷卡站点，即确定各站点的 IC 卡刷卡量。需要注意的是，IC 卡刷卡时间与公交运营调度数据的系统时间可能会有一定误差，对于不同线路和车辆，在进行时间匹配时也可能会出现一定的时间误差，此时可以将该线路的起点-终点时间与刷卡时间段的起点-终点时间进行对比，即可知道二者系统时间的误差量，从而避免对 IC 卡刷卡站点的误判。

2. 基于智能调度数据关联关系的乘客上车站点判断方法

基于智能调度数据关联关系的乘客上车站点判断方法是通过将智能调度系统数据与公交 IC 卡收费系统数据进行关联，判断乘客的上车站点。公交 IC 卡数据、公交 GPS 数据、公交站点坐标和公交运行记录 4 种数据源主要字段之间存在图 11-8 所示的关联关系。

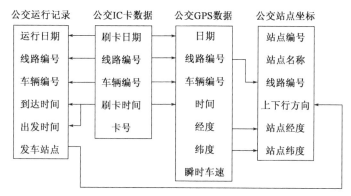

图 11-8　4 种数据源主要字段之间的关联关系

基于上述关联关系，上车站点判断的具体步骤如下。

1）确定刷卡时公交车辆的坐标

（1）初步筛选。

将公交 IC 卡数据与公交 GPS 数据进行关联，筛选刷卡时公交车辆的可能坐标。公交 IC 卡数据的"刷卡时间"字段精确到"分"，没有"秒"的记录，例如"8:35:45"记录为"8:35:00"，采用截尾记录方式。而公交 GPS 数据的"时间"字段值精确到"秒"，这样在刷卡这 1min 的第 0 ~ 59s 之间的 GPS 数据，以及刷卡这 1min 前后时间最接近的公交 GPS 数据，都可能是与刷卡时间相匹配的公交 GPS 数据。将公交 IC 卡数据的线路编号、车辆编号、刷卡日期、刷卡时间 4 个字段与公交 GPS 数据进行匹配，得到备选的公交 GPS 数据。

（2）最终确定。

由于每条公交 IC 卡记录可能对应几条备选的公交 GPS 数据，这样需要在这几条备选数据中，确定出与刷卡时间最接近的公交 GPS 数据。公交车停靠在站点时，速度为 0，在离站点较近时车速较低。因此，可以通过比较备选公交 GPS 数据的"瞬时车速"值来确定最接近刷卡时间的公交 GPS 数据。取备选数据中瞬时车速最小这一条数据的"经度"和"纬度"值作为刷卡时公交车辆的坐标。如果备选的几条 GPS 数据中，出现相同的最小瞬时车速，则取与刷卡这 1min 第 30s 最近的 GPS 数据。

2）公交车辆运行上、下行方向的确定

将公交 IC 卡数据与公交运行记录数据关联，确定刷卡时公交车辆运行的上、下行方向（从主站驶向副站为下行，反之为上行）。

3）刷卡时公交车辆的坐标与站点坐标匹配

将已得到的刷卡时公交车辆坐标与相应线路、相应方向的公交站点坐标进行匹配，最终得到刷卡时的公交站点，即上车站点。

三、下车站点推断方法

对于下车站点的推断，本节选取了两种常用的推断居民公交出行下车站点的方法进行介绍，分别是基于乘客出行链的下车站点推断方法和基于站点吸引的下车站点推断方法。

1. 基于乘客出行链的下车站点推断方法

乘客出行链可能存在以下 4 种情况，如图 11-9 所示，其中 P 表示公交站点。

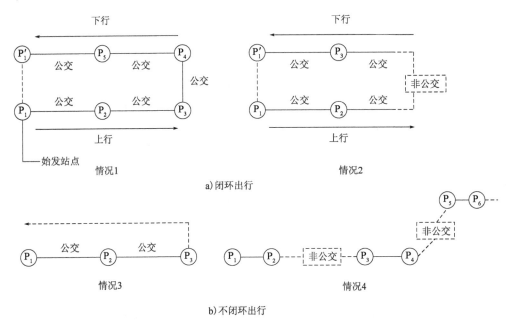

图 11-9　乘客出行链分类

（1）情况 1。乘客一天或多天的出行是连续的，形成出行闭环，即从某地出发，经过换乘或者无换乘到达某地后，经过一段时间，又从此地返回原来的出发点。例如，上班、上学等规律出行。这种出行是公交出行中最频繁的情况。

（2）情况 2。乘客一天或多天的出行部分是连续的，形成半闭环，即从某地出发，乘坐公交过程中经历交通方式的转换，采用非公交的形式；但在一定时间内，又乘坐公交返回出发地。

（3）情况 3。乘客一天或多天的出行仅半程是连续的。

（4）情况 4。乘客多天的出行是随机的，不形成闭环。即从某地出发，乘坐公交一次后采用其他交通方式，或者并不返回等各种随机出行。

对于不同种类的出行链,每两次刷卡之间的链接方式即出行节有两种。此处定义出行链当中两个连续刷公交卡点的链接为一个公交出行节,包括出行节连续的上下车站(M1、M2)和出行节断裂的上下车站(M3、M4),如图11-10所示。

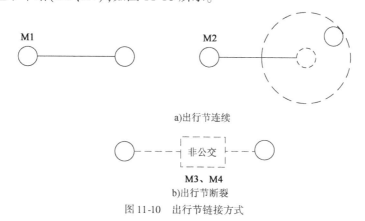

图11-10 出行节链接方式

M1:如果下次刷卡和上次刷卡为同一线路且位于下游,那么认为上次乘车的下车站点为下次乘车的上车站点。

M2:如果下次刷卡和上次刷卡为不同线路但位于上次线路下游的附近,那么仍然认为出行节没有断裂,上次乘车的下车站点为下次乘车的上车站点。

M3:如果下次刷卡和上次刷卡为不同线路且不位于下游附近,而且此次刷卡站点下游有该乘客刷卡的高频站点,根据高频站点确定下车站点的可能性,也称为经验出行。

M4:如果下次刷卡和上次刷卡为不同线路且不位于下游附近,且高频站点集为空,那么根据乘坐线路各站点的下车吸引权确定下车可能性。

收集某乘客在一段时期内的所有刷卡数据,统计该乘客分别在各站点的刷卡次数,再分别除以所有站点刷卡次数的总和,可以得到高频站点的吸引权重,记作 P_1。具体公式如下:

$$P_1 = \begin{cases} 1, & i = 1 \\ \dfrac{N_i}{\sum\limits_{n=1}^{i} N_n}, & i > 1 \end{cases} \tag{11-1}$$

式中:i——高频站点的个数;

N_i——乘客一段时间记录中刷卡地点 i 的刷卡次数。

站点下车吸引权是指用一条线路上的各站点乘客上车人数表示此站点对乘客下车的吸引力度。计算时用一条线路各站点的上车人数除以此趟线路总的上车人数:

$$P_2 = \dfrac{K_j}{\sum\limits_{p=1}^{n} K_p} \tag{11-2}$$

式中:P_2——站点下车吸引权;

K_j——该趟车次在站点 j 的上车人数;

n——站点个数。

2. 基于站点吸引的下车站点推断方法

基于站点吸引的下车站点推断方法的核心思想是根据站点上车人数确定站点间的下车概

率来计算站点下车人数。该方法不能准确掌握单个乘客的出行路径,但是由于其约束条件较少,运算简单,结果较为准确,是目前条件下常用于公交规划决策中效果比较好的下车站点判断方法。

1) 基本思路

P_{ij} 表示某乘客在公交站点 i 上车,在站点 j 下车的概率。若有 m 个停靠站(包括始末站),则可以建立下列概率矩阵:

$$\boldsymbol{P} = (P_{ij})_{m \times n} \tag{11-3}$$

用 D_i 表示站点 i 下车人数, S_i 表示站点 i 上车人数, S_i 在上车站点判断时已进行统计。根据公交单向运行的特性,起始站点没有下车乘客: $D_1 = 0$;第 2 个站点下车的乘客来自起始站上车的乘客: $D_2 = S_1 \times P_{12}$;第 3 个站点下车的乘客来自起始站和第 2 个站点上车的乘客: $D_3 = S_1 \times P_{13} + S_2 \times P_{23}$;依次类推,得到下车人数计算公式为

$$D_i = \sum_{k=1}^{i-1} S_k \times P_{ki}, i = 1, 2, \cdots, m \tag{11-4}$$

2) 下车概率确定

根据以往的公交客流分析结果,居民出行距离、下车站点附近土地利用性质及公交站点的吸引特征是影响下车站点概率的决定性因素。

(1) 只考虑途经站点数量时的下车概率计算。

居民公交出行距离分布是有一定的规律的,公交出行是中长距离出行,若出行距离过长或过短,居民会很少采用公交出行。如果出行距离过长,居民会倾向于选择私人汽车等其他方式出行,而公交线网的布局也不可能满足长距离的居民出行;如果出行距离过短,居民则会倾向于步行或自行车等交通方式。居民公交出行途经的站点数量最能反映居民出行的距离特征。通常当途经站点数量达到某一范围时,下车乘客最多,即下车概率最大,而站点数较多或较少时,下车概率较小,由此可知,下车概率随途经站点数量服从泊松分布。若只考虑途经站点数量一个因素,可得到下车概率为

$$F_{ij} = \frac{e^{-\lambda} \lambda^{(j-i)}}{(j-i)!} \tag{11-5}$$

式中:F_{ij}——站点 i 上车乘客在站点 j 下车的概率;

λ——平均公交出行途经站点数量,居民公交出行距离一般为 5~10km,结合居民实际出行情况,可定义平均公交出行途经站点数量为 9;当站点 i 以后的站点数量小于 9 时,$\lambda = m - i$,m 为线路单向站点数量。

(2) 基于土地利用性质的概率分析。

居民公交出行也受用地性质影响,与公交站点附近的土地利用性质密切相关。因为土地利用性质、布局和开发强度不同,站点的交通发生量与吸引量就不同。《城市综合交通体系规划标准》(GB/T 51328—2018)中规定公交站点的覆盖率按半径为 500m 计算应不小于 90%,因此可根据公交站点 500m 范围内的主要用地性质进行分析。

不同用地性质对应不同的公交客流的吸引系数。与普通站点相比,附近有购物、休闲、娱乐等设施的站点吸引半径更大,吸引力更强,而且附近多有交通枢纽,在这类站点上下车乘客通常最多。

设 h_{jl} 为公交站点 j 500m 范围(给定区域)内第 l 种用地性质的土地面积占总用地面积的

比例，d_l 表示各种用地性质的吸引系数，则公交站点 j 的吸引权 T_j 为

$$T_j = \sum_l h_{jl} d_l, l = 1, 2, \cdots, 7 \tag{11-6}$$

在公交出行客流高峰时段，乘客出行通常以上班和上学为主要目的，假设居住用地和工业用地的吸引系数为 1.0，其他用地性质的吸引系数可以参照居住用地和工业用地。基于此，表 11-4 给出了各类用地性质对公交客流吸引系数的建议值。

各类用地性质对公交客流吸引系数的建议值　　　　表 11-4

编　号	用 地 性 质	吸 引 系 数	备　　　注
1	居住用地	1.0	作为标准
2	工业用地	1.0	作为标准
3	公共设施用地	0.8	
4	商业金融用地	1.2	购物、休闲、娱乐乘客较多
5	对外交通用地	1.3	换乘量大，上下车乘客多
6	道路广场用地	0.7	
7	其他用地	0.6	

①各站点吸引强度计算。

由于居民公交出行具有往返性，因此站点的发生和吸引总量基本保持在均衡状态，即上车人数越多的站点下车人数相对也越多。可利用前文上车站点判断中统计出的各站点的上车人数总量来计算各站点的吸引强度，计算公式如下：

$$W_i = \frac{S_i}{\sum_{k=1}^{m} S_k} \tag{11-7}$$

式中：W_i——公交线路各站点吸引强度；

　　　S_i——站点 i 上车人数；

$\sum_{k=1}^{m} S_k$——线路单向上车乘客总数。

②公交站点下车概率计算。

由于下车概率与乘客出行距离、下车站点附近土地利用性质及公交站点的吸引特征相关，假设乘客出行距离分别与站点附近的土地利用性质和站点吸引特征相互独立，可得各站点下车概率计算公式：

$$P_{ij} = \frac{F_{ij}(r_1 T_j + r_2 W_j)}{\sum_{k=i}^{m} F_{ik}(r_1 T_k + r_2 W_k)}, i < j; i, j = 1, 2, \cdots, m \tag{11-8}$$

式中：P_{ij}——站点 i 上车乘客在站点 j 下车的概率；

　　　F_{ij}——只考虑途经站点数量一个因素时，站点 i 上车乘客在站点 j 下车的概率；

$\sum_{k=i}^{m} F_{ik}$——站点 i 上车乘客在站点 k 下车的概率和；

　　　r_1——公交线路周围用地性质的吸引系数；

　　　r_2——公交站点周围用地性质的吸引系数；

　　　W_j——公交线路站点 j 的吸引强度；

T_j——公交站点 j 的吸引强度;

W_k——公交线路站点 k 的吸引强度;

T_k——公交站点 k 的吸引强度。

四、换乘识别分析

居民完成一次公交出行过程中除第一次刷卡站点外的其他刷卡站点即为换乘站点。由图 11-5 可知,当居民一日刷卡次数为 2 次或超过 2 次时,就需要进行换乘判断,以此确定居民出行路径。假设居民出行的公交线路是一票制,且需换乘时只换乘一次,对换乘识别进行研究。

换乘识别是基于公交 IC 卡数据进行出行分析中的重要内容。近年来,随着智能公交系统的普及与完善,支撑公交换乘识别研究的数据从最初单一的 IC 卡到 GPS、GIS 等,呈现多元化趋势,换乘识别方法也逐渐由简单、粗略到复杂、精确。参考已有相关研究,可将换乘识别方法分为以下四类。

(1) 仅使用乘客前后连续两次刷卡的时间间隔判定换乘,该类识别方法操作简单,但识别结果粗糙。由于在公交 IC 卡投入使用初期,公交车内没有安装车载 GPS 装置或 GPS 数据未被充分利用,研究者仅能利用乘客 IC 卡数据进行换乘识别。基本方法是比较乘客前后两次公交刷卡时间差与确定的最大刷卡时间间隔阈值,判定是否为换乘。可见,最大刷卡时间间隔阈值是影响最终换乘识别结果的关键参数,也是研究者们最为关注的问题。不同学者采用了不同的方法确定该阈值,可归纳为以下几种:

①基于历史调查数据确定,如北京市平均出行时间。

②根据不同公交子系统间换乘情况,取不同的固定值,如英国智能公交数据判定最大刷卡时间间隔阈值为固定的 90min;伦敦的地铁换乘常规公交为 20min,常规公交换乘地铁为 35min,常规公交之间相互换乘为 45min。

③考虑具体换乘情景的基于调查数据的阈值确定,如将乘客前后两次刷卡的时间间隔拆分为换乘步行时间和等待时间两部分;或在确定时间间隔时考虑了高峰和平峰时期的差异。

(2) 在前后两次刷卡固定时间间隔基础上引入了换乘时间间隔约束及空间距离约束,该类方法稍精细化。以公交线网中第一次乘车的线路和第二次乘车线路间的最短距离作为空间距离约束,即当乘客连续两次刷卡同时满足刷卡的时间间隔约束与乘坐的两条线路间的空间距离约束,则认为乘客第二次刷卡为换乘行为。

该方法综合考虑了换乘过程中的时空约束,虽然结合了乘客实际换乘过程,但由于仍然使用乘客前后两次刷卡时间间隔作为判断条件,易受第一次车内时间的波动影响,无法有效、精确剥离车内时间、下车时间、步行时间及等待时间,对换乘过程中的时间特征刻画依旧较模糊;此外,引入的空间距离约束取线路之间的最短距离,而非乘客真实的换乘步行路线距离,导致换乘识别结果仍存在较大误差。

(3) 结合 GPS 数据,进一步细化时空约束,具体从两个方面展开。

①结合下车时间的时间间隔和换乘距离的时空约束。结合 GPS 数据得到乘客在前一次乘车的下车站点及下车时间,则可计算出乘客从下车站点到后一次上车时的换乘时间间隔。

②引入等待时间的时间间隔和换乘距离的时空约束。在推算出乘客上车站点和下车站点信息的基础上,引入步行时间和等待时间,细化换乘的每个阶段。

该类方法从乘客换乘实际情况的角度细化了换乘过程中各个环节的量化方法,相较于固定的换乘间隔判定方法,识别结果准确度得到提升,但仍然更多地依赖时间约束,对于由其他因素导致的乘客长时间等待仍存在与短时活动的出行混淆误判的情况。

(4)结合下车时间和出行链深入细化时空约束。随着电子地图的高精度化和开源化,可借助地图搜索出行者的可能出行路线集。结合乘客出行链可识别隐藏在换乘中的短时活动,相比于仅从换乘转移过程进行识别更加精细和准确。随着多源数据的深入融合,换乘识别方法在不断更新和完善,考虑因素也从单一向全面转变,但仍存在很多问题有待后续研究解决。

以综合考虑站点距离、出行方向、乘坐线路等因素识别公交出行换乘为例,详细阐述分析过程。

居民公交出行换乘识别主要是通过分析单个乘客相邻两次刷卡间隔与换乘阈值之间关系来确定的。但时间不是确定居民是否换乘的唯一指标,还应综合考虑站点距离、出行方向、乘坐线路等因素,以确定居民最终出行路径。

观察居民一次公交出行示意图(图11-5),公交换乘过程为乘客由第 k 站点至第 $k+1$ 站点并乘坐 x_2 路公交车。换乘过程耗时用 T_h 表示,其包含两部分,即下车站点至换乘站点的步行时间 T_α,在换乘站点的等待时间 T_β。乘客公交换乘以同站换乘居多,此时 $T_\alpha=0$;若为异站换乘,则 T_α 根据下车站点到换乘站点距离与平均步行时间计算得到,T_α 根据换乘的就近原则通常较小。T_β 是乘客在公交车站的等待时间,以最大候车时间 $T_{\beta max}$ 作为判断换乘的指标。以图11-5为例,已知出行起点刷卡时刻为 t_0,第 $k+1$ 站点刷卡时刻为 t_{k+1},根据前文的上车站点判断与下车站点判断方法,确定起始上车站点为 p_0,下车站点为 p_k,第 $k+1$ 站点为 p_{k+1},则由公交车调度信息可计算出 p_0 至 p_k 的运行时间 T_{0k},p_k 至 p_{k+1} 的步行时间 $T_{k(k+1)}$,由以上已知条件得到乘客在公交站点 p_{k+1} 逗留时间为

$$T_d = (t_{k+1} - t_0) - T_{0k} - T_{k(k+1)} \tag{11-9}$$

其中,$T_{\beta amx}=\lambda T_f$,确定 $T_{\beta max}$ 较复杂,λ 为公交延误系数,T_f 为 x_2 路公交车的发车间隔,公交乘客换乘以时耗最短为原则,人们能忍受的等车时间一般在10min以内;两次出行间隔时耗通常较长,因为从乘客完成一次出行,到下一次公交出行开始,其间必定完成上班、上学、购物等行为,持续时间往往在数小时。因此,可以根据不同的城市和公交线路选择 $T_{\beta max}$ 值。若公交线网密度较大,线路发车间隔很密,高峰期等待时间 $T_{\beta max}$ 可取15min,平峰可取10min。

根据以上分析,基于公交IC卡数据的换乘识别过程具体如下:

(1)将单个乘客刷卡记录按刷卡时间依次排序。

(2)逐一计算相邻两次刷卡记录之间的时间间隔 ΔT,即 $t_{k+1}-t_0$。

当 ΔT 小于车辆站点停靠时间时,查看两次刷卡记录,若为同一线路且POS机序号相同,则判断为代人刷卡,合为一条记录;当 ΔT 大于车辆站点停靠时间时,计算 T_h,并判断刷卡时间间隔 T_h 与换乘阈值 $T_{\beta max}$ 之间的关系。

①当 T_h 小于换乘阈值 $T_{\beta max}$ 时,出行分为以下几种情况:

a. 换乘。

b. 第一次出行结束,进行下一次出行。因为无法确定乘客出行目的,观察两次出行方向,若不为返程,则将此类出行归为换乘处理。

c. 中途遇特殊情况需折返,这种情况下两次出行定为往返程,且会有第3次出行,因此舍弃头两次出行,由第3次出行记录开始判断。

②当 T_h 大于换乘阈值 $T_{\beta max}$ 时,即为两次出行。

(3)确定换乘步行时间。

$T_{k(k+1)}$ 是指乘客从前一次乘车的出站口或下车站点到后一次乘车的进站口或上车站点的步行时间。换乘步行时间取决于换乘步行距离、步速、人流密度、沿途交通设施布置等因素。除了常规公交与常规公交间采用同站台换乘的换乘步行时间为零外,常规公交与常规公交异站台换乘的步行时间可通过如下方法进行简单估算:

$$T_{k(k+1)} = \frac{D-kd}{v_d} + \frac{kd}{\varphi v_d} \tag{11-10}$$

式中:D——前一次乘车下车站点至后一次乘车上车站点间的步行距离;

d——乘客换乘时过街道路宽度;

k——换乘过街影响系数,换乘时需过街为1,否则为0;

v_d——乘客步行速度;

φ——乘客步行速度修正系数。

换乘距离 D 可通过调用百度地图的 API 接口查询得到,输入公交 IC 卡前一次乘车下车站点和后一次乘车上车站点,系统可自动计算出两站点间的步行距离,如果得到的换乘距离大于1000m,可直接舍弃,认为后一次乘车属于二次出行。

乘客步行速度 v_d 受很多因素的影响,如行人个体特征(年龄、性别、健康状况等)、行程特征(步行目的、路线熟悉程度、是否携带行李、行程长度等)、基础设施的特征(类型、等级、环境吸引力等),以及环境特征(是否宜人、气候条件等)。此外,乘客步行速度还与行人密度有关。在实际应用中可通过实地调查进行标定,或者参考已有相关研究成果。例如,主要考虑人行横道、过街天桥、地下通道等设施对行人步速的影响,可参考表11-5中不同过街条件下的行人步速建议值。

不同过街条件下的行人步速建议值(单位:m/s)　　表11-5

过街条件	平面过街					立体过街			
	信号交叉口	环形交叉口	无信号交叉口	自由过街	人行横道	上坡	下坡	上楼梯	下楼梯
φv_d	1.19	0.83	1.15	1.24	1.19	1.16	1.59	0.71	0.9

(4)重复步骤(2)和(3),处理上一条记录,参照下一条记录,直到完成对该卡一日所有乘车记录的判断。

第四节　面向不同应用的公交 IC 卡数据分析方法

一、公交出行 OD 矩阵推导

基于城市公交出行有无换乘的区别,可将城市公交出行分为有换乘出行、无换乘出行两类出行模式。由此,居民公交出行的站间矩阵推导需要分上车站点判断、下车站点判断及换乘识别三部分进行。本章第三节中已对这三部分进行推导分析。

1. 城市公交站间出行矩阵生成

城市公交站间出行矩阵是指城市居民依据公交出行目的而统计得出的公交站间出行矩阵,已除去公交换乘出行的相关数据记录。在进行公交换乘识别的过程中,可对换乘记录进行一定的标记,并从中找出最终出行起讫点,删除多余的数据记录。

将已推导出的公交上下车站点的公交 IC 卡数据除去公交换乘记录导入数据表之中,运用其强大的数据透视功能即可完成公交站间矩阵的表示。出行矩阵的表达形式主要有矩阵形式和三列式两种,一般在公交站点相对较少的状况下采用矩阵形式,如表 11-6 所示,而在公交站点相对较多的状况下则采用三列式,如表 11-7 所示。

出 行 OD 矩 阵 式　　　　　　　　表 11-6

O	D			
	1	2	3	4
1				
2				
3				
4				

出行 OD 矩阵三列式　　　　　　　　表 11-7

O	D	次数
1	1	
1	2	
1	2	
2	1	
2	2	
2	3	
3	1	
3	2	
3	3	

2. 城市公交出行 OD 矩阵生成

城市公交站间出行矩阵是对公交 IC 卡原始数据进行大量数据匹配处理之后生成的,同时它仅仅代表了采用公交 IC 卡进行公交出行的群体。因此,需要对公交站间出行矩阵进行扩样。此外,还需将站点出行矩阵转化为交通小区矩阵,从而保障与传统的城市交通规划以交通小区为基本单元的出行矩阵标识方式具有相同的基础。

1) 站间出行 OD 矩阵扩样

城市公交站间出行 OD 矩阵是基于公交 IC 卡基础数据、公交 GPS 运行数据以及公交线路站点等信息进行相互匹配分析而生成的。由于部分信息资源不完整,某些公交 IC 卡数据记录不能顺利匹配到公交上下车站点。此外,公交出行还可以通过投币完成缴费出行,仍然需要考虑这部分群体对公交出行的贡献。因此,公交站间出行 OD 矩阵的扩样将基于公交线路层面分别从以下两个方面设置两类扩样系数进行。

第一类扩样系数以推导出公交站间矩阵的公交 IC 卡数据为基础,统计所包括的各条线路及其客流量,并与原始公交 IC 卡数据记录的公交线路进行匹配,统计相关线路的客流量。其表达式如下:

$$\overline{C}_i = \frac{T_i}{S_i} \tag{11-11}$$

式中:$\overline{C}_i$——公交线路 i 的第一类扩样系数;

T_i——公交线路 i 的原始公交 IC 卡刷卡数据总量;

S_i——公交线路 i 已推导出公交出行 OD 矩阵的刷卡数据总量。

第二类扩样系数则是在假设投币乘客出行与刷卡乘客出行完全一致的状况下,在统计出各类公交线路票款收入的基础上,对公交站间矩阵进行扩样。其表达式如下:

$$\overline{\overline{C}}_i = \frac{M_i + T_i}{T_i} \tag{11-12}$$

式中:$\overline{\overline{C}}_i$——公交线路 i 的第二类扩样系数;

M_i——公交线路 i 的纸币票款收入所对应的公交出行次数总量。

2)交通小区公交出行 OD 矩阵生成

城市公交站间出行 OD 矩阵主要是基于城市公共交通系统而建立的,与传统交通规划以交通小区为基本统计单元的统计口径不一致,在各种交通分析应用过程中会造成很大的不便。因此,需要进行城市公交站点出行 OD 矩阵至交通小区公交出行 OD 矩阵的转换。一般,交通小区公交出行 OD 矩阵的生成是在考虑公交站点与交通小区之间空间位置关系的基础上,基于各个公交站点的覆盖面积、周边用地性质等特征,确定公交站点在各相关小区的出行比例,进而生成交通小区公交出行 OD 矩阵。

自公交站点出行 OD 矩阵至交通小区公交出行 OD 矩阵的转换基于以下原理:交通小区公交出行 OD 矩阵为与起讫点交通小区相关的所有公交站点 OD 在其起点公交站点分担比例以及在终点公交站点分担比例的乘积得出的出行量的总和。其转换示意图如图 11-11 所示。

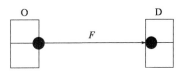

图 11-11 公交站点至交通小区出行转换示意图

公交站点间的出行总量为 F。公交起讫站点在其对应各交通小区间的分配比例存在如下关系:

$$\sum_{i=1}^{m} W_{ZO_i} = 1 \tag{11-13}$$

$$\sum_{i=1}^{m} W_{ZD_i} = 1 \tag{11-14}$$

式中:m——公交线路末站编号,起始站编号为 1;

W_{ZO_i}——与起点公交站对应的起点交通小区的分担比例;

W_{ZD_i}——与终点公交站对应的终点交通小区所分担的比例。

基于该公交站点所对应的各个交通小区所分得的出行比例:

$$ZOD'_{ij} = F \cdot W_{ZO_i} \cdot W_{ZD_i} \tag{11-15}$$

由此,交通小区 i 至 j 的交通出行总量可采用如下方式获得:

$$ZOD_{ij} = \sum_{i=1}^{p} \sum_{j=1}^{q} ZOD'_{ij} \tag{11-16}$$

二、公交客流统计分析

1. 站点客流数据

站点客流表示为单位时间(如 1h 或 1d)公交站点上下车乘客数量,反映了公交站点及其周边的公交需求情况,可作为公交规划及公交站点改造的重要依据。公交站点客流数据主要包括全天站点客流量、站点高峰小时客流量等。掌握站点客流量时间分布特征,可以合理安排站点经过的公交线路,合理设置站点规模和形式。

全天站点客流量的统计方法是,先对上车客流量进行统计,将一天全部刷卡数据作为选择集,以上车站点字段作为分组依据,计算同一站点一天刷卡记录条数,此时需利用站点刷卡率进行扩样计算,即得到全天站点客流量。

根据居民出行特征分析,得知公交出行存在早晚两个高峰(其中以早高峰更为显著),大部分线路高峰与平峰的客流量差别较大,且不同站点因为附近用地性质不同其高峰小时不太一致。例如,郊区站点与市区站点高峰小时会有半小时左右的时差。因此计算站点高峰小时客流量时,需要将一日客流分为若干小时段客流,再分别合并为小时时段客流,取最大客流量为站点高峰小时客流量。

具体步骤:将一天全部刷卡数据作为选择集,对记录分组。分组原则:分析时段为调查站点的所有经过线路中最早发车时刻起至最末班车到站时刻,每隔 15min 分成一组,统计各组时间段内刷卡记录条数,即得到各组的持卡客流量 $n_1, n_2, n_3, \cdots, n_t$,要确定高峰小时,须对小组重新合并。合并原则:从第五组开始对其上面四组合并,每四个小组合并为一大组,统计各大组的记录条数 $N_1, N_2, N_3, \cdots, N_t$。找出最大值 N 所对应的起始时刻,即为高峰小时。利用站点刷卡率进行样本扩大计算,得到站点高峰小时客流量 $N_{\max}$。

2. 线路客流数据

线路全天客流量反映了线路的经济效益情况,也是预测和规划年线路客流量所必需的基础资料。在预测时,需要连续几期数据,即需连续调查几次后,才能符合公交规划的基本要求。

线路全天客流量的计算较简单。首先将调查线路所有车辆一天的刷卡记录存储于一个选择集中,调查线路所有持卡乘客人数,即选择集中的所有记录总数;再利用线路刷卡率进行样本扩大计算,得到线路全天客流量。根据线路全天客流量,可对公交客流进行分析,一般来说,公交客流受外界因素如天气、节假日等影响较大。

线路高峰小时客流量决定了公交线路的最大客流需求,可以反映线路服务水平和满足需求的能力。公交线路由于其功能走向的差别,高峰时段不尽一致。线路高峰小时客流量的计算方法与站点高峰小时客流量的计算方法基本相同,不同之处在于线路高峰小时客流量以线路号与分组时段作为刷卡数据的分组依据。

3. 线路断面客流量

断面客流量指单位时间内通过某一道路断面的公交客流量,包括一条公交线路断面客流量及道路断面总客流量。道路断面总客流量为经过该道路断面的各条公交线路断面客流量之和。以线路一天断面客流量为例,根据 OD 矩阵中线路站点间 OD_{ij},可对相邻站点间一天断面客流量进行计算,计算公式见式(11-17)。公交线路 OD 指一条公交线路上从某一站点上车而在另一站点下车的乘客 OD 量,在前文上下车站点的判断过程中,已经计算出公交线路上由站

点 i 上车至站点 j 下车的客流量,从而可以得到公交线路 OD 矩阵。

$$N_{i(i+1)} = \sum_{k=i+1}^{m} D_{ik} + \sum_{k=1}^{i} D_{(i+1)k} \tag{11-17}$$

式中:m——公交线路末站编号,起始站编号为 1。

三、公交运营指标分析

1. 客流指标

1) 周转时间

周转时间是指车辆在营业线路上,完成一次从始站到末站,再从末站到始站的运输过程平均所耗费的时间,等于两倍的单程时间与始末站停站时间之和,即

$$周转时间 = 2 \times 单程时间 + 始末站停站时间 \tag{11-18}$$

一天内的沿线客流及道路交通量具有不均衡性,对车辆的周转时间有直接的影响。因此,车辆周转时间必须按照客流峰段分别确定。在早晚客流低峰及各峰段之间的过渡时间段,在满足乘客需求的前提下,路线车辆数或车次应该有比较明显的增减变化,以提高车辆运行的效率。实践中,为便于组织车辆运行,允许此时段的车辆周转时间为一个小的区间值。不同客流峰段内的车辆周转时间应尽可能与该峰段延续时间相匹配,或不同峰段相邻时间段内的车辆周转时间与相应时间段总延续时间相协调。如 A 时段之车辆周转时间与相邻的 B 时段之车辆周转时间的加权平均数,同 A 与 B 两个时段作为一个大时段所要求的车辆周转时间相一致。具体可依据下述条件确定周转时间定额:

① 某客运峰段内各次周转时间之和等于该峰段的延续时间。

② 客流峰段内周转时间区间值中的某一值与该峰段延续时间成整倍数关系。

③ 相邻峰段内各次周转时间之和等于其对应峰段延续时间之和。

公交调度信息数据表内已经记录了公交车辆准确的发车及到站时间,可以运用调度数据进行运算。公交车辆运营过程中在首末站的发车与到站时间由调度人员记录在调度运营表中,并存储在公交 IC 卡数据库内。车辆首站发车时刻与再次回到首站到站时刻之间的时间间隔即为一次周转时间。

周转系数是指单位时间(通常为 1h)内,车辆沿营运线路所完成的往返循环次数,是周转时间的倒数。

2) 不均匀系数

路段客流不均匀系数表示某一路段的客流量占全线单向平均客流量的比例。

$$路段客流不均匀系数 = \frac{第\ I\ 路段客流量}{全线单向平均客流量} \tag{11-19}$$

可以通过计算路段客流不均匀系数确定区间车开设的必要性。路段客流不均匀系数大于1,就可以视为高峰路段;若路段客流不均匀系数在 1.2~1.4 之间,属于正常调节范围,不一定开设区间车;若大于临界值,就有必要开设区间车。

线路不均匀系数表示公交线路上下行两个方向客流量差别,线路上下行两个方向上可能一天总客流量差别较大,也可能某时段客流量差别较大(通常为高峰小时)。即

$$一天线路不均匀系数 = \frac{单向线路全天总客流量}{线路双向全天总客流量} \tag{11-20}$$

$$\text{高峰线路不均匀系数} = \frac{\text{单向线路高峰小时总客流量}}{\text{线路双向高峰小时总客流量}} \qquad (11\text{-}21)$$

2. 车辆运营指标

1) 满载率(%)

满载率是衡量公交车辆是否满足需求的重要指标,包括高峰满载率和全天线路满载率。高峰满载率用于评价高峰时段公交服务水平及发车频率是否合理,全天线路满载率用于评价线路公交发车频率或投放车辆数是否满足需求。

高峰满载率表示高峰期间车辆在主要线路的单向高断面上载运乘客的平均满载程度,计算公式如下:

$$\text{高峰满载率} = \frac{\text{主要线路单向高断面通过量}}{\text{车辆通过高断面的客位数总和}} \times 100\% \qquad (11\text{-}22)$$

线路断面通过量即断面流量,计算方法参见前文。车辆通过高断面的客位数可根据经过高断面的车辆数计算。首先,通过高峰期间线路断面流量的计算已确定了高断面位置,假设高峰时段为 $T_{\max}$,且高断面位于站点 i 与站点 j 之间,已知线路全天各车次在站点 i 与站点 j 的到站时间 T_i、T_j,以及线路在两站点间平均运行时间 t_1 与站点停靠时间 t_2,则认为到站时间满足:

$$T_i + t_2 + t_1/2 \in T_{\max} \text{ 或 } T_j - t_1/2 \in T_{\max} \qquad (11\text{-}23)$$

这些到站时间所对应的车辆即为高峰小时通过高断面的车辆,车辆额定载客数存储在公交车辆数据表中,将额定载客数相加即得到高峰时段通过高断面的客位数总和。

全天线路满载率是指运营车辆全天载运乘客的平均满载程度,计算公式如下:

$$\text{全天线路满载率} = \frac{\text{全天线路乘客周转量}(\text{人}\cdot\text{km})}{\text{全天客位行程}(\text{客位}\cdot\text{km})} \times 100\% \qquad (11\text{-}24)$$

全天线路乘客周转量是线路全天刷卡数据对应出行距离的总和,出行距离即为刷卡数据对应上车站点与下车站点之间的距离。全天客位行程是指全天线路各车次客位行程之和,各车次客位行程可以用车辆额定客位数与车辆行驶距离之积计算。车辆行驶距离通常为线路长度 L,当车辆不行驶完线路全程时(如线路区间车),车辆行驶距离用调度数据表中的发车站点与到达站点间距代替。

2) 运行时间定额

运行时间定额包括公交车辆行驶的单程时间,以及车辆在始末站停站时间等,可根据调度数据计算得到,计算结果存储在公交IC卡数据库中。作为公交运营评价基本指标,也可用于辅助公交IC卡数据上下车站点判断。

行车间隔表示相邻车次的行车时间间隔,根据调度数据表可以计算相邻车次的发车间隔,利用公交IC卡刷卡数据可统计相邻车次在任意站点的行车间隔。公交车辆发车间隔由调度人员控制,但是由于道路交通条件影响,公交车辆在线路上运营速度不均匀,造成行车间隔变化很大,常常发生站点长时间没有车辆到达或者多辆车同时到达的情况,造成公交服务水平降低。掌握线路在各站点的行车间隔有助于发现容易造成行车间隔不均的路段,以采取有效措施解决问题。

前文已对上下车站点的判断方法进行了介绍,可推断出各车次到达各站点的时刻,并将其存储在车次到站时刻数据表中,相邻车次在某站点行车间隔即为到达该站点时间差。前一站点的行车间隔与后一站点行车间隔之差,表示两站点间路段对行车间隔的影响。

运营速度是车辆在线路上来回周转的速度:

$$运营速度 = \frac{2 \times 线路长度}{周转时间} \tag{11-25}$$

车辆在线路上一个来回的时间等于车辆在线路上来回行驶的时间、在中途各站停靠的时间以及在线路两端始末站停留时间的总和。运营速度高,车辆在线路上周转快,可完成更多的客运任务。所以,运营速度是标志客运工作质量水平的一项重要指标,也是计算公共交通车辆拥有量的一项重要指标。

行车频率是指单位时间内,通过线路某一断面或站点的车辆数。根据车次到站时刻数据可以很简单地统计得到单位时间内通过任意站点的车辆数,即行车频率。为保证客流在一个时间段内得到及时运送,任何时间段内行车频率的计算公式为

$$行车频率 = \frac{某时间段某断面客流量}{载客量定额} \tag{11-26}$$

根据行车频率和周转时间,可得到某时间段线路应该配置车辆数:

$$车辆数 = \frac{行车频率}{周转系数} = 行车频率 \times 周转时间 \tag{11-27}$$

四、公交乘客出行特征分析

公交乘客的出行次数、出行时间、出行距离、换乘情况等特征指标,是掌握居民公交出行需求,评价公交服务水平的重要依据。公交规划与公交运营管理部门可以针对不同的公交出行特征制定与之相适应的公交布局和公交运营方案,使得优化方案更合理、更有效。

1. 公交平均出行次数与公交平均乘坐次数

公交平均出行次数是指单位时间(通常为1d)内平均每位乘客完成公交出行的次数,即

$$公交平均出行次数 = \frac{乘客公交出行总次数}{公交乘客总数} \tag{11-28}$$

公交平均乘坐次数是指单位时间(通常为1d)内平均每位乘客乘坐公交次数,即

$$公交平均乘坐次数 = \frac{乘客公交乘坐总次数}{公交乘客总数} \tag{11-29}$$

与传统的居民出行调查相比,利用公交IC卡刷卡数据统计公交平均出行次数和公交平均乘坐次数要简单得多。IC卡数据中每一条刷卡记录对应公交乘客的一次乘坐公交的行为,同一卡号对应一位公交乘客。因此可以用两种方法进行统计:

方法一:利用刷卡总量进行计算,非换乘刷卡记录总条数即为公交出行总次数,不同卡号总数为公交乘客总数,刷卡记录总条数为公交乘坐总次数,因此计算公式为

$$公交平均出行次数 = \frac{非换乘刷卡记录总条数}{不同卡号总数} \tag{11-30}$$

$$公交平均乘坐次数 = \frac{刷卡记录总条数}{不同卡号总数} \tag{11-31}$$

该方法计算简单,如果不需要了解单个乘客出行次数特征,可选用此方法。

方法二:刷卡数据中同一卡号对应的刷卡记录条数即为该乘客一日乘坐公交次数,剔除换乘的刷卡记录统计所得结果即为该乘客一日公交出行次数,所有乘客的公交出行次数与公交

乘坐次数取算术平均值可得到公交平均出行次数与公交平均乘坐次数。

方法二较方法一增加了提取以卡号为分组对象统计的刷卡记录条数,并建立数据集的步骤,可以计算单个乘客的出行次数或乘车次数,如需要分析单个乘客长期公交出行特征,可选用方法二。

2. 公交换乘

公交换乘是指公交乘客为完成一次出行目的相继乘坐多条公交线路的行为,公交换乘指标主要有乘客平均换乘系数与换乘率,一般来说,大城市乘客平均换乘系数不应大于1.5;中、小城市不应大于1.3。通过公交IC卡数据可以统计换乘人数的数据,进而计算公交换乘指标。

乘客平均换乘系数是衡量乘客的直达程度,反映乘车方便程度的指标。计算公式为

$$乘客平均换乘系数 = \frac{乘车出行人次 + 换乘人次}{乘车出行人次} \quad (11-32)$$

乘车出行人次即为公交IC卡数据中总记录条数,换乘人次为数据中已被判断为换乘的记录总条数。

换乘率是指统计期内乘客一次出行,有换乘的乘客人数与乘客总人数之比。计算公式为

$$换乘率 = \frac{有换乘的乘客人数}{乘客总人数} \quad (11-33)$$

式中,乘客总人数是公交IC卡数据中不同卡号的记录条数。

3. 公交出行距离

公交出行距离是指乘客完成一次公交出行而经过的总路程。公交出行距离主要与城市形态、城市用地布局相关,也是居民选择公交出行方式需考虑的重要方面。分析公交出行距离指标有助于了解城市居民公交出行的空间分布状态,并掌握城市公交服务的优势距离,从而有效地优化城市公交,提高公交吸引率。

公交运营具有定线、定站的特点,即公交在固定线路行驶、在固定站点停靠。公交出行的路线包括三部分:由出行起点至上车站台的路程l_1、乘坐公交车行驶路程l_2、下车站台至目的地的路程l_3。根据乘客采取就近原则选择公交上下车站点,$l_1 + l_3 \ll l_2$。因此,将l_2近似作为乘客公交出行距离,即为公交乘客一次出行的上车站点与最后下车站点之间距离。

4. 公交出行时间

公交出行时间是指乘客完成一次公交出行的总时耗。根据公交出行的定义,将公交出行时间分为车内时间和车外时间两个部分。车内时间,即乘客由上车至下车在车内所耗时间;车外时间,包括乘客由起点至上车站点的时间、乘客在站点候车时间、乘客由下车站点至目的地时间。

由于公交IC卡数据只记录乘客上车刷卡时间,没有反映乘客车外时间的数据,因此分析公交IC卡数据目前只能对公交出行时间中的车内时间进行推算。而车内时间与出行距离直接相关,出行距离越长,车内时间就越长,但是随着城市交通需求的增长,交通拥堵等各种交通问题日益严重,造成车辆行驶速度不快,延误越来越多,因此车内时间成了评价公交服务水平与运营效率的重要指标。

利用公交IC卡数据统计车内时间较简单,调度数据表已记录全天各车次在任意站点的到

站时间,车辆在公交出行终点站的到站时间与在出行起点站的到站时间之差,即为公交出行的车内时间。

第五节 案例分析:青岛市主城区公交 IC 卡数据分析

前文对公交 IC 卡数据的分析过程及相关方法进行了介绍,基于公交 IC 卡数据可以对公交客流、公交运营、乘客出行等方面进行分析与研究。本节将以作者课题组研究成果中的基于青岛市主城区公交 IC 卡数据对客流分布的研究为实例,对公交出行 OD 推导过程及可视化处理进行介绍。结合 Python、GIS 等软件对公交 IC 卡数据和 GPS 数据进行预处理,首先对公交乘客的上、下车站点进行推导,并以上、下车站点数据为基础对公交出行 OD 矩阵进行研究,然后基于公交 OD 数据对公交客流的起终点分布进行分析,并对站点客流的时空分布特性进行详细介绍,最后对公交线路客流 OD 进行可视化处理,挖掘出公交线路走廊带的客流分布特性。推导过程如图 11-12 所示。

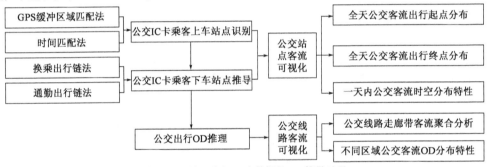

图 11-12 基于公交 IC 卡数据的 OD 推导过程

一、公交 IC 卡乘客上车站点识别

一票制的公交 IC 卡信息系统只能记录乘客刷卡时间、车牌号、线路名称等公交信息,而公交车辆的 GPS 装置却能准确记录车辆实时位置信息,可将公交 IC 卡数据与 GPS 数据通过相同字段进行连接,完成对乘客上车站点的推断。

1. GPS 数据缓冲区域匹配

GPS 数据记录公交车辆实时位置信息,结合青岛市主城区固有公交站点的经纬度坐标对公交车辆速度为 0 时的实时位置进行判断,最后筛选出各个公交线路车辆在公交站点停靠的时间,其具体分析过程如下。

1) GPS 数据的投影转换

由于 GPS 原始数据存储格式不匹配,首先需要在数据库中对其进行格式转换,然后在 GIS 中对经纬度数据进行坐标转换,选择世界坐标系生成新 GIS 文件,最后选择投影坐标生成投影文件。

2) 公交站点缓冲区域的构建

在实际的公交运行过程中,公交车辆速度为 0 的情况有很多种,所以需要对速度为 0 的点进行判断,速度为 0 的情况有以下几种:

①路段上堵车,停车等候通行,速度为0。
②交叉口红灯,停车等候通行,速度为0。
③公交站点停车,等候乘客刷卡上车,速度为0。

本节只针对第③种情况进行研究,即公交车辆在公交站点速度为0的情况,选取公交站点缓冲区域匹配法对所有速度为0的情况进行判定。根据《城市道路公共交通站、场、厂工程设计规范》(CJJ/T 15—2011)以及实地调查资料可知,按照每辆公交停车长度为15m,每个站台同时停4辆公交计算,港湾式和直线式公交站台的一般长度最大为60m,选取站台中心点为圆心,30m长度为半径作圆,其圆形区域即为公交站点的影响区域,所有在这些圆形区域中速度为0的点,均为公交车辆在公交站点的停靠点。通过GIS软件的缓冲区域功能,选择30m的半径作图,结果如图11-13所示。

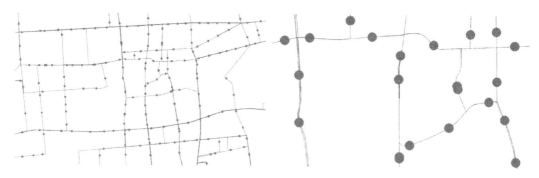

图11-13 公交站点周围30m缓冲区域

3) 空间连接匹配

在得出每一个公交站点的缓冲区域之后,将公交车辆GPS数据与公交站点缓冲文件进行匹配,以公交速度投影文件为目标元素,以公交站点缓冲区投影文件为连接要素,将公交速度投影文件与公交站点半径30m的缓冲区域匹配,落在缓冲区域内的坐标点为公交在公交站台停靠的点,GPS停车点匹配数据如图11-14所示。

CLBH	JDZB	WDZB	FX	GPSSD	XLBH	daytime	ampm	stopID	name	X	Y	
X7823	120.389841	36.074045	85	0	322	06.56.17.000	下午					
H2391	120.299704	36.066451	201	0	321	06.15.23.000	上午					
G6170	120.346171	36.106082	6	0	227	06.15.23.000	上午					
97391	120.374819	36.065993	307	0	25	06.15.22.000	上午					
97775	120.310648	36.062945	289	0	25	06.15.22.000	上午	BV10155285	青岛火车	120.31559	36.063263	900000044739;370200010554
P0268	120.36434	36.057549	234	0	321	06.15.04.000	上午					
99309	120.378147	36.065833	253	0	1312	06.15.22.000	上午					
J3210	120.379535	36.306502	184	0	905	06.15.37.000	上午					
J5521	120.375087	36.13838	267	0	364	06.15.21.000	上午					
J3975	120.418082	36.319472	203	0	905	06.15.38.000	上午					
96899	120.344165	36.082758	77	0	229	06.15.22.000	上午					
97510	120.312775	36.073813	32	0	21	06.15.06.000	上午					
G2653	120.389675	36.310284	91	0	931	06.15.08.000	上午					
	120.354048	36.265885	128	0	934	06.15.14.000	上午					
K2607	120.288155	36.334209	281	0	118	06.15.02.000	上午					
94556	120.351084	36.080697	305	0	11	06.15.19.000	上午					
98352	120.312678	36.065351	4	0	1002	06.15.19.000	上午					
J8838	120.392107	36.138048	0	0	20	06.15.22.000	上午					
90961	120.384786	36.068097	161	0	125	06.15.21.000	上午					
96369	120.501748	36.172488	277	0	385	06.15.22.000	上午					
N5556	120.42531	36.198873	344	0	408	06.15.19.000	上午					
J6280	120.363305	36.070928	254	0	310	06.15.16.000	上午					
K2531	120.348815	36.097677	131	0	8	06.15.22.000	上午	BV10154774	辽宁路	120.3541	36.097927	370200010552;370200010096
P0072	120.493229	36.094658	94	0	301	06.15.18.000	上午	BV10155128	石老人	120.498039	36.094852	370200011426;900000060074
R2599	120.401593	36.130128	132	0	318	06.15.18.000	上午					

图11-14 空间连接匹配成功后的数据

4) 匹配后的有效数据整理

通过缓冲区和空间连接匹配后的GPS数据结果包含许多行无效数据,需要筛选出

stopID、name、X、Y、XLBH 这几列有对应数据的行,最终公交车辆 GPS 数据筛选出的有效字段为 XLBH、FX、GPSSD、daytime、ampm、stopID、name、X、Y,公交 GPS 最终数据如图 11-15 所示。

	XLBH	FX	GPSSD	daytime	ampm	stopID	name	X	Y
0	103	79	0.0	09.25.25.000	下午	BV10154472	维客广场站	120.426926	36.161789
1	10	99	0.0	09.25.21.000	下午	BV10155380	东山小区	120.429268	36.169006
2	932	14	0.0	09.25.26.000	下午	BV10154501	河南村新区	120.433296	36.152603
3	301	209	0.0	09.25.26.000	下午	BV10155358	沙子口河东	120.549706	36.119400
4	640	89	0.0	09.27.03.000	下午	BV10155940	上臧村	120.477379	36.185600
5	1	358	0.0	09.28.16.000	下午	BV10154504	嘉定路	120.360817	36.109283
6	361	181	0.0	09.28.15.000	下午	BV10155074	映月公馆	120.458847	36.165154
7	310	351	0.0	09.28.18.000	下午	BV10808571	太平角六路莲岛路	120.365257	36.057041
8	1	185	0.0	09.28.08.000	下午	BV10154548	天后宫	120.326225	36.061737
9	1,002	345	0.0	09.28.29.000	下午	BV10935442	承德路(临时站)	120.329933	36.077202
10	362	357	0.0	09.28.29.000	下午	BV10154504	嘉定路	120.360817	36.109283
11	227	318	0.0	09.28.31.000	下午	BV10155427	三十四中	120.350029	36.093529
12	379	255	0.0	09.28.33.000	下午	BV10325100	劲松三路	120.421432	36.095074
13	9	114	0.0	09.32.03.000	下午	BV10154649	商水路	120.388000	36.147076
14	25	293	0.0	09.32.02.000	下午	BV10155285	青岛火车站	120.315590	36.063263

图 11-15　Python 筛选后的 GPS 有效数据

5) GPS 数据时间格式整理

对 GPS 时间格式进行变换,采用 24h 制,且将全部时间换成秒的形式来表示,具体数据如图 11-16 所示。

	XLBH	FX	GPSSD	daytime	ampm	GPS miao	GPS daytime	stopID	name	X	Y
0	151	0		07.38.45.000	上午	27525	07:38:45	BV10155757	大山村	120.377777	36.118553
0	151	0		07.39.05.000	上午	27545	07:39:05	BV10155757	大山村	120.377777	36.118553
0	151	0		07.38.25.000	上午	27505	07:38:25	BV10155757	大山村	120.377777	36.118553
0	151	0		07.38.05.000	上午	27485	07:38:05	BV10155757	大山村	120.377777	36.118553
0	151	0		07.39.25.000	上午	27565	07:39:25	BV10155757	大山村	120.377777	36.118553
0	151	0		07.37.45.000	上午	27465	07:37:45	BV10155757	大山村	120.377777	36.118553
1	74	0		05.47.24.000	上午	20844	05:47:24	BV10900210	十五中	120.347588	36.076305
1	80	0		05.52.49.000	上午	21169	05:52:49	BV10900210	十五中	120.347588	36.076305
1	223	0		05.45.53.000	上午	20753	05:45:53	BV10154511	观象路	120.33004	36.069874
1	179	0		05.42.28.000	上午	20548	05:42:28	BV10154506	抚顺路	120.361351	36.09882
1	74	0		05.47.39.000	上午	20859	05:47:39	BV10900210	十五中	120.347588	36.076305
1	315	0		10.51.22.000	下午	82282	22:51:22	BV10154512	胶东路	120.33448	36.073277
1	83	0		05.53.19.000	上午	21199	05:53:19	BV10900210	十五中	120.347588	36.076305
1	199	0		05.45.54.000	上午	20754	05:45:54	BV10154513	青医附院站	120.327042	36.064198
1	31	0		05.42.08.000	上午	20528	05:42:08	BV10154516	黄县路	120.335587	36.065136
1	180	0		05.47.08.000	上午	20828	05:47:08	BV10154506	抚顺路	120.361351	36.09882
1	214	0		05.53.23.000	上午	21203	05:53:23	BV10154511	观象路	120.33004	36.069874
1	214	0		05.53.38.000	上午	21218	05:53:38	BV10154511	观象路	120.33004	36.069874
1	353	0		10.49.52.000	下午	82192	22:49:52	BV10154506	抚顺路	120.361351	36.09882

图 11-16　变换时间格式后的 GPS 有效数据

2. IC 卡数据整理

首先对公交 IC 卡数据的时间格式进行转换,将原始时间换成秒的形式来表示,删除无用列。另外,由于青岛市主城区的公交线路由 11 家公交公司共同运营,其线路编号的格式各不相同,故需要对公交线路编号进行整理,具体如下:

(1) 对公交线路编号为汉字类型的线路根据文字意思进行对应的数字编号。

(2) 对公交线路编号有明显错误的线路进行修改或者删除。

(3) 对公交线路为空的数据进行删除。

(4) 对不在青岛市主城区研究区域内的公交线路进行删除。

应用 Python 编程得到的公交 IC 卡数据最终结果如图 11-17 所示。

XLMC	KH	JYRQSJ	SFHCBJ	HCXLBH	HCSJ	daytime	IC miao
502	2660000004512717	2017/3/16 5:40	参与	800502	20170315084640.00	5.40.32	20432
503	2660032000069590	2017/3/16 5.37	不参与	0	20000000000000.00	5.37.42	20262
503	2660002000054700	2017/3/16 5.37	不参与	0	20000000000000.00	5.37.39	20259
503	2660042300013095	2017/3/16 5.37	不参与	0	20000000000000.00	5.37.34	20254
503	2660002000061252	2017/3/16 5.37	参与	800517	20170315172107.00	5.37.25	20245
503	2660000004703018	2017/3/16 5.37	参与	800517	20170315111338.00	5.37.27	20247
503	2660000004436870	2017/3/16 5.37	参与	800517	20170315173108.00	5.37.28	20248
503	2660000004190198	2017/3/16 5.37	参与	800517	20170315172118.00	5.37.30	20250
705	2660000022221900	2017/3/16 5.37	参与	800708	20170314145809.00	5.37.52	20272
705	2660001100066095	2017/3/16 5.37	参与	800708	20170315054021.00	5.37.55	20275
503	2660000004630397	2017/3/16 5.37	参与	800517	20170315172137.00	5.37.31	20251
503	2660002000069806	2017/3/16 5.37	参与	800517	20170315172133.00	5.37.37	20257
705	2660000004749219	2017/3/16 5.37	参与	800708	20170315054017.00	5.37.58	20278
705	2660000001265709	2017/3/16 5.37	参与	800708	20170315145740.00	5.37.59	20279
705	2660000004770793	2017/3/16 5.38	参与	800708	20170315172449.00	5.38.00	20280
705	2660000000616947	2017/3/16 5.38	参与	800708	20170315172427.00	5.38.03	20283
705	2660000001115167	2017/3/16 5.38	参与	800708	20170315080851.00	5.38.06	20286
705	2660000004759231	2017/3/16 5.38	参与	800708	20170315191526.00	5.38.08	20288

图 11-17　变换时间格式后的公交 IC 卡有效数据

3. 上车站点推导

本节采用时间匹配法对公交乘客的上车站点进行推导。通过观察公交刷卡行为,发现所有上车人数中 95% 左右的刷卡一般在公交车辆停站之后的 3min 内能完成。因此,将公交在某一公交站点的第一个 GPS 时间记录点作为起始时间点,记为 GPS miao,在其基础上加上 3min,作为 GPS 时间区域的终点,记为 GPS miao11,则 GPS miao ~ GPS miao11 的时间区域为绝大部分公交乘客的刷卡时间。应用 Python 对其进行编程,其筛选条件为若公交 IC 卡数据和 GPS 数据表中的各自一行满足:XLMC = XLBH 以及 GPS miao = < IC miao < GPS miao11,则将这两个表中各自对应行合并为一行,以此类推,直至匹配完两个表中的所有数据。最终匹配出来的数据表行数只能小于或等于公交 IC 卡数据的行数,每一个公交卡号都匹配上相对应的公交站点和公交线路信息,同时将无法匹配上的公交 IC 卡数据删除,最后得到的具体数据如图 11-18 所示。

XLBH	FX	GPSSD	daytime	ampm	GPS miao	GPS miao11	stopID	name	X	Y	XLMC	KH
1	286	0	06 01 38 000	上午	21698	21788	BV10155285	青岛火车站	120 31559	36 06326	1	2660011000057319
1	286	0	06 01 38 000	上午	21698	21788	BV10155285	青岛火车站	120 31559	36 06326	1	2660014000028034
1	106	0	06 01 39 000	上午	21699	21789	BV10154463	市立医院北	120 33559	36 07255	1	2660011000066268
1	35	0	06 01 47 000	上午	21707	21797	BV10154516	黄县路	120 33559	36 06514	1	2660014000012397
1	275	0	06 02 24 000	上午	21744	21834	BV10606461	青岛站	120 3151	36 06368	1	2660000001357191
1	275	0	06 02 24 000	上午	21744	21834	BV10606461	青岛站	120 3151	36 06368	1	2660011000009453
1	231	0	06 06 02 000	上午	21962	22052	BV10154510	齐东路	120 33865	36 0711	1	2660011000059671
1	231	0	06 06 02 000	上午	21962	22052	BV10154510	齐东路	120 33865	36 0711	1	2660011000059686
1	358	0	06 06 20 000	上午	21980	22070	BV10900210	抚顺路	120 36135	36 07631	1	2660011000059775
1	80	0	06 08 06 000	上午	22086	22176	BV10900210	十五中	120 34759	36 07631	1	2660011000059462
1	80	0	06 08 06 000	上午	22086	22176	BV10900210	十五中	120 34759	36 07631	1	2660011000032748
1	234	0	06 08 11 000	上午	22091	22181	BV10155131	团岛站	120 30024	36 059	1	2660014000028464
1	280	0	06 09 02 000	上午	22142	22232	BV10155285	青岛火车站	120 31559	36 06326	1	2660010000043957
1	175	0	06 09 58 000	上午	22198	22288	BV10156310	港头李	120 1558	36 00363	1	2660021000003795
1	197	0	06 11 13 000	上午	22273	22363	BV10154548	天后宫	120 32623	36 06174	1	2660010000049656
1	197	0	06 11 13 000	上午	22273	22363	BV10154548	天后宫	120 32623	36 06174	1	2660014000013222
1	197	0	06 11 13 000	上午	22273	22363	BV10154548	天后宫	120 32623	36 06174	1	2660011000022386
1	94	0	06 11 18 000	上午	22278	22368	BV10900210	十五中	120 34759	36 07631	1	2660011000066205
1	94	0	06 11 18 000	上午	22278	22368	BV10900210	十五中	120 34759	36 07631	1	2660011000015327
1	360	0	06 12 25 000	上午	22345	22435	BV10154506	抚顺路	120 36135	36 09882	1	2660011000066290
1	360	0	06 12 25 000	上午	22345	22435	BV10154506	抚顺路	120 36135	36 09882	1	2660011000029512

图 11-18　公交乘客上车站点刷卡数据

根据条件筛选后,得出 3 月 16—18 日这三天的公交乘客上车刷卡数据,以 2017 年 3 月 17 日为例,公交乘客上车刷卡站点与公交路网等叠加结果如图 11-19 所示。

图 11-19　公交乘客上车刷卡站点

二、公交 IC 卡乘客下车站点识别

本节采用出行链的方法对青岛市主城区公交出行下车站点进行研究，出行链包含了居民出行的时间、空间等信息，通过公交出行链可以推导出公交乘客的下车站点。

选取一天内刷卡次数小于或等于 6 次的数据进行研究，根据城市居民的出行特性，将公交出行分为通勤公交出行和换乘公交出行两种情况。为了区分公交车辆的运行方向，将上、下行方向中的公交站点进行不同编号处理。因此，公交运营公司的站点编号具有唯一性，并统一将"FX"方向这一列数据重新进行了"上行"和"下行"的标定。

1. 通勤公交出行

对于通勤公交出行来说，居民在工作日内乘坐公交出行的过程中，大部分乘客的乘车次数至少为两次或者以上，其前一次出行的下车站点与后一次出行的上车站点之间的距离不会太远，且其出行有很强的规律性，主要表现为住宅—工作地点—住宅、住宅—学校—住宅或者住宅—其他地方—住宅等特征，同一天内第一次公交出行的起点为该天最后一次出行的终点。通勤公交出行链如图 11-20 所示。

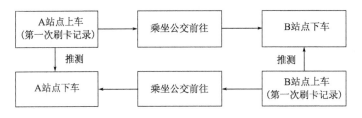

图 11-20　通勤公交出行链推断

2. 换乘公交出行

对于换乘公交出行来说，乘客在一天内的公交出行会有多次，根据乘客在换乘时不会选择步行距离太远的公交站点这种特性，可以推断，每一次公交出行的终点可以根据下一次公交出行的起点判断出来，若还存在无法确定最后一次公交出行的起点的情况，则需要根据公交线路的行车方向确定。对于同一公交卡号来说，其最后几次公交刷卡出行中，第一个出现"下行"

方向的刷卡站点,即为该天公交出行的终点。换乘公交出行链如图 11-21 所示。

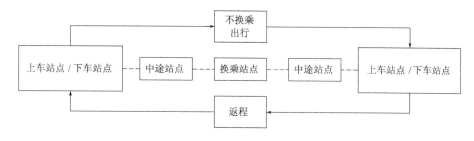

图 11-21 换乘公交出行链推断

3. 出行链整体推导

结合通勤公交出行链和换乘公交出行链特性,应用 Python 进行编程,其运算条件如下:

(1)当 X_i 在这一列中只出现一次时,删除 X_i 这一行;

(2)当 X_i 在这一列中出现两次及以上时,将它们对应的 IC miao 进行对比,将整体数据按照 IC miao 数值从小到大排序,其中 IC miao 数值最小为出行起点,同时对比与 FX 相对应的行车方向,其他几个比较大的 IC miao 数值里面,当"下行"第一次出现时,该 FX 对应的 IC miao 数值即为本次出行链的终点,将终点对应的行筛选出来,最后形成只有公交乘客下车站点的数据表,如图 11-22 所示。

XLBH	FX	GPSSD	daytime	ampm	GPS miao	GPS miao11	stopID	name	X	Y	XLMC	KH
5	下行	0	11 06 34 000	下午	83194	83284	BV10154531	北岭	120 36278	36 11945	5	2660004000001 3753
7	下行	0	11 05 56 000	下午	83156	83246	BV10155065	卫校	120 39994	36 07843	7	2660000000503491 0
5	下行	0	11 06 20 000	下午	83180	83270	BV10500222	青岛六十六中	120 35133	36 10356	5	2660013420654 36
316	下行	0	11 04 33 000	下午	83073	83163	BV10154679	武胜关路	120 35505	36 05561	316	26600000042397 38 0
21	下行	0	11 04 54 000	下午	83094	83184	BV10155130	轮渡	120 30185	36 06423	21	26600000023784 44 0
26	下行	0	11 04 35 000	下午	83075	83165	BV10832406	延安三路	120 37377	36 06074	26	26600401000018 10
21	下行	0	11 04 54 000	下午	83094	83184	BV10155130	轮渡	120 30185	36 06423	21	2660000000356215 0
12	下行	0	11 03 53 000	下午	83033	83123	BV10154860	龙泉路	120 38531	36 08402	12	2660031000017648 0
12	下行	0	11 03 53 000	下午	83033	83123	BV10154860	龙泉路	120 38531	36 08402	12	2660021000004833 0
12	下行	0	11 03 53 000	下午	83033	83123	BV10154860	龙泉路	120 38531	36 08402	12	2660031000034502 0
22	下行	0	11 02 21 000	下午	82941	83031	BV10155331	振华路西站	120 38545	36 17279	22	2660000000790686 0
5	下行	0	10 58 18 000	下午	82698	82788	BV10876631	内蒙古长途站	120 35152	36 09662	5	2660000000408924
5	下行	0	10 58 18 000	下午	82698	82788	BV10876631	内蒙古长途站	120 35152	36 09662	5	2660000000823784
5	下行	0	10 58 18 000	下午	82698	82788	BV10876631	内蒙古长途站	120 35152	36 09662	5	2660001312035099
5	下行	0	10 58 18 000	下午	82698	82788	BV10876631	内蒙古长途站	120 35152	36 09662	5	2660000004717994
7	下行	0	10 57 22 000	下午	82642	82732	BV10155065	卫校	120 39994	36 07843	7	2660000000337492 0
11	下行	0	10 56 47 000	下午	82607	82697	BV10155269	高邮湖路	120 39259	36 08096	11	26601000006696 5 0
316	下行	0	10 54 37 000	下午	82477	82567	BV10154569	远洋广场	120 3987	36 06483	316	2660001001052960
15	下行	0	10 54 09 000	下午	82449	82539	BV10155006	内蒙古路长途站	120 34905	36 05613	15	26600013220109040
2	下行	0	10 53 46 000	下午	82426	82516	BV10154464	承德路	120 33002	36 07636	2	26600200101444850
6	下行	0	10 54 20 000	下午	82460	82550	BV10154543	青岛路	120 32528	36 06263	6	26600135204236 9 0

图 11-22 公交乘客下车站点数据

根据条件筛选后,得出 3 月 16—18 日这三天的公交乘客下车刷卡数据,以 2017 年 3 月 17 日为例,公交乘客下车站点分布情况如图 11-23 所示。

三、公交出行 OD 推算

1. 单条公交线路出行 OD

公交线路 OD 能够准确反映出线路上各个站点之间的公交出行需求情况。选取主城区 10 号公交线路为研究对象,10 号公交线路 3 月 17 日刷卡数据共有 18412 行,能在 10 号公交线路上形成 OD 配对的刷卡数据共有 10122 行,其 OD 匹配成功率为 54.98%,筛选后的刷卡数据如图 11-24 所示。

图 11-23 公交乘客下车站点分布

XLBH	FX	GPSSD	daytime	ampm	GPS miao	GPS miao11	stopID	name	X	Y	XLMC	KH	daytime	IC miao	fangxing
10	267	0	06.11.00.000	下午	65460	65550	BV10155381	东北庄	120.430229	36.162006	10	2660000000005003	18:12:18	65538	下行
10	170	0	06.59.31.000	上午	25171	25261	BV10155254	中崂路	120.432899	36.168068	10	2660000000005003	7.00.59	25259	上行
10	165	0	05.36.39.000	上午	63399	63489	BV10155254	中崂路	120.432899	36.168068	10	2660000000005675	17.38.08	63488	下行
10	183	0	07.18.19.000	上午	26299	26389	BV10155333	兴城路	120.380501	36.189655	10	2660000000005675	7.19.36	26376	上行
10	307	0	09.21.48.000	下午	76908	76998	BV10715919	振华路大村庄	120.405571	36.16943	10	2660000000008972	21.22.58	76978	下行
10	119	0	01.26.59.000	下午	48419	48509	BV10155051	北苑风景	120.386978	36.172886	10	2660000000008972	13.28.27	48507	上行
10	286	0	08.33.03.000	上午	73983	74073	BV10155051	北苑风景	120.386978	36.172886	10	2660000000011937	20.33.55	74035	下行
10	275	0	07.15.32.000	上午	26132	26222	BV10155051	北苑风景	120.386978	36.172886	10	2660000000011937	7.17.01	26221	上行
10	177	0	03.42.54.000	下午	56574	56664	BV10488403	李沧老年大学	120.433037	36.165672	10	2660000000015808	15.44.22	56662	下行
10	180	0	08.44.31.000	上午	31471	31561	BV10155340	兴华苑	120.382011	36.184856	10	2660000000015808	8.45.45	31545	上行
10	90	0	05.16.42.000	下午	62202	62292	BV10334591	黑龙江路	120.431938	36.168976	10	2660000000020580	17.17.56	62276	下行
10	116	0	08.07.12.000	上午	29232	29322	BV10155051	北苑风景	120.386978	36.172886	10	2660000000020580	8.08.41	29321	上行
10	171	0	01.15.51.000	下午	47751	47841	BV10488403	李沧老年大学	120.433037	36.165672	10	2660000000021065	13.17.09	47829	下行
10	291	0	10.26.21.000	上午	37581	37671	BV10154635	君峰路北站	120.411858	36.166168	10	2660000000021065	10.27.37	37657	上行
10	178	0	09.47.31.000	上午	35251	35341	BV10155254	中崂路	120.432899	36.168068	10	2660000000021324	9.48.09	35289	下行
10	178	0	09.47.31.000	上午	35251	35341	BV10155254	中崂路	120.432899	36.168068	10	2660000000021324	9.48.07	35287	上行
10	90	0	03.15.26.000	下午	54926	55016	BV10334591	黑龙江路	120.431938	36.168976	10	2660000000021353	15.16.51	55011	下行
10	113	0	02.45.51.000	下午	53151	53241	BV10334591	黑龙江路	120.431938	36.168976	10	2660000000021353	14.47.11	53231	上行
10	168	0	11.37.27.000	上午	41847	41937	BV10155340	兴华苑	120.382011	36.184856	10	2660000000021793	11.38.52	41932	下行
10	181	0	09.50.32.000	上午	35432	35522	BV10155333	兴城路	120.380501	36.189655	10	2660000000021793	9.51.59	35519	上行
10	261	0	06.35.18.000	下午	66918	67008	BV10155381	东北庄	120.430229	36.162006	10	2660000000023007	18.36.45	67005	下行
10	276	0	07.51.22.000	上午	28282	28372	BV10425272	永平路	120.393108	36.172198	10	2660000000026913	7.52.45	28365	上行
10	275	0	05.52.34.000	下午	64354	64444	BV10155051	北苑风景	120.386978	36.172886	10	2660000000026913	17.53.59	64439	下行
10	269	0	09.14.08.000	上午	33248	33338	BV10425272	永平路	120.393108	36.172198	10	2660000000027432	9.15.37	33337	上行
10	95	0	06.13.46.000	下午	65626	65716	BV10334591	黑龙江路	120.431938	36.168976	10	2660000000027432	18.15.10	65710	下行
10	253	0	08.43.53.000	上午	31433	31523	BV10155381	东北庄	120.430229	36.162006	10	2660000000027432	8.44.41	31481	上行

图 11-24 主城区 10 号公交线路乘客站点刷卡数据

根据前文对下车站点的推导,得到 3 月 17 日青岛市 10 号公交线路所有公交站点的上车刷卡数据 18385 行,每个站点的具体分布情况如图 11-25 所示。

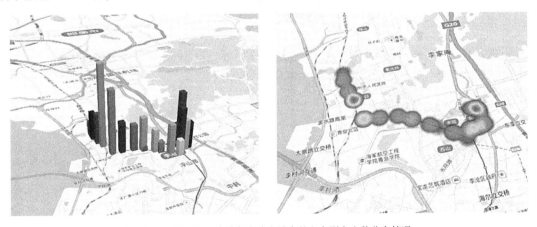

图 11-25 10 号公交线路每个公交站点的上车刷卡人数分布情况

根据上述10号公交线路站点的刷卡人数信息,应用Python进行编程:

(1)将KH列作为变量 X_i,对数据表进行排序,使其相邻两个KH值相等,形成一对数据。

(2)生成OD矩阵,将name中的公交站点名称变量作为矩阵的行和列,每个公交站点在矩阵的行或列中只能出现一次,保证矩阵的行和列变量顺序一致。

(3)以排序后的数据为例,如果 X_i 和 X_{i+1} 的KH值相等,则比较它们对应fangxing的值。如果为"上行",则对应的name值为O,即为矩阵的行;如果为"下行",则对应的name值为D,即为矩阵的列,矩阵对应的值+1。

(4)依次循环推导,每判断一次就在对应的矩阵值上+1,直到将数据表中所有数据生成OD矩阵。

10号公交线路OD矩阵热力图和站点客流OD分布分别如图11-26、图11-27所示。

OD	东北庄	东山小区	中崂路	兴华苑	兴华路	兴城路	北苑风景	君峰路	君峰路北站	大崂路	振华路	华路大村	李村	李村公园	沧老年大	板桥坊	永平路	客广场站	西流庄	青峰路	黑龙江路
东北庄	0	9	8	16	51	19	29	8	8	14	9	23	4	4	4	13	15	15	10	17	32
东山小区	8	0	5	7	36	11	24	6	4	8	6	6	8	5	9	7	7	9	6	5	18
中崂路	12	9	0	11	28	14	31	5	1	6	9	8	3	2	15	9	19	10	10	18	17
兴华苑	12	8	7	0	23	12	12	9	8	8	8	8	6	7	2	6	11	13	8	20	15
兴华路	17	20	17	42	0	45	56	7	17	29	3	35	5	3	14	28	32	23	23	25	47
兴城路	4	7	10	14	22	0	8	3	3	5	1	15	6	5	5	5	10	7	11	3	14
北苑风景	25	27	26	47	89	30	0	3	19	19	0	30	5	7	6	21	35	28	22	35	38
君峰路	3	3	2	7	24	10	9	0	2	1	8	4	4	9	5	4	5	8	4	8	9
君峰路北	8	7	6	6	17	15	13	2	0	7	3	14	3	2	3	7	11	16	14	14	21
大崂路	11	7	8	19	36	22	25	7	16	0	5	14	8	1	1	5	18	10	7	9	30
振华路	1	2	3	5	16	4	9	1	4	2	0	6	2	2	6	4	5	3	2	3	7
振华路大	10	10	10	21	31	20	20	6	7	14	3	0	4	1	2	7	14	24	13	17	21
李村	8	6	9	12	22	19	15	3	7	4	5	17	0	7	3	4	11	11	10	5	23
李村公园	7	1	3	3	13	5	5	11	3	5	6	0	6	0	1	3	6	8	0	1	8
李沧老年	7	6	6	11	17	6	12	2	3	7	8	6	1	8	0	6	9	5	6	5	13
板桥坊	8	3	5	5	19	2	7	1	5	2	3	2	4	6	3	0	1	3	2	5	7
永平路	9	8	2	11	37	14	22	4	7	9	6	6	3	4	1	10	0	10	17	10	26
维客广场	18	17	14	34	69	33	42	8	17	14	4	31	4	5	5	20	22	0	9	22	41
西流庄	10	7	6	12	31	13	17	3	11	10	2	7	3	1	3	6	18	21	0	19	25
青峰路	8	5	5	16	37	9	20	4	8	5	5	13	1	3	4	15	10	13	8	0	18
黑龙江路	25	14	18	32	79	24	38	4	14	25	4	29	7	7	6	23	23	21	17	20	0

图11-26　10号公交线路OD矩阵热力图

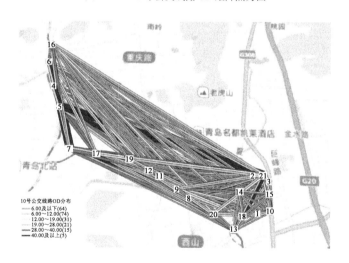

图11-27　10号公交线路站点客流OD分布

2. 公交网络出行OD

选取研究区域内3月17日所有公交线路的刷卡数据,共为2113575行,形成OD配对的刷卡数据共1194286行,OD为597143对,OD匹配成功率为56.51%。

同理,按照单条公交线路OD匹配原则,对青岛市主城区内所有公交线路的上下车站点数据进行OD矩阵匹配,主城区内所有公交线路OD矩阵热力图如图11-28所示。

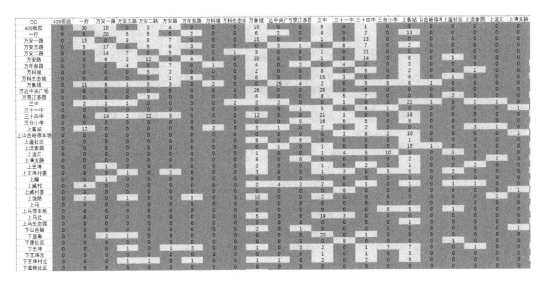

图 11-28 主城区公交线路 OD 矩阵热力图(部分数据)

四、公交站点客流可视化分析

公交站点客流具体分为上车站点客流和下车站点客流,选用热力图的形式对其进行可视化分析。

1. 公交客流出行起点分布

依据公交客流上车站点数据获得公交客流出行起点,本节针对研究区域 3 月 16—18 日的公交客流出行起点分布状况进行分析,应用 Microsoft 3D Maps 插件绘制上车站点客流热力图。以这三天的公交客流为基础,在 Maps 中进行研究分析,三个研究日期具体的公交客流出行起点分布如图 11-29 所示。

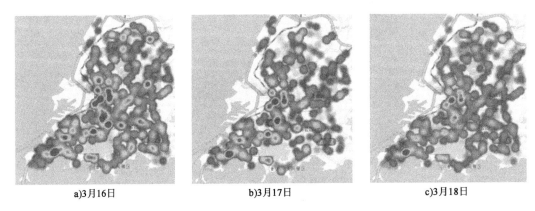

a)3月16日　　　　　　b)3月17日　　　　　　c)3月18日

图 11-29 研究时间段内的公交客流出行起点分布

3 月 16 日、17 日分别为周四、周五,由图 11-29 可知,周内公交客流出行起点主要分布在青岛火车站、青岛市灵活务工市场、长途汽车站、市妇女儿童医院、市立医院等热门区域;3 月 18 日为周六,周末公交客流出行起点主要分布在青岛火车站、青岛动物园和中山公园、长途汽车站、海底世界等热门区域。

综上所述,不管是周末还是周内,青岛火车站和长途汽车站均为公交出行起点的热门区域,未来在进行公交站点优化时,对于这两个区域需重点规划,而对于其他公交热门区域,则可以分别采用周内和周末优化措施,即周内热门区域采用周内优化措施,周末为正常运营;周末热门区域采用周末优化措施,周内为正常运营。

2. 公交客流出行终点分布

公交客流出行终点主要依据下车站点数据获得,本节主要针对研究区域3月16日、17日、18日的公交客流出行终点分布状况进行分析,三个研究日期内的公交客流出行终点分布如图11-30所示。

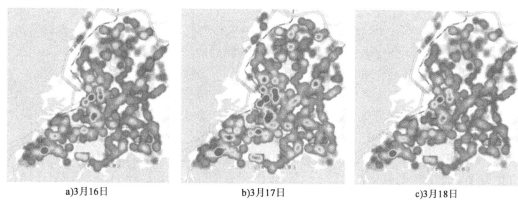

a)3月16日　　　　　　b)3月17日　　　　　　c)3月18日

图11-30　研究时间段内的公交客流出行终点分布

由图11-30可知,周内公交客流出行终点主要分布在青岛火车站、青岛市灵活务工市场、长途汽车站、市政府、中山公园、市立医院、青岛动物园等热门区域;周末公交客流出行终点主要分布在青岛火车站、青岛动物园和中山公园、长途汽车站、海底世界等热门区域。

综上所述,不管是周末还是周内,青岛火车站、长途汽车站、青岛动物园和中山公园这四个区域均为公交出行终点的热门区域,未来对于这四个热门区域要重点优化,而对于其他公交热门区域,则按照周内和周末两个时段采取优化措施。

3. 公交站点客流时空分布可视化分析

公交站点客流具有明显的时空分布特性,在日常生活中,通常表现为公交客流的早、中、晚三个高峰期以及公交客流热门区域等特性。以公交运营时间段为研究对象,对研究区域内所有公交站点的客流分布情况还可分小时进行统计,得到时变情况图。

根据研究结果,运营时间段内公交站点客流具有明显的时空分布特性,公交客流早高峰为7:00—9:00,主要分布在青岛火车站、青岛市灵活务工市场、长途汽车站、市政府、市妇女儿童医院等热门区域;午高峰客流量要明显小于早晚高峰,其时间段为12:00—13:00,主要分布在青岛火车站、长途汽车站等热门区域;公交客流晚高峰为17:00—19:00,主要分布在青岛火车站、青岛市灵活务工市场、长途汽车站、市中心医院、市立医院、市妇女儿童医院等热门区域。

五、公交线路客流分析

1. 公交线路客流分布

聚集可视化是根据分析对象的属性数据,进行聚集计算和绘制,为了更加清晰地判断公交线路分布状况,需要对公交线路进行聚集分析,可以热力图的形式展示。

由分析可知,研究区域内的公交走廊带主要有两条,分别为沿海公交线路走廊带、青岛北站—青岛长途汽车站—青岛站公交线路走廊带,研究区域内的大部分公交线路均通过这两条公交走廊带。

为研究两条公交走廊带上的公交客流分布特性,从这两条公交走廊带中各自选取一条公交线路进行分析,结合线路分布方向,最后选取325路和231路两条公交线路。由分析可知,两条线路的公交客流主要分布在青岛火车站、青岛动物园、市政府等区域,且沿海公交线路走廊带上的公交客流和站点密度均较大。

2. 公交出行OD分析

为了详细了解公交客流的整体走向,需要对研究区域内公交乘客的出行OD进行分析,主要从研究区域内的整体公交OD分布及公交走廊带OD分布两个方面进行研究。

1) 研究区域内整体公交OD分布

本节的研究区域为市南区和市北区,由于不同地块之间城市用地性质的差异,公交OD的整体分布会呈现明显的区域化,因此,挖掘出公交OD分布流向,能为后期的公交规划提供参考依据。

从分析可知,研究区域内公交出行OD主要分布在青岛火车站、长途汽车站、青岛动物园、市妇女儿童医院等区域,其流量走向主要为住宅—热门区域、热门区域—热门区域,比如住宅用地—交通用地、商业和办公用地、医疗用地或公园用地,交通用地—交通用地等。

2) 公交走廊带OD分布

公交走廊带沿线的土地利用强度较大,其产生与吸引的公交客流众多。为了挖掘出公交走廊带的公交需求特性,需要对其公交客流起讫点的具体分布进行分析。由分析可知,两条公交走廊带的公交出行OD分布具有明显的空间特性,其出行起讫点分布主要为同一公交走廊带内部分布、两个公交走廊带之间分布、公交走廊带与青岛动物园区域之间分布以及公交走廊带与青岛市妇女儿童医院区域之间分布等,这说明公交走廊带的公交出行OD主要分布于公交需求走廊带内部之间、公交走廊带与公交需求热门区域之间。

本章节选取了课题组研究成果中的部分分析,基于本节的数据处理,后续可对客流的公交站点服务能力及公交线路的服务能力进行评估,对此本书将不再展开。

【复习思考题】

1. 公共交通静态和动态基础数据分别包括哪些?
2. 公交IC卡数据与GPS数据包括哪些具体的字段信息?
3. 公交IC卡数据的预处理包括哪些步骤?
4. 公交IC卡数据分析方法有哪些?
5. 如何识别乘客的上车及下车站点?

【本章参考文献】

[1] 戴霄.基于公交IC信息的公交数据分析方法研究[D].南京:东南大学,2006.
[2] 吴美娥.对公交IC卡数据处理分析及应用的探索[D].北京:北京交通大学,2010.
[3] 廖泽容.基于公交IC数据的公交客流量分析[D].昆明:云南大学,2010.
[4] 朱晓宏,丁卫东,孙泰屹.公交客流信息采集的方法与技术[J].城市公共交通,2005(7):20-21.
[5] 钱易.基于多日公交IC卡数据与AVL数据的公交OD推算方法研究[D].成都:西南交通大学,2017.
[6] 王超.基于IC卡信息的公交客流OD推算方法研究[D].北京:北京交通大学,2012.
[7] 陈君,杨东援.基于智能调度数据的公交IC卡乘客上车站点判断方法[J].交通运输系统工程与信息,2013,13(1):76-80.
[8] 李佳怡.应用智能公交和路网数据的城市公交站点出行计算模型与评价[D].太原:太原理工大学,2017.
[9] 曾勋.基于IC卡和GPS数据的公交服务能力评估[D].西安:长安大学,2019.
[10] 杨兆升.城市智能公共交通系统理论与方法[M].北京:中国铁道出版社,2004.
[11] 张红.基于公交IC卡信息的客流数据分析及静态调度研究[D].西安:西安电子科技大学,2012.
[12] 陈鹏.车辆IC卡信息采集系统设计[D].北京:北京科技大学,2003.
[13] 李舒.基于IC卡数据的公交智能调度研究[D].成都:西南交通大学,2016.
[14] 赵晖.基于公交IC卡信息的居民出行OD推算研究[D].西安:长安大学,2009.
[15] 马彦力.三维GIS大数据量场景快速可视化关键技术研究[D].杭州:浙江大学,2013.
[16] 肖荣波.武钢工业区绿地GIS的建立及应用[D].武汉:华中农业大学,2003.
[17] 白凤伟.数据预处理系统的几个关键技术研究与实现[D].北京:北京交通大学,2012.
[18] 窦庆峰.重庆市主城区公交客流预测研究[D].西安:西安建筑科技大学,2007.
[19] 陈学武,戴霄,陈茜.公交IC卡信息采集、分析与应用研究[J].土木工程学报,2004(2):105-110.
[20] 邓春瑶.哈尔滨市居民公交IC卡数据分析方法研究[D].哈尔滨:东北林业大学,2013.
[21] 常焕.基于公交IC卡和AVL数据的公交换乘识别方法研究[D].成都:西南交通大学,2019.
[22] 吴祥国.基于公交IC卡和GPS数据的居民公交出行OD矩阵推导与应用[D].济南:山东大学,2011.
[23] ALFRED CHU K K, CHAPLEAU R. Augmenting transit trip characterization and travel behavior comprehension: multiday location-stamped smart card transactions[J]. Transportation research record: journal of the transportation research board, 2010, 2183: 29-40.
[24] ALFRED CHU K K, CHAPLEAU R. Enriching archived smart card transaction data for transit demand modeling[J]. Transportation research record: journal of the transportation research board, 2008, 2063: 63-72.
[25] HOFMANN M, WILSON S P, WHITE P. Automated identification of linked trips at trip level

using electronic fare collection data [C] // Transportation Research Board 88th Annual Meeting, 2009.

[26] HOFMANN M, O'MAHONY M. Transfer journey identification and analyses from electronic fare collection data [J]. Proceedings of the 8th international IEEEC on inference on intelligent transportation systems, 2005: 825-830.

[27] SEABORN C, ATTANUCCI J P, WILSON N H M. Using smart card fare payment data to analyze multi-modal public transport journeys in London[J]. Transportation research board of the national academies, 2009,2121:55-62.

[28] SUNDAY O M, ADEMOLA O J. GIS application for determining public transport access level in the Federal Capital Territory (FCT), Abuja-Nigeria[J]. Journal of geography and regional planning, 2016, 9(8): 154-163.

[29] SHAH J S, ADHVARYU B. Public transport accessibility levels for Ahmedabad, India[J]. Journal of public transportation, 2016, 19(3): 19-35.

[30] CHAPLEAU R, ALFRED CHU K K, ALLARD B. Synthesizing AFC, APC, GPS and GIS data to generate performance and travel demand indicators for public transit [C] // Transportation Research Board 90th Annual Meeting. Washington D. C., 2011.